알기 쉬운 금강경 풀이

평산 심중식 역해

알기 쉬운 금강경 풀이

발행일 2022년 10월 30일

지은이 심중식
펴낸이 이병창
펴낸곳 뫔(MOAM)
출판등록 2022년 8월 31일
주소 전북 전주시 완산구 충경로 18-3
전화번호 063-232-2258
전자우편 moamm@hanmail.net
홈페이지 http://www.moam.co.kr
네이버카페 https://cafe.naver.com/decagram
신고번호 제 2022-000035 호
등록번호 346-96-01586
뫔로고 주평무

편집/디자인 (주)북랩
제작처 (주)북랩 www.book.co.kr

ISBN 979-11-950377-1-1 03220 (종이책) 979-11-950377-3-5 05220 (전자책)

이 책은 (주)북랩이 보유한 리코 장비로 인쇄되었습니다.

금강반야바라밀경
金剛般若波羅蜜經

평산 심중식 역해

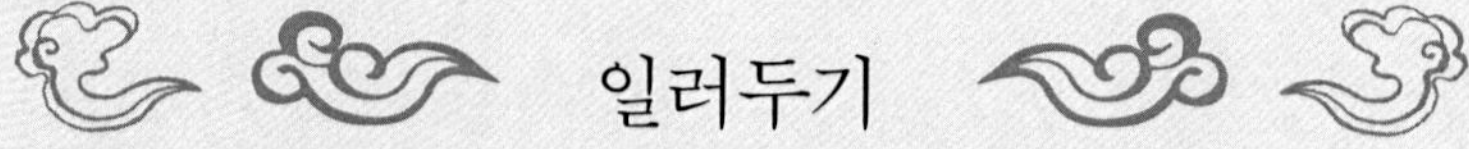

일러두기

1 | 구마라집이 한역한 〈금강반야바라밀경〉을 읽고 번역하여 풀이했다.

2 | 이웃사랑을 지향하는 크리스천들도 이웃종교인 불교를 알아야 불자들에 대한 선입견이나 이질감을 극복하고 친구로 사랑할 수 있다는 전제로 경을 풀이하는 과정에 불교의 기초적 교리를 알기 쉽게 소개하려 했다.

3 | 이 경의 전편인 1장부터 14장까지는 2008년에 친구 사무실에서 몇 친구들께 보낸 글을 수정한 것이고 후편은 당시 간단한 메모형태로 적어둔 것을 최근에 보완하여 풀이한 것이다.

4 한역을 우리말로 번역하고 그것을 풀이하였으며 한글 번역을 다시 다듬어 한글금강경으로 부록에 실었다. 부록에 실린 한글금강경은 따로 읽어도 뜻이 통하도록 다듬었기에 해석 위주의 본문과는 표현이 조금씩 다를 수 있다.

5 주요 독자층이 크리스천이라 생각되나 불자도 이 책을 통해 기독교 믿음의 세계를 좀 더 이해하고 서로 상생하기를 바라는 마음으로 간혹 성경을 인용하여 설명했다.

6 평산풀이에서 인용한 한시들의 출처는 모두 김흥호 선생의 연경반에서 30여 년 동안 배운 것들이다.

벼락의 복음서 '금강경'

이병창 시인
진달래교회 목사

범어梵語로 된 금강경 이름을 한글로 음역하면 '벼락치드끼'(Vajracchedikā)라고 한다. 머리 부분의 와즈라(Vajra, 금강)는 흥미롭게도 모든 것을 깨뜨리고 잘라버릴 수 있는 가장 강한 것과 벼락을 뜻한다. 벼락은 잠자는 상태의 인간의식이 다르마를 만나 번쩍 눈을 뜨는 순간이다. 과거 현재 미래라는 수평의 흘러가는 시간(크로노스-그리스어)이 멈추고 이곳에서 여기로의 초월(카이로스)이 일어나는 사건이다. 벼락은 '아누다라삼막삼보리'라는 완벽한 깨달음의 지혜를 얻게 될 때 유한한 인간에게 '순간 속의 영원'이 깃들게 됨을 상징해 주고 있다. 그 지혜는 욕심의 신기루가 빚어내는 허망한 꿈의 사슬에서 벗어나 항상 깨어서 볼 수 있는 눈을 뜨게 한다.

땅속에서 7년을 보내는 굼벵이가 자기 껍질을 벗게 되면 온몸을 비워 노래하는 매미가 된다. 굼벵이의 시간이 끝이 나야 매미로 변형되는 시간이 열리게 된다. 나는 금강경과 예수의 '하나님 나라' 가르침이 일맥상통하는 핵심이 바로 여기에 있다고 생각한다.

'하나님 나라가 언제 시작되느냐?'고 바리새파 사람들이 물었을 때 예수는 '하나님 나라는 눈에 보이게 시작되는 것이 아니다. 또 여기 있다, 저기 있다고도 말할 수 없다. 하나님 나라는 너희 가운데 있기 때문이다.'(누가 18:20-21)라고 대답했다.

예수를 만났던 사람들은 모두 자신들의 눈에 보이는 가시적 지상천국을 원했다. 그들은 자신이 원하는 방식의 하나님 나라와 예수이기를 원했을 뿐이었다. 예수 당시 사람들과 예수의 엇갈리는 화법을 이해하기 위한 열쇠는 '순간 속의 영원', '영원 속의 순간'이 만나는 체험에 있다. 그 체험은 참을 깨치는 사건이고 내가 나에게로 돌아가는 거듭남의 시간이다(He came to himself). 이 사건이 일어나야 인간은 인간이 된다. 즉 영성과 신성에 접근할 수 있는 거듭난 인간이 된다. 순간 속에서 영원을 체득(신의 다스림, 바실레이아)하는 시간이 카이로스의 시간이다. 인류의 미래는 굼벵이의 시간에서 깨어나 이 땅에 지혜와 사랑을 통한 평화를 추구하는 사람들에 의해 완성이 될 것이다.

천당이나 극락은 모든 인간이 죽은 뒤에 가기를 원하는 원초적 이상향이기 때문에 종교가 존재하는 기반이 되고 있다. 하지만 예수의 천국은 죽음 이후에 가는 저승에 있는 곳이 아니었다. 예수의 하나님 나라는 지금 우리가 살아가고 있는 인간 세상이라는 공간에서 찾아져야 한다. 그 공간은 나의 '내면'과 '외면'에 함께 있다. 나의 내면에서 들려지는 진리의 말씀에 귀 기울이고 그 말씀을 따르는 자에게 하나님 나라가 주어지게 된다. 바로 이 때문에 예수는 하늘 아버지의 뜻이 하늘에서 이루어진 것처럼 이 땅에서 이루어지도록 기도하라는 가르침을 주었다.

하나님은 계시지 않은 곳이 없다고 한다(무소부재無所不在). 이 말은 하나님의 나라는 이 땅에 어느 곳이든지 펼쳐져 있다는 뜻으로 새겨도 좋을 것이다. 하나님 나라 곧 진리의 씨앗이 마음 밭에 심어지고 가꾸어지고 성장하는 그리스도인은 '그 어디나 하늘나라'의 삶을 살아가게 된다. 이런 사람들이 하나님 나라의 원인을 심고 가꾸는 자요, 자신과 이 세상에 영원한 하나님 나라를 실현하는 자이다.

다석 류영모는 '그저 믿는다는 것은 병이요, 그리스도를 믿는 믿음으로부터 오는 실천력이 따르지 않는다면 헛된 것'이라 하였다. 입으로만 믿는다고 하거나, 마음으로 믿는다고 하면서도 말씀을 실행하는 실천이 없고 일상적 삶에 매몰되어 살아간다면 참된 신앙이 아니라 했다. 늘 바라보던 산천초목이 전혀 새롭게 다가오는 순간이 카이로스의 시간이다. '진리가 너희를 자유케 하리라'는 말씀으로 삶에서 깨어나 삶으로부터 떠오를 때, 나를 찾고 회복하게 된다. 그때 우리는 참된 믿음을 만나게 될 것이다. 참된 믿음은 하나님의 능력과 그리스도의 지혜와 성령으로부터 사랑의 힘을 얻어 살아가는 데 있다.

예수께서 카이로스의 '때'를 강조하신 것은 지금 이 순간, 지금 여기를 읽어내는 지혜의 능력을 기르고 체득하라는 데 있다. 불안한 미래에 대한 두려움을 피하려고 보험들 듯이 믿는 신앙이 아니라 수평의 흐름에서 수직으로 올라서는 존재의 도약이 있어야 함을 의미한다. 복음서에 등장하는 수많은 사람이 예수를 알아보는 데 실패한 원인은 그들이 지금 이 순간을 읽어내는 법을 알지 못했기 때문이었다.

도마복음에 이런 예수의 말씀이 있다. "여러분은 하늘과 땅의 얼굴을 읽어내면서 여러분 바로 앞에 있는 사람을 알아보지 못합니다. 그래서 여러분은 이 순간을 읽어내는 법을 알지 못합니다."

바로 지금 여기, 일체 존재에 임하고 있는 카이로스의 '때'에 영원한 생명으로 들어가는 문이 있다. 예수는 집단적인 종교인의 길을 말씀하지 않고 각자가 영원한 생명의 길을 찾아가는 삶을 추구하라고 말씀하였다. 영원 속에서 오늘을 찾고 오늘 속에서 영원을 찾아가는 사람이 되라고 강조하였다. 금강경 역시 나는 이미 다 알고 있다는 자만에서 벼락 맞듯이 깨어나는 데 지혜의 길이 있고 살 길이 있다고 강조하고 있다.

나는 평산을 지구의 보석이라고 생각한다. 이 책은 보석 같은 분의 보석 같은 글이다. 저자의 한국교회를 사랑하는 진심과 깊은 사색에서 길어 올린 황금빛 지혜를 만날 수 있기를, 벼락의 복음서 '금강경 역해'를 통하여 착한 자 악한 자를 가리지 않고 햇빛과 비를 내려 주시는 하늘 같은 마음이 독자들에게 임하기를 소원한다. 울도 금도 없는 진리의 하늘이 이 땅에 널리 열려지기를 기도드린다.

나의 전생은 숯이었습니다
잎사귀 무성한 나무였습니다
숯 이전에는
나무 이전에는 햇빛이었습니다
나는 내 가슴 속에 빛을
담고 있는 햇빛입니다.
– 금강석 –

기독교와 불교의 대화를 위하여

손원영 박사
서울기독대학교 교수

금강경은 불교 경전 중 대승 사상을 가장 잘 담고 있는 경전으로 알려져 있다. 그래서 나 역시도 반야심경과 함께 금강경을 좋아하여 종종 독송하고 있다. 그런데 금강경은 한 여름밤 천둥 번개와 함께 내리치는 벼락처럼 날카롭게 우리의 잘못된 아집과 집착을 단번에 깨부수는 경전이라 하여 일명 '벼락경'이라고도 불린다. 사실 단단해진 우리의 자아를 비롯한 아상我相, 인상人相, 중생상衆生相, 그리고 수자상壽者相 등 여러 상들은 결코 쉽게 깨지지 않는다. 그런데 금강경의 즉비卽非의 논리가 벼락처럼 우리의 뇌리에 내리칠 때, 우리의 완고한 자아가 완전히 해체되고, 결국 '없음'(空)이 충만한 자유의 경지로 인도되니 참으로 놀라울 뿐이다. 따라서 우리가 금강경을 읽으면 읽을수록 우리는 더욱 겸손해지고, 또 내 자신이 과거의 내가 아닌 새로운 나로 새롭게 거듭나는 체험을 하게 된다. 정말로 금강경은 위대한 책이 아닐 수 없다. 따라서 불교인을 비롯한 종교인뿐만 아니라 자신의 참 자아를 찾아 순례의 길을 떠나는 사람이라면, 한 번쯤 발길을 멈추고 진지하게 금강경을 꼭 공부하기를 권하는 바이다.

그런데 이 금강경은 지금까지 불교인들의 전유물이나 전혀 다름이 없었다. 그래서 기독교인이 금강경을 읽으면 왠지 어색하고 심지어 죄의식까지 갖게 되는 경우가 허다하였다. 매우 유감스러운 일이라 아니할 수 없다. 하지만 20세기 위대한 한국적 그리스도인이었던 다석多夕 류영모 선생(1890-1981)과 김흥호 선생(1919-2012)을 비롯한 몇몇 선각자들은 그러한 낯설음을 용기있게 떨쳐버리고 그리스도인의 눈으로 금강경을 비롯한 동양의 경전들을 읽고 또 풀이하기 시작하였다. 매우 고무적인 일이었다. 특히 이번에 김흥호 선생님의 제자인 평산 심중식 언님도 선생님을 따라 다석사상을 토대로 하여 금강경을 매우 쉽고 재미있게 풀이를 한 뒤 〈알기 쉬운 금강경 풀이〉란 책을 출판하게 되었다. 평소 이웃 종교, 특히 불교와의 대화에 관심이 큰 신학자로서 나는 이번 평산 언님의 금강경 풀이와 이 책의 출판을 매우 기쁘게 생각한다. 왜냐면 이 책은 불교를 잘 모르는 기독교인들에게 불교를 이해하도록 돕는 좋은 길잡이가 될 수 있을 뿐만 아니라, 더 나아가서 기독교와 불교와의 대화에 매우 실제적인 공헌을 할 수 있으리라 믿어 의심치 않기 때문이다.

덧붙여, 중국의 혜능선사(638-713)가 읽고 대오했다는 금강경의 "응무소주이생기심應無所住而生其心"의 가르침은 다석 류영모에게 "응당 머무를 바가 없는데 그 마음이 살아나서 빛난다."라는 깨달음으로 이어졌다. 그리고 이 책의 저자인 평산 언님은 그것을 다시 "십자가 없이는 부활도 없다. 십자가 즉 부활"이라는 기독교 사상으로 새롭게 해석하였다. 모쪼록 이 책을 읽는 독자들도 마치 불씨를 얻기 위해 부싯돌을 세차게 부딪치듯이 새로운 깨달음을 얻기 위해 금강경의 말씀과 성경의 말씀을 용기 있게 서로 부딪쳐보길 권하는 바이다.

후학들의 어깨가 되길 바라며

김진오 박사

숭실대학교 교수

저자 평산은 학창시절부터 현재까지 40여 년간 동양철학에 내공을 쌓아왔고, 이를 바탕으로 다년간에 걸쳐 이 책을 저술하였다. 우리나라 양대 종교인 기독교와 불교 사이에서 신자들이 상호 이해와 소통을 하고 각자의 영성이 더욱 깊어지기를 바라는 저자의 바람이 드디어 활자로 빛을 보게 된 것이다.

기독교의 핵심은 하나님을 사랑하고 이웃을 사랑하는 것이라고 한다. 기독교 관점에서 볼 때, 사랑할 이웃에는 기독교인이나 무종교인뿐만 아니라 타종교인도 포함된다. 저자는 금강경도 고난 속에 있는 인생들에게 위로와 희망을 주는 기쁜 소식이요 복음이라 하는데 이는 금강경을 통해서 자기와 이웃을 이해하고 포용하는 계기가 될 수 있다는 의미라 할 것이다.

배우고 익히며 사색하고 깨우친 것으로 자기만족에 머물지 않고 문서로 남겨서 다른 사람들과 나누고 공유하려는 저자의 마음에 감사하게 된다. 물리학의 거장인 아이작 뉴턴은 위대한 업적의 비결이 거인들의 어깨에 올라선 덕분이었다고 겸손하게 표현하였다. 앞서 지나간 선현들이 남겨놓은 학문적 토대가 있었기에 자신의 성취가 가능했다는 이야기다. 학문의 결과물은 저작의 형태로 후학들에게 전해진다. 이 책 또한 후학들이 딛고 올라설 어깨가 되리라 기대하며 일독을 권한다.

추천사 4

우물 안 개구리에서 벗어나길

조현 기자

한겨레신문 종교전문기자

20여 년 전 처음 이현필의 스승 이공 이세종에 대해서 알았을 때, 그와 비슷한 경우를 어느 기독교 전통에서는 찾아보기 어려웠다. 대신 이공이 선불교의 태양인 육조 혜능과 비슷하다고 느꼈다.

달마-혜가-승찬-도신-홍인으로 내려온 선불교의 법맥을 이어받은 6조대사 혜능의 설법인 〈육조단경〉은 석가모니가 설하지 않은 것인데도 불경이 된 거의 유일한 책이라고 할 수 있다. 그만큼 6조대사 혜능은 불교 역사에서 석가모니에 이어 가장 찬란한 깨달음의 꽃을 피운 인물로 손꼽히고 있다.

혜능은 일자무식 나무꾼이었는데, 나무를 시장에 가서 내다 팔고 뒤돌아오다가 누군가 읊은 〈금강경〉 한 구절을 듣고 단박에 깨달음을 얻었다고 전한다. 남의 집 머슴을 살며 무당을 통해 치성을 올려서라도 자식을 얻기 원하며 산당을 다녔던 이공이 성경 한 구절을 듣고 예수님을 영접하고 구원을 얻은 것과 너무도 유사하다.

혜능을 깨달음으로 이끈 〈금강경〉은 한국불교 조계종에서도 소의경전, 즉 교과서로 삼을 만큼 선불교의 핵심 중의 핵심이다. 선禪이란 달을 가리키는 손가락을 보지 않고, 직접 달을 보는 것이다. 따라서 선승들이 수행하는 선방에 가면 '손가락에 해당하는' 불상조차 놓지 않고, 다만 죽비로 3번 쳐 정신을 일깨운 뒤 참선을 시작하곤 한다. 일체의 우상을 배격하는 기독교와도 다를 바가 없다.

〈금강경〉은 붓다가 제자 수보리에게 설법하는 형식을 취하고 있다. 수보리는 붓다의 10대 제자 가운데도 '해공제일解空第一'로 일컬어진다. 해공제일이란 깨달음의 핵심인 '공空'을 붓다의 제자 가운데 가장 잘 이해하고 있다는 것이다. 그런데 이세종이 깨달음 혹은 구원을 얻고 스스로 쓴 이름이 바로 그 공空이다. 종교를 넘은 회통이 엿보인다.

이공이 수도를 한 산이 개천산開天山이다. '하늘을 연다'는 뜻이다. 하늘 위에 유형의 무엇이 있다는 전근대적 사고가 아니라면 하늘은 그야말로 빌 공의 공空이다. 비어있다는 것은 아무것도 없다는 것이 아니라, 무한한 자유와 무한한 가능성을 열어주고 있다. 그러나 유형의 우상에 걸려서는 하늘을 열 수가 없다. 또한 개천산 옆에 있는, 운주사雲住寺의 천불천탑이 염원하듯 '새 세상 새 하늘의 열림'을 기대할 수도 없다. 오직 일체의 생각과 감정과 관념과 같은 우상이 실체가 없는 공空임을 여실히 자각할 때, 눈 속의 들보가 뽑혀 실상을 있는 그대로 보고, 인정하고, 받아들이고, 사랑할 수 있게 된다.

그 이공과 이현필을 따르는 기독교수도공동체 동광원에서 귀일사상연구소장을 맡고있는 평산 심중식소장이 금강경을 읽고 〈알기 쉬운 금강경 풀이〉라는 책으로 펴낸 것이 이질적으로 보이지 않는 것은 그 때문이다. 이 책이야말로 이공과 다석 류영모의 사상을 잇고, 기독교의 본질을 회복하는 중대한 시도다.

기독교를 근간으로 동서양 종교 철학을 넘나들었던 다석 류영모가 56살이었던 1946년부터 81살 때인 1971년까지 25년간 광주 동광원의 하계수련회에 매년 와 일주일씩 강연을 한 것도 같은 이유로, 기독교의 본질을 회복하기 위함이었을 것이다.

이공, 이현필과 다석 류영모를 사숙하고, 다석의 제자인 김흥호 이화여대 교수로부터 배운 심중식 소장의 금강경 이해가 깊다. 아마도 불교의 승려들에게 오히려 큰 자극이 될성싶다. 전 세계적인 기독교적 흐름과도 동떨어져 날로 근본주의화하는 한국의 기독교에서 이처럼 열려, 불경을 깊게 해설한 분이 나온 것이 한국 기독교의 희망이 아닐 수 없다.

한국 기독교는 불과 백여 년 만에 놀라운 성과를 보여주었다. 진정한 성과는 이현필과 같은 '이 땅의 예수들'이 출현해, 예수 사랑을 온몸으로 증언했다는 점이다. 그러나 지금은 대형교회의 거대한 성전과 교인 숫자의 거대한 성공에 그런 사랑의 모습은 초라해져 가고만 있다. 열정은 더욱 뜨거워지고, 외면은 더욱 화려해지고 있지만, 예수님의 헌신적 사랑을 이으며 평생을 헌신해온 언님이나 소박한 목사와 크리스천들은 네온사인 같은 외면의 화려함의 그늘에서 찾아보기조차 어려워지고 있다.

열병 환자에게 인삼을 먹여서는 열병 환자를 위하는 것일 수 없다. 열병 환자에겐 찬 약수와 냉수가 보다 큰 도움이 된다. 그것이 병에 따른 약이다. 따라서 성서제일주의와 성서근본주의의 구호 아래 화석화하고 있는 '성서'나 '야훼', '하나님', '성전', '예수님' 같은 단어와 관념이야말로 진정으로 하나님과 예수님의 진면목을 볼 수 없게 만드는 장애물이 되고 있는지 모른다. 그걸 강조할수록 평화와 사랑 같은 본질보다는 배타와 승리와 성공 같은 비본질적인 것이 영혼을 장악한다면 말이다.

중세의 신비가 마이스터 에크하르트 '성서는 자기 자신으로부터 자유로워지는 책'이라고 했다. 〈금강경〉의 공空 도리를 체득한 자만이 할 수 있는 놀라운 소식이 아닐 수 없다. '복음'이란 구호가 아니라, 그런 공空으로 자신의 주장과 관념과 독선을 비울 때 우리는 하나님과 예수님 뿐만 아니라 자연과 타인과도 하나가 될 수 있다. 그 길을 열어가는 심중식 소장님의 수도와 출간을 응원하며, 이 책을 통해 더 많은 이들이 '우물 안 개구리'에서 벗어나 예수님의 큰바다 같은 마음의 세계를 터득해 예수님의 삶을 이어갈 수 있기를 기대해 본다.

차례

금강경 전편

〈봄〉

금강경 후편

〈여름〉

〈가을〉

〈겨울〉

부록

귀일의 뜻으로 풀어보는 금강경

평산 심중식

독일 신학자 한스 큉은 "종교 간의 평화가 없이는 세계평화도 없다."고 주장하여 많은 공감을 얻었다. 통계에 따르면 우리나라 양대 종교로 기독교와 불교가 주류를 형성하고 있는데 지금까지 두 종교 간의 불화나 갈등이 거의 없다는 것이 우리 사회문화의 자랑이다. 물론 일부 광적인 신도가 불상이나 사찰을 훼손하는 불미스런 행동이 간혹 나타나기도 하지만 그때마다 여론의 뭇매로 수그러드는 것을 볼 때 종교 지도자들과 우리 사회의 문화적 성숙도는 매우 높은 편이라 하겠다.

그렇지만 역사를 통해 볼 때 문화의 성숙도가 계속 올라가는 것만은 아니다. 사회 풍조가 정의의 가치를 높이고 진리를 추구하는 참 신앙인들이 많아질 때는 시민의식도 높아지겠지만 기복신앙이 득세하고 모두가 세속적 욕망으로 떨어지면 시민의식은 퇴락하고 사회는 여러 갈등과 혼란에 휩싸이게 된다.

종교학자 오강남 교수는 참 진리를 추구하는 영성의 신앙을 심층종교라 하고 형식적 종교생활을 하면서 세속적 가치를 추구하는 기복신앙의 종교는 표층종교라 하였다. 우리 신앙이 외형적으로 종교인의 열성을 보인다고 해도 세속적 가치에 매몰된 표층종교로 떨어지면 사회적 역기능을 초래하여 갈등을 해결하여 통합하고 치유하기보다는 오히려 갈등의 요인이 되어 다툼과 분열을 심화시킬 것이다. 그러므로 우리는 심층종교로 올라가 영성이 높아져야 하고 영성이 높아지면 높아질수록 서로 이해와 소통의 폭이 그만큼 깊어지고 넓어져서 화평의 세계를 살 수 있다는 것이다.

우리가 사는 21세기 현대를 탈종교시대 또는 무종교의 시대라고 한다. 지난해인 2021년 어떤 통계조사에 의하면 우리나라 인구의 약 60%는 무종교라 한다. 불교가 16%, 개신교가 17%, 천주교가 6% 기타 1~2%라고 한다. 30년 전에만 해도 종교인이 절반이 넘었는데 이제는 40%로 줄어든 것이다.

이런 통계가 보여주는 의미를 여러 각도로 해석할 수 있겠지만 우선 두 가지를 생각할 수 있겠다. 첫째는 외형적인 건물과 조직 교리 등 제도적 종교인의 숫자는 계속 줄어들 것이라는 점이고 둘째는 대표적 종교로서 여전히 개신교와 불교가 살아있다는 점이다. 종교인의 숫자가 줄어든다는 자체가 중요할까 싶겠지만, 고등종교가 제 역할을 하지 못한다는 표징이란 점에서 염려가 되는 것이다. 다시 말하여 고등종교가 쇠락하면 유사종교나 기복신앙의 표층종교가 기승을 부리게 되고 그렇게 종교가 타락하면 문화적 수준도 떨어진다는 점을 우려하는 것이다. 우리나라의 문화적 성숙과 평화를 위해서는 기독교와 불교가 기복적 표층종교에서 벗어나 심층종교로 올라가야 하는데 자꾸 표층종교로 떨어지기 때문에 제도권의 숫자도 줄어드는 것이 아닌가 싶어 우리 사회의 장래에 대하여 우려하는 것이다.

장차 우리나라의 사회적 화합과 평화를 위해서 할 일이 무엇일까 생각할 때 무엇보다 우리 시대 종교인이나 신앙인들이 더욱 분발하여 참을 찾고 진리를 추구하여 높은 영성과 정신의 빛을 드러내야 할 것이다. 그러기 위해서는 무엇보다 종교의 경전들에 나타난 성인들의 참뜻을 밝혀서 기복신앙이 아닌 참 신앙의 길을 열어야 할 것이다. 그래서 인생의 참 길을 닦아 나가는 사람들이 많아질 때 우리 사회와 문화는 그만큼 성숙되고 밝아질 것이다.

불교인이건 기독교인이건 이 땅에서 함께 살아가는 형제자매로서 이 땅과 환경을 아름답게 가꾸고 사회를 화평케 하고 문화를 높이며 모든 생명을 아끼자는데 뜻이 같을 것이다. 이를 위해서 먼저 불교인은 참 불자가 되고 기독교인들은 참 그리스도인이 되어 서로가 일상의 삶에서 소통하고 화합하는 일이 소중한 것이다. 그리고 종교인의 소통과 화합을 위해서는 또 각 종교의 고유한 특징과 역할에 대한 인정과 존중이 필요할 것이다. 화합과 일치를 위한 노력은 구심력이 되고 각자 고유성과 다양성을 존중하는 힘은 원심력이 되는데 상생의 문화를 고양하기 위해서는 이 두 힘이 다 필요한 것이다.

우리가 이처럼 다양성의 원심력과 하나됨의 구심력이 서로 조화를 이루도록 중용 또는 중도의 자리를 지켜야 한다. 그래서 각자 자기 본연의 자리로 돌아가 서로를 돌보며 제 역할을 바르게 수행할 때, 우리 사회는 다양성을 인정하면서 개성을 존중하는 화합의 정신으로 하나가 될 것이고 상생의 문화가 발전할 것이다.

공자는 말하길 "자기가 바라지 않는 일이면 남도 당하지 않게 하라."고 했고 예수도 "남이 그대에게 해주길 바라는 대로 그대도 남을 그렇게 대접하라."고 했는데 의미는 같은 것이다. 이런 황금률을 가지고 서로 상대의 입장에 서서 생각하고 배려하는 역지사지易地思之의 태도로써 깊이 공감하면 자기의 입장을 존중하는 만큼 타인의 입장과 인격을 존중하는 정신을 가질 수 있고, 그때라야 서로 화합할 수 있고 협력할 수 있는 것이다. 이런 대동의 정신을 다석은 한 마디로 귀일歸一이라 하였다. 서로 하나가 되는 방법에는 통일이 있고 귀일이 있는데 통일은 인간의 욕심으로 하는 일이지만 귀일은 인간의 양심과 도심道心을 통해서 저절로 이뤄지는 것이다. 그래서 우리가 바라는 것은 귀일이지 통일이 아니다.

지난 10여 년 동안 귀일의 뜻을 전하기 위해 노력했다. 그 활동 가운데 하나가 경전을 읽고 나누는 것이다. 먼저 그리스도인으로서 불교를 이해하고 공감하기 위한 목적으로 금강경을 읽어보았다. 우리가 타 종교의 경전을 읽고 서로 나누게 되면 종교인 사이의 소통과 화합에 많은 도움이 되지 않을까 생각한 것이다. 경전을 그저 읽기만 하는 것이 아니라 그리스도인의 한 사람으로서 나는 불교의 경전을 어떻게 이해하고 있는지 속을 보여줌으로써 심층적 소통을 하고자 했다. 표층인 겉모습이나 표현에서는 서로 다를지라도 속뜻은 서로 통할 수 있다는 것을 확인하고자 한 것이다. 모든 종교는 인간을 위한 것이고 인간의 참된 모습과 참삶을 찾고자 하는 열망이 신앙일진대 같은 인간으로서 그 뜻이 어찌 통하지 않을 수 있겠는가. 사람과 사람 사이에서만 소통하자는 것이 아니라 사람과 자연, 사람과 우주, 사람과 만물 사이에도 서로 통하자는 것이 종교 아닌가.

다석은 종교의 핵심을 마루뜻이라 했다. 마루는 산마루, 지붕마루처럼 가장 꼭대기를 나타내는 말이요 모든 일의 근원과 기준이 되는 것을 말한다. 마루 종宗, 그래서 가장 꼭대기의 높은 뜻을 알려주는 것이 종교라는 것이다. 가장 높은 뜻은 형이상의 궁극적 실재를 만나서 얻게 되는 한 말씀인데 그것이 결국 하늘과 땅, 사람과 만물의 평화와 화합, 그리고 자유와 생명을 아끼자는 것이지 특별한 것이 아니다. 그래서 공자는 평천하平天下를 말하고 석가모니는 정토淨土를 말하고 예수는 하나님 나라를 선포했다. 그 마루뜻을 위해서 더욱 불자답게 되려고 힘쓰는 사람이 불교인이고 더욱 그리스도인답게 되려고 노력하는 사람이 기독교인이라 하겠다. 그러니까 모두가 불교인이 되라거나 모두가 그리스도인이 되어야 한다는 것은 아니다. 우주에 별들이 헤아릴 수 없이 많지만 각자 고유한 스펙트럼으로 빛나는 것처럼 각자 고유의 자리에서 고유의 빛을 발하면 된다. 이처럼 세상의 종교인들이 각자 순수한 고유의 빛을 발할 때 세상은 그만큼 더 아름답고 밝아지게 될 것이다.

모쪼록 이 책을 통하여 불교인들은 기독교를 좀 더 이해하게 되고 그리스도인들은 불교를 좀 더 이해할 수 있게 되기를 바란다. 남의 언행이 나를 비추는 거울이 될 수 있듯이 타종교의 경전이나 말씀은 내 신앙의 거울이 될 수 있는 법이다. 그래서 각자의 영성이 더욱 깊어지고 모두가 서로 소통할 수 있는 새로운 지평이 열리게 되는 그런 작은 계기라도 될 수 있다면 더없는 보람과 기쁨이 될 것이다.

2022. 6. 25.

금강경 공부를 시작하며

우리나라의 3대 종교는 유교, 불교, 기독교라 한다. 유교는 종교적 활력을 잃었으나 여전히 우리의 문화와 일상적 삶에 녹아 있다. 서구 역사를 이끌어온 기독교는 우리나라에 들어온 지 2백여 년에 불과 하지만 불교와 유교가 이 땅에 들어온 지는 1천 년 이상이다. 우리가 현대 한국인으로서 살아가려면 우리 문화와 역사 속에 스며있고 일상에 영향을 주는 이 세 종교를 알아야 한다. 기독교를 모르면 현대의 역사를 이해할 수 없고, 불교와 유교를 모르면 우리 문화의 뿌리와 원형을 알 수가 없다. 나는 역사적 존재요 문화적 소산이다. 오늘을 사는 나로서 주체적인 삶이 되려면 나를 알아야 하고, 나를 알려면 내가 태어난 나라의 역사와 문화를 알아야 한다.

불교는 기원전 624년경 지금의 네팔지역에서 태어난 석가모니의 가르침을 말한다. 유교는 기원전 551년에 중국 노나라에서 태어난 공자의 가르침이요 기독교는 로마제국 시대에 팔레스타인의 유대나라에서 태어난 예수의 가르침이다.

우리가 불교를 공부하려면 어느 책이 좋은가 했을 때 많은 분이 권하는 책 가운데 하나가 금강경이었다. 화엄경은 80권으로 너무 방대하여 접근하기가 쉽지 않은데 금강경은 한 시간이면 읽을 수 있을 정도의 짧은 분량이라 부담이 없다. 그런데 그 짧은 경전 속에 불교의 핵심이 들어있다는 것이다.

불경은 옛 인도말인 산스크리트어로 적힌 글인데 이것이 한문 번역을 통해 중국으로 전해지고 번역된 한문 경전이 우리에게 전해졌기에 우리 선조들은 모두 한문 불경을 읽으며 공부를 했다. 이렇게 경전과 불교 용어들이 온통 한문으로 되어있기에 대중들의 종교가 되기 어려웠다. 요즘엔 한글로 번역된 책들이 나와 있으나 아직도 불교의 전문 용어들이 우리말로 번역되거나 정리되어 있지 않아서 중요개념은 한자 용어 그대로 쓰고 있다. 예를 들어서 금강경만 해도 공空이니 색色이니, 상相, 또는 열반涅槃 등을 우리말로 바꾸지 않고 그대로 쓰고 있기에 한글 번역이라 해도 완전한 우리말 번역이라 하기 어렵다. 따라서 불경을 이해하려면 한문과 한자를 어느 정도 알지 않으면 안 된다는 것이다.

우리 민족이 1천 년 이상 읽어온 불경이지만 한문으로 번역된 그 한계 때문에 일반인들은 불경을 쉽게 접근하기 어려웠다. 어찌 보면 이것이 우리 한국불교의 한계라고 해야 할지 모르겠다. 물론 요즘 학자들은 한역 이전의 불경 즉 인도의 산스크리트 경전을 공부하여 우리말로 번역하는 일도 있지만 이미 우리 문화 속에 1천 년 이상 스며든 한역본의 영향을 외면하기 어렵다.

불경의 한역본에도 구마라집(344–413)의 번역본과 그보다 2백여 년 후에 나온 당나라 현장(602–664)의 역본이 있다. 이번에 우리는 보다 널리 알려진 구마라집의 역본을 가지고 공부하려고 한다.

공부를 어떻게 시작할까 생각하다 모든 공부는 쉽고 재미있게 하는 것이 좋다 하여 문득 새로운 방법을 생각했다. 그것은 비우면 비울수록 더 풍성해지는 이치를 이용하는 것이다. 가르치면 두 번 배운다는 속담처럼 남에게 알려주려 노력할수록 더욱더 자기 공부가 된다는 것이다. 그래서 이것을 매주의 실천으로 바꿔보자는 것이다. 금강경을 틈틈이 읽고 공부한 것을 주간 단위로 모아서 나눠보자는 것이다. 요새는 인터넷이 발달하여 어디에 있어도 컴퓨터만 있으면 서로 나눌 수 있기 때문이다. 물질은 나눌수록 적어지나 우리의 마음이나 지혜는 나눌수록 풍부해진다. 샘물도 퍼내면 퍼낼수록 솟아나듯이 우리 맘속의 지혜도 퍼낼수록 솟아나고 나눌수록 풍부해지는 것을 알 수 있다. 이런 것을 어떤 의미로 진공묘유眞空妙有라 해도 될 것 같다. 진실로 비움이 되어야 순수의 빛이 살아난다는 뜻이다. 그래서 우리가 순수의 빛을 계속 살리려면 늘 비움이 필요하다는 것이다.

노자는 이와 같은 의미로 허실생백虛室生白이라 했다. 방은 비울수록 환해진다. 빈방이라야 빛으로 가득 차지 다른 무엇이 가득 차 있다면 빛이 들어올 수 없다. 따라서 우리가 더욱 풍성한 생명의 빛을 얻기 위해서는 자꾸 비우고 비우는 일을 그치지 말아야 한다.

그럼 우리는 우리 마음을 어떻게 비울까? 그것은 바로 경전을 읽는 것이다. 내 안의 근심 걱정을 비우려고 노력하기보다는 경전을 읽고 묵상하는 것이 좋은 방법이다. 말씀을 묵상하는 순간에 마음은 비워지고 비워진 마음에 지혜의 빛이 들어온다. 그렇게 말씀을 묵상하다가 어떤 지혜의 빛이 찾아오면 그것을 함께 나누는 것이다. 이렇게 올려드린 소식이 친구들의 마음에 울림이 되고 거울처럼 메아리로 되돌아와 들을 수 있다면 더욱더 울림도 커질 것이다. 그렇게 서로가 거울이 되어 들여다볼 때 지혜의 풍성함이 커질 뿐만 아니라 우리의 속사람은 더욱 맑아지고 밝아지고 새로워질 것이다.

다석 류영모(1890-1981)의 가르침을 통해 얻은 금강경의 핵심은 응무소주이생기심應無所住而生其心이라는 한 마디다. 중국의 6조 스님으로 알려진 혜능선사(638-713)가 금강경의 이 구절을 듣고 대오大悟하여 육조가 되었다고 한다. 응당 머무는 마음이 없는 그 마음을 내라, 응당 마음이 머무를 바가 없는데 그 마음이 살아서 빛난다는 것이다.

응당 머무는 바가 없다는 것과 그 마음을 빛내라는 것, 이 두 가지에 대해 나의 스승 김흥호(1919-2012)는 늘 금강석의 비유로 설명한다. 나무가 땅속에 들어가서 수 만 년 머물게 되면 물기가 빠져 석탄이 되고 무연탄이 되고 끝내는 빛나는 금강석이 된다. 나무가 땅속에 들어가서 견딜 수 없는 압력과 뜨거운 열을 견디다가 마침내 모든 불순물이 사라지고 순수 결정으로 재탄생하여 영원히 변치 않고 빛나는 금강석이 되는 것이다. 이렇듯 연약한 나무가 금강석으로 변화되어야 그 무엇보다 강한 존재가 되어 아름다운 빛을 발하게 된다.

나무는 본래가 태양의 아들이었다. 그 태양의 아들이었던 나무가 땅속에 들어가서 온갖 고난과 역경을 뚫고 드디어 무엇보다 강하고 순수한 빛을 발하는 금강석이 되었다. 순수의 빛을 스스로 발하는 금강석이 되면 바로 태양의 아들이 된 것이다. 태양의 아들인 나무가 땅속의 고난을 통하여 결국 아들로서의 본래 모습을 회복하고 작은 태양으로 빛나게 되었다는 이야기다.

이와 같은 확장된 풀이는 또한 '응무소주이생기심'이란 말을 장자의

'참만고일성순參萬古一成純', 만고에 참여하여 하나의 순수함이 된다는 뜻에 비추어 풀이한 것이다. 만고萬古는 오랜 세월이기도 하지만 동시에 온갖 고생을 뜻하는 만고萬苦를 뜻한다. 나무가 어떻게 순수한 빛이 되는가? 마치 돌덩이인 금광석이 용광로에 들어가 뜨거운 불에 녹아서 잡석은 다 타버리고 순금이 되어 나오듯이, 풀무에서 단련된 쇠가 강철로 변하듯이, 만고의 고난을 겪어야 순수한 진리의 빛을 빛내는 인격이 되어 나온다는 것이다.

그래서 응무소주應無所住, 응당 살 수 없는 그런 고난 가운데로 들어가라. 그리고 그때 생기심生其心, 그 마음을 살려라. 그 마음이란 순수한 참 빛으로 충만한 환 빛이요 창조적 지성을 빛내는 우주적 지혜의 능력이요, 확장된 의식 너머에 없이 계시는 생생한 대자대비의 사랑이다. 이것은 하늘이 장차 큰일을 맡기려 하는 사람에게는 말할 수 없는 마음의 고통과 육신의 고난을 겪게 한다는 맹자의 천명사상과 상통하는 것이다.

이는 또 십자가 없이는 부활도 없다는 기독교 사상과도 같은 맥락이다. 응무소주應無所住를 십자가라고 하면 생기심生其心은 부활이다. 견딜 수도 없고 살 수도 없는 자리, 몸도 없고 마음도 사라진 응무소주라는 죽음의 십자가가 없이는 그 하나님 아버지의 마음을 빛내는 영광의 생기심이 나올 수 없다. 그 마음을 일으키는 생기심의 영광이 없으면 응무소주의 고통과 고난과 죽음은 무의미하다. 그 마음이란 우주를 창조하신 아버지 하나님의 불인지심不忍之心이다. 십자가 없이는 부활이라는 아버지의 사랑이 나타날 수 없고 부활의 능력이 없는 십자가는 허무다. 그래서 십자가의 죽음과 부활의 생명은 둘이 아니다. 십자가는 곧 부활이요 부활이 곧 십자가다. 부활의 예수를 만난 바울은 일생을 십자가로 살았다. 이것이 말하자면 바울 신앙의 핵심이라 하겠다. 십자가의 도를 위해서는 살아도 좋고 죽어도 좋다는 것이다. 하나님을 영화롭게 하는 길이 십자가이기 때문이다.

인생이 겪는 이런 고난의 의미를 불교에서는 어떻게 보는가. 당나라 시대에 살았던 선승 황벽黃蘗(?-850)은 백장百丈(720-814)의 제자로 이름은 희운希運인데 그는 다음과 같은 시를 남겼다.*

塵勞迥脫事非常(진로형탈사비상)
緊把繩頭做一場(긴파승두주일장)
不是一番寒徹骨(불시일번한철골)
爭得梅花撲鼻香(쟁득매화박비향)
– 황벽黃蘗

티끌 같은 몸으로 괴로워하며 살아가는 속세의 감옥살이를 벗어나는 일은 예삿일이 아니다. 눈앞에 늘어진 밧줄을 꼭 붙들고 올라가는 한바탕의 의의 결전이 없이는 되지 않는 일이다. 마치 매화나무가 매서운 겨울의 죽음을 겪지 않으면 봄에 향기로운 꽃을 피워낼 수 없듯이 어찌 죽음의 고난을 겪지 않고 새로운 생명의 꽃을 피워내고 그윽한 향기를 떨칠 수 있겠는가.

지금도 세상에는 고난받는 자가 많다. 아니, 세상에서 고난이 없는 사람이

---

* 김흥호 〈화엄경강해2〉 사색출판사

어디 있을까. 사람치고 고난을 겪지 않을 사람이 어디 있겠는가. 사람은 태어나는 순간부터 고난 가운데 살게 되어있다. 먹고 싸는 것부터 매일 부딪히는 일상이 고난이요 삶 자체가 고난이다. 죽을 수밖에 없는 유한한 생명 자체에 이미 생사의 모순이 있기에 세상에서 겪는 일체가 고난 아닌 것이 없다. 그래서 고난을 모르면 인생도 모른다.

나는 지금 어떤 고난 속에 있는가? 나의 고난은 무엇인가. 나의 고난을 아는 것이 진정으로 나를 아는 시작이라 하겠다. 인생이 고난이라는 것을 아는 순간이 진실한 인생의 출발점이다. 인생이 고난이라는 것, 그리고 그 고난이 무엇인지 알아야 진실한 삶을 찾게 되는 것이다. 따라서 우리에게 고난이 없다면 인생으로서의 소망도 없다. 고난이 이처럼 소망을 주는 의미 있는 것이요 소중한 것이라면 우리에게 고난은 회피의 대상이 아니라다. 오히려 가까운 친구로 여기고 다가서서 보살펴야 한다.

고난과 죽음을 그저 무의미한 고통이요 피해야 할 원수라 생각지 말고 내 몸처럼 함께 끌어안고 가야만 하는 친구라는 것이다. 우리가 그 고난과 죽음을 자기 몸처럼 따뜻한 마음으로 품고 나아갈 때 우리 안에 그 차마 못 할 사랑의 마음이 들어올 것이요 그 순수함을 통해 들어오는 새로운 생명의 빛이 충만한 기쁨으로 솟아날 것이다.

그 마음이란 하늘이 주시는 그이의 마음이다. 위에서 주시는 그 진리의 빛이 빛나는 그 충만한 사랑을 얻게 된다는 희망이다. 그 빛과 사랑을 바라보는 소망으로 내게 주어진 고난을 겪어 나아갈 때 우리는 오늘의 고통과 고난이 제아무리 심하다 하더라도 그것은 우리의 인내와 소망보다 더 크지는 않을 것이다. 그 마음 안에서 우리는 항상 기뻐하며 범사에 감사하며 끊임 없이 기도하는 삶을 살 수 있는 것이다.

그러니까 금강경의 응무소주이생기심應無所住而生其心 한 마디는 고난 속에 있는 인생에 희망을 주는 기쁜 소식이요 복음이라 하겠다. 우리 선인들은 기쁨의 소식을 복된 소식, 복음이라 했다. 고난과 죽음의 세력에 짓눌리지 말고 그 고난과 죽음을 받아들여 인내로 참고 이겨내라. 그러면 여러분은 그 고난의 죽음을 통하여 변함없이 빛나는 금강석으로 새로운 존재의 변화를 얻게 될 것이다. 사도 바울도 고백하기를 "나는, 현재 우리가 겪는 고난은, 장차 우리에게 나타날 영광에 견주면 아무것도 아니라고 생각합니다."(로마서8:18) 했다. 이런 복음의 메시지가 또한 금강경이 아닐까 기대하며 읽어본다.

2008. 3. 28.

迥脫塵勞事非常
緊把繩頭做一場
不是一番寒徹骨
爭得梅花撲鼻香

형탈진로사비상迴脫塵勞事非常; 티끌같은 돈과 권력을 향해 땀내며 다투는 속세살이를 멀리 벗어나는 일이 얼마나 긴급하고 비상한 일인가? 긴파승두주일장緊把繩頭做一場; 생사의 감옥에서 벗어나려면 늘어진 밧줄을 긴급히 붙들고 한바탕 올라가는 싸움이 있어야 하리니, 불시일번한철골不是一番寒徹骨; 엄동설한의 뼛속 깊이 찌르는 추위를 겪지 않고서야 쟁득매화박비향爭得梅花撲鼻香; 어떻게 매화가 꽃을 피워 그 코를 찌르는 그윽한 향기를 피워낼 수 있으랴.

이 세상은 생사의 담장으로 둘러싸인 하나의 감옥이다. 그것도 불타는 감옥이다. 그러니 빨리 벗어나지 않으면 안 될 위급한 상황이다. 그 감옥에서 벗어나는 길이 있으니 그것은 바로 눈앞에 늘어져 있는 경전의 말씀 줄을 붙잡고 올라가는 것이다. 올라가는 것이 고통스럽고 힘들지만 그런 고통이 없이 어떻게 자유를 얻겠는가. 매화가 꽃을 피워 향기를 풍기려 해도 한겨울 추위를 겪어야 하지 않는가.

금강경 전편

법회인유분法會因由分

법회가 열리게 된 연유

제가 들은 바는 이와 같습니다. 한때 부처님이 사위국의 기수급고독원에서 비구 1천 2백 5십 명과 함께 계셨습니다.

(여시아문如是我聞하오니 일시一時에 불佛이 재사위국在舍衛國 기수급고독원祇樹給孤獨園하사 여대비구중與大比丘衆 천이백오십인千二百五十人으로 구俱러시니)

이때 세존께서 식사 때가 되어 옷을 갖춰 입고 바리를 들고 사위성에 들어가 걸식하셨는데 성안에 들어가셔서 차례차례 구걸하신 후 본래의 자리로 돌아오셨습니다.

(이시爾時에 세존世尊이 식시食時라 착의지발着衣持鉢하시고 입사위대성入舍衛大城하사 걸식乞食하시되 어기성중於其城中에 차제걸이次第乞已하시고 환지본처還至本處하사)

부처님께서 식사를 마치신 후에 옷과 바리를 거두어 두시고 발을 씻으신 후 자리를 펴고 앉으셨습니다.

(반식흘飯食訖하시고 수의발收衣鉢하시며 세족이洗足已하시고 부좌이좌敷座而坐하시다)

평산풀이

여시아문如是我聞, 나는 이렇게 들었다. 이렇게 자기가 들은 바를 적어놓은 그는 누구일까. 그는 누구에게 무엇을 들었을까. 자기가 들은 것을 왜 이렇게 적어놓았을까. 이런 물음을 예상하여 그 연유를 적어놓은 것이 제1장의 법회연유분이다. 부처님의 말씀을 직접 듣고 기록으로 남겨 놓은 주인공은 석가세존의 제자인 수보리 장로다.

석가세존께서 사위국舍衛國이란 나라에 계실 때 '급고독원'이라는 사찰에서 1250명의 제자들과 함께 기거하며 법회를 열었는데 그 법회에 참석했던 제자들 가운데 한 사람인 수보리가 부처님의 말씀을 듣고 이렇게 기록으로 남긴 것이다.

여시아문如是我聞, '나는 이렇게 들었노라' 하고 시작하는데 그 법회가 이뤄진 때를 한때, 즉 일시一時라 했다. 말하자면 급고독원이라는 공간에서 부처님을 모시고 진리의 말씀을 들었던 그 한때야말로 영원히 사라질 수 없는 초월적 시간, 요새로 말하여 영원한 현재(eternal now)라는 것이다.

이렇듯 제1장에서는 부처님의 강의가 이뤄지기 전에 일상의 모습을 그린 것이다. 아침에 부처님을 모신 모든 수행자는 사위성 안으로 들어가서 주먹밥 같은 음식을 구걸하여 식사를 마친 다음에 강의 장소인 급고독원으로 되돌아온다. 돌아온 다음에는 의발, 즉 옷과 밥그릇을 제자리에 두고 발을 씻은 다음에 자리를 깔고 앉아서 법회를 여는 것인데 이제 막 그 법회의 강의를 시작하려 할 때의 모습을 풍경화처럼 보여준다.

금강경은 모두 32장으로 되어있는데 1장 법회인유분法會因由分은 법회가 이뤄진 인연과 까닭을 적은 것이다. 즉 앞서 말한 대로 석가세존이 진지를 잡수시고 자리를 깔고 앉아 제자들에게 설법할 준비를 하셨다는 내용이다. 2장 선현기청분善現起請分은 보살이 나와서 부처님께 질문을 통해 법문을 요청하는 장면이다. 우리가 진리를 깨닫고 살려면 어떻게 해야 합니까? 이런 질문에 대하여 부처님의 대답이 이어지는 내용이 본문이다. 불교의 경전은 대개 세 부분으로 이뤄진다. 처음에는 부처님의 법문이 나오게 된 배경을 말하고 이어서 부처님이 말씀하신 내용을 다룬 다음에 부처님의 말씀을 잘 지키고 전해라는 당부의 글로 끝난다.

붓다(buddhi)라는 인도말을 한문으로 음역하여 불佛이라 하고 우리말로 부처라 한다. 붓다의 의미는 깨닫는다, 안다는 뜻이다. 우주와 인생과 우리가 사는 세계에 대하여 높고 깊고 바른 앎으로 진리를 깨친 사람을 부처라 한다. 보살菩薩은 산스크리트어 보디사트바(Bodhisattva)를 음역한 보리살타菩提薩埵의 준말이다. 보살이란 뜻은 일반적으로 '깨달음을 구해서 수도하는 사람', 즉 구도자를 의미한다. 구도자인 보살이 다른 사람을 도우면서 살려면 어떤 생각을 하고 어떤 수행을 해야 하는지 질문을 한다.

질문을 한 사람이 누구인가 하면 청중 가운데 한 사람인 수보리다. 수보리는 제자 가운데 뛰어난 장로인데 부처님이 수보리의 질문을 받고 대답하신 내용이 32장까지 이어진다. 그러니까 수보리와 부처님의 한 차례 문답, 그것이 금강경이다. 어느 날 석가모니께서 법회를 여셨는데 그 법회에 참석한 장로 수보리가 질문을 하고 석가모니께서 그 수보리에게 이렇게 대답하셨다고 하는 것이 금강경이다.

이렇듯 어느 날 한 차례의 문답식 강의가 이뤄진 것인데 그것을 듣고 누군가 정리한 것이 금강경이라는 경전으로 남게 된 것이다. 아마도 질문의 당사자인 장로 수보리가 정리를 해서 남겨 놓았을 것이다. 장로 수보리 덕분에 어느 한때의 그 한 시간이 영원한 경전으로 남게 된 것이다. 한 시간의 순간 속에 영원함이 깃들어 있다는 것이다. 그래서 우리는 영원 속의 순간에서 순간 속의 영원을 찾는 것이다. 영원 속의 순간은 법회라는 한 사건이요, 순간 속의 영원이란 바로 진리, 또는 다르마를 깨치는 사건이다. '아누다라삼먁삼보리anuttarasamyak-sambodhi'라는 지혜를 얻는 사건이 '순간 속의 영원'이다.

그래서 누구나 순간 속에서 영원을 만나는 그 한때, 일시라는 것처럼 인생에서 중요한 것은 없다. 따라서 일시一時는 잠시라는 뜻도 아니고 어느 때라는 것도 아니다. 순간 속에서 영원을 체득하는 카이로스 시간이다. 서양에서는 시간을 크로노스와 카이로스로 구별하는데 크로노스는 흘러가는 시간이고 카이로스는 끊어진 시간이라 한다. 일시는 끊어진 시간의 카이로스를 말하는 것이다. 카이로스는 순간 속에 영원성을 만나는 초월적 체험이요 진리와 하나가 되는 근본경험을 말하는 것이다.

동양에서는 하늘 땅 그리고 사람이 하나가 되는 진리 체험을 깨닫는다고 한다. 그리고 그 진리를 깨닫는 순간을 일시一時라 하는 것이다. 즉 석가모니의 법회에서 아누다라삼막삼보리라는 진리를 깨닫는 순간의 경험을 가졌다는 표지로 일시라 한 것이다.

물론 당시 부처님께서 1시간을 강의했는지 10시간을 강의했는지 모르나 영원한 시간에서 보면 10시간도 순간이다. 그렇지만 그 시간에 진리를 깨닫는 체험이 없었다면 그것은 영원한 순간의 카이로스가 아니라 흘러가는 한때의 크로노스가 되고 말았을 것이다. 그 일시의 카이로스를 가지고 사느냐 아니면 없이 사느냐, 그것이 우리 인생의 과제이다. 카이로스의 한때를 가지고 살면 50년을 살아도 영생이지만 그것이 없이 살면 100년을 살아도 허무요 요절夭折이라 할 것이다. 수보리는 그런 영원의 순간을 가졌기에 그 영원한 한때를 전하기 위해서, 그 진리의 기쁨을 전하기 위해서 이렇게 적어놓은 것이다.

계절은 변하여 춘분이 지나고 청명이 다가오니 봄의 전령들이 날마다 새로운 빛으로 소식을 전하고 있다. 봄기운이 충만한 이때 봄을 만난 자연과 더불어 기쁨이 충만하시길 빌어본다. 만물이 생생하게 피어나는 것도 봄이라는 한때를 만나서 힘을 얻었기 때문이다. 서울 시내 곳곳에서도 하얀 매화꽃 소식에 이어 정원에서 서성이는 목련들이 마치 새가 알을 낳듯 깨끗하고 정결한 꽃망울들을 피워내고 있다. 겨우내 죽어있던 나무에서 어떻게 그렇게 깨끗하고 고운 꽃봉오리들이 솟아나는지 신기할 뿐이다. 해마다 보는 풍경이지만 볼 때마다 신비한 느낌과 경탄을 갖지 않을 수가 없다.

봄을 만난 나무들은 저마다 자기의 꽃을 피워낸다. 나무와 꽃의 관계를 생각해 본다. 나무에서 꽃이 나오지만 꽃은 나무와 전혀 다른 모습이 신기하다. 나무에서 나왔으되 나무를 벗어났고 나무를 벗어났으되 나무와 떨어진 것도 아니다. 나무와 꽃은 같은 것이 아니지만 다른 것도 아니다. 나무의 속알, 나무의 본질이 겉으로 드러난 것이 꽃이라고 생각된다.

나(我)는 없다는 나는 무(無), 나무, 이렇게 나무라는 말도 생각하면 재미있다. 귀의歸依한다는 뜻도 나무라 한다. 나무아미타불, 아미타 부처님께 귀의한다는 뜻이다. 또 한자로는 남무南無로 번역했는데, 태양이 남중南中하면 그림자가 없어진다는 뜻이다. 태양이 하늘의 중심과 일치하는 순간이 남중南中이요, 그때를 부처님은 마음에 점을 찍는 점심點心의 순간이라 하여 점심을 하였다. 그때는 또 땅의 나무에 그림자가 없어지니 남무南無라 한다. 나무의 꼭대기 수직으로 태양이 올라오니까 나무의 그림자가 사라지는 것이다. 이처럼 나무라는 것 하나만 제대로 깨쳐도 모든 철학과 사상의 요령을 잡을 수 있을 것이다. 나무는 태양을 만나는 순간에 나무가 되는 것이다. 그래서 태양의 아들로 꽃을 피우는 것이라 하겠다.

선승 조주에게 제자가 물었다.

"달마조사께서 서쪽에서 온 까닭이 무엇입니까?"

스승 조주가 친절하게 대답해 주었다.

"뜰에 서 있는 감나무를 보라."

논리적인 설명을 기대했던 제자는 당황했다. 나무를 쳐다보지만 아무 감흥이나 느낌이나 생각이 없었다. 보기는 보면서도 진리를 보지 못하는 제자가 답답해서 다시 물었다.

"선생님, 비유로 말씀하시지 말고 제발 직설적으로 대답해 주세요."

"그래, 비유가 아니고 직설로 말하지."

"조사께서 서쪽에서 오신 뜻이 무엇입니까?"

"뜰에 서 있는 감나무를 보라."

"……."

예수님은 말씀하셨다.

"공중을 나는 새를 보라."

다석 류영모는 동광원을 방문해서 강의하며 말씀하셨다.

"산에 핀 진달래를 보시오."

전혀 다른 시대 다른 문화권의 다른 성인들이 말씀하신 것이지만, 그래서 그것들이 다 다르게 보일지 몰라도 서로 통하는 말씀이라 생각된다.

꽃을 자세히 바라보면 꽃잎이 있고 꽃술이 있고 꽃받침과 줄기가 있다. 나무도 잎과 가지와 줄기 및 뿌리로 되어있다. 꽃이 비록 모습은 다르지만 구조는 나무와 다르지 않다. 나무는 그 본질을 꽃이라는 형상으로 드러내 보이는데 그 모습은 태양의 형상이다. 태양의 형상을 우리는 태극太極으로 표시한다. 꽃의 모습에서 우리는 태극의 형상을 볼 수 있다. 꽃받침은 태극이요 꽃잎은 무극無極의 동그란 원이요 암술과 수술은 음양陰陽이다. 무극과 태극과 음양을 나타내는 것이 꽃이라는 형상이다. 태양계라는 우주의 중심에 태양이 자리 잡고 그 주위를 수 많은 행성들이 밤낮으로 돌고 있다. 이런 우주의 형상이 꽃으로 나타난 것이다. 꽃은 곧 우주의 형상이요 나무의 본질이다.

나무가 꽃을 피우는 순간은 나무가 태양의 아들임을 드러내는 찰나다. 꽃이 피는 때는 태양과 나무와 꽃이 일치되는 순간이다. 이 순간의 감격을 가져야 영원한 생명의 열매를 맺을 수 있다. 이 순간의 감격을 소망하며 모진 고난의 겨울철을 견디는 것이다. 어둠과 고통의 겨울을 지나 봄이라는 시절인연을 만나서 꽃이 피는 경험을 눈을 뜬다고 한다.

古木花開劫外春고목화개겁외춘 (고목에 꽃이 피니 세월 밖의 봄)
山河一片白銀團산하일편백은단 (산하는 한 조각 흰 눈덩이로다)
神光久立安心處신광구립안심처 (신광스님이 오래 서서 안심처를 구했지만)
豈似今朝徹骨寒기사금조철골한 (어찌 이 아침에 느끼는 뼛속 깊은 추위만 할까)

–나옹선사

고목화개겁외춘枯木花開劫外春, 죽은 나무에서 꽃이 피니 세월 밖의 봄이라는 이 시가 참으로 멋있다. 고목화개겁외춘枯木花開劫外春이란 한 마디에는 죽음을 넘어선다는 뜻도 있고, 공간을 벗어난다는 뜻도 있고 시간을 초월한다는 뜻도 있다. 자기 자신의 본질이 나타나는 순간, 진리를 깨닫는 순간은 시간 공간 인간을 벗어나는 영원한 순간이라는 뜻이 잘 표현되어 있다. 꽃이 핀다는 말은 공간을 초월하는 것이요 겁외춘劫外春은 시간을 벗어난다는 뜻이요 죽은 나무에 꽃이 핀다는 것은 생사를 초월한다는 뜻이 있으니 시간 공간 인간을 벗어난 모습의 표현이다.

우리의 본질이 꽃이라는 어떤 형상으로 나타나는 순간, 그것을 불교에서 연각緣覺이라 한다. 시절인연과 하나가 되는 체험이다. 그 절절한 체험은 엄동설한 눈 속에서 뼛속 깊이 스며드는 추위를 겪는 고통보다 절실하다는 것이다.

이렇게 차가운 눈 속에서 꽃을 피우는 매화처럼 연각이 되면 남을 살리는 보살행으로 나아간다. 중생들이 고통을 당하고 있는 한겨울의 추위 속으로 들어가 꽃을 피우는 것이다. 꽃은 순간에 피었다가 곧 지고 마는 것으로 영원한 것이 아니다. 무상한 것이 꽃이다. 무상한 꽃을 영원한 것으로 착각하거나, 실체로서 착각하거나, 실상으로서 착각하거나, 자기 자신으로 착각하면 상相에 붙잡힌 것이라 한다.

깨달았다고 연각에 머무르면 상에 붙잡힌 것이요 보살이 아니다. 연각이 되었으면 중생과 함께 추위를 겪는 보살행으로 나아가야 되는데 앞으로 나아가지 못하고 주저앉아 떨어진 시든 꽃처럼 되는 병폐가 있을 수 있다. 그 이유는 상에 집착하기 때문이다. 이런 상에 집착하지 않는 법을 알려주는 경이 금강경이 아닐까 싶다.

이렇게 볼 때 금강경은 불교 입문자들에 대한 안내서가 아니라 이미 성문聲聞을 마친 사람들, 말하자면 불교에 대한 대학과정을 마친 대학원생들을 가르치는 법문이라고 본다. 고집멸도苦集滅道라는 사성제四聖諦와 십이지인연十二支因緣의 철학과정을 마치고 연각을 이룬 보살들을 향한 지행합일의 수행법문이라 할 것이다. 즉 왕양명으로 말하면 지행합일을 어떻게 해야 되는지, 곧 치양지致良知에 대한 가르침이 금강경이 아닐까 생각된다. 따라서 그 핵심은 양심을 일깨우기 위해서 계속 올라가고 올라가야 한다는 것이다.

실상무상實相無相이라는 말이 있다. 실상實相은 무상無相이요 무상이 실상인데 누구라도 깨달았다는 상에 붙잡히면 보살이 되지 못하고 마는 것이니까 계속 올라가야 된다는 내용이다. 연각이 되었으면 삼법인三法印을 확실히 체득하여 올라가는 수행을 그치지 말아야 한다는 가르침이다.

꽃이 피는 것은 모두 인연因緣에 따라 일어나는 무상無常한 것이다. 제행무상諸行無常인데 무상無常을 상常으로 착각하는 것이 수자상壽者相이다. 한 순간 피었다 지는 꽃이 자기 자신이 될 수 없다. 모든 꽃은 무아無我다. 아무리 아름다운 어느 꽃도 나 자신이 될 수 없다. 나무도 나라 할 수 없고 꽃도 나라 할 수 없고 열매도 나라 할 수 없다. 제법무아諸法無我다. 꽃이 핀 다음에는 열매를 맺기 위해 또다시 온갖 고생을 다 감내해야 한다. 벌레와 싸우고 폭풍우를 견디며 찬 이슬과 서리를 감당해야 한다. 모든 일이 다 열매를 키우기 위한 고난이요 고통이다. 열매가 되면 또 죽음을 기다린다. 열매의 소망은 죽음이다.

이렇듯 일체가 다 고난의 연속이다. 제행이 무상하므로 일체개고一切皆苦라는 거다. 제행무상, 제법무아, 열반적정, 이것이 석가세존의 근본 가르침으로 삼법인三法印이라 한다. 석가모니가 깨닫고 맨 처음 가르치고자 하는 핵심이 이 세 가지라 해서 삼법인이라 한다. 세 가지 진리의 핵심이라는 삼법인은 결국 석가모니의 우주관과 세계관과 인생관이다. 제행무상의 우주관과 제법무아의 세계관과 열반적정의 인생관이다. 이 삼법인을 체득하여 열매 맺기 위해 노력하는 사람이 보살인 것이다.

우주에 나타나는 모든 것은 다 우리의 본질을 드러내는 꽃과 같은 상相이다. 나타난 것 치고 상 아닌 것이 없다. 일체 만물에서 상을 보되 상에 매이지 말아야 한다. 실상은 무상이기 때문이다. 일체의 상에 집착하지 말고 올바른 수행을 하도록 이끄는 것이 삼법인의 내용이요 또한 이것을 알려주어 지행합일의 수행으로 이끌자는 말씀이 바로 모든 대승 경전의 말씀이라 생각된다. 연각을 체험한 보살들에게 실상무상을 철저하게 훈련하여 보살도와 보살행으로 무르익은 열매를 맺는 성불이 되도록 인도하려는 자비의 가르침이다.

무르익은 열매를 유교에서는 어질 인仁이라 한다. 인이 무엇인가 물으니 공자는 기욕입이입인己欲立而立人 기욕달이달인己欲達而達人이라 한다. 내가 일어서고 싶은 마음으로 다른 사람들을 일으켜 세우고 내가 날고 싶은 만큼 다른 사람들이 날아갈 수 있도록 힘써 도와주고 사랑하는 것이다. 스스로 일어서는 독립과 스스로 날아가는 자유를 누리도록 남을 도와주는 그런 인仁의 사랑이 보살행이라는 것이다. 이런 보살행을 가르치고 전하자는 것이 부처님과 수보리의 뜻이 아닐까 한다.

2008. 4. 1.

선현기청분善現起請分

수보리가 일어나 설법을 부탁하다

이때 장로 수보리가 대중들 가운데 있다가 바로 자리에서 일어나 오른쪽 어깨를 벗고 오른쪽 무릎을 굴하여 땅에 대고 합장하며 공손하게 경의를 표하고 부처님께 여쭈었습니다.

(시時에 장로수보리長老須菩提 재대중중在大衆中하시다가 즉종좌기卽從座起하사 편단우견偏袒右肩하시며 우슬착지右膝着地하시고 합장공경合掌恭敬하사와 이백불언而白佛言하사대)

세상에서 가장 높고 귀하신 분이시여! 여래께서는 모든 보살을 잘 보살펴주시고 보호 인도하시며 잘 붙들어 주십니다.

(희유세존希有世尊하 여래선호념如來善護念 제보살諸菩薩하시며 선부촉善付囑 제보살諸菩薩하시나니)

세존이시여, 좋은 사람들이 아누다라삼먁삼보리의 마음을 발휘하고자 할 때 마땅히 그 마음을 어떻게 머물게 하며 또 그 마음을 어떻게 붙잡아야 합니까?

(세존世尊하 선남자선여인善男子善女人이 발아누다라삼먁삼보리發阿耨多羅三邈三菩提心하니 응운하주應云何住며 운하항복기심云何降伏其心하리잇고)

부처님께서 대답하셨습니다.

수보리야, 정말 좋은 질문이다. 좋은 질문을 했구나. 네가 말한 바처럼 여래께서는 모든 보살을 언제나 생각하여 잘 보호하고 이끄시는 분이다. 너는 이제 잘 들어라. 마땅히 너를 위해 말해주겠다. '선한 사람들이 아누다라삼먁삼보리의 마음을 일으키고자 하면 마땅히 이와 같이 살아야 하고 이와 같이 그 마음을 다스려야 하느니라'

(불언佛言하시되 선재선재善哉善哉라 수보리須菩提야 여여소설如汝所說하야 여래선호념如來善護念 제보살諸菩薩하며 선부촉善付囑 제보살諸菩薩하나니 여금체청汝今諦聽하라 당위여설當爲汝說 선남자선여인善男子善女人이 발아누다라삼먁삼보리심發阿耨多羅三邈三菩提心하니 응여시주應如是住하며 여시항복기심如是降伏其心이니라)

세존이시여, 제발 그렇게 해주십시오. 기쁘게 듣겠습니다.

(유연唯然 세존世尊하 원락욕문願樂欲聞하노이다.)

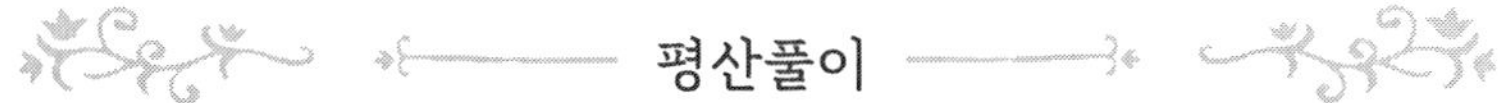

평산풀이

제2 선현기청분善現起請分은 수보리, 즉 '선현善現'이 일어나서 부처님께 질문으로 법문을 청했다는 말이다. '수보리'는 범어를 소리나는 대로 옮긴 음역이고 '선현'은 범어를 뜻으로 풀이한 의역이다. 범어의 '수부띠'라는 소리를 그대로 한자로 옮겨서 수보리須菩提라고 한 것인데 그 뜻은 '잘 되었다'는 말이다. 잘 되었다는 그 뜻을 또 한자로 '선현善現'이라 번역한 것이다.

같은 말을 소리대로 번역하느냐 아니면 뜻으로 옮기느냐 두 가지 방식이 있는데 그것을 병행하여 표기하기도 한다. 당시 법회에 참석했던 덕망 있는 장로 한 사람의 이름이 수부띠, 즉 수보리인데 그 이름이 갖는 뜻대로 하여 선현이라고 번역한 것이다.

수보리가 당시에 스승을 공경하는 예에 따라서 석가세존에게 경의를 표한 다음 질문을 하였다. 즉 수보리가 자리에서 일어나 걸치고 있던 옷의 오른쪽 어깨를 벗어 드러내고 오른쪽 무릎을 굴하여 땅에 대고 합장하며 공손하게 절을 하며 물었다.

"세상에서 가장 높고 귀하신 분이시여, 여래께서는 모든 보살을 잘 보살펴주시고 잘 보호 인도하시며 잘 붙들어 주십니다. 세존이시여, 선한 사람들이 '아누다라삼먁삼보리阿耨多羅三藐三菩提'의 마음을 드러내려면 마땅히 그 마음을 어떻게 머물러야 하며 또한 어떻게 그 마음을 붙잡아야 합니까?"

우선 수보리의 질문을 이해하는 일이 쉽지 않다. 선남자 선여인을 그냥 '선한 사람'이라고 번역했는데 그것도 만족스럽지 않다. 원래는 귀족들의 자제를 '선남자와 선여인'으로 번역한 것이다. 귀족은 성직자 계급인 브라만을 지칭한다고 생각할 수도 있겠지만 그것보다는 중생을 구제하기 위하여 도를 닦는 수행자라고 보면 좋을 것 같다. 즉 보살이 되고자 하는 사람을 귀족이라 보고 보살이 되려는 선한 뜻을 지니고 있기에 '선한 사람'이라고 번역해 본 것이다.

그리고 아주 낯선 말이 나오는데 '아누다라삼먁삼보리阿耨多羅三邈三菩提'가 그것이다. 산스크리트어인 아누따라삼먁삼보리(anuttarasamyak-sambodhi)를 소리 나는 대로 본떠서 한자로 번역한 음역音譯이 '아누다라삼먁삼보리阿耨多羅三邈三菩提'다. 이것을 불교계에서는 '아뇩다라삼먁삼보리'로 읽고 있는데 김맬 '누' 자를 왜 '뇩'으로 읽어야 하는지 모르겠다. 소리 나는 대로 읽기 위해서 막邈을 '먁'으로 읽고 보제菩提를 '보리'로 읽는 것은 이해되지만 누耨를 '뇩'으로 읽어야 할 이유를 찾기 어렵다. 그래서 관습을 따르지 않고 산스크리트어 소리에 맞춰 앞으로 '아누다라삼먁삼보리'로 읽어보기로 하는데 그 뜻은 무상정변지無上正遍智, 또는 무상정등각無上正等覺이라 한다. 아누따라anuttara는 무상無上이란 뜻이고 삼먁samyak은 올바르다(正)는 뜻이고 삼sam은 넓고 보편적이라는 뜻이다. 보리bodhi는 지혜라는 뜻이다.

가장 높고 올바른 보편적인 진리를 깨치려면 우리 마음을 어떻게 해야 됩니까? 간단히 말하자면 이런 질문이라 하겠다. 수보리가 이런 질문을 하기에 앞서 스승이신 여래를 향하여 오른쪽 무릎을 꿇고 절하는 공경의 예를 바쳤다고 한다.

동양의 옛사람들은 스승에 대한 공경의 태도가 지극했다. 서양에서는 스승에 대한 그런 예가 있는지 모르겠다. 또 동양사람들이 갖는 스승의 지위에 대한 특별한 개념도 별로 없는 것 같다. 말하자면 절을 하는 공경의 예는 신에게 바치는 것이지 사람에게 무릎 꿇고 절하는 일이 낯선 것 같다. 이는 아마도 기독교의 영향이 아닌가 추측해 본다. 기독교의 십계명 가운데 우상을 섬기며 절하지 말라는 계명이 있다. 절하지 말라는 이런 계명을 문자대로 지키는 기독교 문화의 영향이 큰 것 같다. 하여튼 스승에 대한 태도가 동양과는 좀 다른 것 같다. 스승의 권위를 하늘처럼 바라보는 동양과 달리 서구에선 진리 앞에서 누구나 평등하다는 생각이다. 이런 점이 동서양 문화의 차이라 하겠다.

스승에 대한 동서양의 태도 가운데 어느 것이 더 옳고 더 좋다는 것은 아니다. 서로 장단점이 있을 것이다. 어느 사회이건 스승에 대한 존경이 없이는 학문과 문화의 발전이 있을 수는 없다. 그렇다고 권위주의가 되면 또 안 된다. 우리 전통에서는 스승을 부모나 임금처럼 공경하라고 했다. 높이 우러르며 공경하는 스승을 갖지 못하면 인생의 의미를 찾을 수 없다는 것이다. 그런데 이런 태도가 자칫 권위주의와 결합되면 오히려 학문의 발전을 저해하는 요소가 된다. 스승의 권위에 눌려 새로운 발전을 못 하는 것이다. 따라서 스승에 대한 존경과 스승을 뛰어넘을 수 있는 진리애(필로소피)가 동시에 필요할 것이다. 유교에서도 아버지의 권위를 하늘처럼 높이면서도 아버지보다 나은 아들이 되어야 효자라고 가르친다. 스승이나 아버지의 권위에 짓눌려 못난 자식이 되면 안 된다는 것이다. 스승보다 뛰어나야 진짜 제자요 아버지를 넘어서야 효자가 된다.

수보리는 세존을 우러러보며 "희유하신 분이여!" 하고 경탄을 한다. 석가모니를 바라보며 말할 수 없는 깊은 감격을 느끼는 것인데 그것이 결국 수보리가 스승의 도를 이어받은 제자의 징표라 하겠다. 스승에 대한 그런 감격이 벌써 스승을 알아본 것이고 그런 경탄이 없이는 스승의 진면목을 볼 수가 없고 스승의 도를 전수할 수도 없기 때문이다.

공자의 제자가 3천 명인데 그 가운데 수제자가 안회라 한다. 안회가 왜 수제자가 되었을까 생각할 때 누구보다 안회가 공자를 가장 높이 우러러보았기 때문일 것이다. 안회가 공자를 어떻게 우러렀는지 논어에 나온 글을 소개한다.

안연이 길게 탄식하며 말했다.

선생님의 인격을 우러러보면 볼수록 더욱 높아지고, 뚫어보면 뚫을수록 더욱 단단하여라. 눈앞에 보이는가 싶었는데 홀연 뒤에 계시니 알 수가 없구나.

선생님께서는 우리를 차근차근 잘 이끌어주시니 진리의 말씀으로 나를 넓혀주시고 예도로 행동을 단속해주시므로 따르는 일을 그만두려 해도 그칠 수가 없네.

이미 내 힘과 재주를 다했는데 아직도 선생님께서는 저 높이 우뚝 서 계시니 내 비록 따르려 해도 따를 길이 없구나.

(顔淵 喟然歎曰 仰之彌高 鑽之彌堅 瞻之在前 忽焉在後 夫子 循循然善誘人 博我以文 約我以禮 欲罷不能 旣竭吾才 如有所立卓爾 雖欲從之 末由也已)

—논어 9장, 자한편—

안연은 안회의 이름이다. 안회가 스승 공자를 모시면서 느끼는 감회를 적은 글인데 스승은 구름에 덮인 산 같아서 참모습을 볼 수가 없고 용처럼 신묘하여 그 뜻을 붙잡을 수 없고 그 도는 절벽처럼 높이 솟아 올라갈 수가 없다고 고백할 만큼 스승은 하늘 같은 존재로 나타난 것이다. 이처럼 스승이란 나보다 차원이 높아서 도저히 따를 수 없다는 절망감과 함께 그 높은 세계를 사모하고 경탄하는 감격과 스승의 도를 따르는 열정이 없으면 진정한 사제 관계는 이뤄질 수 없을 것이다.

수보리가 부처님을 만나서 "희유하신 세존이시여!" 하고 감탄하는 그 순간에 그는 이미 스승을 만난 것이다. 스승을 만나려면 이렇듯 존경심과 아울러 자기의 물음을 가지고 만나야 한다. 수보리가 가진 물음이 무엇인가? 어떻게 해야 무상정변지를 깨닫고 사느냐는 것이다. 요새로 말하면 우리가 어떻게 진리를 깨닫고 자유를 얻을 수 있느냐는 것이다.

질문의 내용을 번역하면서 구마라집과 현장법사는 조금 다르게 해석했다는 것도 알아두면 좋을 것 같다. 즉 구마라집은 아누다라삼먁삼보리, 즉 최고의 지혜를 발휘하려면 우리는 어떻게 그 마음을 머물게 해서 붙잡아야 되는가 하는 질문으로 의역을 했는데 현장법사는 보살의 수레를 타고 수행길을 가려면 어떻게 그 마음을 머물게 하고 어떻게 접근하여 붙잡아야 되느냐 했다. 현장법사가 보다 원문에 충실한 번역을 한 것이다. 본래의 질문은 우리의 마음을 어떻게 머물게 하고 접근하여 붙잡을 수 있는가 하는 마음의 문제로 접근한 것인데 이것은 결국 마음을 깨치고 아누다라삼먁삼보리를 얻자는 것이니까 구마라집은 어떻게 우리의 마음을 깨칠 수 있는가 하고 좀 의역을 했다고 할 것이다.

"우리의 마음을 깨치고 아누다라삼먁삼보리(anuttarasamyaksam bodhi)를 발휘하려면 어떻게 해야 하나요?"

구마라집의 번역을 알기 쉽게 다시 고쳐보면 이렇게 되지 않을까 싶다. 금강경의 핵심이 아누다라삼먁삼보리를 얻자는 것인데 그 아누다라삼먁삼보리의 뜻을 번역하면 무상정변지無上正遍智라고 했다. 무상은 더없이 높다는 것이요 정편지正遍智는 바르고 보편적인 지혜를 말하는데 불교에선 부드러운 발음으로 하여 '정변지'로 읽는다.

가장 높고 바른 인생의 보편적 지혜인 아누다라삼먁삼보리를 깨친 사람이 부처라는 것이다. 부처님처럼 인생의 가장 높고 바른 지혜의 깨달음을 얻게 되면 그 경지는 어떤 것이며 그렇게 되려면 어떻게 우리 마음을 다스려야 됩니까? 이처럼 수보리의 질문을 크게 두 가지로 나눌 수도 있고 현장법사처럼 좀더 세분하여 셋으로 나눌 수도 있다. 즉 지혜를 얻은 마음의 경지가 무엇이며 그렇게 지혜의 경지를 얻으려면 어떻게 수행을 해야 하고 또 어떻게 그 마음을 다스려야 합니까?

먼저 아누다라삼먁삼보리라는 목적지를 알아야 되고 그 목적지에 이르는 길을 알아야 한다. 그 길을 따라서 목적지에 도달하는 수단이나 방법을 배우자는 것이다. 목적지에 도달한 다음에는 또 어떻게 살아야 하는가. 이것을 한자로 주住 수修 항降이라 번역했다. 목적지를 주住라고 하면 목적에 이르는 수단과 방법을 수修와 항降이라 할 것이다.

그래서 구마라집이 '응운하주應云何住며 운하항복기심云何降伏其心?' 하고 두 가지로 번역하였는데 현장법사는 원문처럼 그 가운데 '응운하

수應云何修'를 넣자는 것이다. 물론 이렇게 넣어서 생각하자는 것은 원문에 충실한 것도 되지만 돈오점수頓悟漸修의 입장이라 볼 수도 있을 것이다. 특별히 뛰어난 사람, 공자가 말하는 생이지지生而知之의 상근기上根機라면 돈오돈수頓悟頓修가 될 수도 있겠지만 보통 사람들은 돈오점수頓悟漸修의 길을 가게 된다.

경의 이름에 대하여

금강경이란 본래의 〈금강반야바라밀경〉을 줄인 말이다. 범어梵語로서 와즈라Vajra(금강) 프라즈나Prajna(반야, 지혜) 파라미타Paramita(파라밀다) 수트라Sutra(경) 라고 하는데 이를 줄여서 금강경이라고 한다.

금강이란 깨뜨리지 못할 것이 없는 가장 강한 것, 일체의 모든 것을 다 잘라버릴 수 있는 가장 강한 것을 말한다. 와즈라Vajra(금강)에는 또 벼락이라는 뜻도 있다. 벼락이 내려치면 모든 것이 다 부서지고 만다는 것이다. 반야는 지혜라는 말이고 파라밀다는 건너간다는 뜻이다. 이쪽 언덕에서 저쪽 언덕으로 건너가는 것을 파라밀다라고 한다. 불교에서는 파라밀다라는 음을 부드럽게 하여 바라밀이라 한다. 마찬가지로 포시布施도 보시라고 읽는다. 경經은 말씀, 이치 또는 길이라는 뜻이다.

사찰 입구에 들어서면 먼저 천왕문이 나오는데 거기에 4신을 조각해 놓았다. 그 가운데 금강저金剛杵를 들고 있는 금강역사를 볼 수가 있다. 금강저란 금강으로 만든 방망이, 또는 망치 모양의 메를 말한다. 가장 강한 금강저, 금강의 메를 한번 휘두르면 빛이 번쩍하면서 하늘이 갈라지고 우르릉 뇌성벽력이 울리며 만물을 살리는 비가 쏟아져 내린다. 빛이 번쩍 빛나고 뇌성소리가 우르릉 울리고 생명의 물이 쏟아지는 것이다. 지혜의 빛이 빛나고 만물이 깨나는 울림이 울리고 생명의 물이 쏟아져서 온 세계에 기쁨이 가득한 모습인데 그것을 묘사한 것이 '금강반야바라밀경'이라는 것이다. 금강석 같은 견고한 자아상을 깨뜨리고 번쩍이는 지혜의 빛으로 모든 중생을 열반으로 건네주는 보살의 길을 금강반야바라밀경이라고 한 것이다.

이처럼 '금강 반야'라는 말에는 금강석처럼 견고한 어떤 아상도 깨뜨릴 수 있는 지혜라는 뜻과 아울러 무엇이라도 깨뜨릴 수 있는 금강석 같은 지혜라는 뜻, 이렇게 두 가지로 해석할 수 있다. 후자는 구마라집의 한역에 대한 해석이고 전자는 범본에 충실한 현장의 번역이다. 여하튼 빛이라는 반야와 힘이라는 바라밀다, 그리고 생명 줄을 뜻하는 경, 이 셋이 금강반야바라밀경의 핵심이라 할 것이다.

예수의 제자 가운데 후세에 가장 큰 영향을 끼친 사람은 사도 바울이다. 바울은 사실 예수를 만나본 적이 없다고 한다. 예수의 제자들을 만났을 뿐인데 영적 종교체험으로 예수를 만나서 예수의 제자가 된 사람이다. 요즘의 터키 지역인 닷소 출신의 바울은 유대인으로 본래 이름은 사울이었다. 사울은 유대 말인데 희랍말로 바울이라 한다.

젊은 청년 사울은 유대인으로 자랐기에 누구보다 충실한 율법의 수호자였다. 어느 날 그는 의기양양하게 다메섹을 향해 떠났다. 유대 율법의 수호를 위해서는 예수의 부활과 예수를 그리스도라 믿는 신흥종교의 어리석은 사람들을 다 잡아서 처벌해야 된다고 생각했기 때문이다. 율법만이 진리요 옳은 것인데 이를 어지럽히는 무리들을 가만 놓아둘 수가 없다고 생각했다.

사울이 말을 타고 달리며 다메섹이 가까워졌을 때, 그때 갑자기 하늘에서 벼락이 떨어졌다. 먹구름이 가득한 하늘에서 햇빛보다도 더 밝은 빛이 번쩍 빛났다. 너무 밝은 그 빛을 보는 순간 정신을 잃고 말에서 떨어져 땅바닥에 고꾸라진 사울은 '우르릉' 하는 뇌성 같은 소리 속에서 '사울아, 사울아, 네가 왜 나를 박해하느냐?' 하는 하늘의 음성을 들었다. 사울이 '주님은 누구십니까?' 하고 물으니 '나는 네가 박해하는 예수다' 하는 대답이 들려왔다.

강한 빛을 만난 사울은 더 이상 눈을 뜨고 볼 수가 없었고 일어설 힘도 없어졌다. 예수의 음성을 듣는 순간 그동안 지녔던 자기의 아상과 집착과 신념이 깨지고 말았다. 아무것도 알지 못하고 아무것도 할 수 없는 무의 존재가 된 것이다. 혈통과 신분과 지식과 지위 역할 등으로 둘러싸인 유다인이요 바리새인이었던 사울이 그 모든 아상我相과 아집, 즉 이 율법만이 진리요 옳은 것이라는 법상法相이 깨져나가 사라지고 말았던 것이다.

이 체험을 계기로 바리새인 사울은 없어지고 그리스도인 바울로 다시 태어나 '그리스도와 함께 십자가에 못 박혔나니, 그런즉 이제는 내가 산 것이 아니라 내 안에 그리스도 예수께서 사신다.'고 고백하는 그리스도의 종이 되었다. 내가 없어지는 무아의 가운데 그리스도만 살아서 기쁜 소식을 전하는 사도 바울이 된 것이다. 사도 바울은 이제 일체의 어둠과 환영을 깨부수는 십자가라는 금강저를 가지고 살게 된 것이다. 십자가라는 금강저만 가지고 있으면 그리스도의 진리에 대항하는 어떤 악마나 죽음의 권세도 여지없이 무너뜨릴 수 있게 되었다.

금강의 빛과 금강의 힘 앞에서는 일체의 번뇌와 망상이 모두 힘을 못 쓰고 쓰러지고 마는 것이다. 이런 금강의 빛과 금강의 힘으로 어둠과 악의 권세가 득세하는 파란만장의 세상을 평정하고 풍랑의 바다를 건너서 열반이라는 고요의 피안에 이르도록 인도하는 그것을 금강반야바라밀경이라 할 것이다.

그런데 사도 바울은 예수 그리스도의 십자가와 부활의 빛과 힘을 가지고 이 세상을 넘어 영생하는 기쁨의 소리, 즉 복음을 전하자는 것이다. 이런 기독교는 물론 불교와 달리 그리스도의 십자가와 부활에 대한 믿음의 힘으로 이 세상을 건너가자는 타력신앙이다. 이에 비하여 불교는 아무래도 자기의 빛과 자기의 힘을 가지고 건너가려는 자력종교의 성격이 강하다고 할 것이다.

2008. 4. 8.

크리스천들에게 불교를 쉽고 간단하게 소개해 보자고 읽기 시작한 책이 금강경이었다. 불교를 알고자 하는 사람들에게 추천할 만한 책이 무엇일까 했을 때 몇 사람이 금강경을 추천하기에 읽어보자고 시작한 것인데 가만 읽어보니 금강경은 초심자들을 위한 것이 아니라 높은 수준의 제자들을 위한 부처님의 말씀이다.

불교의 역사를 살펴보면 석가모니가 열반하여 세상을 떠난 후에 그 가르침을 따르는 여러 부류의 그룹이 형성되었다. 부처님의 행적과 말씀은 문자로 기록되어 수많은 경전이 나타나게 되었는데 어느 것이 진짜 부처님의 말씀일까 논란이 되었다. 그래서 경전을 수집하고 평가하여 정비하는 과정을 거쳐 아함경으로 집대성 되었다. 초기 불교에서는 주로 아라한이 되고자 수행하는 수행자의 종교였는데 그에 따른 폐단이 나타나자 새로운 불교의 개혁운동이 일어났는데 그들은 이전의 불교를 소승불교라 하고 석가모니의 뜻을 새롭게 해석하여 대승불교라 하였다. 이런 대승불교의 형태가 처음 나타날 때 통용된 경전이 금강경이라 한다.

대승불교가 중국으로 전래 되고 또한 한국과 일본으로 전래 되면서 불교문화가 꽃을 피우게 되었는데 그 경전의 중심에 금강경이 있다. 물론 대승경전의 대표는 화엄경과 법화경과 원각경이다. 그런데 앞서 말한대로 모든 대승경전의 성립시기보다 가장 앞선 경전이 금강경이기에 대승경전이 들어오면서 금강경이 함께 들어온 것이다.

금강경이 대승경전이지만 또한 선불교의 경전이기도 하다. 선불교에서는 진리를 문자로 적을 수 없다는 불립문자不立文字, 그 진리를 가르쳐서 전할 수 있는 것이 아니라는 교외별전敎外別傳을 주장하므로 경전을 의지하는 것은 아니다. 그런데 중국에서 선불교의 조사가 된 6조 혜능선사가 금강경의 한 구절을 듣고 견성見性을 했다고 한다. 그 한 구절은 다름 아닌 '응무소주이생기심應無所住而生其心'이다. 그래서 선불교에서도 금강경을 중요하게 생각한다. 그뿐만 아니라 우리나라 신흥종교인 원불교에서도 금강경을 소의경전으로 삼고 있다. 원불교를 일으킨 소태산이 자기의 가르침도 불교에 속한 것이라 하며 금강경을 공부하라고 했다는 것이다. 이처럼 금강경은 삼국시대부터 우리나라에 들어와 널리 읽히고 널리 알려진 경전이요 불경 가운데 우리나라 사람들이 가장 애독하는 경전이다.

금강경이 이렇듯 우리에게 익숙한 이름이요 또 소리 내어 읽어도 한 시간이 걸리지 않을 만큼 간단한 경전이라 인기가 많은 듯하다. 화엄경도 유명한 경전이지만 너무 방대한 책이라 실제로 읽어본 사람이 많지 않을 것이다. 그러나 금강경은 간단하고 쉽게 읽을 수 있어서 널리 퍼진 것이다. 물론 금강경이 접근이 쉽다고 이해가 쉬운 것은 아니다. 그것은 초심자를 위한 경이 아니고 누구나 쉽게 이해할 수 있는 내용은 아니다. 하지만 선불교의 주장처럼 단박에 깨칠 수도 있는 것이요, 또 수 천 번을 읽고 외운다 해도 그 내용을 다 알 수는 있는 것도 아니다. 금강경 또한 선불교가 말하는 직지인심直指人心 견성성불見性成佛처럼 마음을 깨치는 말씀이기 때문이다. 그래서 그 내용이 쉽다면 무척 쉽고 어렵다면 한없이 어려운 책이다.

이런 의미에서 불교의 경전을 전혀 접해보지 못한 크리스천이라도 우리가 아는 기독교를 가지고 금강경을 보면 무슨 뜻인지 짐작하는데 그다지 문제가 될 것이 없다고 본다. 말이 다를 뿐 성인들의 마음이야 다를 게 무엇이 있겠는가. 성경은 그리스도 예수의 말씀을 적은 것이요 그 말씀을 통해서 그리스도 성인의 마음을 얻고자 하는 사람이 크리스천이다. 금강경은 부처의 마음을 전하는 책이다. 다 같이 성인의 마음을 전하자는 것이다. 인류를 사랑하고 만물을 보살피는 성인의 마음은 다 같은 마음이요 서로 통하는 마음이지 어찌 서로 대립하고 다투는 마음이 일어나겠는가. 사람은 호랑이나 강아지 같은 동물과도 소통할 수 있어서 그들을 길들여 같이 살 수 있는 능력이 있다. 인간의 지혜는 한없이 신비하여 세상의 모든 미물과도 소통할 수 있고 그들을 이해할 수 있는 것이다. 하물며 사람과 사람이 서로 소통하지 못할 이유가 어디 있을까. 서로 말이 다르고 생각이 다르고 표현이 달라도 마음의 근본 자리에서는 통하는 법이다. 그래서 크리스천이 불교의 말을 배우면 불교인과 서로 통할 수 있고 서로의 마음을 이해하고 통하면 함께 기쁨과 평화의 세계를 누리게 될 것이다.

금강경을 읽어보면 바로 스승이신 세존 부처님과 제자 수보리가 서로 이심전심以心傳心으로 통하는 것을 알 수가 있다. 그런데 그들의 말을 이해하려면 조금 돌아가더라도 기초적인 개념들인 사성제四聖諦와 삼법인三法印 12연기緣起 8정도正道 6파라밀波羅密 등에 관한 이해가 도움이 될 것이다. 그 가운데 삼법인을 지난번에 잠깐 소개했는데 좀 더 보충하려고 한다.

모든 것이 무상하여 괴로운 것이고 모든 법이 무아無我인 것을 알라는 말은 허무주의처럼 보일 수도 있기에 불교와 허무주의는 어떻게 차이가 나는지 생각해보자.

불교에서 말하는 삼법인三法印을 설명하기 전에 인생의 고통과 무상함을 노래한 셰익스피어 작품 맥베스 속의 한 구절을 번역해 본다.

내일 그리고 내일, 또 내일은
정해진 시간의 마지막 순간까지
이렇게 슬금슬금 아장 걸음으로
날마다 날마다 기어드는데,

지나간 모든 날은 한결같이
어리석은 우리에게 불을 밝히며
티끌로 돌아가는 죽음의 길을 알려주었지.

꺼져라, 꺼져라, 짧은 촛불아.
인생은 지나가는 그림자
무대에 오른 불쌍한 배우.

자기 때가 되면 거들먹거리기도 하고
초조하고 안달하며 뛰어다니지만
그때가 지나가면 문득 사라져

더 이상 어떤 소리도
들리지 않지.

그것은
소란스럽게 아우성치며
떠들어대는 백치의 이야기
허무하고 공허하고
아무런 의미도 없는 것.**

– 세익스피어 맥베스 5장 5막 중에서

죽음의 미래와 허무의 과거라는 시간의 틈새 속에서 한시적으로 불타는 촛불 같은 인생이라는 것이다. 우리는 무대라는 세상의 공간 속에 누군가의 각본에 따라 허우적대며 아우성치는 하나의 광대일 뿐이라 그것은 아무런 의미도 없고 뜻도 없는 공허한 백치의 이야기라는 것이다. 인생의 허무와 무의미함을 멋지게 표현한 세익스피어의 유명한

** Tomorrow, and tomorrow, and tomorrow,
Creeps in this pretty pace from day to day,
To the last syllable of recorded time;
And all our yesterdays have lighted fools,
The way to dusty death.
Out, out, brief candle!
Life's but a walking shadow, a poor player
That struts and frets his hour upon the stage
And then is heard no more; it is a tale
Told by an idiot, full of sound and fury,
Signifying nothing.

글인데 번역하려다 보니 제대로 멋지게 되지 않아 절망감을 느낀다.

인생은 짤막한 촛불이라는 표현이 정말 마음을 울리지 않는가? 이처럼 간단하게 허무주의를 잘 나타낸 표현도 없을 것 같다. 타면 탈수록 마지막 때가 가까워지는데 촛불이 다 타고나면 한 줌 연기로 사라지고 마는 것이다. 연극무대에 올라선 어릿광대처럼 신이 나서 뛰기도 하고 떠들기도 하고 관객들을 바라보며 분주하고 초조하게 왔다 갔다 하지만 때가 되면 떠나야 하고 떠나자마자 곧 우리는 세상의 무대에서 잊힌 존재가 된다.

이렇게 볼 때 인생의 무대에서 대통령이 되었다고 잘난 것도 아니고 막장의 잡부로 살아간다고 못난 것도 아닐 것이다. 모두가 주어진 배역에 충실할 뿐이요 위대한 것은 누가 어떤 역할을 하느냐에 따라 정해지는 것이 아니라 주어진 연기를 얼마나 연출자의 뜻에 맞도록 잘 수행하느냐에 따라 달라질 것이다.

그런데 누구나 세상에 태어나서 왜 사는지 그 목적도 없고 의미도 없고 그저 태어났다가 연기처럼 사라지는 촛불 같은 것이 인생이라 생각하면 그 허무함과 무의미의 고통을 무엇으로 견딜 수 있을까. 이런 허무주의 계통의 사람들이 서양에서 쇼펜하우어와 니체라 하는데 이들은 불교의 영향을 받아서 그렇게 되었다고 한다.

불교의 세계관과 인생관은 전에 말한 대로 삼법인三法印과 사성제四聖諦에 잘 나타나 있다. 사성제는 苦제, 集제, 滅제, 道제를 말한다. 제행무상으로 일체가 고통인 것을 알자는 것이다. 그 고통의 원인을 찾아 집중하여 수행하는 것이 집제이고 그래서 제법 무아를 깨닫고 번뇌가 사라진 것을 멸이라 하고 번뇌가 없으면 8정도를 따르는 중도를 살게 된다는 것이다. 사성제의 핵심도 한 글자로 말하여 '고苦'라는 인생의 진단이다. 인생의 핵심이 고난이라는 것이다. 그래서 사성제나 사법인이나 같은 내용이다. 사성제나 사법인을 말하는 것은 인생의 고苦를 어떻게 해결할 것인가 하는 처방인 것이다. 네 가지의 성스러운 처방전이 사성제라는 것이다. 이렇게 볼 때 사법인과 사성제만 알면 불교공부는 끝이라 할 수도 있을 것이다.

처방의 내용이란 한마디로 '이고치고以苦治苦'라는 것이다. 고의 문제는 고를 가지고 해결한다는 것이다. 이 처방을 가지면 부처, 곧 실존이 되고 이 처방을 갖지 못하면 중생, 곧 허무로 떨어진다는 것이다.

사법인이라 하면 제행무상諸行無常 일체개고一切皆苦 제법무아諸法無我 열반적정涅槃寂靜이다. 제행무상, 우주의 모든 것은 다 무상하다는 것이다. 어느 것도 영원한 것이 없으며 일체가 다 끊임없는 생성 소멸의 과정 가운데에 있다는 것이다. 해도 달고 별도 무엇이나 다 고정되거나 영원한 것이 아니다. 바위도 흙도 나무도 어느 것이든 다 태어났다가 사라지고 다시 일어나 사라진다. 만물은 그저 흘러가고 흘러갈 뿐이라는 판타레이, 즉 만물유전을 주장한 그리스 철학자 헤라클레이토스의 말이나 같은 것이다. 석가는 다만 이런 헤라클레이토스보다 몇 백 년 앞서 말한 것인데 사실 우주의 실상을 보면 누구나 같은 마음을 느낄 것이다. 모든 만물은 한 순간도 고정됨이 없이 계속 변화할 뿐이라는 통찰은 옛사람이건 현대인이건 누구라도 알 수 있겠지만 분자 원자를 넘어 소립자를 이해하는 현대과학을 배운 우리는 훨씬 쉽게 이해할 수 있다. 우리는 당연하게 보는 것이지만 2천년 전에 벌써 해도 달도 영원한 것이 아니라는 통찰을 했다는 것은 놀라운 일이다.

아마 2천년 전 당시에는 이런 주장들을 대중들이 받아들이기가 참 어려웠을 것이다.

제행무상, 한 순간도 정지됨이 없이 무상한 변화의 과정일 뿐이니 무엇이나 그 본질은 괴로움이라는 것을 일체개고一切皆苦라 한다. 무상한 변화의 속성이 곧 괴로움이라는 것, 또는 만족할 수 없는 불안의 상태라는 것이다. 무상의 변화는 곧 만족할 수 없는 불안의 상태라는 것이 일체개고의 뜻이다. 제행무상이기에 일체개고요 일체개고이므로 제행무상이라는 말이 된다. 불안과 괴로움의 상태로 인해 끊임없이 무상한 변화만을 지속하는 일체 만물인데 그 속에는 나라고 할 수 있는 그 어떤 것도 있을 수가 없다. 그것을 제법무아諸法無我라 한다. 우주 만유 가운데 고정된 어떤 것이나 불변의 어떤 것 또는 영원한 어떤 것이 있을 수 없는데 어떻게 나라고 할 수 있는 그 어떤 것이나 그 무엇이 있을 수 있겠느냐는 것이다.

제행무상, 그 어떤 것도 영원한 것은 없고 모두 변화하는 무상한 것이요, 일체개고, 무상한 변화 속의 모든 것은 안정과 충족함이 없는 괴로운 것이요, 제법무아, 불안과 불만의 괴로움 속에서 생성 소멸하는 일체의 만물 속에 나라고 할 수 있는 게 아무것도 없다는 말이다. 그래서 이 셋은 결국 하나가 된다. 그것을 하나로 말할 때는 연기緣起라 한다. 일체는 모두 연기적 생성존재라는 것이다. 연기라는 뜻은 '이것이 있으니 저것이 있고 저것이 있으니 이것이 있으며, 이것이 사라지니 저것이 사라지고 이것이 일어나니 저것이 일어난다.'는 것으로 인연因緣에 따라 생성소멸의 과정을 계속할 뿐이라는 것이다. 이런 인연의 끈을 끊어버리고 일체의 집착과 욕망이 사라진 열반으로 건너가

자는 것이 초기불교의 주장이다. 열반적정의 세계로 해탈하면 제행무상의 윤회에서 벗어날 수 있다는 것이다.

그러나 대승불교에서는 열반적정涅槃寂靜의 세계를 이 사바세계 너머 따로 존재하는 것으로 보면 안 된다고 강조한다. 열반적정의 불세계佛世界는 화엄법계의 세계로 그것은 제행무상의 인연법계因緣法界이지만 허무하고 헛된 것이 아니라 진여실상眞如實相의 중도中道라는 것이다. 인드라망의 중층적으로 상호 관련된 연기적 존재의 세계로 이루어진 인연법계를 보는 사람에게는 곧 제행무상 제법무아 열반적정이라는 것이 실제의 세계요 법계가 되는 것이다. 일체가 상호의존적 존재의 그물망 속에서 생성변화의 과정을 진행하는 것이니 제행무상이요 제법무아요 또한 그것이 열반적정의 상태인 것이다. 제행무상을 보고 제법무아를 깨치면 그것이 열반적정이다.

이 같은 삼법인의 가르침은 인생이 목적도 없고 의미도 없는 공허하고 허무하고 무의미한 고통의 연속일 뿐이라는 허무주의를 말하자는 것이 아니라 이런 허무와 공허와 무의미의 고통을 벗어나자는 것이다. 그 벗어나는 방법은 무엇인가. 삼법인을 아는 것이 곧 허와 무와 고를 벗어나는 지혜라는 것이다. 무無를 치유하는 처방이 이무극무以無克無요, 허虛를 충만케 하는 방법이 이허수허以虛受虛요 고苦를 극복하는 방법이 이고치고以苦治苦라는 것이다. 물은 물로 다스리고 불은 불로 다스리듯 고난도 역시 고난으로 다스리자는 것이다. 이런 처방을 말하자는 것이 고집멸도苦集滅道라는 사성제四聖諦라 할 것이다. 생사의 苦를 멸하기 위해서는 고집苦集, 고난 속으로 뛰어드는 길뿐인데, 그것이 멸도滅道라는 것이다.

그래서 제행무상諸行無常, 시생멸법是生滅法, 생멸멸이生滅滅已 적멸위락寂滅爲樂. 이것이 결론이다. 제행무상으로 대표되는 삼법인은 생멸의 법칙이요 영원한 윤회의 고통이다. 어떻게 여기서 벗어나는가. 생멸멸이生滅滅已, 생멸이 없어지는 것이다. 생사가 없어져야, 즉 생사를 초월하고 생사를 넘어설 수 있어야 한다는 것이다. 어떻게 생멸이 없어지는가? 삼법인의 지혜를 얻어야 한다. 삼법인이 곧 문제요 해답이 되는 것이다. 어떻게 삼법인의 지혜를 얻는가? 거듭 말하지만 고苦의 품속으로 뛰어드는 것이다. 고의 품속에 들어가서 고를 넘어서게 되면 새로운 존재로 변화가 되어 생멸이 사라지는 것이다. 그래서 생사를 초월하여 새로운 존재로 살면, 그것이 적멸위락寂滅爲樂이다. 생멸이 적멸로 바뀌고 윤회의 영원한 고통이 영생의 기쁨으로 변화가 되는 것이다.

이렇게 삼법인은 우주와 인생의 문제이면서 또한 동시에 해답이라는 것을 말하는 것인데 특별히 삼법인이 곧 진실이요 인생에 해답을 주는 지혜라는 것을 밝히기 위해서 열반적정涅槃寂靜이라 한다. 즉 무상이 곧 영원이며 고난이 곧 기쁨이요 무아가 곧 대아요 생사가 곧 열반이라는 것이다.

인생은 작은 촛불도 아니요, 그렇다고 태양이라는 큰 촛불도 아니다. 불멸의 존재자도 아니고 생존과 번식을 위해 투쟁하는 중생도 아니고, 영원한 윤회를 거듭하는 영혼도 아니고, 의미를 찾는 아트만도 아니다. 수자상, 중생상, 인상, 아상, 그 어느 것도 인생을 바로 보는 눈이 아니라는 것이다. 인생이 무엇이라 하는 것들은 모두가 지어내는 하나의 이야기일 뿐이다. 세익스피어의 말대로 그것은 어리석은 광대들이 무대 위에서 소란스럽게 아우성치며 떠들어대는 백치같은 이야기라는 것이다. 인생은 본래가 허무하고 공허하고 아무런 의미도 없다는 것이다.

의미도 없고 목적도 없고 아무것도 없다는 이것은 절망이기도 하지만 새로운 희망도 된다. 절망이라 하면 일체가 괴로움이 되지만 희망이라 할 때는 그것을 고요하고 고요한 열반적정이라 한다. 결국 삼법인은 절망 속에서 희망을 보자는 것이다. 그렇기에 의미 없음의 제행무상과 실체 없음의 제법무아의 빈탕 속에서 새로운 창조의 희망이 무궁함을 보고 무한히 새로운 가능성의 자유를 얻는 것이다. 제행무상에서 무의 빛을 보게 되면 제법무아의 기쁨을 얻고 열반적정의 고요한 평화를 누린다는 것이다. 고요한 평안은 모든 가능성을 품고 있는 태초의 시간이다. 이렇게 허무를 허무로 극복하는 방편을 삼법인이라 한 것이다.

삼법인은 사실도 아니고 거짓도 아니고 또 다른 하나의 진실을 찾는 이야기일 뿐이다. 이처럼 이야기를 이야기로 보고 날마다 새로운 진실의 지혜를 열어가자는 것이 또한 삼법인이라 하겠다. 이렇듯 사실을 사실로, 이야기를 이야기로 보는 삼법인의 지혜만이 정견이요 진실이라는 것이다. 이같은 진실을 말하자는 것이 곧 금강경의 뜻이 아닌가 여기며 풀어보는 것이다.

2008. 4. 23.

• 쉬어가기

산은 산이요 물은 물이다

부산 해운대 바닷가는 언제 보아도 푸르고 아름답다. 부산에 일이 있어 잠시 틈을 내어 동백섬을 찾았다. 반짝이는 신록의 동백 숲에 간간이 피어있는 붉은 동백과 분홍빛 철쭉의 해맑은 모습이 푸른 바닷물결과 어우러진 그 풍광이 인상 깊다. 기차로 돌아오는 동안 지난 이틀간의 모든 일정은 아무 생각이 없지만 잠깐 본 동백섬의 풍경은 내내 마음에 남았다. 40여 시간의 부산 방문 동안 다만 30여 분의 짧은 경험이 다른 어떤 것보다 마음에 깊이 남아 있는 이유는 무엇 때문일까? 30분이라는 순간을 제외한 모든 시간은 죽은 시간처럼 느껴지고 다만 30분 만이 생생하게 산 것처럼 여겨지는 것이다. 그것도 마음속에서는 순간의 인상일 뿐이지만. 찰나 속에 영원이 있다는 말을 다시 생각해 본다.

지금까지 살면서 이제 끝인가보다 하는 순간이 몇 차례 있었다. 그때 경험으로 보아 우리가 세상을 떠날 때도 영원 속의 순간을 기억하지 않을까 싶다. 세상에 와서 수십 년을 살다 가지만 떠나가는 순간에는 잠깐의 회광반조廻光返照를 통해 지난 일을 회상하며 다만 한두 가지 인상만을 가지고 떠나지 않을까? 이렇게 볼 때 우리는 하루하루를 지루하고 일상적인 시간으로 허무하게 죽이지 말고 순간순간이 보석처럼 빛나는 생생한 인상으로 가득 찬 활발한 삶을 사는 법을 찾아야 할 것이다. 그 방법의 하나가 우리가 함께 금강경의 경전을 보면서 숨

겨진 보물을 찾아 떠나는 여행일 것이다. 경전의 문자들이 이루는 공간의 숲속을 지나가다가 문득 빛나는 금강석이라도 한 톨 발견한다면 그 기쁨이 얼마나 크겠는가? 순간 속에서 영원을 느끼는 한 방법이라 하겠다.

삼법인과 사성제를 설명하면서 삼법인은 인생에 대한 진단이고 사성제는 인생의 문제에 대한 처방이라 했다. 또한 삼법인이 문제이면서 동시에 해답이라고 했다. 이에 혼란을 느끼는 분이 있을지 몰라 부연하여 설명해 본다. 삼법인은 불교적인 진리관이면서 불교적 지혜라는 것이다. 불교에서 우주의 보편적 법칙과 현상을 삼법인으로 표현한 것인데 그것은 중생이나 부처나 누구에게나 보편적인 모습이지만 중생에게는 허무로 보이고 부처의 눈에는 지혜의 세계요 진실이 된다는 것이다.

청원유신선사青原惟信禪師가 말했습니다.
내가 30년 전 선생님의 가르침을 모를 때는 산은 산이요 물은 물이었다.
(老僧 三十年前 未參禪時 見山是山, 見水時水)
내가 선생님을 만나 그 속에 들어가 보니 산은 산이 아니요 물은 물이 아니었다. (乃至後來 親見知識 有入處 見山不是山, 見水不是水)
이제 하나의 입장을 얻어 바라보니 전에 보던 대로 산은 역시 산이요 물은 역시 물이로구나. (而今得箇休歇處 依前見山祇是山 見水祉是水)
여러분은 이 세 가지 견해가 같다고 보는가, 아니면 다르다고 보는가?
(大衆這三般見解是同是別)

중생이나 부처에게 모두 산은 산이요 물은 물이다. 삼법인도 중생에게나 부처에게나 진실이요 지혜이지만 중생은 고통이요 허무라는 것이다. 먼저 30년이란 말이 눈에 들어온다. 중생이 고통과 허무에서 벗어나는 그 지혜의 눈을 뜨기 위해서 30년의 세월이 필요하다는 것이다. 그 과정을 계정혜戒定慧라는 삼학三學으로 말한다. 우선 계를 지키고 다음에 참선이라는 수도를 하고, 그리고 지혜를 얻게 되는데 그 지혜가 곧 삼법인이라는 것이다. 계는 잘못된 행동을 고치는 것이고 정은 잘못된 마음을 바로잡아 순수해지는 것이고 혜는 우주적 지혜를 얻어 밝아지는 것이다.

순수하고 밝은 지혜를 얻기 위해서 참선을 하는데 참선에 들기 위해서 먼저 필요한 것이 스승이다. 스승을 가져라, 이것이 곧 처방이다. 인생의 스승을 만나야 화두를 받고 화두를 들어야 참선이 된다. 그래서 한국불교는 화두 참선을 강조한다고 하는데 결국 스승을 가지라는 뜻이라 하겠다. 스승을 가져야 고집멸도苦集滅道라는 사성제를 알게 되지 그렇지 않으면 되지 않는다. 사성제를 알게 되면 성문聲聞이라 하는데 성문이란 장자로 말해서 귀가 뚫렸다는 것이다. 달리 말해서 스승을 가지게 되었다는 말이나 같다. 스승을 만나서 화두를 들고 자기도 하나의 입장을 가지게 되면 지혜의 눈이 열리게 된다. 그것을 불교에서 연각緣覺이라 한다. 인연을 볼 수 있게 되었다는 것이다.

만물은 인연에 따라 생성 소멸하는 연기적 그물망, 즉 상즉상입相卽相入 하는 관계의 연속성인데 그 생성소멸의 인연을 볼 수 있게 되었다는 말은 또 다른 말로 삼법인三法印을 알게 되었다는 말이다. 이 같은 사성제의 성문聲聞과 삼법인의 연각緣覺을 이룬 다음에 바라밀을 실천하는 보살菩薩이 된다.

금강경은 보살을 위한 설법이라 한다. 보살이 되기까지 30년의 참선이 필요하다는 것이 유신선사의 가르침이고 또 그가 보살에게 주는 법문이 곧 산은 산이요 물은 물이라 하겠다. 산은 역시 산이요 물은 역시 물이라 하기까지 올라가고 올라가자.

제3

대승정종분大乘正宗分

대승의 바른 종지에 대하여

부처님께서 수보리에게 말씀하셨습니다. 모든 보살은 응당 이같이 그 마음을 항복해야 하느니라.

(불고佛告 수보리須菩提하시되 제보살마하살諸菩薩摩訶薩은 응여시항복기심應如是降伏其心하라.)

'일체의 중생들, 즉 알에서 났건 태에서 났건, 습지에서 났건 변화로 났건, 유색이건 무색이건, 생각이 있거나 생각이 없거나, 생각이 있는 것도 아니고 없는 것도 아니거나, 내가 그 모두를 다 무여열반에 들어가게 하여 그들을 제도하는데, 사실은 하나도 제도한 중생은 없다.' 하는 것이니라.

(소유일체중생지류所有一切衆生之類 약난생若卵生 약태생若胎生 약습생若濕生 약화생若化生 약유색若有色 약무색若無色 약유상若有想 약무상若無想 약비유상비무상若非有想非無想을 아개영입我皆令入 무여열반無餘涅槃하여 이멸도지而滅度之하리니 여시멸도如是滅度 무량무수무변중생無量無數無邊衆生하되 실무중생實無衆生 득멸

도자得滅度者니라.)

왜 그런가? 수보리야, 만일 보살이 아상이나 인상이나 중생상이나 수자상을 가지고 있다면 그것은 곧 보살이 아니기 때문이니라.

(하이고何以故오 수보리須菩提야 약보살若菩薩이 유아상有我相 인상중생상人相衆生相 수자상壽者相하면 즉비보살卽非菩薩이니라.)

평산풀이

수보리의 질문에 부처님은 대답을 하셨다. "모든 보살은 응당 이같이 그 마음을 항복해야 한다." 보살이라면 응당 이렇게 해야 한다고 부처님이 가르치신 것이다. 즉 보살의 길을 알려주셨다는 것이다. 왜 갑자기 보살인가? 구마라집의 번역으로는 읽어볼 때는 어찌하여 보살의 길이라고 말씀하시는지 의아할 수 있다.

수보리의 질문으로 다시 돌아가보자. 구마라집의 한역을 우리말로 직역할 때 수보리의 질문은 이렇게 된다.

"세존이시여! 선남자와 선여인이 아누다라삼먁삼보리의 마음을 발휘하려면 그 마음을 어떻게 머무르게 하고 어떻게 항복해야 합니까?"

이 질문에 대한 답이 자연스러우려면 "선남자 선여인이 아누다라삼막삼보리를 일으키려면 응당 이렇게 그 마음을 항복해야 하느니라." 할 것이다. 그런데 "보살은 응당 그 마음을 이렇게 항복해야 하느니라." 하셨다. 즉 선남자 선여인이 주어가 아니라 보살이 주어로 나왔으니까 좀 뜬금없다고 느껴지는 것이다. 물론 선남자 선여인이 신사숙녀란 말처럼 귀족을 의미하는 것인데 보살을 정신적으로 귀한 존재라 보아서 같은 뜻이라 생각할 수도 있지만 본래 선남자 선여인이란 귀족이란 의미가 많지 보살이라는 뜻이 있는 것은 아니다.

그런데 현장의 번역을 살펴보면 "대승의 보살로서 살아가려면 어떻게 해야 하느냐?"고 나와 있으니까 여기서는 보살의 길을 언급하는 대답이 자연스럽게 된다.

"세존이시여! 보살승을 일으켜 나아가려는 사람은 응당 그 마음을 어떻게 머물고 어떻게 수행하여 어떻게 항복해야 합니까?"

그리고 또 다른 의문은 수보리가 부처님께 왜 부처의 길을 묻지 않고 보살의 길을 물었을까 하는 점이다. 보살은 어떤 사람일까? 이런 의문을 가질 수 있을 것이다. 그 이유는 아마도 금강경이 만들어질 당시의 시대적 분위기와 연관이 있지 않을까 생각해 본다. 대승운동이 일어나는 초기에 나온 경전이 금강경이라 했다. 대승은 아라한을 목표로 하는 것이 아니라 보살이 되자는 운동이다. 아라한은 주로 깨달음을 추구하는 것인데 보살은 이미 깨친 사람이 일상을 살면서 어떻게 중생을 보살펴야 하느냐가 주된 관심이다. 자기 혼자 깨닫고 열반에 들어가자는 것이 아니라 자기는 얼마든지 열반에 들어갈 수 있지만 모든 중생을 모두 열반에 들게 한 다음에 자기는 맨 마지막에 들어가겠다는 것이 보살의 마음이다. 그래서 대승의 보살은 아라한 보다 한 차원 더 나아간 것이다. 이런 보살이 가지고 있는 서원이 있는데 그것을 사홍서원四弘誓願이라 한다.

우리나라에서 스님들이 예불 때마다 네 가지 넓은 서원이라 하여 사홍서원을 함께 외우는데 그것은 다음과 같다.

1) 중생무변서원도(衆生無邊誓願度)

중생이 끝없이 많으나 보살은 모든 중생을 교화하여 열반(涅槃)에 이르게 하겠다는 것이다

2) 번뇌무진서원단(煩惱無盡誓願斷)

번뇌가 무진하게 많으나 보살은 그 번뇌를 반드시 끊고 생사를 벗어나겠다는 것이다.

3) 법문무량서원학(法門無量誓願學)

법문이 헤아릴 수 없이 많지만 보살은 그 법문을 꼭 배워 마치겠다는 것이다.

4) 불도무상서원성(佛道無上誓願成)

불도가 더없이 높은 것이지만 보살은 반드시 그 불도를 완성하겠다는 것이다.

보살은 이런 커다란 삶의 목적을 세우고 끝없이 수행하며 실천하는 사람이라는 것이다. 일상에서 불도를 실천하는 사람이 보살인 것이다. 깨달음을 넘어 중생과 더불어 동고동락하면서 모든 중생을 제도한 다음에 자기도 열반에 들겠다는 그 자비심이 말하자면 보살의 마음이다. 그런 보살은 매 순간 그 마음을 어떻게 붙잡고 살아야 되느냐는 것이 수보리의 질문이라 하겠다.

수보리의 질문에 대해 부처님은 무엇이라고 대답을 했는가.

“보살은 응당 그 마음을 이같이 항복해야 하느니라.”

이것이 부처님의 대답이다.

수보리의 질문에 대해 말로 대답을 한 것이라기보다는 직접 보여준 것이라 하겠다. “이같이 그 마음을 항복하라” 하는 말은 지금 부처의 마음을 보라는 것이다. 즉 핵심은 “이같이”라는 말속에 있는 것이다. 그 마음을 어떻게 해야 하는지 부처님께서 직접 보여주고 계신 것이다. 그것을 보고 따르는 사람이 보살이다. 수보리는 이미 그 마음을 보며 따르고 있던 보살이었다. 그렇기에 수보리는 부처님을 보자마자 “희유하신 세존이시여!” 하고 경탄을 하였다. 그 감탄 속에 이미 부처의 그 마음을 보고 깨달은 것이다. 말이 필요 없이 이심전심으로 이미 가르침은 끝난 것인데 다른 중생들을 위해서 계속 문답을 이어가는 것이 금강경 강의라 할 것이다. 이 세상에 부처님이 나타나신 것도 희유한 일이요 부처님을 이렇게 직접 만나게 된 것도 ‘백천만겁난조우’라는 말처럼 억만년에 한 번 있을까 말까 할 정도로 희유한 일이다.

보살이 중생을 돌보며 보살피는데, 그 중생은 끝없이 많고 다양하다. 일체의 중생들, 즉 알에서 났건 태에서 났건, 습지에서 났건 변화로 났건, 유색이건 무색이건, 생각이 있거나 생각이 없거나, 생각이 있는 것도 아니고 없는 것도 아니거나, 보살은 그 모두를 다 무여열반에 들어가도록 제도하는데 사실은 하나도 제도한 중생은 없다고 여기는 것이다. 모든 중생을 다 건져서 남김 없는 열반에 이르도록 이끌지만 자기는 한 중생도 건져낸 사람이 없다는 그런 마음이 보살심이다.

여기 금강경의 독특한 논리와 표현이 나온다. 보살은 일체의 중생들을 하나도 남김없이 다 열반에 들도록 했다는 것이다. 그렇게 모든 중생을 다 제도하여 열반에 들어가게 했지만, 사실은 어느 한 중생도 열반에 들도록 제도한 것은 없다는 것이다. 왜냐? 보살이 나라는 생각(我相), 남이라는 생각(人相), 중생이라는 생각(衆生相), 수자壽者라는 생각(壽者相)을 하면 그는 이미 보살이 아니기 때문이라는 것이다. 내가 중생을 제도했다는 생각을 하는 순간 나는 이미 아상을 갖게 되고 아상을 갖게 되면 그는 이미 보살이 아니라는 것이다.

보살은 중생을 도와서 피안의 세계로 건너가도록 이끄는 사람이지만 자기가 중생을 피안으로 인도했다는 생각을 가지면 그는 보살이 아니라는 것이다. 왜냐면 중생이라는 상을 갖거나 나라는 상을 갖게 되면 보살이 될 수 없기 때문이다. 아상이나 인상이나 중생상이나 수자상을 가지면 보살이 될 수 없다는 것이다.

보살은 바른 길을 가는 사람, 정도正道를 실천하는 사람이다. 정도正道에는 8가지가 있는데 그 가운데 먼저 정견正見이 있다. 그런데 이런 상을 가지면 이미 정견正見이 아니라는 것이다. 정견, 바른 생각이 아니면 보살이 될 수 없다는 것이다. 참된 보살은 일체중생을 구원하지만 내가 구원했다는 의식이 전혀 없다는 것이다. 그뿐 아니라 중생이라는 의식도 없는 것이다. 또 수자壽者라는 생각도 있을 수 없다는 것이다. 이렇게 모든 상에서 벗어난 사람이 보살이요 부처의 제자라는 말이다.

그럼 아상 인상 중생상 수자상이란 무엇을 말하는 것일까? 우선 상相이란 범어로 겉모습을 의미하는 니밋따를 번역한 말이 아니라, 인식 개념 명칭을 뜻하는 산냐를 번역한 것이라 한다. 당연히 잘못된 인식이나 개념이나 명칭에 사로잡히면 정견이 될 수 없고 따라서 보살이 될 수 없을 것이다. 여기서 우리는 다음과 같은 질문을 해볼 수 있다. 석가여래가 말하는 아상 인상 중생상 수자상이란 실제로 어떤 의미인가?

선불교의 핵심 내용 가운데 실상무상實相無相이란 말이 있다. 실상이란 상이 있다는 말이요 무상이란 상이 없다는 말이니 있다는 것과 없다는 것이 둘이 아니라는 말이다. 실상과 무상이 둘이 아니다. 이것이 선불교의 주장이다. 선불교의 주장이 있기 전에는 불교경전들이 모두 상을 여의라는 무상을 강조한다. 힌두교는 브라만과 아트만이라 해서 자아의 실상을 주장한다. 결국 실상을 강조하는 힌두교와 무상을 주장하는 소승불교를 거쳐 실상무상이라는 종합이 선불교에서 이뤄진 것이라 할 수도 있을 것 같다. 실상은 곧 무상이니 모든 상이 곧 상이 아님을 보면 그것이 실상이다. 상을 보고 상을 떠나서 여여하게 무상을 보는 것을 반야, 즉 지혜라 한다. 그러니까 산냐를 떠나야 반야가 된다는 것이다. 산냐의 상에서 떠나는 것이 곧 실상을 보는 반야가 된다. 실상무상을 달리 말하면 '산냐 즉 반야'라 할 수도 있겠다.

아상, 나라는 의식이 일어남을 보고 그것을 자각하여 그것을 떠나면 곧 나를 보게 된다는 뜻이다. 상이란 모양, 모습, 형상, 개념, 생각, 의식 등을 나타내는 것으로 힌두말로 '산냐'라 하는데 한자로 번역할 때 구마라집은 서로 상相 그리고 현장은 생각 상想으로 번역했다. 서로 상相은 모양이라는 뜻도 있고 본다는 뜻도 있다. 형상이나 개념, 그리고 생각에서 일어나는 것을 산냐라 한다. 눈으로 보거나 마음으로 보거나 상상으로 보거나 개념으로 생각하는 것들이 상이다. 구마라집이 사용한 서로 상相이란 글자가 더 포괄적인데 현장스님이 생각 상想으로 바꾼 이유는 모두가 마음의 작용임을 일깨우려 한 것일지도 모르겠다.

아상, 인상, 중생상, 수자상, 이 네 가지를 사상이라 하는데 석가세존 당시의 사람들이 갖고 있던 망상이 4가지라는 것이다. 현재 우리가 갖는 여러 착각과 허상도 네 가지로 말할 수 있겠다. 석가여래 당시에 브라만교가 유행을 했는데 브라만교의 폐단을 극복하는 가르침에서 불교가 나온 것이다. 범아일여梵我一如를 말하는 브라만교의 폐단은 아트만을 실체로 여기는 아상에 빠졌다는 것이다. 그리고 브라만과 합일되지 못한 존재를 중생이라 하는데 그것은 일체를 하나로 보는 평등각에서 멀어지는 것이므로 그것도 바른 견해가 아니다. 카스트 제도에서 말하는 4계급이 본래 따로 있는 것이 아니라 다 평등한 존재다. 브라만과 크샤트리아가 따로 있고 바이샤 수드라가 따로 있는 것이 아니다. 모두가 한 형제요 꼭 같은 사람이다. 그리고 자이나교처럼 영혼불멸을 주장하고 있는 부류도 있는데 그것도 잘못된 상이데 그것을 수자상이라 했다. 그리고 어떤 이들은 윤회설을 믿고 있었는데 윤회의 주체가 무엇인가 하여 사람이 윤회의 주체가 된다는 생각을 비판하여 인상人相이라 한 것이다. 이렇게 당시 사람들의 잘못된 생각이 네 가지가 있는데 그것을 아상 중생상 수자상 인상이라 했다. 그런 잘못된 생각을 벗어나서 바른 견해를 가지라는 가르침이 금강경이다.

그리고 현재 우리는 어떤 생각을 가지고 사는가? 우리가 보편적으로 갖는 잘못된 착각을 네 가지로 말할 수도 있을 것이다. 몸을 나라고 착각하며 사는 것을 아상, 마음을 나라고 생각하며 사는 것을 인상, 생명을 나라고 생각하며 사는 것을 중생상, 영혼을 나라고 생각하며 사는 것을 수자상이라 해 볼 수 있을 것이다. 이러한 착각을 알아차리며 수행하는 것을 사념처四念處 수행이라 한다. 이렇게 기존의 사상四相에 대한 생각을 우리는 좀더 확대해석하여 새롭게 적용해 볼 필요도 있다.

공자孔子도 4가지 무를 주장했다. 즉 무아無我 무고無固 무의無意 무필無必을 주장하였다. 유교는 이런 네 가지를 끊어야 군자가 된다고 한다. 자기의 생각이나 의견이나 고집이나 집착을 내려놓아야 된다는 것이다. 이처럼 우리가 가진 모든 생각이나 지식이나 개념 등을 상으로 보고 그것을 어떻게 다뤄야 하는가 하는 문제로 보자는 것이다. 그래서 우리는 사상에 대해서 경전의 본래 뜻과 상관없이 자유롭게 해석해보고자 한다.

우선 나, 남, 중생, 수자가 다 하나라는 것으로 생각해 본다. '나'라는 산냐를 떠나기 위해서는 '남'이라는 산냐에서 벗어나야 되고 남이라는 산냐를 벗기 위해서는 '중생'이라는 산냐를 벗어나야 한다. 중생이라는 산냐를 벗어나기 위해서는 또 수자壽者라는 산냐를 없이해야 한다. 왜 그런가? 나라는 의식은 남이라는 분별심에서 나온 것이요 남이라는 분별심은 또 중생이라 분별하는 중생심에서 나온 것이요 중생심은 또 오래 살겠다는 집착에서 나온 수자상에서 유래한 것이기 때문이다. 왜 이렇게 풀이하는가 하면 수자壽者라는 것을 물질계로 보고 물질계에서 중생이라는 생명계가 나오고 생명계에서 인간세계가 나오고 인간세계에서 나라는 자아의식이 출현했다고 보기 때문이다. 자아의식의 속을 파고들면 결국 물질계의 무의식까지 들어있다. 그것을 수자상으로 생각해 본 것이다.

이런 네 가지 상에서 벗어나려면 어떤 수행을 해야 할까? 자기를 들여다보기 위해서는 자아의식에서부터 아상의 잠재의식 중생상의 집단무의식 물질계의 우주 무의식으로 파고들어야 하지만 수행법으로서는 물질계의 무의식인 수자상을 끊는 것부터 시작해야 될 것이다. 수자상을 끊어야 중생상이 끊어지고 중생상이 끊어져야 인상이 끊어지고 인상이 끊어져야 아상이 끊어진다. 결국 아상에서 벗어나자는 것인데 그것의 구체적인 수행법을 함께 생각해 보자는 것이다. 다석은 물질에 대한 집착에서 벗어나려고 먼저 먹는 일을 줄였고, 중생의 생각에서 벗어나려고 남녀관계를 끊었다. 아상과 인상을 벗어나려고 밤에는 위에 계신 님을 그리워하는 진리의 '말숨'을 쉬며 낮에는 걸어다녔다.

이렇게 아상을 벗어난 보살은 모든 중생을 위해서 자기를 바치지만 자기가 중생을 위해서 무엇을 한다는 생각은 하나도 없다는 것이다. 보살은 자기가 없는 사람인데 자기가 중생을 제도한다고 생각하는 순간 이미 아상에 빠지기 때문이다. 이런 보살이 되려면 어떻게 해야 하나? 보살은 그 마음을 어떻게 붙잡고 사는가? 이어지는 부처님의 설법을 들어보자.

2008. 4. 25.

• 쉬어가기

생멸이 없는 적멸의 기쁨

사람은 누구나 자유롭고 행복하기를 바라지만 근본적 불안을 지니고 있다. 죽음에의 존재라 하듯 우리는 나의 유한성과 죽음에 대한 자각 때문에 불안하고 허무하여 괴롭다. 파스칼은 그런 유한성의 자각 때문에 인간이 위대하다고 했으나 불교는 그것 때문에 괴롭다고 한다. 세상에 존재하는 것은 무엇이나 나타났다가 사라지고 또 나타났다 사라지는 그런 생멸의 법칙에서 벗어날 수가 없다. 그런데 불교에서 주장하는 것은 그런 생멸의 법칙에서 벗어나는 적멸의 세계가 있다는 것이다. 생멸의 윤회에서 벗어나 적멸이라는 열반의 세계에 들어가는 그것을 해탈이라고 한다.

제행무상諸行無常 시생멸법是生滅法, 생멸멸이生滅滅已 적멸위락寂滅爲樂.

만물은 유전한다는 제행무상, 이런 생멸의 세계에 빠져 살면 미혹된 중생이라 하고, 중생은 생멸의 번뇌와 고통을 겪으며 산다. 그런 생멸의 고통 속에 사는 것이 중생에게 거기서 벗어나는 길이 있다는 거다. 생멸에서 벗어나면 적멸이고 그 적멸이 되면 평안과 자유의 기쁨으로 살게 된다는 것이다.

중생인 우리가 그 적멸과 해탈의 세계를 어떻게 알 수 있을까. 적멸이란 고요하여 아무것도 없다는 뜻이다. 우리를 괴롭히는 번뇌의 불이 꺼지고 고요해졌다는 뜻이다. 번뇌가 사라지는 적멸이 되면 우리는 일상에서 자유와 기쁨의 평안을 찾을 수는 있겠다. 그런 기쁨을 갖기 위해서 먼저 제행무상을 깨치라 한다. 인생이 무상하다는 것이다. 만물과 세상도 무상하다. 그렇게 만물은 흘러가지만 흘러간다는 법은 흘러가지 않는다. 그래서 흘러가지 않는 법과 하나가 되면 흘러가지 않을 것이다. 흘러가지 않는 법과 하나가 되는 길을 무아라 한다. 무아가 되면 생멸이 없어진다. 제법무아諸法無我, 제법이 무아라는 것을 깨닫고 나도 무아가 되면 생멸이 사라진다. 그렇게 흘러가지 않는 진리를 보고 진리와 일치하여 무아가 되면 때를 따라 능동적으로 계속 변화하며 살아가는 대아가 되는데 적멸의 기쁨이란 그런 대아의 삶에서 나오는 생생한 기쁨이라 하겠다. 달리 말하여 진리, 법, 다르마(dharma)를 깨닫고 시절인연時節因緣에 따라 능동적으로 변화를 일으키며 살아가는 자유인이다.

보살은 흘러가는 것을 붙들고 그것이 흘러가지 않기를 바라는 어리석은 사람이 아니라 제행무상의 변화를 보고 그 원리를 붙잡아 주체적 변화를 일으키는 능동적 변화를 따르고 시절인연을 따르는 사는 사람이다. 그리고 중생은 제행무상의 변화에 빠져서 주체성을 잃고 변화가 없는 영원을 찾아 영원히 흘러가는 것을 붙잡고자 꿈틀거린다. 제행무상을 보고 무아가 되어 능변여상能變如常의 지혜를 사는 대인이 보살이요 제행무상을 외면하고 소아에 집착하여 무상한 것을 붙잡겠다고 아수라처럼 날뛰면 괴상한 악귀와 축생이 된다. 그것을 다석은 욕상괴변欲常乖變이라 한다. 중생은 이처럼 소아에 집착하여 악귀 축생 아수라로 괴변을 일으킬 수도 있고 제법무아를 깨치고 능변의 지혜로 사는 보살이 될 수도 있다는 것이다.

모든 변화에는 능동적 변화와 수동적 변화가 있다. 알에서 병아리가 깨어나는 것은 능변이요, 알이 깨져서 찌개가 되는 것은 수동적 변화다. 어미닭 품속에 들어가지 않고 알 그대로 있겠다고 고집하다가는 결국 썩거나 알찌개로 괴변乖變하게 되는데 그것을 욕상괴변이라 하겠다. 그러니까 능변여상能變如常이란 주체적으로 새롭게 변화된 모습으로 사는 것이다. 진리와 더불어 하나가 되면 스스로 변화 발전함을 통해서 항상성을 유지하는 생명의 삶, 여상의 생명을 산다는 것이다.

여상如常하다는 말은 진리는 항상 같다는 것, 즉 여여하듯 영원하다는 뜻이다. 따라서 능변여상은 진리와 함께 영원히 발전하는 향상일로向上一路의 삶이다. 어리석은 사람은 변화를 두려워하여 변화가 없기를 바라며 무상한 것을 영원히 붙잡고자 욕심을 내지만 곧 그 욕심 때문에 그만 어긋나고 어그러져 괴이한 변화를 당하고 만다.

씨앗이 땅속에 들어가 새싹으로 변화가 되면 향상일로向上一路의 푸른 나무가 된다. 그것을 능변여상이라 합니다. 그런데 그런 변화가 싫어서 땅 위에 그대로 있다가는 결국 썩어 흙이 되고 마는 것인데 그것을 욕상괴변欲常乖變이라 한다.

진리와 일치하는 향상일로의 삶은 제법무아를 깨치고 일체개고를 능동적으로 받아들이는 능변여상이다. 진리와 함께 올라가는 삶이란 나라는 아상이 없어진 삶이요 자기를 바쳐 일체를 위해 고난을 짊어지는 고생苦生의 삶이다. 고생苦生이 곧 고생高生이다. 정의를 위하여 자발적 고난의 삶을 살면 그것은 고상한 삶이다. 의를 향하여 올라가는 삶이 높이 올라가 사는 고생高生이요 고상한 삶이요 높은 이상으로 사는 삶이다. 세상의 옳은 것을 위하여 자발적 고난의 길을 가면서 자기가 없어지는 무아의 행을 고행이요 고생이라 한다.

절망과 허무에 빠져 번뇌로 괴로워하는 중생들을 구제하기 위해서 제행무상의 고행과 제법무아의 사랑을 수행하는 사람들이 보살이다. 보살은 늘 제행무상을 보고 능변여상의 지혜를 내어, 일체 번뇌에 시달리는 중생들을 위해서 모든 고행을 감당하는 사람이다. 그래서 제법무아, 언제나 어디서나 자기가 없는 무아의 사랑을 드러낼 뿐이다.

그런데 같은 우주와 세상과 인생의 제행무상을 보면서 중생들은 허무의 불안과 고독의 공포를 느끼며 산다. 그래서 중생들은, 일체개고, 모든 것이 괴롭고 허무하고 불안하다는 것이다. 그리고 제법무아, 누구를 만나도 무엇을 만나도 공포의 대상이요 고독하고 외롭기만 하다. 이런 중생이 허무와 불안과 공포를 없애기 위해서 찾는 것이 부와 재산을 축적하고 명예와 권력을 좇는다. 이렇게 죽지 않기 위해 생에 집착하고 안간힘을 쓰지만 아무리 오래 살아도 공허하고 허무하다. 허무한 것을 아무리 쌓아보아도 허무하기는 마찬가지다.

세월의 변화를 아무리 잡아매고 벗어나려 해도 중심이 없고 받침점이 없는데 지렛대를 찾아본들 무슨 소용이 있겠는가. 수렁에 빠진 사람처럼 발버둥 칠수록 더욱 빠져서 들어갈 뿐이다. 이것이 생멸의 고해에 빠진 중생의 모습이다. 생명의 명을 늘이기 위해 노력할수록 멸망의 운명에 빠지게 되고 멸망을 피하려고 노력할수록 생의 고통에 빠지게 된다. 생은 고통과 번뇌뿐이고 멸망의 명운은 허무와 고독뿐인데 생을 피하자니 죽음의 멸망이 다가오고 죽음의 멸망을 피하자니 생의 고통이 가중된다.

이런 것을 불교에서 우화로 전하고 있다. 호랑이를 피하려고 도망치다가 그만 벼랑에 떨어졌는데 다행히 벼랑의 중간에서 나무뿌리에 걸려 매달리게 되었다. 두 손으로 고통스럽게 나무뿌리를 붙들고 있는데 마침 눈앞에 꿀송이가 있어 핥아먹다가 문득 아래를 내려다보니 독사가 입을 벌리고 있고 또 위를 올려다보니 흰쥐와 검은쥐가 번갈아 나무뿌리를 갉아먹고 있었다.

우리의 현실이 이렇다는 것이다. 흰쥐와 검은쥐는 밤낮의 시간이다. 밤과 낮이 번갈아 우리 운명의 시간을 재촉한다. 우리가 두 손을 꼭 붙들고 고통스럽게 버티면서 꿀을 먹는 맛으로 한때의 삶을 지탱하느냐 아니면 죽음의 독사에게 먹히느냐, 생과 사의 유혹에서 갈등하고 괴로워한다. 꿀을 빠는 쾌락도 있지만 두 손으로 버텨야 하는 고통도 힘들기 때문이다. 살자니 괴롭고 죽자니 아쉬운 상황이다. 이렇듯 인간에겐 생의 본능도 있고 죽음의 본능도 있어서 갈등하는 것이다.

하지만 어느 것 하나를 택하는 것은 치우친 것이요 중도의 바른 삶이 될 수 없다. 보살은 이런 상황에서 중도의 길을 찾는다. 119구조대의 헬기처럼 날아와 구원의 밧줄을 내려주는 사람이 보살이다. 중도란 헬기에서 내려온 밧줄을 잡고 바람처럼 자유롭게 하늘로 날아서 올라가는 것이다.

애벌레가 탈바꿈하여 나비가 되면 바람을 타고 날아간다. 바람을 타기 위해서는 지혜라는 날개가 있어야 한다. 그 지혜의 날개를 가진 자로 변화하기 위해서는 고치 속으로 들어가야 하는데 그 고치는 인생으로 말하면 선생님을 가지는 것이다. 스승이라는 어미닭 품에서 21일이라는 시간성을 거쳐야 마침내 알이 부화되어 날개를 가진 새가 된다. 고치라는 시간성을 거쳐야 나비로 탈바꿈되어 시공을 넘어선 자유의 세계로 비약할 수가 있다는 것이다.

이런 비약을 위해서 석가는 출가고행出家苦行을 한 것이다. 출가는 선생님을 찾아 어미닭의 품속으로 안기는 것이요 6년 고행은 시간성이다. 출가하여 6년 고행의 수행 끝에 마침내 지혜의 눈을 뜨고 사랑의 날개가 자라서 시공을 벗어나 바람처럼 날아갈 수 있게 되었다. 지혜의 눈과 사랑의 날개를 가지고 바람처럼 자유로운 보살은 아직도 독사의 소굴에서 헤어날 줄 모르고 밤낮 눈앞의 꿀맛만 맛보겠다고 얼이 빠진 중생을 위해 구원의 밧줄을 늘어뜨리고 있다. 죽음의 멸망을 눈앞에 보면서도 꿀 빠는 맛에 정신을 놓고 살아가는 중생들에게 하루빨리 그곳을 벗어나길 바라며 구원의 손길을 내밀고 붙잡으라고 외치는 것이다.

꿀맛에 취함을 생生이라 하고 독사의 굴속에 들어가는 것을 멸滅이라 한다. 독사의 굴에서 벗어나고 꿀맛의 중독에서 벗어나는 것이 생멸멸이生滅滅已라는 중도의 길이다. 독사의 굴에서 벗어나는 것을 출가라 하고 꿀맛의 중독에서 벗어나는 것을 고행이라 한다. 독사의 굴은 멸망의 공간에 갇힘을 상징하고 꿀맛의 중독은 허무의 시간 속에 갇힘을 상징한다. 허무와 멸망에서 벗어나 실존과 영생이 되려면 열린 공간의 시간성을 가져야 한다. 열매가 열리듯 고치가 열려야 한다. 열린 공간이란 소아의 집착에서 벗어나 진리의 밥을 먹고 무아의 숨을 쉬는 공간이다. 열린 공간의 시간성이란 스승을 만나 스승과 함께 말숨을 쉬는 고행과 집중수행을 새롭게 지어본 말이다.

고행의 내용은 식색을 벗어나는 일이다. 꿀맛을 잊기 어렵고 독사의 굴을 벗어나기가 쉽지 않다. 어려운 일이기에 고행이라 하지만 사실은 그것이 바른 길이요 생명의 길이기에 고행이 아니라 정도正道요 중도中道라 한다. 사성제의 내용도 괴로움에서 벗어나려면 팔정도라는 8가지 바른길을 가야 한다는 것이다. 일체의 고苦를 없애려면 팔정도라는 고행이 필요하다는 것이다. 이고치고以苦治苦라는 말이다.

그런데 진실은 고행이 괴로운 것이 아니라 기쁨이라는 것이다. 괴로움이 없는 세계를 사는 것이 팔정도이기 때문이다. 즉 팔정도를 통해서 괴로움이 없는 어떤 다른 세계로 가는 것이라기보다는 괴로움이 없는 세계가 바로 팔정도라 하겠다. 그래서 팔정도의 수행을 고행이라 하면 어폐가 있는 것이다. 팔정도는 무위자연이요 기쁨과 자유의 세계이지 계율이 아니라는 것을 알아야 하겠다. 말은 할 수 없이 고행이라 하지만 고행은 늘 바른 길, 즉 정도가 되어야지 괴로운 고행이 되면 안 된다는 거다.

수행의 단계를 흔히 계정혜戒定慧라는 삼학으로 말한다. 무엇이나 3단계로 구분하면 이해가 쉽기 때문이다. 몸의 행실을 바로잡는 계戒와 마음의 더러움을 깨끗하게 바로잡는 정定과 깨끗한 정신이 빛나도록 힘쓰는 혜慧라는 삼단계다. 기독교로 말하면 십계명이라는 모세율법이 계戒라면 율법의 완성이라는 산상수훈이 정定이요 십자가와 부활의 복음이 혜慧라 할 것이다.

식색을 끊고 생사를 벗어나서 자유의 기쁨을 누리도록 중도의 길을 사는 사람이 부처요 보살이라 한다. 생멸멸이生滅滅已 적멸위락寂滅爲樂. 생사의 번뇌에서 벗어나 적멸의 기쁨을 누리며 사는 것이다. 그렇게 하기 위해서는 우선 독사의 굴에서 벗어나 스승을 찾아야 하고 꿀맛을 탐하느라 얼빠진 상태에서 벗어나 스승의 말씀을 꿀맛보다 더 좋아해야 한다는 말이다. 집 나간 강아지나 망아지는 급히 찾아올 줄 알면서 자기의 얼이 나갔는데 얼이 나간 줄도 모르는 얼간이가 되어서야 되겠느냐는 맹자의 말이 있다.

제행무상諸行無常 시생멸법是生滅法, 이것은 우리의 얼이 나간 상태를 말하는 것이고, 생멸멸이生滅滅已 적멸위락寂滅爲樂, 이것은 우리가 얼을 되찾아 일체의 근심걱정에서 벗어나 참 기쁨을 갖게 되었다는 것으로 알아도 될 것 같다. 제행무상 시생멸법, 생멸멸이 적멸위락. 이 말은 우리가 70년대까지도 초등학교 교과서에 나와서 누구나 아는 내용인데 지금도 초등학교 교과서에 나오는지 모르겠다.

어느 수행자가 산속에 들어가 진리를 깨닫고자 했다. 기도하던 중에 누군가 들려주는 천상의 소리를 들었다. 심금을 울리는 말씀인데 그만 도중에 그치고 말았다. 수행자는 그 소리를 듣는 순간 너무도 기뻤으나 마지막 한마디를 듣지 못해 답답했다. 그 목소리의 주인공을 만나고자 소리 나는 곳을 찾아보니 바위 아래 험상궂은 도깨비였다. 혹시나 하고 방금 여차여차 말씀하신 분이 당신이냐고 물었더니 그렇다고 했다. 수행자는 부탁하며 말하길 마지막 한마디를 듣지 못했으니 그 말씀을 해달라고 했다. 그러니까 그 도깨비는 "알려주는 것은 어렵지 않은데 지금은 너무 배가 고파서 너를 잡아먹어야겠다."고 했다. 수행자는 그 마지막 한마디를 듣게 되면 도깨비의 먹이가 되어도 좋다고 했다. 그때 도깨비가 "생멸멸이 적멸위락"이라는 마지막 한 마디를 들려주었다. 수행자는 말했다. "아, 이제 그 진리를 듣게 되었으니 여한이 없소." 그러면서 수행자가 도깨비 밥이 되려고 바위에서 뛰어내리자 그 도깨비는 천사로 변하여 수행자를 안아주었다.

대충 이런 이야기로 우리가 초등학교에서 배운 것인데 그 마지막 한마디를 제대로 알아듣고 그 뜻대로 사는 때는 언제나 될까? 제행무상諸行無常 시생멸법是生滅法, 생멸멸이生滅滅已 적멸위락寂滅爲樂. 우리가 기억해둘 한 말씀이다.

2008. 4. 28.

묘행무주분妙行無住分

머무름 없는 깨끗한 수행

수보리야, 보살은 또한 무엇이나 조금도 집착함이 없는 보시를 해야 하느니라. 이른바 '무주상보시'라 하는 것이니 눈에 보이는 색이나 귀로 듣는 소리나 코로 맡는 향이나 입으로 느끼는 맛이나 몸으로 느끼는 촉감이나 마음에 일어나는 모든 생각 따위에 일체 집착함이 없이 보시하는 것이니라.

(부차復次 수보리須菩提야, 보살菩薩이 어법於法에 응무소주應無所住하야 행어보시行於布施니 소위所謂 부주색보시不住色布施며 부주성향미촉법보시不住聲香味觸法布施니라.)

수보리야, 보살이 응당 이와 같이 보시하되 상相에 집착함이 없이 해야 하는데 왜 그런가? 보살이 상에 집착함이 없는 보시를 해야 그 복덕이 헤아릴 수 없이 크기 때문이니라.

(수보리須菩提야 보살菩薩이 응여시보시應如是布施하되 부주어상不住於相이니 하이고오何以故오? 약보살若菩薩이 부주상보시不住相布施하면 기복덕其福德을 불가

사량不可思量이니라.)

수보리야, 네 생각은 어떠냐? 동쪽 하늘의 허공을 헤아릴 수 있겠는가?

(수보리須菩提야 어의운하於意云何오? 동방허공東方虛空을 가사량불可思量不아?)

헤아릴 수 없습니다. 세존이시여.

(불야不也니이다, 세존世尊하.)

수보리야 사방팔방과 상하의 시방 허공을 헤아릴 수 있느냐?

(수보리須菩提야, 남서북방南西北方 사유상하四維上下 허공虛空을 가사량불可思量不아?)

헤아릴 수 없습니다. 세존이시여.

(불야不也니이다 세존世尊하.)

수보리야, 보살의 무주상보시 복덕의 크기도 또한 이같이 헤아릴 수 없느니라. 수보리야, 보살은 다만 이같은 가르침대로 살아야 하느니라.

(수보리須菩提야, 보살菩薩의 무주상보시복덕無住相布施福德도 역부여시亦復如是하야 불가사량不可思量이니라. 수보리須菩提야 보살菩薩은 단응여소교주但應如所教住하니라.)

평산풀이

보살의 특징은 무엇보다 자비를 실천하는 것이다. 자비의 실천을 보시布施라 한다. 한문으로 포시布施라 쓰고 읽기는 보시로 읽는다. 인도말로는 다나(dana)라고 하는데 한자로 의역하여 보시布施라 했다. 포布나 시施나 널리 베푼다는 뜻이기 때문이다. 포덕이니 포교니 할 때 쓰는 포布나 같은 뜻으로 널리 베푼다는 뜻이다. 사랑의 마음을 가지고 다른 사람에게 아무런 조건 없이 널리 베푸는 것을 뜻한다. 보살은 여섯 가지 바라밀을 실천하는데 그 첫째가 보시바라밀이다. 이 세상을 건너가는 데 보시를 하면서 사는 것이 첫째가는 지혜라는 말이다.

그러면 보시를 어떻게 할 것인가? 즉 남에게 무엇을 어떻게 베풀 것인가? 다른 이에게 무엇을 베푸느냐에 따라 셋으로 나뉜다. 재보시財布施 법보시法布施 무외시無畏施다. 재물로써 베푸는 것, 진리를 가르쳐 주는 것, 두려움과 어려움으로부터 구제해 주는 것이다. 요즘은 보시라는 말이 불공이나 불사 때에 신도들이 일정한 금전이나 물품을 내놓는 일로 알지만 본래 뜻은 그것보다 훨씬 깊은 것이다. 기독교로 말하자면 헌금이나 구제 봉사활동뿐만 아니라 선교나 전도활동 등인데 불교의 보시는 이것들을 모두 포괄하여 말하는 것이다.

이웃을 사랑하는 일이 보시인데 이런 보시를 행할 때 세속의 명리를 위해서라든가 어떤 반대급부라도 바라는 마음에서 한다면, 그것은 순수하고 깨끗한 행동이 아니기에 아무 공덕이 안 된다고 한다. 깨끗한 행위로서 보시를 해야 하는데 그렇게 순수하고 깨끗한 보시의 방법은 무엇인가. 그것을 묘행무주라 한다. 묘행무주에서 묘행은 깨끗한 행실이요 그런 깨끗한 행실의 동기는 무주라야 된다는 것이다. 동기나 행위가 모두 선해야 된다는 것이다. 그렇게 깨끗한 행실이 되기 위해서는 무주, 무엇에도 집착이 있으면 안 된다.

보살은 자비의 실천을 어떻게 할 것인가? 여기에 대한 대답이 상相에 대한 집착이 없어야 된다는 것이다. 자비를 실천하는데 있어서 자기라는 아상도 없고 다른 무엇을 위해서 한다는 법상도 없이 행해야 한다는 것이다. 아상이 없으면 자비를 베푸는 자도 없고 받는 자도 없다. 법상이 없으면 베푸는 무엇도 없는 것이다. 내가 무엇을 누구에게 준다고 할 때는 주는 자가 있고 받는 자가 있고 주고받는 어떤 물건이나 대상이 있다. 그래서 3장에서는 아상을 타파함으로 주고받는다는 생각이 없는 것을 말하고 4장에서는 대상에 대한 일체의 집착이 없어야 함을 말한다. 주관의식도 없고 객관의식도 없어야 된다고 하겠다. 마음도 공空이요 법도 공이니 일체가 공으로 안팎이 공이 된다. 이렇게 안팎이 공이 되어 마음에 욕심이 없고 밖으로 집착이 없이 살면 그것이 무주상보시라는 것이다. 이런 허공처럼 깨끗한 사랑의 보시가 무주상보시가 되고 그런 무주상보시라야 참으로 그 공덕이 커서 헤아릴 수가 없다는 내용이 4장에서 말하는 묘행무주분의 뜻이다.

자비를 실천하라고 하면 일상과 다른 무슨 특별한 기부행위를 생각하기 쉬운데 특별한 기부행위가 되면 벌써 무주상보시가 아니다. 그래서 무주상보시란 무슨 특별한 기부행위를 말하는 것이 아니라 일상생활 모두가 자비의 실천이 되라는 것이다. 예수님의 말씀처럼 오른손이 하는 일을 왼손이 모르게 해야 된다는 것이다. 무아의 실천이 일상이 될 때라야 오른손이 하는 일을 왼손이 모르게 될 것이 아닌가.

우리가 어떻게 살아야 되는가? 이에 대한 가르침이 제4장의 내용인데 그것은 제목에서 보듯 무주묘행이다. 욕심과 집착함이 없는 것이 무주묘행이요 깨끗한 생활이 무주묘행이다. 그렇게 살려면 무주, 욕심과 집착함이 없어야 한다. 묘행은 신비하고 깨끗한 행실이다. 신비하다고 하는 것은 집착이 없다는 것이고 깨끗하다는 것은 욕심이 없는 것이다.

그러니까 묘행이라 하여 무슨 특별하고 신비한 것이 아니고 욕심이 없고 집착함이 없이 평범하게 사는 그것이다. 과학자가 연구에 몰두할 때, 수학자가 수학에 몰두할 때, 화가가 작품에 몰두할 때, 자기도 없고 대상도 없고 그저 행위만이 있는데 그런 행이 묘행이라 하겠다. 날마다 들에 나가 일하는 농부의 삶이 묘행이고 날마다 공장에 나가 일하는 그것이 묘행이다. 논과 밭에서 자라는 작물들을 어떻게 하면 잘 자라게 할까 돌보는 농부의 마음에 무슨 돈 벌겠다는 욕심이나 곡식을 혼자 먹겠다고 하는 그런 집착이 없을 때 묘행이다. 일 년 내내 땀을 흘려 농사를 지어서 결국 다른 사람들의 양식으로 다 베풀어 줄 뿐 돈 한 푼 남기지 않고 사는 농부들이 얼마나 많은가. 남에게 베푼다는 생각도 전혀 없다. 그렇게 베풀고 살면서도 베풀고 사는 줄도 모르는 사람들이 많다. 해마다 들에 나가 곡식들을 돌보는 그 기쁨으로 농사를 지을 뿐이다. 이렇게 마음에 욕심이 없고 물질에 대한 집착함이 없이 사는 깨끗하고 순수한 농부의 일상생활 모두가 무주상보시라 할 것이다.

농부만이 아니라 어느 직업이나 다 이처럼 모든 일이 무주상 보시가 되면 마찬가지라 하겠다. 누구나 정직하고 진실하게 사는 깨끗한 생활이면 모두가 무주상보시를 실천하는 보살이 될 것이다. 묘행이라 하여 무슨 특별한 기부를 하거나 이름난 행위를 하자는 것이 아니라 우리의 일상에서 하늘처럼 정직하고 땅처럼 진실하게, 그렇게 하늘과 땅을 본받아 나무처럼 살자는 것이 아닐까 싶다.

여리실견분如理實見分

여래의 참 실상을 보다

수보리야, 네 생각은 어떠냐? 몸의 모습으로 여래를 볼 수 있겠느냐?

(수보리須菩提야, 어의운하於意云何오? 가이신상可以身相으로 견여래불見如來不아?)

세존이시여, 볼 수 없습니다. 몸의 모습으로 여래를 볼 수 없습니다. 왜냐하면 여래께서 말씀하시길 몸의 모습은 곧 몸의 모습이 아니라 하셨기 때문입니다.

(불야不也니이다, 세존世尊하. 불가이신상不可以身相으로 득견여래得見如來니이다. 하이고何以故오, 여래소설如來所說하사 신상즉비신상身相卽非身相이니이다.)

부처님께서 수보리에게 말씀하셨습니다. 무릇 상이 있는 것은 모두 다 허망한 것인데 모든 상이 곧 상이 아님을 알면 즉시 여래를 볼 것이니라.

(불고수보리佛告須菩提하시되 범소유상凡所有相이 개시허망皆是虛妄이나 약견제상비상若見諸相非相이면 즉견여래卽見如來니라.)

평산풀이

4장에서는 보살의 길을 말했는데 이제는 여래에 관한 가르침이다. 보살은 여래를 보고 여래의 가르침인 진리를 실천하며 전하는 사람이다. 보살은 그렇게 여래의 진리를 전해야 하니까 어떻게 하면 여래를 볼 수 있는가? 달리 말하여 어떻게 우리는 진리를 깨달을 수 있는가 하는 질문이 나오게 되는데 그 내용이 오늘의 제5장이다.

여래는 인도말 타타가타(tathagata)를 번역한 것인데 '진실하다', '여실하다', '진리에서 왔다'는 뜻을 가졌다고 한다. 참된 진리, 즉 진여의 세계에서 와서 진여의 세계로 간다는 뜻이니까 간단히 참 또는 진리라고 생각해도 될 것이다. 그래서 여래를 본다는 말은 진리를 깨닫는다는 뜻이다.

보살이 왜 여래를 보아야 하는가. 여래의 진리를 보지 못하고는, 즉 진리를 깨친 보살이 아니고는 진리의 법을 베푸는 설법, 달리 말하여 법보시를 할 수가 없기 때문이다. 3장에서는 우리가 보살이 되려면 무아가 되어야 한다는 가르침이고 4장에서는 무아가 되려면 무주상보시를 해야 된다는 것이고 5장에서는 무주상 보시를 하려면 여래를 보아야 한다, 즉 진리를 깨쳐야 된다는 가르침이다. 무아가 되려면 무주상 보시를 해야 하고 무주상 보시행을 하려면 진리를 깨쳐야 한다. 이 셋은 또 하나다. 진리를 깨치면 무아가 되어 무주상 보시를 하게 된다.

그래서 보살이 어떻게 여리실견如理實見, 여여한 진리의 실상을 볼 수 있는가? 그 답은 또 여리실견, 있는 그대로 보는 직관이라는 것이다. 여래를 보는 방법은 이처럼 간단하다. 신상즉비신상身相卽非身相을 직관으로 알라는 것이다. 눈에 보이는 몸의 모습은 곧 여래의 참 몸이 아니라는 것이다. 그래서 "범소유상凡所有相이 개시허망皆是虛妄이나 약견제상비상若見諸相非相이면 즉견여래卽見如來니라" 했다. 이것을 좀 더 풀어서 생각해본다.

상相이란 것은 모두 허망한 것이다. 범소유상凡所有相이 개시허망皆是虛妄이다. 눈에 보이는 것들이 모두 있는 것 같지만 진짜 있는 것은 아니다. 살아있는 것들은 끊임없이 변한다. 태어나서 늙고 병들어 죽기까지 한순간도 그대로 있지 않고 계속 변화되는 것이 인간의 운명이다. 우리의 옛 시인이 '산천은 의구한데 인걸은 간 데 없다'고 인생의 허무를 한탄했지만 긴 시간으로 보면 산천도 변하고 해와 달과 별도 변하는 것이다. 현대과학을 배운 우리는 이미 시간도 흘러갈 뿐만 아니라 공간도 흘러가는 것을 안다. 이처럼 시공이 흘러가는데 그 안에 있는 것들이 무엇이건 변하지 않고 영원할 수는 없는 법이다. 그런데 우리는 이런 순간의 상을 마치 영원한 것처럼 착각하며 중생으로 사는 것이다. 그런데 우리가 이런 착각을 깨닫고 착각에서 벗어나면 우주의 참 모습을 보게 될 것이다. 그래서 "약견제상비상若見諸相非相이면 즉견여래卽見如來라" 한다. 만일 눈에 보이는 모든 상이 곧 참 모습이 아니라는 것을 알면 그것이 곧 진여의 세계에 사는 여래를 보는 것이다. 허상을 허상으로 보는 눈이 곧 진여와 참을 보는 눈이 된다는 말이다.

참고로 "약견제상비상若見諸相非相"을 풀이할 때 두 가지 방법이 있다. 볼 견見의 목적어인 '제상비상'을 '모든 상이 상이 아니라는 것'으로 해석할 수도 있고 또 여與를 집어넣어 '제상여비상諸相與非相'으로 보고 '모든 상과 비상'으로 풀어 볼 수도 있다. 즉 모든 상과 상 아닌 것을 함께 볼 수 있다면 곧 여래를 보는 것이라 할 수도 있다는 말이다. 문법적으로는 그렇게 제상과 비상의 관계를 술어관계인가 병렬관계인가로 나눠 달리 풀이할 수 있지만 의미적으로는 다르지 않다. 모든 상이 상이 아니라는 것을 볼 때 우리는 이미 상과 비상을 함께 보고 있는 것이지 상만 보고 있는 것은 아니기 때문이다. 우리가 상에 집착하여 비상을 보지 못 할 수는 있지만 비상을 보는 순간 우리는 이미 상을 보고 있는 것이다.

여기서 상이란 모습이나 모양을 말한다. 현상계에 나타나는 모든 현상을 상이라 했다. 세상에 나타난 현상들의 모습은 모두 가상이요 허망한 것이다. 그것들은 우리가 꿈에서 보는 것과 같고 또 물거품처럼 잠시 나타났다가 사라지는 것이지만, 그러나 그 꿈같은 환영의 상이 곧 상이 아님을 알면 여래를 보는 것이라 한다. 여래를 참이라 해도 좋을 것이다. 우리가 꿈을 꾸고 있는 동안에는 그것이 참인 줄 알지만 꿈인 줄 알면 우리는 깨어서 꿈에 본 것들이 참이 아니라는 것을 안다. 인생이 꿈이라는 것을 알면 꿈에서 깨어나게 되고, 꿈을 깨야 인생의 참 모습, 즉 여래를 안다는 것이다.

범소유상凡所有相이 개시허망皆是虛妄이나 약견제상비상若見諸相非相이면 즉견여래卽見如來니라. 이것은 4마디로 된 게송, 즉 사구게四句偈라 하여 유명한데 금강경에 모두 4개가 나온다. 대개는 토를 보면 '개시허망皆是虛妄이니'로 하였는데 생각을 위해 순접이 아닌 역접으로 바꿔보았다. 무릇 상이 있는 것은 모두 다 허망한 것이니 모든 상이 곧 상이 아님을 보면 즉시 여래를 볼 것이다. 이렇게 풀이를 하다 보면 우리가 보는 모든 것은 허망한 꿈같은 것이요 진짜가 아니기에 현상의 모든 것을 허상으로 볼 때 진짜의 본질 세계를 보게 된다는 것으로 풀이할 수 있는데 이렇게 되면 플라톤의 이데아처럼 될 수 있다. 모든 감각적 현실은 가상의 세계요 진짜가 아닌 허상인데, 다만 이성으로 파악하는 이데아의 세계만이 참된 본체라고 이렇게 되면 우리의 감각과 이성이 분리되는 이원론으로 떨어지게 된다.

이원론이 되면 자칫 극단으로 치우치게 되어 고행이나 향락으로 빠지게 된다. 경험적 현상은 모두 꿈같은 것이요 허깨비 같은 것이니 무가치한 것으로 생각하거나 제멋대로 다뤄도 된다는 착각을 가질 수 있다. 몸으로 느끼는 모든 세상 현실을 무가치한 것이라 해서 무시하고 오로지 이성적 관조로 하늘만 쳐다보는 것도 어리석은 것이다. 그렇다고 태어나서 죽으면 아무것도 없다며 살아있을 때 욕망대로 실컷 누려보자 하는 것도 잘못이다. 석가모니 가르침은 항상 이런 양극단을 경계하여 중中道를 가야 한다고 하였다. 중도를 가는 것이 바른길이요 정도正道라는 것이다.

모든 것은 제행무상으로 허망하다. 해와 달도 우주의 긴 시간으로 보면 아침 이슬처럼 잠깐 빛나다가 사라질 뿐 영원불변의 것이 아니다. 그러나 해와 달이 다 사라져도, 햇빛이나 달빛이 다 사라져도, 그보다 더 밝은 영원의 빛은 언제나 빛나고 있다는 생각도 귀한 것이다. 그래서 약견제상비상若見諸相非相이 중도라는 것이다. 모든 상을 보면서 동시에 그것이 상이 아닌 것도 함께 보는 것이다. 태양이 빛나는 대낮을 보면서 동시에 대낮의 세계가 사실은 환한 세계가 아니라 영원의 별빛을 보지 못하는 어둠의 세계라는 것도 알아야 된다. 높은 별의 세계를 보지 못하고 땅의 낮은 것들만 보면서 환하다고 하는 것이 착각이다. 이렇듯 밝음이 곧 어둠의 세계임도 함께 볼 수 있어야 한다. 태양을 긍정하면서 동시에 부정하는 것이다. 이런 긍정과 부정이 하나로 합해지기 위해서는 보는 차원이 달라져야 한다. 중도란 바로 이처럼 차원이 높아지는 변화를 통해서 가능한 길이지 이쪽과 저쪽의 가운데를 말하는 것이 아니다.

약견제상비상若見諸相非相, 이 말을 현실을 부정하는 말로 받아들이면 이원론이 되니까 긍정과 부정을 동시에 하나로 볼 수 있도록 높아져야 한다는 뜻으로 풀어야 하는데 이것을 드러내며 번역하기가 어렵다. 사실 현실을 부정하라는 뜻도 있기 때문이다. 올라가는 길은 부정의 방법을 통하여 이뤄지기 때문이다. 부정하고 또 부정하여 꼭대기로 올라가야 부정과 긍정을 넘어선 대극합일이란 절대 긍정의 세계가 되는데 이처럼 현상에 대한 긍정과 부정을 동시에 초월하라는 그것을 항상 동양에서는 이 같은 즉비의 논리로 표현한 것이다.

실상무상實相無相이다. 세상을 허망하다고 보는 것도 아니고 그렇다고 보이는 세상이 전부라고 생각하는 것도 아니고, 부정과 긍정을 모두 초월한 고차원에 올라가서 살아야 된다는 말이다. 유교에서도 늘 부즉불리不卽不離라는 표현을 쓴다. 이 세상에 빠져도 안 되고 그렇다고 이 세상을 등져도 안 된다는 말이다. 불不이라는 한자의 모양이 새가 하늘을 향하여 날아 올라가는 모습이다. 알이 부화해서 새가 되어 하늘로 날아 올라가서 자유롭게 사는 것이 중도다. 새는 하늘에서 사는 것도 아니고 땅에서 사는 것도 아니고 하늘과 땅을 자유롭게 왕래

하며 산다. 현실 없는 이상도 안 되고 이상 없는 현실도 안 되고 언제나 이상적 현실과 현실적 이상이 하나가 되는 중도中道를 추구하자는 것이다.

금강경의 특징으로 이런 즉비의 논리가 많다는 것이다. 즉비의 논리는 'A는 A가 아니다. 그러므로 A라 한다.'는 간단한 형식을 갖추고 있다. 이런 표현들이 곳곳에 나오는데 말하자면 옛날식 변증법이라 하겠다. 변증법은 정반합正反合이라는 3단계를 거친다. 변증법에 대한 동양적 표현은 이미 우리가 잘 아는 '산은 산이요 물은 물이다.' 하는 1단계와 '산은 산이 아니요 물은 물이 아니다.' 하는 2단계, 그리고 '산은 역시 산이요 물은 역시 물이다.' 하는 3단계의 논리다.

정반합이라는 변증법을 동양에서는 이렇게 '즉이라 하면 곧 아니다' 하는 즉비의 모순논리로 표현한다. 즉비卽非의 논리란 모순의 자기내통일을 말한다. 즉이란 긍정이요 비는 부정이니 즉비의 논리란 긍정과 부정의 합일이다. 이런 모순의 자기내통일自己內統一이 되어 새로운 비약이 되기 위해서는 3단계를 거치는 것이다. 지양止揚을 통해 올라가는 비약의 차원이 없이는 모순의 통일이 될 수가 없다. 부정하고 부정하는 과정을 거쳐 맨 꼭대기로 올라가야 모순의 종합, 또는 대극합일이라는 대 긍정의 세계가 된다.

이런 즉비의 논리로 다시 풀어본다면 1단계는 범소유상凡所有相이 개시허망皆是虛妄, 이것이 제1단계다. 약견제상비상若見諸相非相, 이것은 제2단계이고 즉견여래卽見如來, 이것이 제3단계다. 진리를 깨닫기 위해서는 이렇게 3단계로 올라가야 하는데 카알라일의 의상철학으로 말하면 영원한 부정(The Everlasting No)에서 무관심의 중심(Center of Indifference)으로 올라갔다가 다시 영원한 긍정(The Everlasting Yea)이라는 3단계로 성숙되는 것이다. 영원한 부정은 산을 올라가는 것이요 무관심의 중심은 산꼭대기 올라간 것이요 영원한 긍정은 다시 산을 내려와서 중생과 함께 사는 것이다.

앞서 소개했던 적멸위락이 되는 길도 마찬가지다. 제행무상 시생멸법, 이것이 1단계라면 생멸멸이는 제2단계요 적멸위락이 되면 제3단계가 된다. 누구나 다 이런 3단계까지 올라가서 생사의 모순을 벗어나 진리를 깨닫고 자유와 기쁨으로 살아야 하지 않느냐는 내용인데 그것을 표현하는 동양의 독특한 방법이 즉비의 논리라 하겠다. 이런 즉비의 논리로 깨닫는 것을 직관 또는 직관이라 해 본다. 여래를 어떻게 직관할 수 있는가. 여실지견이다.

참고로 현장의 번역본을 읽어 보면 삼단계가 좀더 뚜렷하다고 볼 수 있다. 현장은 다음과 같이 보다 상세하게 번역을 했다.

"제상구족諸相具足 개시허망皆是虛妄, 내지乃至 비상구족非相具足 개비허망皆非虛妄, 여시如是 이상비상以相非相 응관여래應觀如來(모든 상을 구족해도 허망한 것이요, 또는 상을 구족함이 없다 해도 모두 허망한 것은 아니다. 그러므로 이와같이 상과 상 없음을 가지고 마땅히 여래를 관해야 하니라.)"

"모든 상을 구족해도 그것은 모두 허망한 것이다." 이것이 1단계다. 스승을 만나서 스승의 모든 말과 행동을 보고 배우는 것이다. 스승에게 그 모든 것을 다 배웠다고 해도 그것이 다 허망한 것은 자기의 것이 아니기 때문이다. 그래서 2단계로 올라간다. "또는 상을 구족함이 없다고 해도 다 허망한 것은 아니다." 배운 것들을 자기 것으로 소화하기 위해 다 버리는 것이다. 버리고 비울수록 충만해지는 것을 도라고 한다. 길을 가는 데 버리고 비울수록 가벼워지고 자유롭게 되는 것이지 허망한 것이 아니다. 이것은 2단계다. 그래서 목적지에 다다르면 3단계다. "이같이 상相과 비상非相을 가지고 마땅히 여래를 직관해야 된다." 배움과 비움의 두 단계를 종합하여 넘어서야 진리와 일치하는 진여의 세계를 얻을 수 있다. 이것이 3단계라 하겠다.

이렇게 여래를 만나기 위해서는 3단계로 올라가야 된다는 것이다. 이것을 즉비의 논리라 하고, 이렇게 보는 것을 즉관 또는 직관이라 한다. 우리는 이런 직관을 통해서 여래를 만날 수 있다는 것이다. 직관이라 했지만 그것이 단박에 이뤄지는 것은 아니다. 석가모니도 진리를 깨닫기 위해서 6년 고행과 49일 선정을 했다고 한다. 예수의 제자들도 스승과 3년을 함께 지냈지만 눈에 보이는 상에 집착했기에 비상을 보지 못했다. 그런데 예수가 십자가에서 죽고 난 다음 부활한 그리스도를 본 다음부터 새로운 변화를 받게 된다. 말하자면 부활하신 그리스도가 비상이라 하겠다. 그래서 부활의 그리스도를 만나 변화를 받기 시작하여 49일이 지난 오순절에 이르러 성령을 받아 사도가 된다. 사도는 생명을 걸고 그리스도 예수의 도를 전하는 제자들이다. 자연에서 계란이 병아리로 깨어나는데도 어미닭 품속에서 21일이라는 시간이 필요하다. 이렇듯 인생이 영생으로 거듭나는 것도 스승을 만나서 6년의 분투가 있어야 되고 49일의 진통이 있어야 진리의 눈을 뜨게 되는 것이다. 눈을 뜨는 것은 순간이지만 그 순간을 얻기까지는 백사천난百死千難의 진통이 필요한 것이다. 백사천난百死千難이란 백번의 죽을 고비와 천번의 난관을 겪었다는 뜻인데 왕양명의 말이다. 왕수인이 말하길 자기가 양지良知를 깨닫게 된 것은 백사천난을 겪으며 얻은 것이지 그냥 된 것이 아니라 했다. 백사천난을 겪으며 문득 찾아온 것이 양지라 했다. 그 허령지각의 양지를 깨닫고 보니 모든 성인의 가르침은 다 그림자일 뿐이고 자기 속에서 빛나는 양지만이 참 스승이라 하였다. 양명으로 말하면 자기 속에 허령지각虛靈知覺으로 빛나는 양지를 지녀야 참 스승을 만난 것이요 여래를 본 것이다.

2008. 5. 6.

정신희유분正信希有分

바른 믿음은 희귀하다

수보리가 부처님께 여쭈었습니다. 세존이시여, 문득 어떤 중생이 나와서 이와 같은 선생님의 높은 말씀을 듣고 진실한 믿음을 일으키는 자가 있겠습니까?

(수보리須菩提 백불언白佛言하사 세존하世尊하 파유중생頗有衆生이 득문여시得聞如是 언설장구言說章句하고 생실신불生實信不이까)

부처님께서 수보리에게 대답하셨습니다. 그런 소리를 하지 마라. 여래가 입멸한 뒤 오백세가 지난 후에도 계를 지키고 복덕을 닦는 자가 있어 이 글귀를 보고 능히 신심을 일으키리니 이로써 진실하게 될 것이다.

(불고수보리佛告須菩提하시되 막작시설莫作是說하라 여래멸후如來滅後 후오백세後五百歲에 유지계수복자有持戒修福者하야 어차장구於此章句에 능생신심能生信心하야 이차위실以此爲實하리라)

마땅히 알라. 이 사람은 한 부처님이나 두 부처님 또는 셋 넷 다섯 부처님께만 선근善根을 심은 것이 아니라 이미 무량의 천만 부처님 처소에서 모든 선근을 심었으니 이 글귀를 듣고 한 생각에 이르러 깨끗한 신심을 일으킨 사람이니라.

(당지시인當知是人은 불어일불不於一佛 이불삼사오불二佛三四五佛에 이종선근而種善根이요 이어무량已於無量 천만불소千萬佛所에 종제선근種諸善根이니 문시장구聞是章句하고 내지일념乃至一念이라도 생정신자生淨信者니라)

수보리야, 여래는 다 알고 다 보고 있으니 이렇게 모든 중생이 무량복덕을 얻게 될 것이다. 그 까닭은 무엇인가?

(수보리須菩提야 여래실지실견如來悉知悉見하사 시제중생是諸衆生이 득여시得如是무량복덕無量福德이니 하이고何以故오)

이런 모든 중생은 다시는 아상 인상 중생상 수자상을 갖는 일이 없으며 법상이나 또한 비법상도 갖는 일이 없기 때문이니라.)

(시제중생是諸衆生이 무부아상無復我相 인상중생상人相衆生相 수자상壽者相이며무법상 無法相이며 역무비법상亦無非法相이라)

왜냐면 이렇게 모든 중생이 만약 마음에 어떤 상을 취하면 곧 아상 인상 중생상 수자상에 집착하는 것이 되기 때문이니라.

(하이고何以故오 시제중생是諸衆生이 약심취상若心取相하면 즉위착아卽爲着我 인중생수자人衆生壽者니라.)

왜 그런가? 법상을 취해도 곧 아상 인상 중생상 수자상에 집착하는 것이 되며 또한 비법상을 취하더라도 곧 아상 인상 중생상 수자상에 집착하는 일이 되기 때문이니라.

(하이고何以故오 약취법상若取法相이라도 즉착아인중생수자卽着我人衆生壽者며 약취비법상若取非法相이라도 즉착아인중생수자卽着我人衆生壽者니라)

이런 고로, 응당 법을 취하는 것도 안 되며 또한 비법을 취하여도 안 되느니라.

(시고是故로 불응취법不應取法이며 불응취비법不應取非法이니라)

이런 까닭으로 여래는 항상 너희 비구들에게 설법하는데, 나의 설법을 뗏목의 비유처럼 아는 자는 법이라 하는 마음도 버리거늘 하물며 법이 아니라 하는 마음이 있겠느냐?

(이시의고以是義故로 여래상설如來常說 여등비구汝等比丘하되 지아설법知我說法을 여벌유자如筏喻者는 법상응사法尙應捨어든 하황비법何況非法가하니라.)

평산풀이

지난 5장에서는 여래를 어떻게 만날 수 있는가 하는 여리실견분인데 6장은 여래의 말씀을 듣고 바른 믿음을 갖는 일이 희귀하다는 정신희유분正信希有分이다. 부처님이 세상을 떠나시면 뵐 수가 없고 말씀만 남게 되는데 후세에 그 말씀만 듣고 신심信心을 일으키는 사람이 있겠느냐는 물음이다. 그래서 수보리가 부처님께 여쭤본다.

"부처님께서 말씀하신 중도中道를 이렇게 부처님을 뵙고도 얻기가 어려운 것인데 부처님이 열반하신 뒤 수 천 년이 지나간 후에도 이런 말씀만 보고 바른 믿음을 일으키는 사람이 있겠습니까?"

석가세존이 열반에 들어가 세상에서 만날 수 없는 미래세에 어떻게 여래의 진리를 깨닫는 보살이 나타나겠느냐고 염려하는 수보리의 질문에 부처님은 바로 그런 소리를 하지 말라고 타일렀다. 진리를 의심하지 말라는 것이다. 진리는 영원한 것이요 언제나 어디나 있는 것이기에 어디서나 언제나 없어지는 것이 아니다. 진리는 언제나 어디나 있기에 누구나 깨달을 수 있다는 것이다. 그래서 진리의 말씀은 영원하다는 것과 모든 중생이 다 부처의 말씀으로 진리를 깨닫고 무량복덕을 얻을 것을 의심하지 말라고 한다. 세세에 오는 중생이 부처의 말씀을 듣고 문득 한 생각으로 깨끗한 신심을 일으켜서 무량복덕이라는 한없는 기쁨과 행복을 누리게 될 것을 의심하지 말라고 한다.

이처럼 누구나 경전의 말씀을 읽고 신심을 일으킴으로써 진실한 사람이 될 수 있다는 것이 부처님의 믿음이요 또 우리의 바른 믿음이다. 누구나 부처의 말씀을 믿고 진리를 깨달으면 보살이 되어 모든 중생을 구하게 될 것이다. 그렇게 진실로 보살행을 실천하며 사는 사람이 되려면 먼저 여래와 여래의 말씀을 믿는 신심信心을 가져야 된다는 것이다.

믿음의 대상은 셋이다. 여래를 믿어야 하고 여래의 말씀을 믿어야 하며 또한 스승을 모시고 있으면 반드시 진리를 깨달을 것이라는 믿음을 가져야 한다. 그래서 불교는 불법승佛法僧 삼보에 귀의하라고 한다. 믿음이란 말을 귀의歸依라고 표현한 것이다. 부처님을 믿고 말씀을 믿고 승가僧伽, 즉 승단僧團을 믿는다는 것인데 승단을 믿는다는 것은 학생으로서 배움에 들어가면 꼭 깨달을 수 있다는 것을 믿으라는 말이다. 이런 신심을 갖기 위해서는 먼저 스승을 만나야 한다. 여래가 스승이지만 석가여래는 이미 세상을 떠났다. 그렇지만 그 여래가 이제는 여러 모습으로 나타난다. 여래가 우리에게 다양한 모습으로 나타나서 진리의 세계로 이끌어주는 것이다. 그렇게 다양한 스승의 모습으로 나타난 여래를 우리는 선지식이라 한다. 여래가 열반한 세상에서 구도자는 선지식이라는 여래, 즉 스승을 찾게 된다. 그래서 화엄경에서는 선재동자가 53명의 스승을 찾아 떠나는 구도의 여정을 보여주고 있다.

화엄경에서는 선재동자가 주인공인데 금강경에서는 선현이라는 수보리 장로가 주인공이다. 선재동자가 50명의 선지식을 만나고 나서 깨닫게 된다고 하는데 이 말은 곧 세상의 모든 사람이 스승이 될 수 있다는 말이다. 공자도 말씀하시길 세 사람이 길을 가면 거기에는 반드시 나의 스승이 있다고 했다. 그러니까 석가여래가 세상을 떠나 열반을 했지만 그래도 세상을 떠난 것이 아니다. 여전히 화신으로 세상에 나타나는 것이다. 그래서 여래의 말씀인 경을 가지고 구도의 길을 가는 사람은 어디서나 여래의 화신인 스승을 만날 수 있다는 것이다.

사실 진리를 깨닫기 전에는 스승이 보이지 않지만 깨닫고 보면 모두가 스승었음을 알게 된다. 처음에는 우리가 겸손한 마음으로 옛적부터 오래오래 전해 내려온 경전의 말씀을 붙들고 스승을 찾아야 한다. 혼자서 경전을 보고 그 마음을 알기란 어렵기 때문이다. 그래서 배움의 장소인 학교를 찾고 스승을 찾는 것이다. 중생에게 필요한 것이 이런 삼보三寶와 삼보에 대한 믿음이다. 경전이 있고 경을 가르치는 스승이 있고 그런 경전을 배울 학교 교회 승가 등 삼보를 믿고 그 배움의 집단에 들어가면 나도 깨달을 수 있다는 신심이 일어나게 된다. 이런 신심을 스스로 일으키는 사람도 있겠지만 자기 힘으로 되는 것보다는 좋은 스승을 만나면 저절로 된다. 스승의 힘으로 신심이 일어나는 것이다. 그래서 큰 스승을 만나면 믿음이 일어난다는 것이 대승기신大乘起信이라는 말이다.

대승은 큰 뗏목을 말한다. 커다란 뗏목에 올라타면 저절로 강을 건널 수 있다는 믿음이 생기는 것이다. 그런 큰 뗏목이 되는 것도 무수한 사람들이 함께 모여 노력한 결과이다. 그래서 큰 강을 건너기 위해 큰 뗏목이 필요하고 큰 뗏목은 무수한 사람들의 공덕에 힘을 입어 존재하는 것이다. 말하자면 헤아릴 수 없이 많은 보살과 부처님들의 무량공덕을 얻기까지는 강을 건널 수 없는 것이다. 내가 어찌 그런 큰 공덕을 얻을 수 있을까. 내가 이미 수많은 전생에서 무한의 공덕을 쌓았기 때문이다. 달리 말하면 뗏목을 타고 강을 건너는 것은 무한 공덕을 쌓았던 인연 때문이라는 것이다.

이렇게 6장의 내용은 석가여래가 열반에 들어가서 수천년이 지나 말세가 되어도 깨달은 사람이 나올 수 있느냐는 질문에 대한 답이다. 후오백세란 시대가 혼탁해진 말세요 말법시대를 말한다. 불교에서는 시대를 정법시대 상법시대 말법시대로 나누는 견해가 있다. 석가여래가 나온 후 첫 5백년은 정법시대로 깨달은 사람도 있고 수행자도 있고 말씀도 있는 시대인데 정법이 지나 상법시대가 되면 깨달은 사람이 사라지고 수행자와 말씀만 남게 되고 1천년의 상법시대가 지나 말법시대가 되면 말씀인 경전만이 남아 깨닫는 자도 없고 수행자도 없는 시대가 된다고 한다.

그래서 정법시대가 지나가고 상법과 말법의 시대가 되면 어찌하느냐는 수보리의 염려에 대해 부처님은 그런 잘못된 생각을 하지 말라는 것이다. 말하자면 말법시대에도 깨달은 사람이 나올 수 있다는 가르침이다. 그러니 그런 정법 상법 말법 같은 잘못된 견해를 갖지 말라는 것이다. 여래도 영원하고 진리도 영원하다는 것이다. 그래서 시대가 문제가 아니라 믿음도 없고 깨달음도 없는 내가 문제라는 것이다.

따라서 어느 때나 말씀을 깨닫고 모든 상을 떠난 보살이 나올 것이라는 믿음을 가지라는 말이다. 말씀을 보고 신심을 일으킨 중생은 무수한 부처님께 선근善根을 심었던 사람인데 그런 중생이 언제나 많다는 것이다. 그래서 중생은 신심을 가지고 진실한 보살이 될 수 있다는 것이다. 선근善根이란 장차 깨달음의 좋은 과보를 얻기 위해서 오늘 참된 말과 선한 뜻과 아름다운 행위를 실천하는 것이다. 선근을 심는 그 진실한 보살은 지금까지 가르침 대로 아상 인상 중생상 수자상이 없어야 하고 또 법상法相과 비법상非法相이라는 상도 갖지 않을 것이다.

무수한 부처님이란 우리가 쉽게 생각하여 무수한 선생님들이라 보면 될 것이고 선근善根을 심었다는 것은 그 선생님들의 공로와 가르침에 힘입어 삼보를 믿고 수행에 힘썼다는 말이라 하겠다. 이 세상에는 무수한 여래 보살들의 선근 공덕이 가득 쌓여 있고 그 때문에 중생은 언제라도 신심을 일으켜 보살이 될수 있다는 것이 정신희유분이다. 바른 믿음을 가지는 일이 희유하여 쉽지는 않지만, 누구나 바른 믿음만 가지면 희유의 보살이 될 것이다.

가만 생각해보면 우리가 지금 이 자리에 있기까지, 내가 지금 컴퓨터 앞에서 자판을 두드리는 행위를 하도록 하기까지 얼마나 많은 앞선 선생님들의 공로와 가르침이 있었는지 도무지 헤아릴 길이 없다. 좀 더 넓게 말하면 우리보다 앞서 살았던 모든 분과 현재 이 세상에 함께 살아가고 있는 모든 분, 이런 모든 스승 선인들에게 우리가 빚을 지지 않고서는 지금 이 자리에 있을 수가 없는 것이다.

오늘의 문화 문명을 누릴 수 있도록 얼마나 많은 분의 성인과 철인들과 학자들과 기술자들과 노동자들의 땀과 노력이 쌓였는지 짐작할 수도 없다. 더 크게 보면 사람들만이 아니라 하늘과 땅의 모든 것들도 다 우리를 살려주고 길러주는 부처님의 자비요 보살들의 공덕이 아니겠는가. 풀꽃 한 송이가 피는 것도 우리가 우주적 사건이라고 보지 않을 수 없는 것은 천지신명天地神明의 모든 존재의 합력이 없으면, 즉 하나님의 사랑이 아니라면 세상의 어떤 일도 일어날 수 없기 때문이다. 이렇게 보면 내가 지금 여기 있다는 사건, 존재의 사건 만큼 신비스럽고 경탄스럽고 감사할 일도 없을 것이다.

그러면 나는 무엇인가. 나를 찾아보면 나라고 할 것이 없다. 오직 천지신명의 빛나는 사랑의 반짝 빛남의 환 빛 한 점만이 있을 뿐 어디에서도 별도로 존재하는 나를 찾을 수가 없다. 그러니 아상 인상 중생상 수자상, 이런 것들은 빛을 가리는 빛 가리개일 뿐이다. 이런 빛 가리개를 벗어나면 온통 빛인데 빛 가리개를 나라고 할 수 없지 않은가.

또는 빛을 나라고 할 수 있을까. 이 빛을 나라고 하고 빛을 잡는 순간 빛이 어둠이 되고 만다. 우리가 잡을 수 있는 것은 빛이 아니라 티끌뿐이다. 나는 한 점 티끌에 불과한데 하늘에 올라가면 하나님 빛 속에서 빛을 드러내는 티끌이 된다. 그래서 나는 티끌도 아니고 빛도 아니고 티끌의 빛을 나라고 해야 할지 모르겠다.

법상法相이 있어도 안 되고 비법상非法相이 있어도 안 된다. 빛을 나라고 해도 안 되고 빛이 없는 것을 나라고 해도 안 된다. 법상法相, 이것이 진리라 하게 되면 그것은 이미 진리가 될 수 없다. 진리는 빛처럼 잡을 수 없는 것인데 잡혔다 하면 그것은 벌써 티끌이지 빛이 될 수가 없다. 부처님 진리의 말씀은 영원한 생명력이 있어서 그 물을 마시는 자마다 모두 살아난다고 하면 사람들은 그 물을 너무 소중하게 생각해서 생명의 물이라 하고 나름대로 소중히 한다고 한곳에 꼭 가둬두면 그것은 생명의 물이 아니라 썩은 물이 되고 만다. 그렇다고 소중한 진리의 말씀을 아무것도 아니라 하고 갖다 내 버린다면 그처럼 어리석은 것도 없다. 비법상非法相이란 이처럼 법이 아니라 하고 무시하는 마음이다. 법이 아니라고 무시하다가 법을 비방하는 마음이 된다. 강을 만나면 뗏목을 타고 건너야지 뗏목이 필요 없다고 자기 힘으로 건너겠다고 하는 것도 어리석은 짓이요, 또 강을 건넜으면 뗏목을 떠나서 잊어야 하는데 계속 붙들고 있는 것도 어리석은 짓이다.

법상法相, 이것은 진리의 말씀이라 하고 가둬놓아도 안 되고, 비법상非法相, 이것은 진리가 아니라 하고 밖에 내다 내버려도 안 된다. 교외별전教外別傳이라고 하여 경을 무시해도 안 되고 경이 최고라고 경에 사로잡혀도 안 된다. 경을 진리라 하고 가둬두는 것을 법상이라 하고 갖다 내버리는 것을 비법상이라 한다. 이것이 진리라 하고 붙잡아도 아상에 사로잡힌 것이요 이것은 진리가 아니라 하는 것도 아상에 사로잡힌 것이다.

보이는 현상現像이 모두 실상實相이지 실상은 없다 하게 되면 법상이 되고 현상은 모두 허망한 것으로 실상實相이 아니라 하게 되면 비법상이 된다. 이런 긍정과 부정이라는 양단을 넘어서야 앞서 말한 부즉불리不卽不離요 실상무상實相無相이라는 중도가 될 것이다.

법상法相이나 비법상非法相에 치우치게 되면 모두 아상에 사로잡혀 있는 것이다. 나는 진리를 깨쳤다 해도 아상에 사로잡힌 것이요 세상에 진리라는 것은 없다고 해도 아상에서 벗어나지 못한 것이다. 이것이 진리라 하는 법상을 가져도 공의 깨침이 아니고 진리라 할 게 아무것도 없다는 비법상을 가져도 공의 깨침이 아니다. 이런 법상과 비법상을 모두 버려야 무아의 공을 깨칠 수 있다는 것이다. 그래서 공의 이치를 깨치고 보면 일체가 진리요 모두가 부처인데 어디에 깨친 나가 있고 깨치지 못한 나가 있을 수 있겠는가.

이렇게 볼 때 부처님의 말씀, 공자님의 말씀, 예수님의 말씀, 무엇이나 법이라 숭배하며 가둬도 안 되고 법이 아니라 비난해도 잘못이다. 법이라는 진리의 말씀을 먹고 법이라는 진리의 물을 마시고 법이라는 진리의 빛을 입어서 영원한 사랑의 존재로 성숙해 올라가는 지금 여기 오늘의 진실만이 있을 뿐 몸과 맘도 있을 수 없고 나와 너도 있을 수 없고 이세상과 저세상도 있을 수 없다. 이런 중도의 가르침을 받아들여서 바르게 믿는 사람이 참으로 드물다는 것이 정신희유분正信希有分이다. 희유는 드물다는 말이다. 드물지만 바르게 믿는 사람은 언제나 있기 마련이고 그런 희유의 믿음을 가진 사람은 반드시 희유한 보살이 될 것이라는 희망의 말씀이 정신희유분이다. 바른 믿음과 진실한 믿음을 강조했던 중국 선종의 3대조사 승찬僧璨(? -606) 스님의 신심명信心銘에 나온 계송을 소개한다. 지극한 도의 스승을 만나서 유혐간택唯嫌揀擇의 진실하고 바른 믿음을 가지면 증애憎愛를 벗어난 중도를 얻어 지혜가 빛나게 될 것이라는 내용이다.

지도무난至道無難 (큰길을 만나면 모든 어려움이 사라지나니)

유혐간택唯嫌揀擇 (다만 분별하고 가리고 택하는 마음만 버리라)

단막증애但莫憎愛 (일단 미워할 것도 없고 사랑할 것도 없는 중도만 되면)

통연명백洞然明白 (확연히 탁 트여서 밝은 빛으로 환해지리라.)

2008. 5. 9.

• 쉬어가기

다석 류영모와 동양적 기독교 이해

경기도 벽제 동광원에서 열린 예수영성수련회에 참가하여 하루를 쉬었다 왔다. 동광원은 '맨발의 성자'로 알려진 이현필선생의 신앙을 따라 세워진 한국의 자생적 기독교 수도공동체다. 〈맨발의 성자〉를 써서 한국 기독교 교계에 동광원을 소개하신 엄두섭목사(2008년 당시 89세, 2016년 소천)을 중심으로 2007년 가을부터 분기마다 십 수 명의 목사님과 성도들이 모여 수련회를 진행하는데 교파와 종파를 초월한 모임이었다.

그 모임에서 다석 류영모(1890-1981)의 영성에 대해 간단히 발표한 내용을 소개한다. 다석 류영모 신앙의 특징은 한마디로 기독교의 동양적 이해라 할 수 있다. 성경에 나타난 예수의 가르침을 서구신학을 통한 이해가 아니라 동양사람인 한국인의 심성으로 받아들였다는 점이다. 그래서 기독교를 이해하는 방식과 신앙이 독특하다 할 수 있는데 그 신앙과 영성의 특징 가운데 다음과 같은 몇 가지를 간단히 소개하였다.

첫째는 다석은 동서양 세계의 모든 역사와 사상을 꿰뚫어 보편적으로 섭리하시는 한 분이신 참 하나님의 구원 역사를 신앙한다는 점이다. 기원전, 즉 예수 이전의 시대라 하더라도 하나님은 이스라엘 민족과 중동의 역사 속에서만 섭리하신 분이 아니라 아시아와 동양의 역사, 우리 민족을 포함하여 모든 민족의 역사 속에서 구원의 역사를 진행하신다는 신앙으로 인류의 하나님이심을 일깨워 주었다. 따라서 이스라엘 역사 속에 등장하는 모세와 다윗, 또는 엘리야나 이사야 같은 사람들만 선지자가 아니라 민족마다 하나님이 세우신 선지자가 있다는 것이다.

이에 영향을 받은 다석의 제자로 함석헌(1901-1989)이 있다. 함석헌이 고등학생으로 오산학교에서 공부할 때 스승으로 오신 다석을 만났다. 스승의 영향을 받은 함석헌은 일제 강점기인 1932년 〈성서적 입장에서 본 조선역사〉를 집필하여 우리의 혼을 일깨웠다. 우리나라 5천년 역사를 꿰뚫어 그 속에서 하나님의 섭리와 구원의 손길을 느낄 수 있다는 내용이다. 다석이나 함석헌의 시각으로 보면 우리 민족의 역사를 이끌어가는 역사의 주관자가 계시고 우리가 겪는 역사적 고난 속에서 그 절대자의 손길을 느낄 수 있다는 것이다. 고난의 시기마다 예언자를 보내주시고 그 뜻을 전해주며 백성에게 위로와 희망을 준다는 것이다.

신라시대의 원효나 의상 고려시대의 지눌과 포은 그리고 조선시대의 세종대왕과 이순신, 퇴계와 율곡 같은 분들이 모두 우리 역사에 나타난 선지자라 할 것이다. 인류사로 보면 예수그리스도 이전에 오신 동양의 석가 노자 공자, 서양에서는 헤라클레이토스 피타고라스 소크라테스 등 인류의 뛰어난 철인들이 다 하나님께서 보내신 철인이요 선지자라는 것이다. 그분들도 하늘에서 주시는 뜻을 찾아 참을 밝히고 인간의 길을 닦았던 것이지 하나님과 무관한 사람들이 아니었다. 그래서 빛의 하나님과 어둠의 사탄으로 보던 서양의 이원론을 극복하고 모든 인류는 하나요 모든 인류를 자녀로 사랑하시는 하나님도 한 분이라는 것이다.

예수 이전에 나타난 세계 각처의 모든 철인과 선지자들이 모두 하나님의 선지자로서 인류의 구세주 그리스도께서 나타나시길 간절히 바라며 사셨다는 것이다. 즉 누구보다 인간의 구원과 인류의 평화를 위해 깊이 기도하며 살았던 분들이 선각자요 선지자요 철인이요 성인인데 그분들의 기도 덕분에 결국 하나님께서 예수라는 그리스도를 이 땅에 보내주셨다는 것이다. 따라서 공자의 가르침인 유교 경전이나 석가모니의 가르침인 불교의 경전 또는 노자와 장자의 글 속에서도 하늘의 뜻인 진리가 들어있다는 것이다. 그처럼 모든 경전 속에 들어있는 하나님의 말씀을 찾아내서 이 시대의 말로 풀어내는 일이 온고이지신溫故而知新이요 그런 온고지신을 통해 우리에게 참 빛과 생명의 세계를 새롭게 일깨워 준 분이 또한 다석이라 하겠다.

둘째는 동양종교의 특징으로서 진리의 체득과 지행합일의 실천적 믿음의 영성을 보여주었다는 점이다. 류영모는 말하기를 '그저 믿는다는 것은 병이요, 그리스도를 믿는 믿음으로부터 오는 실천력이 따르지 않는다면 헛된 것'이라 하였다. 입으로만 믿는다고 하거나, 마음으로 믿는다고 하면서도 그리스도께서 주신 말씀을 실행하는 도道의 실천이 없고 일상적 삶의 질적 변화가 일어나지 않는다면 참된 신앙이 아니라 했다. 참된 믿음은 생명의 근원이신 하나님과 그리스도로부터 지혜의 빛과 사랑의 힘을 얻어 거듭난 생명의 삶으로 날마다 성령과 더불어 일이관지一以貫之의 실천이 따라야 한다고 강조했다.

일이관지란 일식一食 일언一言 일좌一坐 일인一仁라는 네 가지를 실천하는 것인데, 달리 말하면 식색과 생사를 벗어나서 말씀과 사랑으로 사는 하루살이 생활의 실천이다. 그렇다고 그것은 고행이나 수행을 통해 자력으로 무엇을 성취하자는 것이 아니라 하나님을 만나서 욕심이 끊어지고 그리스도의 십자가를 믿는 신앙체험으로 죄의 사슬에서 벗어나 성령 안에서 저절로 흘러나오는 사랑의 능력으로 자유를 누리는 무위자연無爲自然의 믿음이라는 것이다.

즉 일이관지一以貫之의 도道는 자기 힘으로 억지로 노력하며 사는 타율적이고 율법적 자력신앙이 아니라 믿음을 통해서 얻는 기쁨을 가지고 바르게 사는 은혜의 생활이다. 칸트의 말처럼 저절로 자기 행위의 준칙이 보편적 입법원리로서 주님의 뜻에 타당하도록 행위하는 자율적 타력신앙라는 것이다. 예수님이 "네가 남에게 바라는 대로 남에게 베풀지니 이것이 모든 율법과 선자자의 정신이니라." 하신 것처럼 율법이 아니라 율법과 선지자의 정신을 깨닫고 자율적으로 실천하는 것이다. 그래서 인류의 먹는 문제와 입는 문제를 생각하며 일식과 일인을 하고 남녀 문제와 세대 문제를 생각하여 일언과 일좌를 실천했던 것이다.

셋째는 동양 성인들의 궁극적 이상이 예수에게서 이루어졌음을 보았다. 성인들의 이상이란 천인합일天人合一이요 부자유친父子有親이요 대동생명大同生命이다. 그리스도의 십자가 사건이야말로 인간성의 극치로서 하나님 아버지의 영광을 드러내는 의인의 꽃다운 피흘림이요 부자유친을 보여주는 효의 극치라 하였다. 아버지의 영광과 환빛을 드러내는 십자가, 즉 꽃피로 말미암아 온 세상이 환빛으로 빛나게 되었다. 그 빛으로 말미암아 그 빛을 받아들인 사람이면 어디나 누구나 언제나 밝고 맑고 새롭게 되어 깨끗한 새 생명이 되는 것을 보여주었다.

넷째는 한국인의 심성에 나타나신 그리스도를 만나 그 형상을 뚜렷하게 드러냄으로써 한국의 문화 속에 복음이 뿌리를 내리고 자라나기 시작했다는 점이다. 지금까지 서양의 선교사들이 서구신학으로, 즉 그리스도의 모습을 그리스나 로마인 등 서양인의 모습으로 그려낸 것을 들고 와서 보여주듯 서양의 역사와 문화를 기반으로 형성된 도그마적 교리와 이론화된 지식으로 믿음을 전달했는데 그것이 가진 한계를 알아차리고 극복했다는 점이다. 물론 이것도 하나님의 섭리와 은혜로 된 것이다. 즉 그리스도의 형상을 그리워하는 한국인의 기도에 응답하여 하나님께서 직접 계시해주신 것이다. 그리스도가 그리워 기도하는 순수한 한국인이 심성에 그리스도께서 나타나 계시해주신 사건이 일어난 것이다.

그렇게 성령의 은혜로 계시를 받은 분이 바로 동광원의 이공이요 또한 다석이었다. 이제 한국 사람도 직접 그리스도를 만날 수 있는 순수직관의 길이 열리게 된 것이다. 그래서 우리도 한국인의 심성에 계시된 그리스도의 모습을 직접 뵙고 전할 수 있게 되었다는 점이다. 우리도 이제 말씀 가운데 하나님이 나타나신 계시체험을 얻게 되었고 그 체험적 신앙을 가지고 복음을 이해하여 우리말을 가지고 우리 문화의 토양에 복음의 싹을 틔울 수 있게 되었다. 달리 말하여 우리도 우리 심성에 나타나신 하나님과 그리스도의 복음을 우리말과 우리의 사상으로 표현하여 우리의 기독교 신학을 세워나갈 수 있게 되었다는 것이다.

이제 우리는 하나님께서 주신 성령의 씨앗을 우리가 살아서 숨 쉬는 우리의 토착적 전통문화의 토양 속에, 우리의 깊은 심성의 대지에 뿌려서 그 싹이 자라도록 길러내 부활의 첫 열매를 얻을 수 있게 되었다. 그 덕으로 우리는 모두 복음의 씨앗을 얻어 우리 심성 속에 뿌릴 수 있게 되었다. 그래서 누구나 이 씨앗을 길러가기만 하면 부활하신 그리스도의 생명을 풍성히 누릴 수 있게 되었다. 그동안 씨앗이 없어 스스로 여름 짓지 못해 굶주리며 얻어먹던 농부가 이제 뿌릴 씨앗을 얻었으니 얼마나 기쁜 소식인가? 이런 기쁜 소식을 전해준 분이 다석 류영모요 현재 김흥호 선생이요 또한 동광원의 이공이라 하겠다.

2008. 4. 4.

다석의 우리말 골라 빛내기

별다른 일이 있는 것도 아닌데 하루하루 분주하게 왔다 갔다 하다 보면 일주일이 훌쩍 지나간다. 바깥 활동이 분주해지면 저절로 내적 활동이 줄어들게 됨을 실감하고 있다. 무위자연無爲自然이라는 노자의 말이 유명하다. 내 안의 자연, 내 속알의 생명력이 왕성하게 활동하려면 무위가 되어야 할 것이다. 무위라야 그것이 자연이다, 즉 무가 되어야 스스로 생명력이 불타게 된다는 뜻이다. 무가 된다는 말은 아무것도 인위적인 활동을 하지 않는다는 말이다. 우리가 낮에는 여러 가지로 인위적인 일에 힘을 쓰게 된다. 그런데 밤에 잠을 자는 동안에는 인위적인 것을 멈추게 된다. 그렇게 아무 일도 없이 잠을 자는 순간에 우리의 생명력은 가장 왕성한 활동을 하게 된다. 깊은 숨을 쉬면서 우리 몸의 생명력이 왕성해지는 것이다. 밤에 회복된 생명력을 가지고 낮에 인위적인 활동을 하는 것도 사실이다. 그런데 낮에도 인위적인 방식이 아니라 무위의 법에 따라 활동을 한다면 생명력을 해치는 일이 없을 것이다.

그래서 유학자들의 말에 동역정動亦定 정역정靜亦定이라는 말이 있다. 움직일 때도 언제나 흔들림이 없고 고요할 때도 언제나 흔들림이 없다는 말이다. 왕양명은 전쟁터에 나가서 전투의 와중에도 제자들과 더불어 평시처럼 흔들림 없는 고요함으로 강좌를 열어 강의를 진행했다고 한다. 주로 문답식 강의였던 것 같다. 그런 왕양명의 모습이 동역정 정역정의 대표라 본다. 그렇게 학문을 좋아했던 그를 험난한 전쟁터에서만 지내도록 내몰지 말고 학자나 국사로 지내도록 했더라면 그렇게 짧은 생애를 마치지 않아도 되지 않았을 것이 아닌가, 후세를 위해 더 많은 지혜와 사랑을 주고 가지 않았을까 생각할 때 아쉬운 마음을 금할 수 없다.

다석 류영모는 무위자연無爲自然의 내적활동을 위해 46세에 북한산 비봉 밑으로 숨어 들었다. 6년이 지난 52세 정월에 마음이 열리고 얼숨이 열려 그리스도를 체험하고 일식일좌의 도를 실천하며 죽기까지 말 숨 쉬며 살게 되었다.

무위자연은 노자사상의 핵심이다. 깊은 잠이 들었을 때처럼 숨이 왕성해지는 때가 없다. 잠을 자는 동안은 외부의 모든 감각 활동이 거의 멈추지만 내적 생명의 활동만은 한없이 강하게 작용하는 것이다. 무위, 바깥으로 향하는 의식작용이 멈춰졌을 때, 자연, 저절로 생명력이 불탄다(燃)는 뜻이다. 우리가 의식적으로 온몸의 긴장을 풀고 마음을 한 곳에 집중하여 감각적 모든 활동을 멈춰지게 하는 것을 명상 또는 참선이라 한다. 감각적 의식 활동을 멈추고 마음의 자각과 집중을 통하여 자기 속 지혜의 빛을 일깨우자는 것이다.

왕양명은 이런 지혜를 양지良知라 하였다. 양지는 누구나 자기 속에 가지고 있는 가장 소중한 보물인데 사람들은 밖에 있는 하찮은 것들을 쫓아다니느라 자기 속의 진짜 보물을 찾지 못하고 정신없이 방황하며 떠돌아다닌다고 한탄하였다. 무위, 밖에 있는 물건들에 끌려다니는 모든 욕망과 사욕이 끊어져야, 자연, 저절로 내 속의 양지가 빛나게 되고, 생명의 숨이 깊어지게 되고, 말 숨이 깊어지게 된다. 말로 쉬는 숨이 말 숨이다. 말은 되보다 열배가 크다. 말숨은 또 말씀이라는 뜻도 있다. 작은 되로 쉬는 숨 아니라 큰 말로 쉬는 깊은 숨이 말숨이요, 말씀을 깊이 생각하며 사는 생생한 지혜의 삶이 말숨이다.

금강경을 읽지 않은 사람도 그 핵심은 응무소주이생기심應無所住而生其心란 말을 듣게 되는데 그만큼 유명한 말이다. 이 말의 뜻도 무위자연이나 같은 뜻이 아닐까 싶다. '응무소주'는 일체 욕망이 끊어진 순수함의 상태요, 그때라야 '생기심', 지혜가 빛난다는 말이다.

수사입기성修辭立其誠

지난번 다석 류영모의 사상과 신앙의 특징을 간단하게 서너 가지로 소개했는데 중요한 하나를 빠뜨렸기에 보충한다. 다석 류영모 사상의 특징 가운데 하나로서 꼭 알아야 할 것은 우리말과 한글을 가지고 성경을 풀어서 이해하였다는 사실이다. 다석은 말하길 하나님이 우리 민족에게 세종대왕을 통해서 내려주신 글이 한글이라고 하였다. 한글은 하나님을 그리워하며 살아온 우리 민족의 기도에 대한 응답으로 하나님께서 알려주신 글이라는 것이다.

다석선생이 새로 밝혀준 것의 하나가 바로 그리스도께서 주신 성령의 지혜를 다름 아닌 우리 한글 속에서 발견하였다는 것이다. 단적인 예로 다석은 십자가(+)를 바라보며 그 속에 한글의 천지인이 들어있음을 보고 '으이아' 하고 소리쳤다. 십자가의 가로 그은 금이 땅과 세상을 나타낸 '으', 세로로 그은 금이 사람과 생명을 나타내는 '이', 가온점이 하늘과 우주를 나타낸 '아(·)'라는 것이다. 십자가의 모습을 한자의 열 십이 아니라 한글의 천지인이 합해진 모습이라고 본 것이다. 그래서 십자가는 사람으로 오신 예수께서 땅을 뚫고 위로 솟아나 하늘에 계신 아버지의 품에 들어간 아들의 형상이라는 것이다.

이처럼 다석은 한글을 새롭게 다듬고 가꾸는 '두손 맞어 드림'(두 손을 모아 바침)의 기도로 빚어내어 다시금 하나님께 조히(공손하게) 올려드리는 작업을 일생의 사명으로 삼았다. 이런 활동을 주역周易에서는 수사입기성修辭立其誠이라 하는데 말하자면 수사입기성을 일생동안 실천한 사람이 다석선생이다. 수사입기성修辭立其誠란 말은 말씀을 잘 닦아서 그 진실을 일으킨다는 뜻인데, 다석 류영모가 우리말을 가지고 잘 고르고 잘 닦아서 아버지의 뜻을 잘 드러내도록 일으키는 일을 몸소 실천한 것이다. 수사修辭, 말씀을 고르고 골라서 환빛이 되도록 아름답게 빚어서, 그 진실함을 세우는 입기성立其誠을 했다. 진실함이란 곧 진지(眞知, 우리말로 밥이란 뜻도 있음)를 빚어 하나님께 정성껏 받들어 올리는 일이다. 그것이 또한 류영모의 기도요 예배였던 것이다. 신령과 진정으로 예배하라는 예수님의 말씀을 류영모는 수사입기성修辭立其誠으로 이해하고 실천한 것이라 하겠다.

다석 류영모의 수사입기성을 조금 맛보기 위해 그가 빚어낸 한마디 말씀을 소개한다.

실컷 따위 말, 조히 한 얼 줄

모두 우리말인 한글로 된 것이지만 언뜻 무슨 말인지 알기 어려울 것이다. '실컷'은 싫어지도록 마음껏 욕심내는 태도를 말한다. 땅에 속한 것들, 잡아서 씹어 먹고, 내리 싸고, 둘러 입는, 돈과 권력과 명예 등을 실컷 누리고자 하는데 그것들은 영원한 기쁨이 될 수 없고 곧 싫증이 나기 마련이다. 실컷 누리겠다고 욕심껏 취하다가는 탈이 나지 않는 것이 없고 결국 누리에 누우리라, 세상에서 쓰러져 죽고 만다는 것이다. 성경에 사람의 욕심에서 죄악이 나오고 죄악은 사망에 이르게 된다고 하였다. '따위 말', 그러니 땅에 속한 말인 '실컷'이란 그따위 말은 하지 말라는 것이다. 말은 말을 말라고 말이라 한다. 말을 하지 말고 깊이 생각하고 깊이 숨을 쉬며 살라는 것이다.

'조히'는 좋다는 뜻, 만족하고 감사하는 태도, 겸손하고 조심한다는 뜻과 알맞다는 중도의 뜻이 있다. 중도의 바른길을 가는 겸손한 태도를 가지라는 것이다. '한'은 하나님, 절대자, 하늘, 크다, 하나라는 뜻이다. 한 분이신 하나님, 하늘의 절대자이신 한웋님을 모시고 우리 모두 형제자매로 함께 하나가 되자는 뜻이 한이란 한 글자에 포함되어 있다. 얼은 정신이요 성령의 숨이다. 한얼, 하나님의 뜻이요 하늘에서 내려오신 얼의 숨님이며 그리스도를 말한다. 또 얼에는 어울린다는 뜻도 있다. 그리스도, 그리 하나님 앞에 서도록, 그리운 한웋님 앞에 나아가 바로 서도록 '그리 서다오(그리스도)' 하고 인도해 주시는 분이 그리스도이다. 한얼, 우리가 함께 하나로 어울려 살아야 될 분이 그리스도인 것이다.

줄은 생명의 줄이요 역사의 줄기요 말씀의 줄을 말한다. 또 준다는 뜻과 방법 능력이란 뜻도 겹쳐 있다. 경전의 경經을 우리말로 줄이라 한다. 베를 짤 때 씨줄과 날줄이 있는 그 줄이다. 실을 쌓아놓고 베틀에 앉아 베를 짜는 모습이 경經이다. 날줄이 늘어진 경전을 읽어가면서 생각의 씨줄을 넣어서 베를 짜는 일이 말하자면 인생인 것이다.

건축할 때 수직의 기준이 되는 줄이 먹줄이다. 하나님 성령의 말씀줄이 '한 얼 줄'이다. 할 줄 안다, 갈 줄 안다, 줄 줄 안다는 그 말의 줄이다. '한 얼 줄'을 전체로 말하면 하나님과 하나가 되어 얼이신 그리스도와 어울려 말씀 줄을 붙들고 영생의 하늘로 올라갈 줄 알아야 하지 않겠는가 하는 뜻으로 풀어본다.

'태초에 말씀이 계시니라' 하는 말씀과 '나는 하늘에서 왔다가 하늘로 간다'는 예수님의 말씀과 '하나님은 크신 분이시다'는 말씀과 하늘에서 내려온 우리는 모두 '세상에 속한 것이 아니라'는 예수님의 말씀을 다 아울러 '조히 한얼줄'이라는 말에 압축되어있다고 생각해야 류영모의 속안의 뜰을 조금이나마 엿볼 수 있을 것이다.

우주의 바다 가운데 떠 있는 지구라는 조그만 섬은 운동장의 티끌 하나만도 못한 것이다. 우리가 이런 티끌 같은 세상에 속한 미미한 존재임을 망각하는 것만큼 미련도 없고 그렇다고 우리 속에 우주를 품을 수 있는 얼 생명을 주신 것을 망각하는 것만큼 어리석음도 없을 것이다. '한 얼 줄', 하나님의 뜻을 알고 빛낼 줄 알아야 하지 않겠는가. 한얼의 지혜를 빛내고 베풀 줄 알아야 할 것이 아닌가. 하나님 말씀의 줄을 붙들고 줄기차게 자신을 단속하고 줄여서 무아가 되어 그리스도가 빛나도록 나를 줄이고 줄여야 하지 않겠는가. 이렇게 한없이 많은 뜻이 무궁무진하도록 쏟아질 수가 있다.

이처럼 한글 열 자밖에 안 되는 한 마디 속에 헤아릴 수 없도록 무궁한 뜻을 집어넣어 우리에게 깊이 말 숨 쉬며, 여기, 이제, '예'에서 살 '수' 있도록, '예 수' 할 수 있도록, 빛나게 사는 힘을 가질 수 있도록, 실존이 될 수 있도록, '예수 그리스도'를 우리에게 나타내 보여주신 다석 류영모의 공로를 하나님의 은혜로 생각하며 살아계신 참 하나님께 감사를 드린다.

2008. 4. 16.

봄

무득무설분無得無說分

얻는 것도 없고 말할 것도 없다.

수보리야, 어떻게 생각하느냐? 여래가 아누다라삼먁삼보리를 성취했다고 생각하느냐? 여래에게 진리라고 말할 수 있는 어떤 법이 있겠는가?

(수보리須菩提야, 어의운하於意云何오? 여래득아누다라삼먁삼보리야如來得阿耨多羅三藐三菩提耶아? 여래유소설법야如來有所說法耶아?)

수보리가 대답하였습니다. 제가 부처님이 말씀하신 뜻을 이해한 바에 따르자면 '아누다라삼먁삼보리'라 명명할 수 있는 어떤 고정되고 정식화된 진리는 없으며 또한 여래께서 가르치실 어떤 고정된 법이란 것도 없습니다.

(수보리언須菩提言하되 여아해불소설의如我解佛所說義로는 무유정법無有定法하야 명아누다라삼먁삼보리名阿耨多羅三藐三菩提오며 역무유정법亦無有定法을 여래가 설如來可說이니이다.)

왜 그런가 하면 여래께서 말씀하신 진리는 붙잡을 수도 없고 말할 수도 없어서 그것을 진리라 할 수도 없고 진리가 아니라 할 수도 없기 때문입니다.

(하이고何以故오? 여래소설법如來所說法은 개불가취皆不可取며 불가설不可說이며 비법非法이며 비비법非非法일새니이다.)

그런 까닭으로 일체의 성인과 현인들이 다 무위법을 가지고 차별을 가진 것입니다.

(소이자하所以者何오? 일체현성一切賢聖은 개이무위법皆以無爲法으로 이유차별而有差別일새니이다.)

평산풀이

지금까지 수보리에게 깨달음에 필요한 기본 요령을 다 가르쳤다. 그 요령이란 다른 게 아니라 불법승 삼보라는 것이다. 앞으로 가르치는 것도 계속 삼보에 대해 반복적으로 가르칠 뿐이지 다른 것이 있을 게 없을 것이다. 그래서 7장은 다시 여래가 어떤 분인가 하는 내용이다. 즉 붓다에 대한 가르침이다.

여래가 아누다라삼먁삼보리를 깨달았다고 하는데 그 말은 무엇인가. '아누다라삼먁삼보리'는 범어를 소리 나는 대로 적은 것인데 그 뜻을 한자로 의역하면 무상정편지無上正遍智, 또는 무상정등각無上正等覺이라 한다. 아누다라는 무상無上이요 삼먁삼은 정편正遍이요 보리는 지혜 또는 깨달음을 말한다. 무상無上은 최고라는 뜻이요 정편正遍은 바르고 보편적이라는 뜻이요 지智는 진리의 깨달음, 또는 지혜라는 것이다. 무상의 진리를 깨닫고 지혜가 빛나는 것이 각覺, 깨달음인데 인도말로 깨달은 사람을 붓다라 한다. 비할 수 없이 높고 바른 보편적인 진리의 빛이 무상정변지요, 비할 수 없이 높은 경지에 다다르면 일체가 평등하고 일체가 빛이니 이런 깨달음으로 말할 때는 무상정등정각이라 한다. 더없이 높은 진리, 바르게 올라가는 길, 모두가 평등한 생명, 이렇게 셋으로 풀어보아도 좋을 것 같다. 즉 무상의 빛나는 지혜, 정각의 바른 깨달음, 평등각의 온전한 자비, 이런 셋이 있어야 아누다라삼먁삼보리라는 것이다. 또는 비할 수 없이 최고로 높고 올바른 보편적인 지혜, 즉 진리라는 것이다.

그럼 우리는 그것을 어떻게 얻어서 가질 수 있는 것인가? 여래가 그것을 깨달았다는데 그 여래가 어떤 분인가? 붓다가 무엇인가? 진리라는 어떤 것을 붓다 여래는 성취해서 가지고 있다는 말인가? 또 진리란 이런 것이라 하고 명백하게 진술된 어떤 정의를 여래는 가지고 있는가? 이것이 진리라 하고 가르치는 어떤 교의나 학설이 여래에게는 있다고 생각하느냐? 이것이 수보리에게 질문한 내용이다.

여기에 대해 수보리는 "진리란 깨닫는 것인데 어떻게 진리에 대해 이름을 붙일 수 있겠습니까? 또 어떻게 그것을 말로 전할 수 있겠습니까?" 그렇게 대답하는 것이 본 무득무설분無得無說分의 내용이다. 여래에게는 무슨 진리라고 하는 어떤 얻을 것이 있는 것도 아니고, 진리라고 설할 어떤 것도 없다는 말이다. 진리를 깨달은 사람이 여래라 하니 여래를 보면 그게 진리를 깨닫는 것이고 진리를 깨달으면 곧 여래를 보는 것이다. 그럼 진리란 무엇인가?

진리란 무엇이라 하고 한정할 수 있는 것도 아니고 그렇기에 어떤 이름을 가질 수도 없고 또 그것을 말로 전할 수 있는 어떤 것도 아니다. 진리는 무득무설無得無說이다. 즉 성취나 획득의 대상도 아니요 설명하거나 가르칠 수 있는 어떤 고정되고 한정된 내용의 교의나 학설이 될 수도 없다는 것이다. 그래서 노자가 말하길 '도가도비상도道可道非常道 명가명비상명名可名非常名'이라 하였다. 이것이 진리라 하고 말할 수 있으면 그것은 이미 진리가 될 수 없다는 것이요 이것이 무엇이라 하고 이름을 붙일 수 있다면 그것은 영원한 이름이 될 수가 없다는 말이다.

우리 눈앞에 5월의 신록으로 빛나는 은행나무 한 그루가 서 있을 때 그 나무가 어떻다고 말로 표현할 수 있을까? 가지마다 달린 수천의 이파리들이 제각각 다른 모습과 다양한 빛으로 바람에 흔들리며 춤을 추고 있는데 그 생생한 모습을 어떻게 말로서 형언할 수 있을까? 이처럼 빛과 소리 하나도 제대로 표현할 길이 없는데 어떻게 살아 움직이며 숨 쉬고 있는 생명을 글이나 말로써 표현할 수 있겠는가?

사용하는 물건으로는 이름이 있을 수 있지만 살아있는 생명이나 존재는 이름이 있을 수가 없고 말로 표현할 수도 없다는 것이다. 하물며 모든 존재의 근원인 진리라는 것에 어떻게 이름을 붙일 수가 있으며 어떻게 언어로 정의하는 일이 가능하겠는가?

진실의 참 모습은 말이나 글로 정의할 수 없는 것인데 그것을 우리가 말이나 글로써 규정하는 순간 우리는 이미 진실을 놓치고 있다는 것이다. '이것은 무엇이다.' 하고 규정하는 순간 이미 우리는 꿈속에 있는 것이다. 눈앞에 나무를 보면서 '저것은 은행나무다.' 혹은 '저것은 벚나무다.' 그렇게 이름을 붙이고, 새가 날아가면 '저것은 비둘기다', 또는 '저것은 참새다.' 하고 단정하며 지나지만, 그것은 우리의 꿈속에 꾸는 꿈이나 마찬가지로 진실의 세계가 아니라는 것이다.

지난번 제5장에서 나온 '범소유상凡所有相이 개시허망皆是虛妄이라'는 말도 이와 같은 뜻이라 하겠다. 우리 눈에 보이는 모습을 보고 무엇이라 하면 그것은 꿈같은 것이지 진실의 세계가 아니라는 말이다. 그래서 '약견제상비상若見諸相非相이면 즉견여래卽見如來니라' 한다. 우리가 눈으로 보면서 생각하고 규정하는 의식의 세계는 꿈같은 것이지 진실이 아닌데 그것이 그렇게 진실이 아닌 꿈이라는 것을 알면 곧 진실의 세계인 여래를 보게 된다는 말이다.

우리가 꿈을 꿈이라 알게 되면 곧 꿈에서 깨어나게 된다. 깜짝 놀라 꿈에서 깨어나는 그때는 개념이나 관념으로 형성된 의식의 세계가 아닌 순수 직관의 영으로 보는 언어도단의 세계요 전혀 새로운 빛의 세계가 열리는 것이다.

주역周易에서 나온 지주야지도知晝夜之道, 밤낮의 이치를 알아야 한다는 말도 같은 뜻이라 하겠다. 꿈 없는 잠과 잠 없는 깸, 이것을 알아야 된다는 뜻이다. 자고 깨는 이치를 알아야지 밤낮 꿈속에서 헤매지 말라는 말이다. 잠은 죽음이요 깸은 생이다. 자고깸의 이치를 알고 생사를 벗어나라는 말이 주야지도다. 이렇게 생사의 꿈에서 벗어나 깬 사람을 붓다라 한다.

붓다는 진리를 깨달은 살아있는 영혼이지 진리를 성취한 사람도 아니요, 진리를 아는 사람도 아니다. 진리 안에서 진리로 사는 사람이지 진리를 붙잡고 있거나 진리에 붙잡혀 있는 사람이 아니다. 그런 성현의 모습을 어떻게 표현할 수가 없어서 '개이무위법皆以無爲法 이유차별而有差別'이라 했다. 즉 모든 성인과 여래는 무위법을 가지고 차별의 세계를 산다는 것이다.

무위법은 무차별의 세계니까 무차별의 차별이라는 말로 바꿔도 될 것이다. 무차별은 사랑이요 차별은 지혜다. 사랑과 지혜가 곱해진 세계가 성현의 세계라는 말이다. 사랑의 차원과 지혜의 차원에서 하나 더 올라간 것이지 그저 같은 수준의 평균이나 혼합 또는 확대가 아니라는 말이다. 소크라테스는 이런 상승의 차원을 무지지지無知之知라는 표현으로 쓰고 노자는 무위이무불위無爲而無不爲라는 말로 표현하고 간디는 '무저항의 저항'이라 한다. 무위라는 사랑과 무불위라는 지혜가 쏟아져 나오는 그 3층천 마음의 자리를 표현하는 것이다. 무위법이란 진리를 깨닫고 지혜의 빛으로 올라가는 길이요 유차별有差別이란 지혜의 빛을 누구려 땅으로 내려와 화광동진和光同塵을 사는 사랑의 세계다. 하늘로 올라갔다가 땅으로 내려와서 언제나 천지와 통하는 세계를 사는 것이다. 하늘과 통할 수 있고 땅과 통할 수 있어서 하늘땅을 벗어나 자유로운 세계가 성인들이 세계라는 것이다.

무상정등각, 또는 무상정변지라는 말에서 무상이란 진리를 깨닫고 사랑이 되는 것이요, 정변지는 모두에게 올바른 지혜를 베풀어 살려주는 사랑의 실천이다. 하늘의 햇빛이 빛나는 것이 무위법이요 햇빛에 따라 만물이 각각 다른 모습으로 자라는 것이 유차별이라는 세계라 하겠다. 물이 수증기가 되어 하늘로 올라가 구름이 되면 무위법이요 비가 내려 만물을 살리는 것은 차별이라는 지혜의 세계이다.

깨달은 자, 붓다란 무엇인가? 이무위법이유차별以無爲法而有差別, 무위법이라는 사랑과 차별이라는 지혜로 사는 사람이 붓다요 성현이 아니겠는가? 노자로 말하면 무위이무불위無爲而無不爲, 무위는 사랑이요 무불위無不爲는 지혜라는 말이다.

부모가 되면 저절로 무위이무불위無爲而無不爲가 된다. 부모는 항상 자기 자신을 위해서는 아무것도 하는 일이 없다. 무위의 사랑뿐이다. 그런 부모의 사랑 덕분에 자식들이 마음껏 자라난다. 부모의 사랑 덕분에 자식은 못 하는 일이 없다. 무불위無不爲라는 것이다. 제자를 위한 성인의 모습도 이와 같다. 오직 중생을 위하는 마음뿐이지 자기라는 것이 없다. 성인은 백성의 마음을 자기의 마음으로 삼을 뿐 자기라는 생각이 없다. 그것을 무위라 한다. 오직 백성들이 행복하게 살았으면 하는 맘으로 밤낮 일하는 사람이 성인이다. 백성의 마음과 하나가 되는 것이 무위無爲요, 백성을 위해서는 하지 않는 것이 없다는 말이 무불위無不爲다.

하나님을 사랑하고 이웃을 네 몸같이 사랑하라는 말씀도 무위이무불위無爲而無不爲의 실천이라 하겠다. 하나님을 사랑하라는 말은 무위가 되라는 것이요 이웃을 사랑하라는 말은 무불위無不爲라야 된다는 말이다. 하나님을 사랑한다는 말은 자기가 없어지는 것이요 욕심이 사라진다는 뜻이다. 이웃을 네 몸같이 사랑하라는 말은 지혜를 다하여 형제를 섬기라는 뜻이다. 욕심이 사라질 때 지혜가 빛나게 되고, 빛나는 지혜의 힘을 얻어야 하지 못할 일이 없는 무불위의 능력이 나타난다. 이런 빛과 힘을 얻어 생명을 사는 사람을 붓다요 성현이라 한다.

이런 붓다와 성현들은 모두 무위법으로써 차별을 가진 사람들이다.

무위법이라는 사랑과 차별이라는 지혜를 가진 깨끗한 사람들이다. 진리를 깨닫고 사명의 끝을 마친 사람이 깨끗한 사람이다. 하나님을 사랑하는 무위법이 거룩한 깨달음이요 이웃을 내 몸처럼 사랑하는 무분별의 분별지가 사랑의 온전함이다.

이무위법이유차별以無爲法而有差別. 무위법이라는 하나님의 사랑을 가지고 차별이라는 지혜로 이웃사랑을 하는 게 무분별의 분별이다. 하나님의 사랑이란 내가 없는 무아의 사랑으로 모성의 사랑이라 하겠다. 어머니 모母자는 없을 무毋자와 통하는 것이다. 모든 생물의 모성애는 자식들을 위해서라면 자기의 목숨도 기꺼이 바치는 무아의 사랑이다. 나무에 불이 붙어 새 둥지가 타게 되었는데 거기에 날지 못하는 새끼들이 들어있었다. 어미새는 불이 붙을까 안타까워하면서 주위를 빙빙 돌다가 결국 새집이 불에 타게 되는 상황이 되자 날아가지 않고 새끼둥지에 들어가 새끼들을 품에 안고 불에 타 죽는다.

모성애는 이처럼 절대의 사랑이다. 그리고 어머니가 되면 자식들을 위해서 어떻게 해야 되는지 지혜가 저절로 나타난다. 그 지혜는 새끼를 기르는 필요조건에 따라 저절로 달라지는 차별의 지혜로 나타난다. 태어난 지 하루 된 아이를 위한 엄마의 젖은 한 달 된 아이를 둔 엄마의 젖과 다르다고 한다. 특히 갓 출산한 엄마의 초유에는 온갖 면역성분이 다 들어있다는 것이다. 그런데 일주일만 지나면 그 면역성분이 달라진다고 한다. 이처럼 엄마의 지혜는 자연의 지혜로 때에 따라 꼭 알맞게 이뤄지는 것이지 언제나 꼭 같은 것이 아니다. 이런 것을 시중時中이요 차별지라 한다. 시중, 때에 맞추어 때를 따라서 꼭 알맞게 달라지는 것이다.

성인은 이런 절대의 사랑과 시중이라는 차별의 지혜를 가진 사람들이다. 이무위법이유차별以無爲法而有差別, 이런 무아의 사랑과 차별의 지혜를 지닌 성숙한 인격의 어른이 곧 우리의 어머니요 스승이요 성현들이 아닐까? 하나의 태양 아래서 수없이 다양한 초목들이 자라나듯 무위의 성현 밑에서 다양한 인재들이 차별된 모습으로 나타나는 그런 아름다운 나라와 멋진 세상을 그려본다.

의법출생분依法出生分

모두가 진리에 따라 나온다

수보리야, 넌 어떻게 생각하느냐? 만약 어떤 사람이 삼천대천세계를 가득 채울 만큼 많은 칠보를 이용하여 보시한다면 이 사람이 얻을 복덕이 정말 많지 않겠는가?

(수보리須菩提야 어의운하於意云何오? 약인若人이 만삼천대천세계칠보滿三千大千世界七寶하야 이용보시以用布施하면 시인是人의 소득복덕所得福德이 영위다불寧爲多不아?)

수보리가 대답하였습니다. 세존이시여, 참으로 많을 것입니다. 왜냐면 이런 복덕은 곧 복덕의 성품이 아니기 때문입니다. 이런 까닭으로 여래께서는 복덕이 많다고 말씀하신 것입니다.

(수보리언須菩提言하되 심다甚多니이다 세존世尊하. 하이고何以故오? 시복덕是福德은 즉비복덕성卽非福德性일새 시고是故로 여래설복덕다如來說福德多니이다.)

만약 어떤 사람이 이 경 가운데 사구게 하나라도 받아 지니고서 남을 위해서 가르친다면 그 사람의 복은 앞서 말한 칠보의 보시를 한 사람보다 뛰어날 것이다. 왜 그럴까? 수보리야, 일체 모든 부처님과 또 부처님의 '아뇩다라삼먁삼보리법'이 다 이 경에서 나왔기 때문이니라.

(약부유인若復有人하야 어차경중於此經中에 수지내지사구게등受持乃至四句偈等하야 위타인설爲他人說하면 기복其福이 승피勝彼하니 하이고何以故오? 수보리須菩提야, 일체제불一切諸佛과 급제불及諸佛의 아뇩다라삼먁삼보리법阿耨多羅三藐三菩提法이 개종차경출皆從此經出일새니라.)

수보리야, 이른바 부처의 법이라 하는 것은 곧 부처의 법이 아니니라.

(수보리須菩提야, 소위불법자所謂佛法者는 즉비불법卽非佛法이니라.)

평산풀이

삼보 가운데 7장은 붓다, 불佛에 관하여 말한 것이라면 8장은 법法에 관한 말씀이다. 법을 적어놓은 것이 경전인데 경전에서 한 구절만이라도 남에게 잘 전해주는 법보시야말로 세상에서 가장 큰 복덕이 된다는 것이다. 왜냐면 모든 부처님과 부처님의 법이 다 이 경에서 나왔기 때문이라 한다. 그래서 의법출생분依法出生分이다. 법에 의거해서 부처님도 나오고 붓다의 아뇩다라삼먁삼보리도 나왔다는 것이다.

먼저 세존께서 수보리에게 묻기를 "삼천대천세계를 칠보로 가득 채우도록 어마어마한 보시를 시행한 자의 복덕은 정말 많지 않을까?" 그러자 수보리가 대답하길 "심다甚多", 대단히 많을 것이라고 한다. 그리고 덧붙여 말하길 복덕이 많다고 하신 이유는 그 복덕은 복덕의 성품이 아니기 때문이라 한다. 이런 까닭으로 여래께서는 복덕이 많다고 하셨다는 것이다. 복덕은 복덕성이 아니기에 복덕이 많은 것이다. 복덕에는 복덕이라는 성질이 없기에 복덕이 된다는 말이다.

이미 금강경의 이런 표현이 즉비의 논리라고 설명했다. 이를 좀더 다른 시각에서 불을 예로 들어 설명해 본다. 불이 나무를 태우지만 불이 자신을 태우지는 못한다. 불은 나무를 태우는 성질이 있지만 자기 스스로를 태울 수 있는 성질이 없으므로 불이다. 불에는 불의 성질이 없으므로 불은 불이 된다. 보시의 공덕에는 공덕의 성질이 없기에 많은 공덕이 된다. 보시가 많은 공덕이 되려면 공덕이라는 것이 없어야 된다는 말이다. 달리 말하여 공덕이 될 거라는 의식이 없어야 된다는 말이다. 공덕이라는 생각이 없이 보시를 할 때 공덕이 된다는 것이다. 그것을 복덕이 복덕성이 아니므로 복덕이 많다고 한다.

이렇게 구마라집은 복덕이 된다는 의식을 복덕성이라는 말로 바꿔서 번역한 것 같다. 선남선녀가 귀한 보배를 가지고 엄청난 보시를 베풀었는데 그 보시가 복덕이 되는 이유는 복덕이라 여기지 않는 비복덕성非福德性 때문이라는 것이다. 쉽게 말하여 복덕을 복덕이라 여기지 않기에 복덕이 된다는 것이다. 그것을 '시복덕是福德 즉비복덕성卽非福德性'이라 한 것이다. 복덕은 곧 복덕이 되는 것이 아니라 할 때 복덕이 된다는 것이다. 복덕은 곧 복덕이 아닐 때 복덕이 된다는 즉비의 논리라 하겠다.

앞에서도 설명했듯이 즉비의 논리란 모순의 지양이요 변증법적인 통일과 비약의 논리다. 좀 알기 쉽게 고쳐 쓰면, 공덕이 크다는 것은 곧 공덕이 없는 것이므로 참으로 공덕이 된다. 삼천대천세계를 칠보로 가득 채우는 공덕은 한없이 큰 공덕인데 그것은 곧 공덕이 아니라 하니까 여래께서 공덕 중의 공덕이라고 하셨다는 말이다. 공덕 가운데 가장 큰 공덕은 무공덕이라는 뜻이다.

무無라는 말은 없다는 뜻이 아니라 있다 없다, 이다 아니다, 양변을 초월한 절대의 공덕이다. 하나님이 베푸신 공덕은 우리에게 생명을 주셔서 살게 하신 것인데 그 은혜를 공덕이 크다고 하지 않을 수 없다. 그렇지만 그것은 그 크기를 알 수도 없고 말할 수도 없는 하나님의 절대의 사랑이요 신비지 우리가 헤아릴 수 있는 어떤 유한의 공덕이 될 수가 없다. 그런 공덕을 무공덕이라 한다.

또 이런 절대의 공덕이라는 것 말고도 우리가 공덕을 베풀지만 베푸는 줄도 모르고 베푸는 공덕, 지난번에 나온 무주상보시가 또한 무공덕이라 할 수 있다. 무엇이나 이렇게 가장 큰 것은 없는 것과 같아 볼 수도 없고 느낄 수도 없을 것이다.

우주를 보물로 가득 채우는 보시를 하는 사람의 공덕도 큰 것이지만 그 보다 더 큰 공덕, 진정한 공덕은 이 경에 나오는 사구게 하나라도 깨달아서 이를 다른 사람들에게 가르쳐주는 것이라 한다. 왜냐면 모든 부처님과 부처님의 법이 모두 이 경에서 나왔기 때문이라는 것이다. 경에 의거해서 부처도 나오고 부처의 성품도 나왔다는 말이다. 이렇게 경經의 중요성을 강조하는 것이다.

경經이라 하지만 항상 불법승佛法僧 삼보가 같이 있는 것이다. 법을 담아놓은 것이 경이요 경을 설하는 분이 불이요 경의 진리를 배우는 사람들이 승이다. 이런 불법승 삼보에 의거하여 견성성불見性成佛의 사건이 일어나는 것이다. 부처의 아누다라삼막삼보리를 깨닫는 것이 견성이요 부처가 되는 것이 성불이다. 경에 의거해서 견성도 되고 성불도 된다는 것이다.

그러니까 경의 사구게 하나만이라도 기억하고 이해하고 깨쳐서 증득한 것을 다른 사람들에게 알려준다면 그 사람의 공덕과 사랑은 무한공덕이라는 것이다. 사랑에는 물질적 사랑도 있지만 진짜 사랑은 스스로 보고 스스로 일어서도록 일깨우는 것이다. 자녀를 위해서 물고기를 잡아다 주는 부모의 사랑도 큰 것이지만 그보다 근원적인 사랑은 자녀가 스스로 물고기를 잡을 수 있도록 그 방법을 알려주는 것이다. 사막에서 자기가 가진 샘물을 나눠주는 사랑도 큰 것이지만 사막에서 오아시스를 찾는 방법을 알려주는 사랑이 더 크다는 것이다. 온 세상을 칠보의 보시로 베푸는 사람의 보시 공덕도 크지만 스스로 보살이 되도록 보살을 일으키는 부처님과 부처님의 법보시 공덕은 더없이 위대하다는 것이다.

그래서 본 장의 이름을 의법출생분이라 했다. 부처의 사랑과 지혜도 법에 의지하여 나오게 된다는 뜻이다. 보살의 보시행도 부처님의 법에 의해서 나온다. 보시는 보시의 마음에서 나오게 되고 보시의 마음은 부처님의 말씀으로 말미암아 나온 것이다.

기독교식으로 보면 하나님의 말씀에 의해 우주만물이 창조되었다는 것이다. 따라서 이 말씀을 아는 것이 가장 위대한 일이요 이 말씀을 알려주는 것이 가장 큰 보시가 된다는 말이다. 말씀을 들어야 진리를 깨닫고 영원한 생명을 얻게 되기 때문이다. 생명을 얻게 해주는 것보다 더 큰 보시가 없기에 말씀을 전하는 일보다 더 큰 공덕이 없다는 말이다.

삼천대천세계, 온 세상을 보물로 가득 채우는 보시도 큰 공덕이다. 그러나 어느 보물보다 더 큰 보물이요 더 소중한 것이 생명이기에 온 천하의 보물을 다 주고라도 얻어야 되는 보물이 바로 영원한 생명이다. 이런 영적 생명을 얻은 자가 곧 붓다요 붓다의 깨달음이 아누다라 삼먁삼보리라는 진리요 법이다. 모든 붓다가 이 경을 통해서 아누다라삼먁삼보리의 깨달음을 얻었고 무상정변지라는 지혜의 빛을 빛내게 되었으니 이 경을 읽고 한 구절이라도 깨달아 그것을 다른 사람에게 가르쳐서 그로 하여금 생명의 길로 들어서게 하는 것이야말로 보시 중의 보시요 공덕 가운데 공덕이라는 것이 의법출생분의 내용이다.

현대적으로 생각해 보면 세상을 보물로 가득 채우는 사람들은 과학자 기술자들이다. 과학 기술자들은 온갖 진귀한 보물들을 다 만들어 낸다. 자동차도 만들고 비행기도 만들고 컴퓨터도 만들고 스마트폰도 만들어 세상을 보물로 가득 채워준다. 사람들은 그 진귀한 보물들을 갖고 편리한 생활을 누리며 행복하다고 한다. 그렇지만 온갖 물질문명의 혜택을 다 누리며 산다고 해도 삶의 의미와 목적이 없이 허무와 불안을 지니고 산다면 진정한 행복을 누릴 수 있을까. 진리를 깨닫고 생명을 얻은 자가 아니라면 진정한 행복을 누릴 수도 없고 행복을 알 수도 없다. 이런 의미에서 진리를 알게 해주고 참 생명으로 인도하는 종교 경전의 말씀을 전하는 것이야말로 그 무엇에 비할 수 없는 큰 공덕이요 무주상보시가 된다고 하겠다. 진리 가운데 가장 높고 큰 진리의 법이 담겨있는 책이 종교 경전이다.

그런데 마지막으로 한 마디 덧붙이길 붓다의 법이라 함은 곧 붓다의 법이 아니라 한다. 진리는 깨닫는 것이지 아는 것이 아니라는 말이다. 누누이 강조하듯 이것이 진리라 하면 곧 그것은 진리가 될 수 없다는 말이다. 내가 진리를 깨닫고 내가 법에 통하고 내가 생명을 얻게 되어야지 이 말씀은 부처님의 말씀이다 하고 앵무새처럼 옮겨서야 무슨 소용이 되겠는가 하는 염려에서 같은 논리로 또 한마디를 덧붙인 것 같다.

삼천대천세계라는 말은 불교에서 쓰는 독특한 표현으로 우리가 사는 우주와 세계를 나타내는 말이다. 화엄경을 읽어보면 수미산을 중심으로 사방에 4개의 큰 대륙이 있고 그 주위를 철위산이 감싸고 있다. 이것을 수미세계 또는 1세계라고 하는데 이런 세계가 1천 개가 모이면 소천세계라 하고 소천세계가 1천 개가 모이면 중천세계라 하고 중천세계가 1천 개가 모이면 대천세계라 한다. 그래서 이런 소천, 중천, 대천을 함께 말하여 삼천대천세계라 한 것인데 요즘으로 말하면 우주라 하겠다. 즉 태양계가 천억 개가 모여 은하계가 되고 은하계 천억 개가 모이면 소우주가 되고 소우주 천억 개가 모여 대우주가 된다는 것과 같은 생각이라 하겠다. 이런 대우주가 나오게 된 것도 말씀에서 나오게 되었다는 것이다. 그것이 의법출생이란 뜻이다. 법이라는 말씀에서 견성성불이 나오고 나아가 대우주가 나왔다는 것이다. 따라서 온 우주에 가득한 것이 또한 말씀이요 법이라 할 것이다. 그래서 그 법, 말씀을 알자는 것이다. 사람이 말씀을 모르면 사람이 될 수 없기 때문이다.

일상무상분一相無相分

하나의 상은 곧 없는 상이다

수보리야, 넌 어떻게 생각하느냐? 수다원이 생각하길 나는 수다원과를 얻었노라고 하겠느냐?

(수보리須菩提야 어의운하於意云何오 수다원須陀洹이 능작시념能作是念하되 아득수다원과불我得須陀洹果不아)

수보리가 대답하였습니다. 세존이시여, 그렇지 않습니다. 왜냐면 수다원이란 이름은 흐름에 들어갔다는 뜻이지만 실은 들어감이란 없기 때문입니다. 색성향미촉법에 들어감이 없으니 이런 이름을 수다원이라 합니다.

(수보리언須菩提言하되 불야不也니이다 세존世尊하. 하이고何以故오 수다원須陀洹이 명위입류名爲入流로되 이무소입而無所入이요 불립색성향미촉법不入色聲香味觸法일새 시명수다원是名須陀洹이니이다)

수보리야, 네 생각은 어떠냐? 사다함이 생각하기를 나는 사다함과를 얻었노라고 하겠느냐?

(수보리須菩提야 어의운하於意云何오 사다함斯陀含이 능작시념能作是念하되 아득사다함과불我得斯陀含果不아)

수보리가 대답하였습니다. 세존이시여, 그렇지 않습니다. 왜냐면 사다함이란 이름은 한번 왔다가 간다는 뜻이지만 실은 오는 것도 없고 가는 것도 없기 때문입니다. 이런 이름을 사다함이라 합니다.

(수보리언須菩提言하되 불야不也니이다 세존世尊하 하이고何以故오 사다함斯陀含이 명일왕래名一往來로되 이실무왕래而實無往來일새 시명사다함是名斯陀含이니이다)

수보리야 네 생각은 어떠냐? 아나함이 생각하길 나는 아나함과를 얻었다고 하겠느냐?

(수보리須菩提야 어의운하於意云何오 아나함阿那含이 능작시념能作是念하되 아득아나함과불我得阿那含果不아)

수보리가 대답하였습니다. 세존이시여, 그렇지 않습니다. 왜냐면 아나함이란 이름은 다시 오지 않는다는 뜻이지만 실은 오지 않음이란 없기 때문입니다. 이런 이름을 아나함이라 합니다.

(수보리언須菩提言하되 불야不也니이다 세존世尊하 하이고何以故오 아나함阿那含이 명위불래名爲不來로되 이실무불래而實無不來일새 시명아나함是名阿那含이니이다)

수보리야 네 생각은 어떠냐? 아라한이 생각하길 나는 아라한 도를 얻었다고 하겠느냐?

(수보리須菩提야 어의운하於意云何오 아라한阿羅漢이 능작시념能作是念하되 아득아라한도불我得阿羅漢道不아)

수보리가 대답하였습니다. 세존이시여, 그렇지 않습니다. 왜냐면 실은 법이라 할 것이 없는데 이름을 아라한이라 하였기 때문입니다. 세존이시여, 만약 아라한이 스스로 생각하길 나는 아라한 도를 얻었다 한다면 그는 곧 아상 인상 중생상 수자상에 붙잡힌 것입니다.

(수보리언須菩提言하되 불야不也니이다 세존世尊하 하이고何以故오 실무유법實無有法하야 명아라한名阿羅漢이니 세존世尊하 약아라한若阿羅漢이 작시념作是念하되 아득아라한도我得阿羅漢道라하면 즉위착아인중생수자卽爲着我人衆生壽者니이다)

세존이시여, 부처님께서 저에게 무쟁삼매無諍三昧에 들어간 사람들 가운데서 가장 뛰어난 제일인자요 욕정에서 벗어난 제일의 아라한이라 하셨을 때 스스로 생각하길 나는 욕정을 벗어난 아라한이라고 한 적이 없습니다.

(세존世尊하 불설아득무쟁삼매인중佛說我得無諍三昧人中에 최위제일最爲第一이라 시제일리욕아라한是第一離欲阿羅漢이라하시오나 아불작시념我不作是念하되 아시리욕아라한我是離欲阿羅漢이니이다)

세존이시여, 제가 만약 스스로 아라한의 도를 얻은 자라고 생각했다면 곧 세존께서는 수보리, 이 사람은 아란나행阿蘭那行을 즐기는 자라고 말씀하시지 않았을 것입니다. 그런데 실로 수보리에게는 행한다는 생각이 아무것도 없기에 이름을 수보리라 하셨으며 이 사람은 아란나행을 즐기는 자라고 하신 것입니다.

(세존世尊하 아약작시념我若作是念하되 아득아라한도我得阿羅漢道라하면 세존世尊 즉불설수보리卽不說須菩提- 시락아란나행자是樂阿蘭那行者라하시련만 이수보리以須菩提-실무소행實無所行일새 이명수보리而名須菩提- 시락아란나행是樂阿蘭那行이니이다.)

평산풀이

불법승의 삼보 가운데서 7장은 불, 8장은 법이라면 이제 9장은 승에 관한 말씀이다. 교실에서 학생들을 가르칠 때 다양한 수준과 능력들이 있기 마련이다. 각 학생의 수준에 맞게 능력에 따라 눈높이의 수준별 학습과 개별학습이 필요할 것이다. 학생들의 능력과 개성은 모두 다르지만 그렇나 진리를 배우는 마음은 꼭 같은 것이다. 구도의 마음은 한결같이 같은 것이요 거기에는 어떤 차별의 상이 없다. 그래서 일상무상분一相無相分이라 한다.

학승의 수행 과정에 4단계가 있는데 수다원, 사다함, 아나함, 아라한이다. 수행의 4단계를 대학의 4년 과정처럼 생각해도 좋겠고 또는 학사 석사 박사 교수라고 해도 좋겠다. 맨 첫 단계가 수다원이고 그 수행단계를 지나면 사다함이 되고 사다함을 졸업하면 아나함이 되고 아나함을 벗어나면 최고의 해탈자인 아라한이 된다고 한다.

수다원은 범어로 '흐름에 들어가 수행하게 되었다'는 뜻이라 한다.

다시 말하여 사성제의 뜻을 깨닫고 색성향미촉법에서 비롯되는 모든 아상에서 벗어나는 공의 수행에 들어갔다는 것이다. 이를 간단히 말하여 무아라는 공의 흐름에 들어갔다고 해도 되겠다. 공의 흐름에 들어간 사람이니까 '나는 공의 흐름에 들어간 사람이다.' 하는 그런 의식이 있으면 그것은 또 다른 아상이 되는 것이다. 따라서 흐름에 들어간 수다함이 나는 흐름에 들어갔다는 그런 생각을 일으키면 안 된다는 말이다.

수행의 첫 단계인 수다원도 아상을 벗어난 사람인데 하물며 수행을 더 깊이 들어간 사람들이야 말할 것도 없이 아상이 있을 수 없을 것이다. 그래서 수다원과 마찬가지로 사다함이나 아나함이나 아라한이나 모두 아상이 있을 수 없다고 한다. 사다함의 뜻은 '한 번 와서 수행한다'는 것이고 아나함은 '다시 옴이 없는 수행을 한다'는 뜻이라 한다. 그리고 아라한의 뜻은 '존경받을 만한 가치가 있는 성자로서 수행을 한다'는 것이다.

이렇게 수다함에서 아라한에 이르기까지 모두가 무아의 공을 수행하는 깬 사람이다. 그러므로 그들의 모습은 한결같이 공이라는 일원상이요 또 무상이기에 일상무상분一相無相分이라 했다. 즉 수다원이나 사다함이나 아나함이나 아라한이나 모두 하나의 공이지 다른 것이 없다는 뜻으로 '일상무상분一相無相分'이라 했다. 따라서 나는 수다원과를 얻었다 하면 그것은 수다원과라 할 수 없다는 것이다. 나는 수다함과를 얻었다, 나는 아나함과를 얻었다, 이런 의식이 있으면 아상을 벗지 못함이기 때문에 수다함도 아니요 아나함도 아니라는 것이다. 아라한도 마찬가지다. 모두가 무아라는 면에서 꼭 같은 것이지 차별이 있을 수 없다는 말이다.

제법무아諸法無我인데 나는 아라한이라고 하는 의식이 있다면 무아라 할 수 없고 벌써 아상에 빠진 것이다. 그렇게 아상에 빠지면 그를 아라한이라 할 수 없다는 말이다. 욕심이 없고 집착이 없고 아상이 없어진 경지, 일체 차별이 없는 경지, 그래서 모든 다툼이 사라진 그런 것을 아란나행이요 실무소행實無所行이라 한다. 실소무행實無所行이란 실로 자기가 행한다고 하는 것이 없는 행위, 즉 자기가 사는 것이 아니라 저절로 법이 행해지는 무위의 세계라 하겠다.

아라한은 실소무행實無所行의 무쟁無爭 삼매를 얻은 자라 한다. 무쟁삼매란 일체 다툼과 분별이 사라진 세계를 말한다. 다툼의 근원은 탐진치貪瞋痴라는 삼독인데 이런 삼독이 끊어졌으니 다툴 것도 없고 분별할 것도 없다. 그런데 절에 가면 스님 보살 불자 구별이 있고 교회에서도 입교자 세례자 집사 장로, 천주교는 교황 추기경 주교 신부 수녀 그렇게 차별하지만 모두 하나님의 자녀로서 꼭 같은 성도요 형제자매지 높다 낮다 차별이 있을 수 없다. 나이나 재산이나 지식은 많다 적다 따질 수 있겠지만 하나님의 형상을 지닌 인격체에 무슨 차별이나 등급이 있겠는가.

나는 장로라 하는 생각이 들어가는 순간 이미 그는 하나님의 성령과 끊어지고 마는 것이다. 언제나 하나님 앞에서는 모두가 어린이 같은 순진함과 순수의 영이 되는 것이다. 순수의 영으로 하나님의 사랑 안에서 하나가 되어야만 분별과 다툼이 없는 아란나의 무쟁無爭삼매를 누릴 수 있다. 그래서 깊은 평안과 기쁨의 세계를 아란나행이라 한다. 그래서 부처님은 수보리가 무쟁삼매로 아란나행을 즐기는 사람이라고 칭찬을 하신 것이다. 우리 모두 수보리처럼 일상무상一相無相을 깨닫고 무쟁삼매를 얻어 평안과 기쁨의 세계를 누리며 하나가 되기를 소망한다.

제10

장엄정토분莊嚴淨土分

불국토를 장엄하다

부처님이 수보리에게 말씀하셨습니다. 어떻게 생각하느냐? 여래께서 옛날에 연등부처님과 함께 있을 때 법이라 하는 것을 얻은 게 있었느냐?

(불고수보리佛告須菩提하사 어의운하於意云何오 여래석재如來昔在 연등불소然燈佛所하야 어법於法에 유소득불有所得不아?)

세존이시여, 그렇지 않습니다. 여래께서 연등부처님 처소에서 법이라 하는 것을 실로 얻은 바가 없습니다.

(불야不也니이다 세존世尊하 여래재연등불소如來在然燈佛所하사 어법於法에 실무소득實無所得이니이다.)

수보리야, 네 생각은 어떠냐? 보살이 불국토를 장엄하느냐?

(수보리須菩提야 어의운하於意云何오 보살菩薩이 장엄불토불莊嚴佛土不아)

세존이시여, 그렇지 않습니다. 왜냐면 불국토를 장엄하는 것은 곧 장엄함이 아니요 이런 이름을 장엄이라 하기 때문입니다.

(불야不也니이다 세존世尊하 하이고何以故오 장엄불토자莊嚴佛土者는 즉비장엄卽非莊嚴이니 시명장엄是名莊嚴이니이다.)

수보리야, 이런 까닭에 모든 보살마하살들이 응당 이와 같이 청정심을 낼 것이니 마땅히 모습에 머물지 말고 마음을 일으켜야 하며 소리나 향이나 맛이나 촉감이나 생각에 머물지 말고 마음을 일으켜야 한다. 마땅히 머무는 바가 없는 가운데 그 마음을 일으켜야 한다.

(시고是故로 수보리須菩提야 제보살마하살諸菩薩摩訶薩은 응여시應如是 생청정심生淸淨心이니 불응주색不應住色하고 생심生心하며 불응주不應住 성향미촉법聲香味觸法하고 생심生心하라. 응무소주應無所住하야 이생기심而生其心이니라.)

수보리야, 비유로 말해보자. 어떤 사람이 있는데 몸이 수미산왕 같다면 너는 이 사람의 몸이 크다고 생각하느냐?

(수보리須菩提야 비여유인譬如有人이 신여수미산왕身如須彌山王이면 어의운하於意云何오 시신是身이 위대불爲大不아)

수보리가 대답하였습니다. 세존이시여, 매우 위대합니다. 왜냐면 부처님이 몸이 아닌 것이 곧 큰 몸이라 이르셨기 때문입니다.

(수보리언須菩提言하되 심대甚大니이다 世尊하 하이고何以故오 불설비신佛說非身이 시명대신是名大身이니이다.)

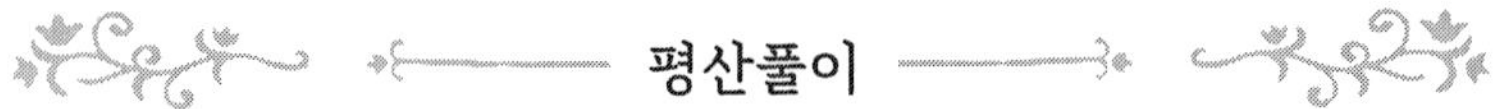

평산풀이

10장은 장엄정토분莊嚴淨土分인데 정토는 부처님의 나라가 깨끗하다는 뜻이고 장엄은 웅장하고 엄정하게 꾸며져 있다는 것이다. 부처님을 모신 보살이 있는 곳이 정토가 된다. 보살들이 연등부처님 처소의 정토를 장엄하게 꾸미고 있다는 것이다. 그 장엄의 요소가 무엇일까. 결국 부처님이 전해주는 법의 공함이다. 보살들이 지닌 무아의 공으로 정토를 장엄하게 하는 것이다. 그래서 다시 한번 그 무아의 공에 대하여 설명하는 것이다.

먼저 새로 나온 말은 연등부처님, 불국정토, 장엄이다. 연등불은 과거에 석가세존의 스승이었는데 그가 "너는 오는 세상에 장차 부처가 될 것인데 그 이름을 석가모니라 하리라." 하고 수기授記를 주었다고 한다. 그 연등불과의 인연에 대해 다음과 같은 이야기가 전해진다.

과거 아주 오랜 옛날에 석가모니 부처님께서 보살로 있으면서 수행을 하고 있었다. 그때 당시의 부처님이신 연등燃燈 부처님이 오신다는 말을 듣고 그 부처님을 뵈러 갔다고 한다. 석가보살이 가서 보니 연등불께서 지나가실 길바닥이 물에 젖어 진흙으로 질퍽했다. 이것을 보고 석가보살이 엎드려 머리를 풀어헤쳐 길바닥의 진흙을 덮어주었다. 그렇게 하여 연등불께서 진흙탕에 빠지지 않고 지나갈 수 있게 되었다는 것이다. 이렇게 만난 연등불에게 석가보살이 수기를 받았다는 것이다.

"그대는 오는 세상에 장차 석가 족에 태어나 출가 성도하여 부처가 될 것이다."

석가모니는 이렇게 연등부처님께 수기를 받았는데 그 연등불로부터 얻어 가진 어떤 법이 있었겠느냐고 묻는 것이다. 이 물음에 수보리가 대답하기를 실무소득實無所得이라 한다. 실로 얻은 바가 아무것도 없다는 말이다.

불교는 깨닫는 종교이기 때문에 무슨 스승으로부터 배워 얻어야 할 법이라는 것이 없다. 부처는 불이요 보살은 나무인데 나무가 불과 같이 있다 보면 불이 된다. 불이 붙어 불타고 있는 스승과 같이 있다가 그 불이 옮겨붙어서 함께 불이 타면 불타 붓다가 된다. 그런데 그 불은 스승에게 얻어 지닌 불이 아니라 자기 스스로 타는 불이다. 마치 촛불을 전해 받듯 스승에게 불을 전해 받았다면 그것은 촛불을 든 사람이지 스스로 불타는 부처가 될 수 없다. 촛불에 의지하는 사람은 아직 불이 아니다. 그래서 용담스님은 덕산에게 촛불을 건네주다가 촛불을 꺼버렸다는 이야기가 있다. 내가 건네주는 촛불에 의지하지 말라는 것이다. 그 순간에 덕산도 크게 깨달았다고 한다. 깨닫는 것은 어떤 지식을 얻는 것이 아니다. 지식은 하나의 촛불이다. 스스로 빛이 되어야지 빛에 의지하는 것은 아직 깨지 못한 것이다.

그래서 깨달음에는 실로 얻어야 하는 어떤 법이라 할 것이 없다고 한다. 실무소득이다. 실로 취득할 게 아무것도 없다. 석가모니가 연등불에게 수기를 받았다고 하니까 무슨 비밀스런 법을 전해 받은 것이 있는 양 생각하기 쉬운데 사실은 아무것도 없다는 말이다. 불이 옮겨붙듯 그저 이심전심以心傳心이지 주고받는 것이 아무것도 없다. 그래서 불립문자不立文字, 어떤 문자로 기록할 지식이 될 수 없다. 교외별전敎外別傳, 가르쳐서 될 수 있는 것도 아니다. 직지인심直指人心, 곧장 그 마음이 열리는 것뿐이다.

그럼 그런 보살은 어떻게 불국정토를 장엄莊嚴하는가? 산스크리트 원문의 뜻은 보살이 불국토를 아름답게 꾸미는 것이 있느냐는 질문이라 한다. 원래는 장식한다는 것인데 한자로 장엄이라 했다. 불토, 부처의 세계는 청정하고 장엄하다. 또 불국佛國을 정토淨土라 한다. 부처님의 나라는 깨끗한 세계라는 말이다. 탐심과 정욕이 없는 보살들이 가득한 나라가 깨끗한 나라요 부처님 나라다. 부처님이 계시고 그 주위에 청정한 보살들이 가득한 곳이 정토의 부처님 나라인 것이다.

불토가 장엄하려면 청정한 보살이 가득해야 한다. 깨끗한 보살들이 가득해야 정토가 되는 것이지 웅장한 건물과 탑들을 쌓는다고 정토장엄이 아니다. 그런데 그 보살이 스스로 불토를 장엄한다고 생각하면 그것은 자아가 없는 깨끗한 마음이 될 수가 없다. 그래서 즉비의 논리를 반복한다.

장엄불토자莊嚴佛土者는 즉비장엄卽非莊嚴이니 시명장엄是名莊嚴이니라.

불국토를 장엄한다는 것은 곧 장엄하는 것이 아니다. 그러므로 이를 일러 장엄이라 한다. 마찬가지 논리로 부처님의 몸이라는 인격에 대해서도 같은 이야기를 한다. 부처님의 몸이 수미산처럼 큰 것은 곧 몸을 몸이라 하지 않기 때문이다. 그래서 이를 일러 큰 몸이라 하는 것이다.

수보리는 말했다. '장엄불토자莊嚴佛土者 즉비장엄卽非莊嚴', 즉 불토를 장엄한다고 하면 그것은 곧 장엄이 아니기에 보살의 장엄이란 없다는 것이다. 수보리가 세존의 마음과 일치함을 보고 세존이 덧붙여 보충설명을 한다.

"그렇다. 수보리야, 그런 이유로 모든 보살은 마땅히 이같이 깨끗한 마음을 일으켜야 한다. 생청정심, 깨끗한 마음이 솟아나야 한다. 깨끗한 마음이 되기 위해서는 색성향미촉법, 그 무엇에도 이끌리거나 집착함이 있어서는 안 된다. 마땅히 머무르는 바가 없는 데서 그 깨끗한 마음을 일으켜야 한다."

여기서 그 유명한 "응무소주應無所住 이생기심而生其心"이란 말이 나온다. 금강경의 이 한 마디 글귀를 듣고 육조 혜능이 깨닫게 되었다 해서 더욱 알려지게 되었다. 청정심이란 무엇입니까? 어떻게 깨끗한 마음이 될 수 있습니까? 어떻게 그 마음을 항복합니까? 응무소주應無所住, 일체 머무는 바가 없어야 한다. 일체 머무를 바가 없는 곳, 일체 집착과 욕심이 없는 그 마음이 곧 청정심이라 하겠다.

어떻게 순수의 마음이 되는가. 세상에서 머리 둘 곳도 없는, 도무지 견딜 수가 없는 그런 고난을 겪고서야 생기심, 그 순수의 마음이 솟아난다는 것이다. 장자는 참만고일성순參萬古一成純이라 한다. 하나의 순수함이 되기 위해서는 만고에 참여해야 된다는 것이다.

보살은 마음만 청정한 것이 아니라 몸도 청정해야 한다. 청정심에 이어 청정법신이 되어야 한다. 그러면 청정법신은 또 무엇입니까? 이런 수보리의 물음에 수미산으로 비유를 한다. 만년설에 쌓인 히말라야나 수메르 산은 보기만 해도 청정장엄하다. 보살이 수미산 왕 같은 몸이면 그 몸을 위대하고 장엄하다고 할 수 있겠느냐? 여래의 물음에 수보리는 "그렇습니다." 하고 대답한다. 그런데 그 몸이 위대하다고 대답한 이유는 붓다께서 그 몸의 위대함을 두고 한 말이 아니라 그 몸 아닌 것의 위대함을 두고 말하셨기 때문이라 한다.

히말라야가 장엄한 이유는 그 크기 때문이 아니라 그 깨끗함 때문이라는 말이다. 몸이 크다 작다는 상대적인 것이지만 깨끗하다는 것, 청정장엄이라 하는 것은 상대를 넘어선 절대의 청정이다. 히말라야가 깨끗한 것은 세속을 벗어나 구름 위로 솟구쳤기 때문이라는 것이다. 구름을 벗어나 빛의 세계로 들어갔고 거기에 한없이 눈부시게 빛나는 얼음을 덮어쓰고 있기에 그 모습이 청정장엄한 것이지 그저 크다고 청정장엄이 아니라는 말이다.

불토, 부처님의 나라는 한마디로 청정장엄이다. 연등불도 청정장엄이요 석가모니도 청정장엄이요 보살도 청정장엄이요 수미산도 청정장엄이다. 수미산 같은 부처님의 청정장엄한 몸이 위대한 것은 그것을 부정하고 또 부정하기 때문이다. 그래서 그 인격이 위대하다고 말하는 것이다. 부정하고 부정하는 초월의 인격이 위대한 것이다.

2008. 6. 9.

무위복승분無爲福勝分

큰 복은 무위로 얻는다

수보리야, 항하(갠지스강)의 모래 수만큼이나 많은 갠지스강이 있다면 그 모든 갠지스강의 모래는 또한 얼마나 많겠느냐?

(수보리須菩提야 여항하중如恒河中 소유사수所有沙數하야 여시사등항하如是沙等恒河하면 어의운하於意云何오 시제항하사是諸恒河沙–영위다불寧爲多不아)

수보리가 대답하였습니다. 세존이시여, 참으로 한없이 많습니다. 다만 갠지스강만 모두 헤아린다 해도 헤아릴 수 없이 많은데 하물며 그 모든 갠지스강의 모래는 얼마나 많겠습니까.

(수보리언須菩提言하되 심다甚多니이다 세존世尊하 단제항하但諸恒河도 상다무수尙多無數온대 하항기사何況其沙리잇가)

수보리야, 내가 이제 진실한 말로 네게 알려주노라. 만약 고귀한 신분의 선남자나 또는 선여인이 있는데 칠보를 가지고 갠지스강의 모래만큼이나 많은 삼천대천세계를 가득 채워서 보시한다면 얻는 복이 얼마나 많겠느냐?

(수보리須菩提야 아금실언我今實言으로 고여告汝하노니 약유선남자선여인若有善男子善女人이 이칠보以七寶로 만이소항하사滿爾所恒河沙 수삼천대천세數三千大千世하야 이용포시以用布施하면 득복得福이 다불多不아)

수보리가 대답하였습니다. 세존이시여, 매우 많을 것입니다.

(수보리언須菩提言 하되 심다甚多니이다 세존世尊하)

부처님이 수보리에게 말씀하셨습니다. 만약 선남자 또는 선여인이 있어서 이 경이나 또는 경 가운데 있는 사구게 등을 받아 지키며 남을 위해 가르친다면 이런 복덕은 앞서 칠보의 보시로 인한 복덕보다 더 뛰어난 것이다.

(불고수보리佛告須菩提하사되 약선남자선여인若善男子善女人이 어차경중於此經中에 내지乃至 수지사구게등受持四句偈等하야 위타인설爲他人說하면 이차복덕而此福德이 승전복덕勝前福德이니라)

평산풀이

제11장 무위복승분無爲福勝分의 뜻은 무위의 보시로 인한 복덕이 가장 뛰어나다는 말이다. 무위의 보시란 물론 법보시를 말한다. 무위의 법보시가 얼마나 중요한지 다시 설명하는 것이다. 물질의 보시보다

진리의 보시로 인한 공덕은 비할 수 없이 크다는 말이다. 우리가 제아무리 많고 많은 보시를 한다고 해도 물질적 보시는 진리를 가르치는 법보시에 비하면 아무것도 아니라는 것으로 이 내용은 이미 제8장 의 법출생분에서 나왔던 내용이다. 지난번에는 삼천대천세계를 가득 채울 만큼 많은 양의 칠보로 보시를 한다고 말했는데 여기서는 삼천대천세계가 갠지스강의 모래만큼 많다고 하여 칠보의 수량을 무한으로 표현한다. 보시하는 칠보의 수량이 무한함을 이렇게 갠지스강의 모래로 표현한 것인데 벌써 수의 제곱 개념이 여기서 나온다. 갠지스강에 수 많은 모래가 있는데 그 모래 수만큼 많은 갠지스강이 있다면 그 갠지스강은 얼마나 많겠는가. 그런데 그 무한의 갠지스강에 있는 무한의 모래들을 다 더하면 얼마나 되겠느냐. 이런 무한의 개념과 무한끼리 제곱하는 무한수의 상상을 유도한다.

이렇게 무한의 수를 갠지스강의 모래 숫자를 가지고 또 그 수로 제곱하고 다시 또 제곱한 수로 표시했다. 무한에 무한을 곱하고 또 무한을 곱했으니 그 수가 얼마나 많겠는가. 상상할 수 없는 무한이다. 그런데 그 무한의 모래 숫자만큼이나 많은 삼천대천세계가 있다는 것이다. 그처럼 헤아릴 수 없이 많은 삼천대천세계를 어떤 귀족이 있어서 칠보로 가득 채우는 보시를 했다면 얼마나 그 공덕이 크겠느냐고 묻는다. 물질적 공덕의 가장 큰 경지, 더 이상 갈 수 없는 그런 궁극을 말하는 것이다.

그러나 그런 물질적 보시에 비할 때, 다시 말하여 물질적 보시가 궁극에까지 다다랐다고 해도 그로 인한 복덕은 이 금강경 가운데 한마디라도 스스로 받아서 지키고 또 남을 위해 가르쳐 주는 법보시에 비하면 크지 않다는 것이다. 법보시의 공덕이 칠보로 온 우주를 가득 채우는 보시보다 더 크다는 말을 반복하는 것이다. 모든 보시 가운데서 법보시가 으뜸이라는 말을 강조하고 또 강조하는 것이다. 왜냐면 모든 복덕의 근원이 법이기 때문이다. 그리고 법보시야말로 무위행이라는 것이다.

무위의 복덕이 무엇보다 뛰어난 것이라 하여 11장을 무위복승분無爲福勝分이라 했다. 법에 따라 나오는 보시는 나라는 아상도 없고 내가 한다는 유위법도 없다. 무위법인 이 경을 지니고 독송하고 통달하여 다만 한 게송이나 한 구절만이라도 남에게 전하라는 것이다. 불교는 다른 사람에게 법을 설한다고 설법이라 하는데 다른 말로 설교 또는 전도라 하기도 한다.

구마라집은 간단히 '위인타설爲人他說'이라 번역했는데 그 설법이 무엇인지 현장법사는 좀더 상세히 말했다. 즉 '수지독송受持讀誦 구경통리究竟通利 급광위타선설及廣爲他宣說開示 여리작의如理作意'라는 것이다. 금강경의 경을 받아 지니고 읽고 암기하여 구송하라. 그래서 붓다의 궁극적 경지에 이르기까지 법을 깨닫고 이치에 통달하라. 그리하여 마침내 널리 다른 사람들에게 법을 설하고 그 도를 열어서 보여주며 진리에 따라 뜻을 일으키라는 말이다. 선설, 법을 잘 풀어서 설명하여 깨닫도록 설법을 베푼다는 말이다. 개시는 열어서 보여준다는 뜻인데 진리의 세계를 열어서 보여주는 것이다.

보이지 않는 진리의 세계를 어떻게 열어 보일 수 있는가. 보이지 않는 진리를 체득하여 마음을 열고 몸으로 보여주는 수밖에 없을 것이다. 여래의 생각과 말과 뜻과 행동 모두가 진리의 구현이 된다. 그 도를 열고 보여주는 것이 선설개시宣說開示라는 것이다. 여래가 그렇게 도를 보여주는 원리가 여리작의如理作意라 하겠다.

그래서 구경통리, 선설개시, 여리작의, 이 세 가지가 설법의 핵심이다. 구경에 통달하여 체득하고 체득한 것을 보여주는데 늘 진리와 일치하도록 뜻을 일으키는 것이다. 진리와 일치하도록 뜻을 일으킨다는 여리작의는 달리 말하여 진리가 너희를 자유롭게 한다는 예수의 말씀과 통한다고 하겠다. 또는 공자가 말한 종심소욕불유구從心所欲不踰矩의 경지라 하겠다. 마음에서 나오는 뜻이 진리의 법도에 조금도 어긋남이 없는 경지인 것이다. 이렇게 금강경 가운데 한 마디라도 깨닫고 궁극에 통달하여 실천하고 많은 이들에게 바른 깨달음을 얻어 자유의 경지에 이르도록 가르치고 보여준다면 그 공덕은 비할 수 없이 크다는 것이다. 그런 무위의 가르침이 공덕 가운데 가장 뛰어난 공덕이라는 뜻으로 무위복승無爲福勝이라 했다.

제12

존중정교분尊重正敎分

바른 가르침을 존중하라

수보리야, 그것만이 아니니라. 이경을 가르치거나 아니면 이경 가운데 사구게 하나라도 가르친다면, 너는 마땅히 알아야 할 것이니, 그 가르침이 베풀어지는데 따라서 여기는 곧 일체 세간의 천사들과 사람들과 아수라들이 모두 공양하기를 마치 붓다의 탑묘처럼 응당 공양할 것이다. 하물며 능히 수지독송을 다하는 사람이 있다면 그를 어떻게 하겠느냐?

(부차復次 수보리須菩提야 수설시경隨說是經하되 내지사구게등乃至四句偈等하면 당지當知하리니 차처此處는 일체세간一切世間 천인아수라天人阿修羅 개응공양皆應供養을 여불탑묘如佛塔廟하리니 하황유인何況有人의 진능수지독송盡能受持讀誦이리오?)

수보리야 마땅히 알라. 이 사람은 최상의 진리, 가장 드물고 귀한 진리를 깨달은 사람이다. 이 경전이 있는 곳은 곧 부처님이 계신 곳이 되고 존경받는 제자들과 함께 있는 것과 같은 것이니라.

(수보리須菩提야 당지當知하라 시인是人은 성취최상成就最上 제일희유지법第一稀有

之法이니 약시경전若是經典 소재지처所在之處는 즉위유불卽爲有佛과 약존중제자若尊重弟子니라)

평산풀이

제12 존중정교분尊重正敎分에서도 불법승佛法僧 삼보의 소중함을 말하고 있다. 부처님이 소중하고 경전이 소중하고 승가僧伽라는 클래스가 소중하다는 것을 삼보라 한다. 그래서 삼보를 강조하는 것은 교육의 중요성을 의미하는 것이다. 그런데 교육의 핵심을 법보시라 할 수 있으니까 결국 법보시가 가장 중요하다는 말이나 삼보에 귀의하라는 말이나 같은 뜻이라 하겠다. 법보시는 가르치는 이에게 하는 말이요 삼보는 배우는 자에게 하는 말이다. 경전을 가르치는 법보시의 주인공은 여래요 가르치는 내용은 경전이고 배움의 집단이 승가僧伽이다. 그러니까 승가라는 그 배움의 클래스가 있어야 깨달은 제자가 나와서 불도가 이어지게 된다. 이렇게 불법승 삼보가 중요한데 이 셋은 다른 모습이지만 늘 함께 있어서 하나가 되는 것이다.

앞으로 누가 경전을 능히 수지독송할 수 있을까? 수지독송은 그저 경이라는 책과 글을 받아 지니고 읽고 암송하는 피상적인 것만이 아니다. 본뜻은 진리를 마음에 받아 지니고 그것을 언행으로 살아내는 것이다. 그러니까 진정한 수지독송자는 진리를 깨달은 붓다라야 가능한 것이다. 수지독송受持讀頌, 경전의 책을 잘 받아서 잘 지니고 읽고 될 수 있다는 것도 중요한 일이다. 그러나 이처럼 외면적인 책으로서의 경전이 아니라 내용적 의미로 생각하면, 붓다가 가르치는 핵심을 경을 통해 받아들이고 그 뜻을 지키며 그 뜻을 능히 헤아릴 수 있고 그 뜻을 남에게 찬송으로 가르칠 수 있어야 한다는 것이다.

그처럼 경전을 통해 부처의 뜻을 이어받은 제자는 곧 부처나 마찬가지라서 그가 가르침을 베푸는 곳에는 곧 하늘의 천사들도 와서 듣고 중생들과 아수라 등 모든 우주의 존재들이 부처님께 공경하듯 찾아와서 받들어 모신다는 것이다. 결국 경전에 대한 가르침을 베푸는 그곳이 곧 부처님이 계시는 곳이요 또한 부처님의 제자들이 함께 와서 듣는 승단이 되어 불법승이 함께 하면 정토가 된다는 말이다. 이렇게 법보시가 이뤄지는 장소는 곧 불법승이 함께 있는 거룩한 장소가 되는 것이다.

불법승의 삼보에 귀의하라, 즉 삼보를 믿으라는 말을 요새로 말하면 교육의 중요성을 강조하는 말이다. 교육이 있어야 문화가 계승되고 발전되기 때문이다. 인류가 이만큼이라도 평화를 유지하며 사는 것도 교육의 힘 덕분이다. 그런데 교육을 위해서는 가르치는 스승이 있어야 하고 배우려는 학생이 있어야 하고 또 경전이라는 교과서가 있어야 한다. 이 가운데 스승도 왔다 가고 학생도 왔다 가지만 경전은 시간을 넘어 이어지고 있어진다. 그래서 무엇보다 경전의 중요성을 강조하는 것이 또한 금강경이다.

우리나라는 세계 어느 나라보다 교육열이 높다고 한다. 그 교육열 때문에 이만큼 문화가 발전했다고 하겠다. 특히 서구에서 2백 년 넘게 걸렸던 산업화를 50년 만에 달성할 수 있었던 원동력도 교육과 문화의 힘이라 하겠다. 우리나라 대학진학률이 어느 나라보다 높고 문맹률이 가장 낮은 것도 다 교육열 때문이다. 부모가 자녀의 교육을 위해서 헌신하는 열성이 어느 나라 국민보다 크다고 한다.

그런데 요즘 교육현장을 걱정하는 사람이 많다. 학교가 무너졌다는 것이다. 물론 우리나라만의 문제는 아니고 세계적인 현상이라 한다. 전통적인 학교 교육 방식이 이미 달라진 인공지능 시대와 조화될 수 없는 무엇이 있는 것 같다. 즉 산업화 시대에 걸맞는 학교시스템인데 지금은 정보시대를 넘어 인공지능시대를 살고 있지만 교육시스템은 변치 않고 그대로 있는 것이다. 그래서 교육의 근본적인 패러다임의 변화가 필요할 것이다.

그렇다고 해도 교육의 기본 원리는 변함이 있을 수 없겠다. 즉 가르치는 스승이 중요하고 배우려는 학생이 있어야 하고 가르칠 내용인 교과서가 중요하다는 것이다. 이 세 축을 가지고 우리는 시대의 변화에 따른 새로운 교육시스템이 무엇인지 생각해야 할 것이다. 교육이 무너졌다는 말도 무엇을 의미하는지, 또는 교육을 개혁하자는 일도 무엇을 하자는 것인지 그런 질문들 앞에서 우리는 이 세 가지 측면에서 살펴볼 필요가 있다.

오늘날의 학교가 문제가 많다고 하는데 그 말은 교육시스템이 제대로 작동하지 않고 있다는 것이다. 강의 시간에 잠을 자는 학생들, 선생님께 집중하지 않고 떠드는 학생들이 많다고 한다. 학교에서 학생들끼리의 폭력 또는 학생과 교사 사이의 폭력이 자주 일어난다고 한다. 이런 때에 무엇보다 스승의 권위를 회복해야 할 것이다. 그 권위는 외적 권위가 아니라 학생들에게 저절로 공경심이 일어나도록 하는 그런 내적 권위를 회복해야 할 것이다. 그러기 위해서는 또 유능하면서 인격적인 선생이 나와야 한다. 그런데 요즘 유능하기도 어렵고 인격적인 선생이 되기도 힘들다. 인공지능시대가 되어 지식은 날마다 폭발적으로 늘어나기 때문에 유능한 실력을 갖추고 유지하기가 너무 힘들다. 유능함을 위해 온 세상이 경쟁하는 그런 시대에 유능하지 못한 선생이라 하면 학생들이 신뢰하지 않고 인정하지 않는다. 그 결과 학생들은 선생님께 배우려는 생각이 없고 학교를 외면하고 집에서 인터넷으로 모든 것을 배우려 한다. 이런 시대인데 학생들을 감옥 같은 학교에 가둬두고 무능한 교사에게 배우라 하면 누가 수업에 집중하겠는가. 어떤 학생이 행복하겠는가. 이제 학교시스템과 학교에서 무엇을 어떻게 가르쳐야 하는지 다시 한번 근본적 검토가 필요할 것이다. 즉 교과서와 교과 과정을 포함한 학교시스템에 대한 혁신이 필요하지 않을까 생각한다.

학생의 바람은 무엇일까? 학생은 무엇을 배우려고 할까? 학생들이 갖는 배움의 욕구도 시대마다 다르다. 사회문화적 가치관에 따라 욕구도 달라지는 것이다. 그래서 우리 문화에서 추구하는 가치관이 무엇인지 성찰하고 새로운 사회를 향한 열망을 불러 일으켜야 교육도 변화될 것이다. 먼저 학생들에게 그런 열망을 일으키려면 어떻게 해야 할까? 또 그런 교육을 담당할 교사는 어떻게 양성할까? 새로운 사회를 위한 교사가 나오고 새로운 교과서가 나와서 새로운 욕구와 열망을 가진 학생이 나와야 교육도 새로워질 것이기 때문이다. 이렇게 교과서 내용, 교육방법, 교사양성방법, 학생선발과 학생평가 방법 등 모든 시스템을 이런 세 가지 요소를 중심으로 살펴볼 필요가 있을 것 같다. 그래서 새로운 교육의 방법과 틀을 만들어 보자는 것이다.

그런데 그 교육시스템을 개혁하는 지혜는 바로 불법승 삼보의 중요성을 깨닫는 데서 비롯된다는 것이다. 불법승 삼보를 존중하는 이유는 삼보를 믿는 그 세계는 욕심이 없고 집착이 없는 무아의 깨끗하고 정직한 인격의 세계이기 때문이다. 그래서 삼보를 믿는 세계에서는 누구나 자유롭고 평등하고 행복한 삶을 살기 때문이다. 그곳이 바로 깨끗한 정토가 되는 것이다. 학교에서 그런 불국정토가 이뤄지면 세상이 또한 정토가 될 것이다. 그런데 지금의 학교는 상당수 일부 학생들에게 거의 지옥 같은 곳이다. 그러면 세상은 점점 지옥이 될 뿐이다. 지옥을 배운 학생들이 나와서 만드는 일은 또 지옥일 것이기 때문이다. 그러므로 교육은 백년지대계라 하는 말처럼 우리의 미래를 위해서 교육개혁이 시급한 것이다.

교육개혁은 삼보에서 비롯되는 정토에 대한 희망과 믿음에서 시작되어야 한다. 그래서 학생들에게 새로운 가치를 제시하는 스승이 나오고 그 스승으로 인하여 학생들에게 스승의 바른 가르침을 공경하고 존중하는 마음을 일으킬 수 있어야 한다. 이런 의미에서 바른 가르침을 담은 경전이 소중하고 그것을 바르게 가르치는 스승이 소중하고 그 스승과 스승의 가르침을 존중하는 교육시스템이 소중하다는 것이다. 그래서 존중정교분尊重正敎分이라 했다. 바른 가르침이 베풀어지는 학교를 존중하라는 것이다. 거듭 강조하는 말이나 교육의 핵심은 삼보다. 스승과 경전과 교육시스템이다. 이런 바른 학교를 존중하는 사회라야 희망이 있는 것이다.

우리나라에 정말 바른 가르침을 전하는 학교를 만들어 보려고 일생을 애쓴 분들이 많다. 많은 뜻있는 분들이 대안학교를 시작하기도 하고 혁신학교를 꿈꾸기도 한다. 새로운 교육운동으로 홍성의 풀무학교와 횡성의 민족사관고가 인상적이다. 홍성에서는 나라의 주춧돌을 길러보겠다고 하고 횡성에서는 대들보를 키워보겠다고 한다. 민족사관고등학교를 설립한 최명재선생은 출세가 아니라 민족과 나라를 위한 학문을 공부시켜 뛰어난 지도자를 길러보겠다고 했다. 그래서 사업으로 모은 전 재산과 노력을 투입하여 분투했지만 우리사회는 별로 호응하지도 않았고 교육계에서 존중하여 따르는 분이 별로 없는 것 같다. 여러 이유가 있겠지만 우리 사회가 너무나 물질주의와 출세주의에 빠져 있어 선구자의 외침을 들을 귀가 없는 것도 하나의 이유일 것이다. 무엇보다 정치권력과 교육계의 권력자들이 담합하여 학교를 권력의 수중에서 벗어나지 못하도록 통제하여 기득권을 유지하려는 게 아닌가 의아스러울 때가 많다. 나라와 사회를 위한 교육시스템보다는 정권과 기득권의 유지에 교육시스템을 종속시키려는 욕망 때문에 교육개혁이 제대로 이뤄지지 못하는 것이 아닐까 의심스러운 것이다.

그러나 우리 사회가 정말 깨끗한 정토가 되려면 교육이 달라져야 한다는 홍성과 횡성의 그 선구적 외침을 존중해야 할 것이다. 어디서나 바른 가르침을 존중하지 못하는 사회가 길이 유지되기는 어려운 법이다. 진실로 존중정교尊重正教의 정신이 일어나 우리 사회와 온 세계의 교육이 바로 세워져 보다 평화롭고 자유로운 깨끗한 세상이 되기를 소망한다.

여법수지분如法受持分

여래의 법을 받아 지니다

이때, 수보리가 부처님께 여쭈었다. 세존이시여, 선생님의 이런 말씀을 무엇이라고 부를 것이며 우리는 어떻게 이 말씀을 받들고 지녀야 합니까?

(이시爾時에 수보리백불언須菩提白佛言하사대 세존世尊하 당하명차경當何名此經이며 아등我等이 운하봉지云何奉持리잇고)

부처님께서 말씀하셨습니다. 수보리야, 이 말씀의 이름을 금강반야바라밀이라 하니 이 이름으로 너는 마땅히 받들어 지녀야 한다.

(불고佛告 수보리須菩提하사대 시경是經은 명위名爲 금강반야바라밀金剛般若波羅密이니 이시명자以是名字로 여당봉지汝當奉持하라)

그렇게 하는 까닭은 무엇인가. 수보리야, 부처님께서 반야바라밀이라 가르친 것은 곧 반야바라밀이 아니니 이런 까닭에 이름을 반야바라밀이라 한다.

(소이자하所以者何오 수보리須菩提야 불설반야바라밀佛說般若波羅蜜은 즉비반야바라밀卽非般若波羅蜜이니 시명반야바라밀是名般若波羅密이니라)

수보리야, 네 생각은 어떠냐? 여래가 진리라고 가르친 바가 있겠는가?
(수보리須菩提야 어의운하於意云何오 여래유소설법불如來有所說法不아)

수보리가 부처님께 대답했다. 세존이시여, 여래께서는 가르치신 바가 없습니다.
(수보리백불언須菩提白佛言하되 세존世尊하 여래무소설如來無所說이니이다)

수보리야, 너는 어떻게 생각하느냐? 삼천대천세계가 갖는 티끌이 많지 않겠느냐?
(수보리須菩提야 어의운하於意云何오 삼천대천세계三千大天世界 소유미진所有微塵이 시위다불是爲多不아)

수보리가 대답하였다. 세존이시여, 정말 한없이 많습니다.
(수보리언須菩提言하사대 심다甚多니이다 세존世尊하)

수보리야, 모든 티끌에 대해 여래가 말하길 티끌이 아니라 한다. 이렇게 하는 것은 이름이 티끌이기 때문이다. 여래께서 말씀하시길 세계도 세계가 아니라 한다. 이렇게 하는 것도 이름이 세계이기 때문이다.
(수보리須菩提야 제미진諸微塵은 여래설비미진如來說非微塵이라 시명미진是名微塵이며 여래설세계如來說世界도 비세계非世界라 시명세계是名世界니라)

수보리야, 네 생각은 어떠냐? 32상으로 여래를 알아볼 수 있겠느냐 없겠느냐?

(수보리須菩提야 어의운하於意云何오 가이可以 삼십이상三十二相으로 견여래불見如來不아)

세존이시여, 알아볼 수 없습니다. 32상으로써 여래를 알아볼 수 없습니다. 왜냐하면, 여래께서는 32상이 곧 상이 아니기에 이것을 이름하여 32상이라 하셨기 때문입니다.

(불야不也니이다 세존世尊하 불가이不可以 삼십이상三十二相으로 득견여래得見如來니 하이고何以故오 여래설삼십이상如來說三十二相이 즉시비상卽是非相일새 시명삼십이상是名三十二相이니이다)

수보리야, 만일 착한 사람이 있어서 갠지스강의 모래만큼이나 많은 생을 살면서 목숨을 바쳐 헌신하였다고 하자. 또 다른 어떤 사람이 있어 이 경전 가운데 사구게 하나라도 받아들이고 지켜서 남을 위해 가르친다고 하면, 이 사람의 복덕이 앞서 말한 사람보다 심히 많은 것이니라.

(수보리須菩提야 약유선남자선여인若有善男子善女人이 이항하사등신명以恒河沙等身命으로 보시布施어든 약부유인若復有人이 어차경중於此經中에 내지수지사구게등乃至受持四句偈等하야 위인타설爲他人說하면 기복其福이 심다甚多이니라)

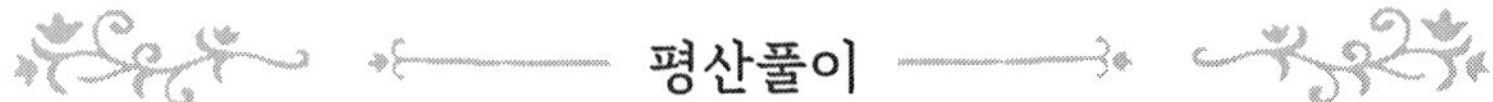

평산풀이

"부처님이 가르치신 경經의 이름을 무엇이라 해야 합니까? 또 우리는 그것을 어떻게 받아들이고 지켜야 합니까?" 수보리의 질문에 부처님께서 경의 이름을 '금강반야바라밀'이라 하고 이 경전의 이름으로 말씀을 받아 지니라고 하셨다. 금강과 반야와 바라밀, 이 세 가지가 금강경의 핵심이라는 것이다. 반야의 지혜와 바라밀의 도와 금강의 영원성인데, 이것을 받아들여서 지니고 지키라라는 말씀이다.

금강경의 이름에 관해서는 '제2 선현기청분'에서 이미 설명을 했다. 그런데 여기서 또다시 언급되는 즉비의 논리가 반복된다. 이런 즉비의 논리가 이번에는 이름이 실제의 본질이 아니라는 것을 말하는 것으로 해석할 수도 있다. 칸트가 말하는 물 자체는 알 수 없다고 하는 것처럼 모든 실제의 본질은 은폐되어 있다는 것이다. 우리는 그것이 무엇인지 알 수가 없다. 그것이 무엇인지 알 수 없기에 이름을 말할 수도 없다. 그렇지만 그것을 그것이라 지칭하지 않을 수 없는 무엇이 있다. 그래서 그것을 언어적 개념으로 지칭하는 것이 이름이라는 것이다. 이것도 제9장에서 이미 나왔다. 실제의 세계를 언어로 표현할 수 없다는 것이다, 그러나 또 그 실제의 세계를 언어로 표현할 수밖에 없지 않겠는가?

그래서 그 실제의 세계를 표현하기 위해서 이렇게 말한다고 하는 모순의 변증법이라 하겠다. A는 A라 할 수가 없다. 이때 앞서 말한 A를 실제의 A라 하면 뒤에 말하는 A는 언어적 개념으로서의 A라는 것이다. 사과는 사과라 할 수 없다고 하면 앞에 나온 사과는 본질로서의 사과요 뒤에 나오는 사과는 이름으로서 사과이다. '이것은 사과다.' 할 때 사과는 이름이지 사과 그 자체를 말하는 것이 아니라는 것이다. 사과란 무엇인가? 그것은 우리가 모른다는 것이다. 이것은 물이라 해도 마찬가지다. 물이란 무엇인가? 물이 무엇인지 우리는 알 수가 없다. 다만 물이라고 지칭할 뿐이다. 그래서 진리란 무엇인가 할 때 진리가 무엇이라 말할 수가 없다는 것이다.

여래설세계즉비세계如來說世界卽非世界 시명세계是名世界, 여기서 세계를 A라 하면 '여래가 A라 한 것은 곧 A가 아니다. 이 이름이 A다.' 이렇게 된다. 이런 표현방식을 해석하고 풀이하는 접근방법으로 두세 가지를 들 수 있다. 가장 먼저 들 수 있는 것은 제행무상의 표현이라는 해석이다. 모든 것은 변하는 것이고 고정불변의 실체實體란 없다는 것을 이렇게 표현했다는 말이다. 그리고 지금까지 설명한 대로 실제의 세계를 언어로 표현 불가능하고 다만 이름으로 지칭하는 것일 뿐이라는 해석이다. 어찌보면 이것은 제법무아의 해석이라 할 수도 있겠다. 그리고 또 다른 하나는 몇 번 소개한 것처럼 변증법의 동양적 표현으로 보아 해석하는 것이다. 제행무상과 제법무아를 거쳐 열반적정으로 올라가는 것이다.

'여래가 A라 하면 곧 A가 아니다. 이런 이름을 A라 한다.' 이런 이름, 즉 'A를 A라 하는 것과 A는 A가 아니라' 하는 두 모순이 지양된 그런 단계의 이름을 A라 한다고 풀이한 것이다. 그것을 줄여서 'A를 A라 하면 그것은 A가 아니다. 그러므로 그 이름을 A라 한다.'고 표현한 것이라 보는 것이다. 이렇게 동양의 변증법적 표현으로 이해한 것이다. 처음에 긍정의 이름을 A라 했는데, 그 A를 부정하고 부정하는 단계를 거쳐 마침내 긍정과 부정을 초월한 그 순수직관의 세계에 올라가서 본 그 이름이 다시 A가 되는 것이다. 긍정의 이름과 부정의 이름을 거쳐 실제의 이름을 나타내자는 것이다.

변증법을 일상에 쉽게 적용해서 생각해 본다. 스승으로 오신 여래의 말씀은 모두 순수직관의 말씀인데 그 말씀을 들은 제자가 이해하는 말씀은 모두 개념으로서의 이름이기에 스승의 말씀과 제자의 개념은 같은 것이 될 수 없다. 그러나 계속 스승의 말씀이 무엇인지 묻고 또 묻고, 자기의 개념을 부정하고 또 부정하다가 어느 순간 모순의 지양이 이뤄져 이심전심, 스승의 마음과 제자의 마음이 하나로 통하면 모든 이름이 곧 그대로 말씀이 된다. 이런 이름을 '시명是名'이라고 표현한 것이라 풀어보는 것이다.

여기 나온 이름으로 금강경이라는 이름, '반야바라빌'이라는 이름, 법이라는 이름, 티끌이라는 이름, 세계라는 이름, 32상이라는 이름이 나열되어 있다. 붓다께서 반야바라밀이라고 말씀하신 것은 곧 반야바라밀이 아니고 그 이름이 반야바라밀이다. 이렇게 반야라고 하건 바라밀이라 하건 법이라 하건 무엇이나 다 이름이지 실상이나 실재가 아니라는 것이다. 그래서 이런 이름 가운데 어느 하나라도 실상을 깨닫게 되면 다 보게 되는데 무명 때문에 우리는 언어의 개념에서 벗어나지 못하고 마치 꿈속처럼 헤매고 있는지 모른다. 이렇게 언어적 관념의 세계 속에서 헤매는 인생은 꿈같은 것이니 빨리 그 꿈에서 벗어나라는 게 결론이다. 즉 우리가 깨지 못하고 꿈꾸면서 수억 번의 인생을 살아도, 그렇게 살면서 온갖 고생을 하면서 보시를 한다고 하더라도, 그것은 이 경 가운데 사구게 한 마디만이라도 제대로 깨닫고 사는 그 공덕의 가치에 비하면 아무것도 아니라는 것이다.

갠지스강의 모래만큼이나 많은 생을 살아가면서 제아무리 노력하고 목숨을 바쳐 헌신하고 몸으로 보시한다 해도 깨닫는 것에 비하면 아무것도 아니라는 것이다. 이렇게 무엇보다 깨달음을 강조하는 내용이 금강경이라 하겠다. 깨달음이란 긍정과 부정을 지양하여 한 차원 올라가서 모든 언어적 개념이나 관념 너머의 순수직관의 세계를 보라는 것이다. 이런 순수직관의 마음을 무엇이라 이름할 것인가. 제목에서는 여법如法이라 했다. 그래서 여법수지如法受持, 여래의 법을 받아 지니라는 것이다.

제14

이상적멸분離相寂滅分

상을 떠나면 적멸이 된다

이때 수보리는 여래께서 이렇게 설법하시는 것을 듣고 그 높은 뜻과 취지를 깊이 이해하고 감격의 눈물을 흘리며 부처님께 아뢰었다.

(이시爾時에 수보리須菩提-문설시경聞說是經하시고 심해의취深解義趣하야 체루비읍涕淚悲泣하사 이백불언而白佛言하사대)

세상에서 가장 존귀하신 분이시여, 부처님께서 가르치신 이처럼 깊고 깊은 경전의 설법은 제가 혜안을 얻은 이래 지금까지 들어보지 못한 것입니다.

(희유세존希有世尊하 불설여시佛說如是 심심경전甚深經典하심은 아종석래我從昔來의 소득혜안所得慧眼으론 미증득문未曾得聞 여시지경如是之經이니이다)

세존이시여, 만약 어떤 사람이 있어 이 금강경 말씀을 듣고 믿음으로 마음이 깨끗하게 되면 곧 실상을 낼 것입니다. 이런 사람은 가장 희귀하고 고귀한 공덕을 성취한 것임을 마땅히 알겠습니다.

(세존世尊하 약부유인若復有人이 득문시경得聞是經하고 신심청정信心淸淨하면 즉생실상卽生實相하리니 당지當知 시인是人은 성취제일희유공덕成就第一希有功德이니)

세존이시여, 이런 실상이란 곧 상이 아니니 이런 까닭에 여래께서는 이름이 실상이라 하셨습니다.

(세존世尊하 시실상자是實相者는 즉시비상卽是非相이니 시고是故로 여래설명실상如來說名實相이니이다)

세존이시여, 저는 이제 이와 같은 경전의 설법을 듣고서 믿고 이해하고 받아들여 지키는 데 아무 어려움이 없겠습니다.

(세존世尊하 아금득문我今得聞 여시경전如是經典하고 신해수지信解受持는 부족위난不足爲難이어니와)

만약 앞으로 후오백세가 되어 어떤 중생이 이와 같은 경을 듣고 믿고 이해하여 받아들이고 지킨다면 이 사람은 곧 가장 희귀하고 고귀한 존재가 될 것입니다.

(약당래세若當來世 후오백세後五百歲에 기유중생其有衆生이 득문시경得聞是經하고 신해수지信解受持하면 시인是人은 즉위제일희유卽爲第一希有니)

왜냐면 이 사람은 아상이 없고 인상이 없으며 중생상이 없고 수자상이 없기 때문입니다. 그런 까닭이 무엇인가 하면 아상이 곧 상이 아니며 인상 중생상 수자상도 곧 상이 아니기 때문입니다. 왜냐면 일체 모든 상을 떠나면 곧 그 이름이 모든 부처라 하기 때문입니다.

(하이고何以故오 차인此人은 무아상無我相하며 무인상無人相하며 무중생상無衆生相하며 무수자상無壽者相이니 소이자하所以者何오 아상我相이 즉시비상卽是非相이며 인상중생상人相衆生相 수자상壽者相도 즉시비상卽是非相이라 하이고何以故오 이일체제상離一切諸相이 즉명제불卽名諸佛이니이다)

부처님이 수보리에게 말씀하셨습니다. 그렇다, 그렇다. 또 어떤 사람이 이 경의 가르침을 듣고 놀라거나 두려워 않고 무서워하지 않으면 이는 참으로 뛰어난 사람이다.

(불佛이 고수보리告須菩提하사대 여시여시如是如是니라 약부유인若復有人이 득문시경得聞是經하고 불경불포불외不驚不怖不畏하면 당지시인當知是人도 심위희유甚爲希有니)

수보리야, 왜냐면 여래께서 제일 바라밀은 곧 제일 바라밀이 아니라 하셨으니 이런 이름이 제일 바라밀이니라.

(하이고何以故오 수보리須菩提야 여래설如來說 제일파라밀第一波羅蜜이 즉비제일파라밀卽非第一波羅蜜일새 시명제일파라밀是名第一波羅蜜이니라)

수보리야, 인욕바라밀도 여래께서는 인욕바라밀이 아니라 하셨으니 이런 이름을 인욕바라밀이라 한 것이다.

(수보리須菩提야 인욕바라밀忍辱波羅蜜도 여래설如來說 비인욕바라밀非忍辱波羅蜜일새 시명是名 인욕바라밀忍辱波羅蜜이니)

수보리야, 왜나하면 내가 옛날에 가리왕에게 내 몸이 잘려나간 것처럼 나는 그때 아상이 없었고 인상이 없었으며 중생상도 없었고 수자상도 없었기 때문이다.

(하이고何以故오 수보리須菩提야 여아석위如我昔爲 가리왕歌利王에 할절신체割截身體로되 어어이시我於爾時에 무아상無我相하며 무인상無人相하며 무중생상無衆生相하며 무수자상無壽者相이니라)

왜냐면 옛날에 내가 마디마디 온몸의 사지가 찢길 때 만약 아상이나 인상이나 중생상이나 수자상이 있었다면 마땅히 진에瞋恚와 원한이 나왔을 것이기 때문이다.

(하이고何以故오 아어왕석我於往昔 절절지해시節節支解時에 약유아상若有我相 인상중생상人相衆生相 수자상壽者相이면 응생진한應生瞋恨이니라)

수보리야, 또한 과거를 생각할 때 오백세 동안 인욕선인이 되었는데 그때 아상이나 인상이나 중생상이나 수자상이 없었느니라.

(수보리須菩提야 우념과거又念過去 어오백세於五百世에 작인욕선인作忍辱仙人하야 어이소세於爾所世에 무아상無我相하며 무인상無人相하며 무중생상無衆生相하며 무수자상無壽者相이니라)

수보리야, 이런 까닭에 보살은 응당 일체의 상을 떠나 아누다라삼먁삼보리심을 일으키니 색에 머무르지 말고 마음을 낼 것이며 소리나 향이나 맛이나 촉감이나 생각에 머무르지 말고 마음을 일으킬 것이니 응당 머무르는 바가 없는 마음을 내야 한다.

(시고是故로 수보리須菩提야 보살菩薩이 응리일체상應離一切相하고 발아누다라삼먁삼보리심發阿耨多羅三邈三菩提心이니 불응주색不應住色하고 생심生心이며 불응주

不應住 성향미촉법聲香味觸法하고 생심生心이요 응생무소주심應生無所住心이니라)

만약 마음이 머물고자 하면 곧 머물 수 없게 되니 이런 까닭에 부처님은 말씀하시길 보살은 마땅히 색에 머무는 마음이 없이 보시하라고 하셨느니라.

(약심유주若心有住면 즉위비주卽爲非住니라 시고是故로 불설보살佛說菩薩은 심불응주색心不應住色하고 보시布施라하니라)

수보리야, 보살이 모든 중생의 이익을 위하여 마땅히 이같이 보시를 해야 할 것이다.

(수보리須菩提야 보살菩薩이 위이익爲利益 일체중생一切衆生하야 응여시보시應如是布施니)

여래께서 가르치시길 일체의 모든 상은 곧 상이 아니라 하셨느니라.
또 가르치시길 일체중생은 곧 중생이 아니라 하셨느니라.

(여래설如來說 일체제상一切諸相이 즉시비상卽是非相이며 우설又說 일체중생一切衆生이 즉비중생卽非衆生이니라)

수보리야, 여래께서는 이렇게 진리를 말하는 사람이며 진실을 말하는 사람이며 궁극을 말하는 사람이지 허황된 말을 하거나 괴이한 말을 하는 자가 아니다.

(수보리須菩提야 여래如來는 시진어자是眞語者며 실어자實語者며 여어자如語者며 불광어자不狂語者며 불이어자不異語者니라)

수보리야, 여래께서 얻은 이런 진리는 실상도 아니요 허상도 아니니라.

(수보리須菩提야 여래소득법如來所得法은 차법此法이 무실무허無實無虛하니라)

수보리야, 만약 보살이 마음으로 법에 머물러서 보시한다면 이는 마치 사람이 어둠에 들어간 것과 같아서 곧 아무것도 볼 수가 없을 것이다.

(수보리須菩提야 약보살若菩薩이 심주어법心住於法하야 이행보시而行布施하면 여인如人이 입암入闇하야 즉무소견卽無所見이요)

그런데 보살이 마음으로 일체 법에 머무는 바가 없이 보시한다면 이는 사람이 햇살이 밝게 비치는 곳에서 눈을 뜬 것과 같이 온갖 만물을 생생히 보게 될 것이다.

(약보살若菩薩이 심부주어법心不住於法하야 이행보시而行布施하면 여인如人이 유목有目하야 일광명조日光明照에 견종종색見種種色이니라)

수보리야, 오는 세상에서 착한 사람들이 있어 능히 이 경의 말씀을 온전히 받아들여 간직하며 읽고 가르치면 곧 여래는 붓다의 지혜로써 이런 사람들을 다 보고 다 알게 될 것이니 모두 다 무량무변의 공덕을 성취하게 되리라.

(수보리須菩提야 당래지세當來之世에 약유선남자선여인若有善男子善女人이 능어차경能於此經에 수지독송受持讀誦하면 즉위여래卽爲如來ㅡ이불지혜以佛智慧로 실지시인悉知是人하며 실견시인悉見是人하나니 개득성취皆得成就 무량무변공덕無量無邊功德하리라)

평산풀이

지난 13장 여법수지분如法受持分에서는 여래의 법을 깨닫는 일이 인생에서 가장 소중한 일이라는 말을 했다. 갠지스강의 모래만큼이나 무한히 많은 생을 살고 또 살면서 몸을 바쳐 헌신하는 것보다 더 큰 공덕이 되는 것은 금강경의 한 구절이라도 깨닫고 다른 사람에게 알려주는 것이라고 했다. 그만큼 경전을 통해서 여래의 불법을 깨닫고 전하는 법보시의 소중함을 강조한 것이다.

그럼 그렇게 법을 깨달은 사람의 모습은 어떤 것일까. 그것을 설명하자는 것이 이상적멸분離相寂滅分이다. 여기서는 적멸이란 말로 깨달음의 세계가 무엇인지를 좀더 설명하는 일종의 심화학습이라 하겠다. 여래는 이상적멸離相寂滅, 즉 모든 상을 여의고 적멸에 들어간 분이다. 여래의 세계인 이상적멸離相寂滅이란 어떤 것인가.

지난 장에서 A는 곧 A가 아니고 그 이름을 A라 한다는 논리로 티끌이니 세계니 32상이니 그 모두가 실상이 아니라 했다. 그런 설법을 수보리가 듣고 깊은 깨달음을 얻게 되었다. 즉 32상으로 여래를 볼 수 있느냐는 물음에 수보리는 32상으로 여래를 볼 수 있는 게 아니라 하면서 그 이유로 32상은 32상이 아니기에 여래께서 그 이름을 32상이라 하셨기 때문이라고 대답했다. 이렇게 수보리는 일체의 언어적 개념과 생각을 깨뜨리는 여래의 경지를 깨닫게 된 것이다.

다시 말하여 부처님께서 수보리에게 모든 개념이나 관념을 벗어난 순수직관의 세계로 올라가 상이 없는 청정심이 되어야 한다는 친절한 가르침을 베풀자 이를 듣고 있던 수보리는 마침내 깨달음을 얻고 그 감격에 겨워 저절로 눈물을 흘렸다. 설법을 듣는 수보리의 마음이 정결해지고 순수하게 되어 부처님의 말씀에 환희를 느끼고 기쁨의 눈물이 흘러나온 것이다. 말하자면 부처님의 마음과 수보리의 마음이 이심전심以心傳心으로 하나가 된 것이라 하겠다. 수보리가 그렇게 감격의 눈물을 흘리면서 그가 지금까지 들은 여래의 설법은 지금까지 듣지 못한 희유한 것이라고 부처님께 고백하며 자기의 깨달은 바를 확인하는 장면으로부터 이상적멸분은 시작된다. 그리고 후세에 이 경의 말씀을 듣고 깨달은 사람의 세계가 어떠할지 설명한다. 그러자 석가세존은 "여시, 여시" 하고 수보리의 대답에 크게 긍정했다는 것이다.

본문을 다시 인용해 본다.

"세존이시여, 만약 어떤 사람이 있어 이 금강경 말씀을 듣고 믿음으로 마음이 깨끗하게 되면 곧 실상實相을 낼 것입니다. 이런 사람은 가장 희귀하고 고귀한 공덕을 성취한 것임을 마땅히 알겠습니다."

이 부분을 현장스님은 "이처럼 심오한 경전의 설법을 듣고 진실한 생각, 진실상眞實想을 낸다면 그는 가장 높은 희유의 경지를 성취한 것임을 당연히 알겠습니다." 했다. 그런데 구마라집은 '신심청정信心淸淨 즉생실상卽生實相'이라는 말을 했다. 구마라집은 신심청정을 보충하였고 실상이란 표현을 사용한 것이다. 신심청정信心淸淨 즉생실상卽生實相, 보살이 이 경을 듣고 믿음으로 마음이 청정하면 곧 실상을 일으킨다고 하였다. 진실한 생각이 나오는 마음은 곧 청정한 마음이라는 것이다. 이렇게 보다 친절한 설명으로 보충한 것이라 하겠다.

신심청정의 뜻을 풀면서 '신심이 청정하다'고 하는 대신에 '믿음으로 마음이 청정하다'고 했는데 이렇게 하는 이유는 믿음이라는 신信 속에

신해행증信解行證을 다 넣어서 해석한 것이다. 즉 글자대로 신심이 청정하다고 할 수 있지만 좀더 깊은 의미를 넣어 풀어본 것이다. 그래서 믿음으로, 달리 말하여 신해행증을 거친 마음, 믿고 이해하고 실행하고 증험하는 그 마음이 청정한즉 곧 실상을 낸다는 것이다. 마음은 신해행증을 거쳐 그 마음이 된다. 그 마음의 하늘이 청정한 즉 지혜의 태양이 빛난다는 것이다. 그런 실상이 무엇이며 왜 공덕이 되는가?

수보리가 이어서 대답한다.

"세존이시여, 이런 실상이란 곧 상이 아니니 이런 까닭에 여래께서는 이름이 실상이라 하셨습니다."

실상實相을 내는데 그 실상은 상相이 아니니 이름을 실상實相이라 한다. 이런 표현은 앞서 나온 논리와 같은 것으로 우리에게 이미 익숙한 것이다. 하늘에 빛나는 태양은 스스로 빛이라는 생각도 없고 태양이라는 의식도 없을 것이다. 태양을 의식한다면 그는 곧 산천초목의 중생들일 것이다.

그런데 수보리는 앞으로 수천년이 지나가도 이런 진리의 태양은 여전히 빛나리라는 것을 믿어 의심하지 않는다.

"만약 앞으로 후 5백 세가 되어 어떤 중생이 이와 같은 경을 듣고 깨달아 믿고 이해하고 받아들여 지킨다면 이 사람은 곧 가장 높은 고귀한 존재가 될 것입니다. 왜냐면 이 사람은 아상이 없고 인상이 없으며 중생상이 없고 수자상이 없기 때문입니다. 그런 까닭이 무엇인가 하면 아상이 곧 상이 아니며 인상 중생상 수자상도 곧 상이 아니기 때문입니다. 일체 모든 상을 떠나면 곧 그 이름이 모든 부처라 하셨기 때문입니다."

수보리의 말에 여래께서는 "여시如是 여시如是" 그렇구나 하고 크게 긍정을 했다. 금강경의 진리를 깨친 사람은 실상을 일으켜 그 법을 다른 사람들에게 전하지만 무주상 보시이므로 아상 인상 중생상 수자상 등 일체 상이 없다는 것이다. 그래서 보살이 내는 실상은 곧 무상이라는 말이다. 그리고 실상이 곧 무상임을 깨달은 보살은 머무름 없는 보시를 해야 한다. 보살의 마음은 법에 머무름이 없이 보시해야 한다는 것이다. 왜냐면 마음에 머무름이 있으면 깨달은 마음도 아니고 청정심도 아니기 때문이다. 그건 또 왜 그런가 하면 머무름이 있다는 것은 곧 머무름이 아니기 때문이다. 이것을 깨닫지 못하고 마음에 머무름이 있으면 그것은 제행무상과 제법무아를 깨치지 못한 것이다. 그래서 아상이나 인상 중생상 수자상에서 벗어나지 못했다는 것이다.

1장부터 14장 이상적멸분離相寂滅分까지를 금강경의 전편이라 한다. 금강경의 거의 모든 내용이 이 14장에서 결말을 짓게 되는데 수보리의 고백이 중심을 이루고 있다. 신심청정信心淸淨 즉생실상卽生實相, 이것이 수보리가 말하는 핵심이다. 부처님의 가르침을 믿고 마음이 깨끗한 사람이 되면 곧 실상을 일으키게 된다. 마음이 깨끗하면 곧 실상이 나타난다. 마음이 깨끗하면 곧 실상을 보게 되고 사는 것이 진실하게 된다.

신심청정信心淸淨 즉생실상卽生實相, 이 말과 관련된 성경 구절은 예수님이 제자들에게 "너희가 내 말에 거하면 진리를 알지니 진리가 너희를 자유롭게 하리라" 하신 말씀과 또 "마음이 깨끗한 자는 복이 있나니 하나님을 볼 것이라" 하신 말씀을 겹쳐서 생각해 보면 많은 도움이 될 것이다.

어떻게 진리를 깨닫고 어떻게 진실한 모습으로 살아갈 것인가, 이것이 맨 처음의 질문인데 그에 대한 대답이 '신심청정信心淸淨 즉생실상卽生實相'이라는 한 말씀에 들어있다고 볼 수 있다. 부처님의 말씀을 듣고 받아들여 믿음으로써 마음이 깨끗해져야 된다는 것이다. 마음이 깨끗해지면 하나님을 보게 되고 진리를 깨닫게 되고 일체에서 벗어난 자유의 진실한 실상을 알고 진실로 생명의 실상인 자유를 누리게 된다는 것이다.

이와 같은 실상이란 무엇인가. 시실상자是實相者 즉시비상卽是非相. 이런 실상이란 곧 상이 아닌 것이다. 실상무상實相無相이 곧 실상이라는 말이다. 자유란 무엇으로부터 벗어났다는 의식이 있으면 진정한 자유가 아니다. 진리란 이것이 진리라 하는 순간 진리가 될 수 없다. 실상즉비실상實相卽非實相이다. 어둠은 곧 어둠이 아니다. 어둠이란 없앨 수 없다. 원래 없기 때문이다. 빛이 없는 것을 어둠이라 한다. 빛도 빛이 아니다. 빛에는 밝음이 없기 때문이다. 어둠과 밝음의 분별을 벗어난 이런 실상을 보는 마음이 깨끗한 것이다.

그래서 깨끗한 마음이란 또한 아상 인상 중생상 수자상이 없는 마음이다. 아상 인상 중생상 수자상이란 마음의 이성이 일으키는 분별지로서 통전적統全的인 진리의 참 빛을 가로막고 있는 어둠의 빛이다. 그래서 원각경에서 그것을 환幻이라 한다. 촛불 같은 이런 분별지의 환이 사라져야 우주의 참 빛이 드러나고 실상이 나타나게 된다는 것이다.

이런 가르침을 수보리는 직접 부처님께 배워서 알게 되었는데 후5백세인 2천 5백 년 후에도 사람들이 이 가르침을 듣고 믿어 받아들이면 그 사람도 정말 가장 고귀한 진리를 깨닫는 존귀한 사람이 될 것이라 한다. 그이도 역시 아상 인상 중생상 수자상이 없는 깨끗한 마음이 되어 실상을 드러낼 것이라 보는 것이다. 그렇게 일체의 분별지, 일체의 상에서 벗어나 통전적인 전체지의 지혜가 빛나는 사람을 깨달은 자, 부처라 한다고 했다. 이일체제상離一切諸相 즉명제불卽名諸佛, 일체의 모든 상에서 벗어나면 곧 누구나 부처라 한다. 이렇게 수보리가 지금까지 배운 내용을 요약해서 여래 부처님께 보고한 것이다.

수보리의 고백을 들은 부처님은 수보리에게 칭찬을 아끼지 않으면서 다시 한번 모든 상을 벗어난다는 것이 무엇인지 가르침을 주면서 응생무소주심應生無所住心이라는 표현을 하셨다. 먼저 이 경의 가르침을 듣고 응생무소주심의 지혜를 가진 자는 공포나 불안이나 두려움이 있을 수 없다고 한다. 왜냐면 성경에서 말하는 것처럼 진리의 사랑에는 공포가 없기 때문이다. 반야심경에서도 무유공포無有恐怖, 즉 공포가 없다는 말이 나온다. 무아가 되면 공포가 사라지는 것이다.

모든 상相이란 달리 말하여 모두가 전도몽상顚倒夢想이란 것이다. 전도는 머리가 뒤집혀 땅에 처박고 있는 모습이다. 꿈꾸는 사람의 생각처럼 모든 것이 뒤집혀서 실상을 보지 못하는 것이 전도몽상이다. 전도몽상, 이런 잘못된 허황한 생각을 벗어나 일체 공포가 사라진 실상의 세계를 여실히 깨치자는 것이 또한 반야심경이다.

일체 욕심과 집착이 사라진 그리스도의 사랑이 되면 공포도 없고 두려움도 없고 무서움도 없다. 이런 그리스도의 사랑을 불교에서는 앞서 말한 대로 무주상보시라 한다. 제1바라밀이 보시인데 진정한 보시가 되려면, 즉 무주상보시가 되려면 응생무소주심應生無所住心의 지혜가 빛나야 되는데 이런 보시의 특징이 곧 공포가 없다는 것이다. 공포도 없고 두려움도 없고 무서움도 없는 보시바라밀은 자기가 보시한다는 생각도 없는 무아의 무주상 보시이다.

그래서 본문에 "여래설如來說 제일파라밀第一波羅蜜이 즉비제일파라밀卽非第一波羅蜜이니 시명제일파라밀是名第一波羅蜜이라" 했다. 보시바라밀은 곧 보시바라밀이라는 생각이 없을 때 보시바라밀이 된다는 것이다. 이런 보시바라밀은 두려움과 공포가 없는데 그 이유는 아상 인상 중생상 수자상이 없기 때문이라는 것이다. 아상 인상 중생상 수자상 이런 분별지의 상에서 모든 탐욕과 진에와 애욕과 거짓이 나오기 때문이다. 인욕바라밀도 마찬가지로 인욕이라는 생각이 없을 때라야 진정으로 인욕바라밀이 되는 것이다.

이런 내용을 부처님은 당신의 전생을 빌어 재미있는 일화로 소개한다. 즉 옛날에 전생에서 부처님이 보살이었을 때 인욕정진忍辱精進하고 있었다. 그때 가링가 왕국의 임금, 가리왕이 산으로 많은 신하와 궁녀들을 데리고 소풍을 왔다고 한다. 그런데 임금이 낮잠을 자다가 깨어보니 아무도 없었다. 모두 어디로 갔는지 찾아보니 어떤 수행자 앞에 모여서 그의 설법을 듣는 중이었다. 왕은 갑자기 시기 질투가 일어나 교만한 마음에 화가 나서 물었다.

"넌 도대체 누구냐?"

왕이 큰 소리로 화를 내며 묻자 보살은 조용히 "인욕忍辱 수행자입니다." 하고 공손하게 대답했습니다.

그 말을 듣자 왕은 더욱 심술이 나서 "그렇다면 내가 직접 너를 시험해 보겠다." 하면서 칼을 빼들고 그 몸을 자르기 시작했다. 팔을 잘라내고 다리를 잘라냈다. 그래도 인욕 선인은 조금도 원망하지 않고 화내지 않았다고 한다.

부처님은 이런 전생의 이야기를 하면서 손발이 잘려나가 죽어가면서도 원망하지 않을 수 있었던 이유는 마음에 조금도 아상 인상 중생상 수자상이 없었기 때문이라고 설명한다.

보살은 언제나 아상 인상 중생상 수자상을 여의고 모든 색, 성, 향, 미, 촉, 법에 대한 집착을 벗어난 맘으로 살아야 된다는 것이다. 그것을 한마디로 무소주심無所住心이라 하였다. 응생무소주심應生無所住心, 응당 이런 무소주심을 일으켜야 된다. 이런 응생무소주심應生無所住心의 지혜로 보시하며 살 때 일체의 상은 곧 상이 아니며 중생 또한 중생이 아니라 한다. 일체가 진리요 일체가 붓다요 생명이지 분별지도 분별심도 없다는 말이다. 따라서 여래는 진리와 진실과 참을 말하는 사람이지 거짓이나 허황된 이야기를 하는 사람이 아니라 한다. 진리는 실제實際도 아니요 비실제非實際도 아니다. 진실은 사실도 아니요 사실 아님도 아니다. 도는 현실도 아니고 꿈도 아니며 사는 것도 아니고 죽는 것도 아니다. 이처럼 일체의 상에서 벗어난, 형식적이고 관념적인 분별이나 집착에서 벗어난, 순수하고 맑은 깨끗한 맘으로 지혜와 사랑을 베풀며 사는 보살은 마치 아침 햇살이 눈부시게 빛나는 영광 속에서 깨어나 눈을 뜬 것이나 마찬가지로 모든 만물과 더불어 생생하고 아름답게 빛나게 된다는 것이다.

끝으로 이 경을 지니고 공부하고 가르치는 사람은 언제나 여래께서 붓다의 지혜로 그들을 다 보고 알아줄 것이며 그들이 모두 한없는 공덕인 깨달음에 이를 수 있도록 이끌어주실 것이라 한다. 구마라집의 이런 번역은 거의 기독교의 믿음과 통하는 것이라 하겠다. 성경을 지니고 가르치는 사람이나 배우는 사람에게 늘 진리의 영이신 성령께서 함께 계시어 그들에게 복음을 일깨워 주시는 것을 믿고 성령과 함께 사는 것이 믿음이기 때문이다. 여기서도 경전을 지녀 그것을 가르치거나 배우는 사람에게 부처님이 그들을 호념하시고 붓다의 지혜로 항상 일깨워 주신다고 한다. 그래서 깨닫는 것도 여래의 공덕으로 깨닫는 것이지 자기가 깨닫는 것이 아니라 할 수 있다. 사실 자기가 깨닫는 것 같지만 깨닫고 보면 모두 여래와 스승의 공덕이다. 그래서 깨닫고 나면 누구나 믿음의 세계를 살게 되는 것이기에 믿음과 깨달음이 둘이 아닌 것이다. 구마라집도 그런 믿음을 가졌기에 이런 번역이 나왔을 것이다. 여하튼 이렇게 경전의 말씀과 여래의 스승과 법보시의 소중함, 이런 삼보의 소중함을 거듭 강조하며 길이 여래의 법이 이어지길 바라며 당부하는 말씀이다.

이것으로 중요 내용이 거의 정리된 것 같다. 아상 인상 중생상 수자상이라는 마음의 분별상이 없고 색성향미촉법이라는 집착이 없는 깨끗한 마음이 되어야 실상이라는 지혜가 빛나게 되고 이런 지혜가 빛나는 자비의 마음이 곧 깬 마음이요 붓다라는 것이다. 이런 깬 마음으로 사는 것이 곧 법보시라는 자비의 사랑을 베풀며 사는 보살행이요 이런 보살행을 살 때 그 공덕이 한없이 크고 인생의 의미와 가치는 한없이 높아지지 않겠느냐 하는 뜻이라 하겠다.

우리는 분별과 차별의 망상이 없는 깨끗한 마음과 몸의 집착이 없는 건강함이 아우러진 몸맘 맘몸의 깬 정신으로 깨끗하고 건강한 사람이 되자는 것이다. 다석은 몸이 건강해지려면 몸맘이라야 한다고 했다. 즉 육신의 욕망을 조절하고 통제하는 절제의 지혜가 있어야 하는데 그것을 몸맘이라 했다. 또 마음이 깨끗해지려면 마음의 집중으로 지혜의 눈이 열리고 지식을 떠난 순수의 마음으로 일체와 통하는 진리의 자각이 되어야 하는데 그것을 맘몸이라 했다. 유교식으로 말하면 유정유일惟精惟一을 통해 윤집궐중允執厥中이 되는 것이다. 유정惟精은 다만 덜어내고 닦아서 깨끗이 한다는 것으로 몸맘을 실천하는 일이요 유일惟一은 오직 몰두하여 우주의 정신과 하나가 되는 것으로 맘몸을 실천하는 일이다. 이 두 가지 실천을 통하여 하나의 높고 깨끗한 인격이 되어 우주와 더불어 대 자유를 누리는 것이 윤집궐중允執厥中이다.

이처럼 진리를 깨닫고 두려움 없는 우주의 기운과 사랑으로 온 인류를 살리는 자비행을 실천하며 자유롭게 살자는 인간의 이상은 금강경만이 아니라 모든 경전의 핵심이라 할 것이다. 기독교나 유교나 다른 종교의 가르침들도 마찬가지일 것이다. 모두가 결국은 이런 깨끗한 인격을 길러내자는 것이 아닐까 한다. 다음 장부터는 금강경의 후편이라 한다. 또 함께 후편을 읽어보면서 어떤 내용이 나올지 기대해 보자.

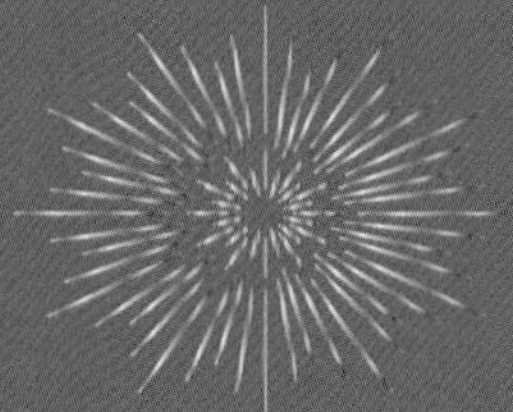

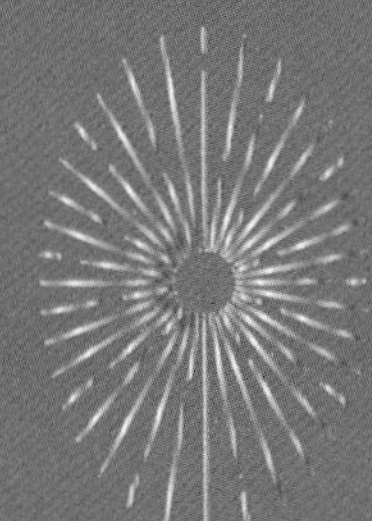

금강경 후편

여름

지경공덕분持經功德分

경을 지니고 있는 자의 공덕

수보리야, 가령 매우 선한 남자나 여자가 있다고 하자. 그 사람이 아침부터 갠지스강의 모래와 같은 무수한 몸으로써 헌신에 힘쓰고 낮에도 또한 갠지스강의 모래와 같은 무수한 몸으로 헌신하고 저녁에도 또한 갠지스강의 모래와 같은 무수한 몸으로 헌신하여 보시하는데, 이처럼 몸으로 보시하기를 헤아릴 수 없이 오랜 세월동안 날마다 자선사업에 헌신하여 몸으로 보시를 했다고 하자.

(수보리須菩提야 약유선남자선여인若有善男子善女人이 초일분初日分에 이항하사등신以恒河沙等身으로 보시布施하고 중일분中日分에 복이항하사등신復以恒河沙等身으로 보시布施하며 후일분後日分에 여이항하사등신亦以恒河沙等身으로 보시布施하여 여시무량 백천만억겁如是無量百千萬億劫에 이신보시以身布施어든)

그런데 만일 또 다른 어떤 사람이 있는데 그 사람은 이 경의 가르침을 듣고 믿음으로 마음에 거슬림이 없다고 하면 이 사람의 복덕은 앞서 말한 몸 보시의 복덕보다 훨씬 뛰어날 것이다. 하물며 이 금강경을 베겨 써서 받아 지니고 언제나 읽고 암송하며 남에게 가르쳐 준다면 이런 사람의 공덕은 어찌 헤아릴 수 있겠느냐?

(약부유인若復有人이 문차경전聞此經典하고 신심불역信心不逆하면 기복其福이 승피勝彼하리니 하황서사 수지독송何況書寫受持讀誦하야 위인해설爲人解說이리오?)

수보리야, 요약해 말하자면, 이 경의 가치는 가히 우리가 인식할 수 없을 만큼 신비하며, 우리가 헤아리거나 한정할 수도 없는 무량무변의 공덕이 있느니라. 그래서 이 경은 여래가 대승을 일으키기 위하여 가르치신 것이요, 그것도 최상승最上乘을 일으키기 위하여 가르치신 것이다.

(수보리須菩提야 이요언지以要言之컨댄 시경是經이 유부가사의有不可思議 불가칭량不可稱量 무량무변공덕無量無邊功德하니 여래위발如來爲發 대승자설大乘者說이며 위발최상승자설爲發最上乘者說이니라.)

만일 누군가가 이 경을 잘 받아 지니고서 항상 읽고 암송하며 능히 다른 사람들을 위해 널리 가르침을 베풀어준다면 여래는 이런 사람을 다 인정해주고 친히 지켜주고 함께 계실 것이다. 그러므로 그런 사람들은 헤아릴 수도 없고 일컬을 수도 없고 끝도 없으며 가히 생각해 볼 수도 없는 그런 신비한 공덕을 다 얻어서 성취하게 될 것이니, 이 같은 사람들은 곧 여래의 '아누다라삼먁삼보리'를 짊어지고 살 것이다.

(약유인若有人이 능수지독송能受持讀誦하야 광위인설廣爲人說하면 여래 실지시인如來悉知是人하며 실견시인悉見是人하야 개득성취皆得成就 불가량불가칭不可量不可稱 무유변불가사의無有邊不可思議 공덕功德하리니 여시인등如是人等은 즉위하담卽爲

荷擔 여래如來 아누다라삼먁삼보리阿耨多羅三邈三菩提니)

수보리야, 무슨 까닭인지 아느냐? 왜냐면 분별지의 작은 법에 빠진 사람은 나라는 생각, 남이라는 생각, 중생이라는 생각, 영원이라는 생각에 집착하여 이 경의 뜻을 능히 알 수도 없고 이 경을 읽고 암송하거나 남을 위해 올바로 풀이해 줄 수도 없기 때문이니라. (하이고何以故오 수보리須菩提야 약낙소법자若樂小法者가 착아견着我見 인견人見 중생衆生見 수자견壽者見이면 즉어차경卽於此經에 불능청수독송不能聽受讀誦 위인해설爲人解說이니라.)

수보리야, 어느 곳이나 이 경이 있는 곳이면 일체 세간의 하늘과 사람과 아수라가 응당 공양할 처소가 될 것이니, 마땅히 알 것은 그곳이 곧 탑을 이룬 곳이 되어 모두가 공경하고 예배하고 돌면서 뭇 꽃과 향을 거기 뿌리게 될 것이니라.
(수보리須菩提야 재재처처在在處處에 약유차경若有此經하면 일체세간一切世間 천인아수라天人阿修羅의 소응공양所應供養이니 당지차처當知此處는 즉위시탑卽爲是塔이라 개응공경皆應恭敬하야 작예위요作禮圍繞하야 이제화향以諸華香으로 이산기처而山其處하리라)

평산풀이

15장은 경을 지닌 사람이 이루는 공덕이 무엇인지 말하는 지경공덕분持經功德分이다. 금강경을 수지독송하는 자의 공덕이 얼마나 위대한 것인지 알려주는 것이다. 이 세상에서 여러 가지로 헌신하는 보시보다도 금강경이라는 경을 믿고 따르기만 해도 더 큰 공덕이 되는데 하물며 금강경을 베껴 쓰고 지니며 수지독송으로 진리를 깨달아 법을 보시하는 것이야말로 얼마나 큰 공덕이 되겠느냐는 내용이다.

금강경의 말씀만 믿고 따라도 무한 공덕이 되는 이유는 여래가 대승을 일으키는 자를 위해서, 그것도 최상승을 일으키는 자를 돕기 위해서 설해진 가르침이기 때문이라는 것이다. 대승의 보살을 일으키기 위한 경전이므로 그 가치가 한없이 높고 무량무변의 신비한 공덕이 있다고 한다. 간단히 말해서 금강경은 소승법이 아니라 대승법이라서 위대하다는 것이다. 그래서 이 경이 있는 곳은 모두가 공경하는 그런 신성한 장소가 될 것이라 한다.

우선 본문에서 갠지스강의 모래를 한자로 항하사恒河沙라고 하는데 이 같은 무수한 몸으로 아침부터 저녁까지 보시하는 일보다 이 경의 가르침을 믿고 따르는 것이 더 큰 공덕이 된다고 한다. 항하사 같은 몸으로 보시한다는 표현이 새롭다. 하나의 몸이 어떻게 모래알처럼 많을 수 있을까. 우리도 몹시 바쁜 일을 당할 때면 몸이 열 개라도 모자란다는 표현을 쓴다. 그러니까 모래알처럼 많은 몸으로 보시한다는 말은 수없이 많은 일과 생각으로 눈코 뜰 새 없이 일하며 봉사한다는 뜻이라 하겠다. 그런데 그런 헌신의 봉사보다 경을 믿고 따르는 일이 더 큰 공덕이라 한다.

그런데 이런 말은 세상의 가치관에서 보면 쉽게 용납되기가 어려울 것 같다. 특히 현대인들은 육체노동과 물질적 가치를 더 중시하는 물질주의 문화 속에서 살고 있기 때문이다. 따라서 우리는 문자의 뜻대로 볼 것이 아니라 세속의 물질주의에 빠져 사는 사람에게 진리에 대한 각성이 얼마나 소중한 것인지 알려주자는 뜻으로 생각하면 될 것이다.

인도에서 소외된 약자들과 빈민들을 돌보며 청빈의 삶으로 일생을 보낸 마더 데레사(1910-1997) 수녀의 일화가 있다. 봉사자들과 함께 날마다 새벽이면 30분씩 성경을 읽고 기도를 하며 일과를 시작했다고 한다. 그런데 돌봐야 할 환자들이 몰려들자 너무 바쁜 나머지 식사할 겨를도 없었다. 그래서 봉사자들은 기도시간을 없애면 좀더 여유가 있지 않을까 하여 기도시간을 줄이자고 건의를 했다. 그랬더니 데레사 수녀는 대답하길 "자매님, 자매님의 마음이 그렇게 분주하면 기도시간을 두 배로 늘려야 하겠습니다." 했다고 한다. 데레사 수녀의 말을 금강경의 표현을 빌어와 달리 표현해 본다면 "한 시간의 기도는 열 시간의 봉사보다 더 소중한 일입니다." 할 것이다. 사실 기도와 노동이 둘이 되면 안 된다는 것이다. 기도 아닌 노동은 의미가 없는 일이고 일이 없는 기도는 가치가 없다고 하겠다. 이처럼 구도의 기도와 사랑의 헌신이 하나 된 정신이 말하자면 대승적 견지라 하겠다. 이런 대승을 깨치는 경전이기에 이를 믿고 깨달아 수지독송하는 것이 무한한 공덕이 된다는 것이다.

대승은 큰 수레라는 뜻이다. 모든 인류를 하나도 남김이 없이 다 실고 구원의 하늘나라로 올라갈 수 있는 수레가 대승이다. 용이 큰바람을 일으켜 구름을 타고 하늘로 올라가듯이 보살은 대승을 일으켜 중생을 싣고 하늘로 올라가는 사람이다. 그러니까 대승이란 기독교로 말하자면 구세주, 즉 그리스도인데 인격적으로 말하여 스승의 큰 사랑이라 하겠다.

스승이라는 우리말이 본래 어떤 뜻에서 나온 것인지 확실하지 않지만 스스로 올라가는 자, 스스로 이긴 자, 스스로 태우는 자 등 여러 가지 뜻을 생각할 수 있다. 승이라는 한자에는 이길 승勝, 오를 승昇, 탈 승乘, 받들 승承, 편안할 승僧, 이렇게 여러 가지 뜻이 있기 때문이다. 우리말은 이런 한자말과 서로 섞여서 연관이 있다. 우리말의 기원과 한자의 기원이 거의 같은 것이라 한다. 새 발자국을 보고 처음으로 한자를 만든 사람이 창힐이라 하는데 그 사람이 동이족이라는 설이 있다. 어쨌거나 수 천 년 한자문화권 속에 살아온 우리민족이기에 한자는 중국말이라고만 생각해서는 편협한 생각이라 하겠다. 한자도 우리글이지만 중국말과 우리말이 서로 달라 표기법이나 발음이 달라졌을 것이다. 그래서 우리말을 좀 더 알기 쉽게 표기하려고 한글을 만들었지만 그것은 우리글이 없어서 만든 것이 아니라 다시금 새로운 문자를 만들어 우리말을 보다 더 쉽고 편리하게 표현해 보자는 뜻에서 만들었을 것이다.

스승은 스스로를 이기고 극기한 분이요, 스스로 타고 올라가서 자유를 누리는 분이요, 스스로 평안을 누리는 분이다. 그래서 큰 스승은 자기 자신만이 아니라 모든 사람을 자기 자신으로 받아들여 모두 태우고 함께 올라가서 자유와 행복을 누리도록 도와주는 존재다. 우리는 모두 지구라는 큰 수레를 타고 태양계라는 우주를 여행하는 여행객들이다. 지구의 생명체들은 모두가 지구라는 수레에 의지하여 우주여행을 하고 있다. 그뿐만 아니라 지구는 우리에게 터전을 마련해주고 영양을 공급해주고 적절한 빛을 받게 해주고 비를 뿌려주고 바람을 공급해준다. 그 밖에 생명체들에게 필요한 모든 것들을 제공하며 보살펴주는 큰 보살이요 큰 수레가 지구인 것이다.

대승이란 곧 우리에게 지구라는 땅이 베푸는 그런 은혜의 공덕을 제공하는 분이다. 형이상의 공간에서 이런 큰 수레를 일으킨 분이 예수요 석가요 공자 같은 분들이라 하겠다. 예수라는 큰 수레를 타고 있는 사람들이 기독교의 크리스천들이요 석가라는 큰 수레를 타고 여행하는 여행객들이 불자들이요 공자라는 큰 수레를 타고 형이상의 정신공간을 여행하는 여행객들은 유교도들이다. 3차원의 현실공간은 누구에게나 꼭 같이 보이는 것 같지만 4차원의 정신공간에 올라가면 층층만만 삼천대천의 온갖 세계가 무궁하게 펼쳐지고 있다. 그래서 사람마다 다 다른 시공 속에 처해서 살고있는 것이다.

우리 은하의 대우주 공간에도 태양계와 같은 소우주가 수천억 개가 있다고 한다. 태양계 내에서는 또 여러 행성이 돌고 있다. 그 행성 중의 하나가 지구라는 별이다. 하나님의 나라라고 하는 형이상의 공간에도 이 같은 행성들이 밤하늘의 별처럼 무수히 펼쳐지듯 펼쳐져 있을 것이다. 그러니까 우리가 진리를 깨닫게 되면 그런 별 하나로 태어나는 것이라 하겠다. 대승이란 바로 그런 형이상의 공간에서 빛나는 별이 되도록 작용하는 우주의 사랑인 것이다. 별이 된다는 것은 우주공간에서 자기 궤도를 가지고 자기의 길을 가며 자유자재 하는 기쁨의 세계를 누리는 영원한 빛의 존재가 되는 것이다. 이런 별들의 세계인 대승을 일으키려는 사람들이 보살이다. 즉 모두가 별이 되도록 도와주는 것이다. 이런 보살들을 위해서 여래께서 그 길을 알려주자는 것이 이 가르침이요 금강경이라는 말이다.

그러니까 이 경의 가르침이 갖는 가치는 한없이 높고 한없이 위대하다는 것이다. 새로운 우주의 별나라를 창조하는 것이기 때문이다. 세상 사람들은 남을 위해 물질이나 몸으로 봉사하는 것을 큰 공덕으로 알지만 이처럼 대승의 진리를 아는 것은 그 무엇에 비할 수 없이 큰 가치가 있다는 것이다. 진리의 사랑으로 새로운 세계를 창조하는 일이기 때문이다. 그래서 아침부터 저녁까지 남을 위해 봉사하고 헌신하며 살아가는 사람보다 이 경의 뜻을 받아 지니는 사람의 공덕이 비할 수 없이 크다는 것이다.

성경에서 사도바울은 말하길 남을 위해서 모든 것을 희생하고 몸을 불사른다고 해도 사랑이 없으면 아무것도 아니라 한다. 금강경에서는 진리를 알지 못하고 행하는 모든 것은 진리에 비하면 아무것도 아니라 하는 것이고 바울은 사랑이 없으면 아무것도 아니라 한다. 바울이 말하는 사랑도 진리를 기뻐하는 진리의 사랑이지 감각적 쾌락이나 감정적 격동이 아니다.

날마다 희생 봉사하며 사는 사람의 공덕보다 경전의 뜻을 알고 그 진리를 가르치는 법보시만 못하다는 것인데 왜 그런가? 그 이유는 차원의 문제라 할 수도 있다. 진리를 알지 못하고 남을 위해서 희생 봉사한다고 하면 그것은 영원히 반복되는 윤회의 쳇바퀴에서 벗어날 수 없다. 그 속박에서 벗어나는 유일한 길이 진리라는 것이다. 그러니까 새로운 차원으로 인도하는 지혜의 길이 진리라는 것이다. 그 길을 알려주는 것이 진리의 사랑이다. 그 지혜와 진리의 사랑이 없으면 영원히 윤회하는 그 속박되고 고통스런 낮은 차원에서 계속 머물 수밖에 없기 때문이다.

인간이 자연에서 벗어나 인생이 되는 길이 진리라는 것이다. 석가모니 부처나 예수그리스도가 나오신 것은 인간이 진리를 알지 못하면 자연의 동물보다 더 못한 삶으로 타락하기 때문에 인간다움이 무엇인지, 인간다운 참 삶이 무엇인지 알려주시기 위해서 그 참 인생의 길을 일러주러 오셨다는 것이다. 그 사랑의 말씀을 기록한 것이 성경이요 금강경이라 하겠다.

자연의 세계도 한없이 놀랍고 아름답다. 우주의 별들만이 아니라 작은 곤충인 벌들의 사회를 보아도 놀라운 것이다. 꿀벌은 새벽부터 일어나 쉬지 않고 꿀을 따러 다닌다. 꿀벌의 일생은 그야말로 아침부터 저녁까지 자기희생의 삶이다. 조금도 게으르지 않고 사사로이 욕심내는 일도 없이 태어나서 죽는 순간까지 꿀을 모으는 일에만 온 힘을 쏟으며 살아간다. 이런 꿀벌처럼 성실하고 착실하게 일생을 살아가는 사람들이 곳곳에 많이 있다. 가장 흔히 볼 수 있는 것으로 시골에서 일생 땅을 일구며 우리에게 식량을 제공하는 농부의 삶도 참 거룩하고 아름답다.

그런데 꿀벌의 삶은 자연의 자동화된 프로그램에서 벗어나지 못한다. 백 년 전이나 천 년 전이나 꿀벌의 삶은 변화가 없이 꼭 같다. 꿀벌의 세계에는 문화라는 것이 없다. 그들은 베토벤 같은 교향곡을 지을 수도 없고 세종대왕처럼 문자를 발명할 수도 없다. 인간의 인간됨은 이처럼 문화와 예술을 창조할 수 있는 창조적 지성에 있다고 하겠다. 생존과 의식주의 해결을 위해서만 존재하는 인간은 문화적 인간이라 할 수가 없는 것이다. 인간은 의식주의 해결을 넘어 새로운 문화를 일으키고 새로운 아름다움을 창조하며 새로운 정신세계를 열어가는 창조의 능력이 있는 것이다.

이처럼 새로운 차원의 정신세계를 창조할 수 있는 그 지혜의 근원이 진리라는 것이다. 따라서 그 진리를 알려주어서 진리에 대한 사랑으로부터 새로운 창조의 지혜를 일으키자는 것이 예수나 석가의 뜻이라는 것이다. 이것을 금강경에서는 대승의 지혜라 하고 또는 최상의 지혜라 하는 것이다. 그래서 이러한 새 문화 창조의 대승을 일으키려면 진리의 바다에 지혜의 바람을 일으켜야 되는데 바로 여래의 가르침이 지혜의 바람이라는 것이다.

진리의 바다가 나타나면 지혜의 바람이 불어오게 된다. 이 금강경의 가르침으로부터 진리를 깨닫고 지혜의 큰 바람을 일으키면 수많은 대승 보살이 일어나서 새 세상이 될 것이기 때문이다. 그래서 큰 바다가 많은 배를 띄우듯이 여래의 가르침이 진리의 바다가 되어 수많은 보살의 배들이 떠다니게 되는 아름다운 세상이 될 것이다.

그러면 최상승은 무엇인가? 대승도 상대적인 것이다. 섬을 왕래하며 사람들을 실어 나르는 배는 헤엄치며 건너다니는 사람에 비하면 대승이다. 그러나 바다의 섬과 육지를 연결하는 다리가 되면 다리는 배보다도 더 큰 대승이다. 만물을 싣고 우주를 여행하는 지구별이 되면 태양계에서 최상승이 된다. 그러나 무엇보다 큰 수레는 바다도 아니요 육지도 아니요 지구별도 아니고 우주를 싣고 있는 허공이다. 그것은 대승도 아니요 대승을 일으키는 근원인 진리의 바람, 그 바람을 일으키는 허공이 곧 상승 중의 최상승 곧 일승一乘이 된다. 다석 류영모는 이것을 '빈탕한데'라 하였다.

우주를 감싸는 허공보다 더 높고 깊은 마음의 허공, 그 허공의 빈탕을 내 속에서 발견하고 그 우주를 넘어선 한적한 곳에서 절대의 진리를 만나는 것이 '빈탕한데'라는 것이다. 그리고 이런 '빈탕한데'의 일승을 말하자는 것이 경의 궁극이라 할 것이다.

하여튼 이런 대승이 되려면 '빈탕 한데', 진리의 바람을 만나야 되는데 그 진리의 바람을 타고 나타난 분이 여래라는 인격이다. 여래는 금강경이라는 진리의 바람을 타고 나타난 분으로 대승이라는 큰 배가 되어서 모든 사람들을 실을 만큼 넉넉하다. 그래서 고해의 바다에 빠진 모든 사람들을 하나도 남김이 없이 구원해 내려는 것이다.

이 내용을 우리의 현실 속에 적용하여 생각해 본다. 인간이라면 누구나 생로병사라는 네 가지 큰 고통의 바다를 건너가야만 되는 운명에 처해 있다. 생존의 문제와 싸워야 하고 늙음의 허무와 싸워야 되고 병마의 고통과 싸워야 되고 죽음의 두려움과 싸워야 된다. 그런데 어렸을 적에는 이런 모든 문제를 부모에게 맡기고 산다. 부모님이 먹여주고 입혀주고 재워주며 병이나 죽음마저도 다 부모님이 맡아주실 것이라 믿고 아무 걱정이 없다. 기독교에서는 이처럼 모든 문제를 하나님 아버지께 맡기고 염려하지 말라 한다. 그것이 첫 믿음이라는 것이다.

이처럼 어린아이같이 모든 문제를 턱 맡겨 놓고 평안하게 살 수 있는 믿음이라면 문제가 없을 것이다. 예수께서 말하시길 "너희는 무엇을 먹을까 무엇을 마실까 무엇을 입을까 염려하지 말라." 했다. 그러면 우리는 정말 아무것도 하지 않고 가만히 앉아만 있다면 아버지 하나님께서 그 모든 것을 해결해주신다는 것인가? 그것이 과연 예수님의 뜻일까? 예수께서 동시에 말씀하신 것은 "너희는 먼저 그의 나라와 그의 의를 구하라" 하였다. 먹을 것, 입을 것을 염려하여 찾아 나서는 일, 그런 일을 추구하기에 앞서 그보다 먼저 그의 나라와 그의 의를 구하라고 명하신 것이다.

하나님의 나라, 하나님의 의, 그게 무엇일까. 죽어서 가는 하늘나라, 그 나라에 들어가기 위해서 교회에 나가라는 뜻인가? 아니면 직장을 구하는 일보다 먼저 교회를 구하여 교회에 다니는 교인이 되어야 한다는 뜻일까? 물론 직업을 얻는 일보다 믿음을 얻는 일이 우선이라는 말씀도 좋은 해석이다. 세상에서 출세하는 것보다 먼저 사람이 되는 것이 우선이라는 말씀이나 같은 뜻으로 보면 믿음이 그 무엇보다 우선이라는 것이다. 그런데 그저 교회에 나가기만 하면 사람이 되는가? 교리적 지식이나 성경 몇 줄을 암기한다고 하여 사람이 되는가? 따라서 교회 활동이 좋다고 교회 다니는 일에 매달려 사는 사람이나 하늘나라만 쳐다보며 위에서 다 해주시기를 바라는 사람들은 예수의 뜻에 어긋나도 크게 어긋나는 것이다. 그런 사람들을 두고 "갈릴리 사람들아 왜 하늘만 쳐다보느냐?" 했다. 잘 다니던 직장을 그만두고 신학대학을 찾는 사람들이 한때 많았는데 '그의 나라와 그의 의를 구하라'는 예수님의 말씀을 크게 오해하고 인생길을 잘못 선택하는 우를 범하지 않도록 조심할 일이다.

아버지의 나라는 진리의 나라요 사랑의 나라다. 그러니까 예수께서는 너희는 먼저 사랑의 세계와 정의의 법도를 구해야 하지 않겠느냐는 뜻으로 말씀하신 것이다. 내가 배가 고프면 나의 배고픔을 통해 남의 배고픔을 헤아려야 되지 않겠는가. 굶주림의 문제는 나만의 문제가 아니라 모두의 문제요 모든 사람이 다 같이 굶지 않도록 하려면 어떻게 해야 될까. 이런 나보다 남을 먼저 배려하고 나만이 아니라 우리를 생각하는 이런 것이 사랑의 세계다. 그래서 공동체의 먹는 문제를 해결하기 위해서 다같이 해야 할 일이 무엇인지 그 방법을 찾는 길이 정의의 법도라 하겠다.

우리 공동체의 먹는 문제를 해결하기 위해서는 농사짓는 것이 좋겠다고 하면 농사짓는 바른 법을 배워야 될 것이다. 농사를 짓거나 물건을 만들거나 유통을 하거나 어느 것이든지 공동체의 역할 또는 개인의 역할을 찾아서 그 바른 법에 따라 노력하면 공동체의 당면 문제가 해결될 것이다. 이때 그 정법을 알려주는 사람이 대승이다. 농사를 짓는다 하면 농사짓는 정법을 터득한 사람이 나와야 된다. 그래서 그 사람의 가르침대로 모두가 따라서 농사를 짓게 되면 아무 문제가 없을 것이다. 또 우리가 주거문제와 교통문제를 해결하는데 석탄과 전기를 이용하면 좋겠다고 생각하여 전기를 연구하고 엔진을 발명하여 에디슨이나 제임스 와트 등 엔지니어들이 나와서 전기와 기계공학 등의 원리를 밝혀주자 여러 가지 다양한 기관과 전기 기구들이 등장하였다. 자동차와 전기 회사들이 생기고 공장들이 나와서 많은 사람들이 일하는 일터가 만들어졌다.

이처럼 과학자 한 사람으로 말미암아 수많은 일자리가 생겨날 수 있다. 스티브 잡스와 빌 게이츠라는 사람이 나와서 컴퓨터와 컴퓨터를 쉽게 이용할 수 있도록 프로그램을 만들고 스마트폰을 만들어내자 또한 수많은 새로운 일자리가 생겨났다. 이처럼 사는 문제, 생존의 문제와 관련하여 대승이 될 수도 있다. 그들은 과학기술자로 과학의 근본 원리를 찾아서 새로운 기술이나 발명을 한 사람들이다. 이런 사람들 덕분에 수백만 수천만의 일반인들에게 일자리가 생겨나서 먹고사는 문제를 해결하게 되었다.

그런데 그의 나라는 사랑의 나라요 그의 의는 진리에 의한 정의라는 것이다. 진리를 통하여 사랑의 세계를 구현하라는 말이다. 진리의 세계는 과학의 차원도 있고 철학의 차원도 있고 예술의 차원도 있고 종교의 차원도 있다. 과학의 차원을 이용하여 사랑의 세계를 구현하면 생존의 문제가 해결될 것이요 철학의 차원을 이용하여 사랑의 세계를 구현하면 질병과 번뇌의 문제가 해결될 것이요 예술의 차원을 이용하여 사랑의 세계를 구현하면 허무의 문제가 해결될 것이요 종교의 차원을 이용하여 사랑의 세계를 구현하면 죽음의 문제가 해결될 것이다. 그렇게 해서 각 차원마다 다양한 분야에서 진리의 세계를 구현하는 사람이 곧 대승이라 하겠다. 이렇게 각 분야에서 대승들이 나타나도록, 모든 인류를 생로병사의 고통에서 벗어나도록 도와주는 대승의 지혜를 일으키려는 큰 자비심에서 이 경전의 가르침이 나타났으니 이 금강경의 공덕은 얼마나 위대하고 심오한 것이냐는 말이다.

그런데 이런 큰 보살이 되려면 아상 인상 중생상 수자상 이런 상에 집착이 있어서는 될 수 없다는 것이다. 이것이 이 장의 핵심이다. 즉 법이라고 하는 것, 진리를 좋아한다고 하면서 분별지에 빠지면 안 된다. 진리는 참 진리라야지 거짓이나 미혹이 있어서는 안 된다. 지식도 온 인류를 위해서 사용될 때 진리가 되지 욕심에 빠지면 지식만큼 위험하고 사악한 것도 없다. 진리가 분별지로 떨어지면 그보다 악한 것이 없다.

그러니까 나라는 아상에서 벗어나지 못하면 과학의 진리 속으로 들어갈 수가 없다. 즉 주관에 빠져 있으면 객관이라는 과학의 세계에 들어갈 수 없다. 또 남이라는 상, 즉 인상에서 벗어나지 못하면 철학의 진리 속에 들어갈 수가 없다. 철학은 주체적 진리를 체득하는 것인데 나와 남이라는 주객분열의 분별지로 타자화된 세계에서는 주관을 벗어난 주체가 될 수 없기 때문이다. 또 중생이라는 상, 중생상에서 벗어나지 못하면 예술의 세계로 들어갈 수가 없다. 예술은 주체적 자유의 자기표현인데 중생상에 갇혀 있으면 자유로운 주체적 무아에서 나오는 창조적 유희가 나타날 수 없기 때문이다. 그리고 영원이라는 상, 수자상에서 벗어나지 못하면 종교의 진리 속으로 들어갈 수가 없다. 왜냐면 종교는 일체의 상이나 존재를 넘어선 초월적 존재의 세계로 비상하는 일이기 때문이다. 아무리 백척간두라 하더라도 존재의 상에 매달려 있는 한 초월적 비약은 결코 이뤄질 수가 없기 때문이다. 그래서 아상 인상 중생상 수자상, 이 모든 상에서 벗어나서 과학과 철학과 예술과 종교, 이 모든 차원의 진리에 통달한 사랑의 화신만이 대승을 일으킬 수 있고, 그때 그는 여래의 아누다라삼먁삼보리를 증득하게 된다는 것이다.

아누다라삼먁삼보리라는 세계는 더없이 높은 진리의 세계요 누구나 들어갈 수 있는 보편적인 사랑의 세계요 장엄한 법도의 정의가 구현된 아름다움의 세계라는 것이다. 그래서 이 경전의 가르침이 베풀어지는 곳도 또한 그런 신비하고 숭엄하고 자비로운 세계가 펼쳐지는 곳이기에 꽃과 향이 넘치는 동산처럼 모두가 자기로서 아름다운 삶의 꽃을 피우며 서로 사랑하고 존경하며 서로 돕고 받들며 날마다 찬송의 향기로 살지 않겠느냐 하는 이야기다. 그래서 여래는 수보리에게 다음과 같이 부탁한다.

"수보리야, 마땅히 알라. 어느 곳이나 이 경이 있는 곳이면 일체 세간의 하늘과 사람과 아수라가 응당 받들어 공양할 것이며, 그곳은 곧 아름다운 탑을 이룬 곳이 되어 모두가 마땅히 공경하고 예배하고 돌면서 모든 꽃과 향을 뿌리게 될 것이니라."

능정업장분能淨業障分

과거의 업장을 정화하다

또한, 수보리야! 어떤 선한 사람이 있어 이 경을 지니고서 읽고 낭송하며 살아가는데 만일 세상에서 누군가 그를 업신여긴다면 어떻게 되겠는가? 경멸당한 그 사람은 그가 지난 세상에서 지은 죄업이 응당 악도에 떨어질 만한 것이라 할지라도 이 세상 사람이 그를 경멸하거나 천대함으로 인하여 그의 모든 죄업이 곧 소멸되고 그는 마땅히 아누다라삼먁삼보리를 얻게 될 것이니라.

(부차수보리復次須菩提야 선남자선녀인善男子善女人이 수지독송차경受持讀誦此經하야 약위인경천若爲人輕賤이면 시인是人이 선세죄업先世罪業으로 응타악도應墮惡道언마는 이금세인以今世人이 경천고輕賤故로 선세죄업先世罪業이 즉위소멸卽爲消滅하고 당득아누다라삼먁보리當得阿耨多羅三邈三菩提하리라.)

수보리야, 내가 생각하니 과거 한없는 아승지겁 세월동안 저 연등부처님 앞에서 8백 4천만 억 나유타 수만큼의 모든 부처님을 만나 그분들에게 다 공양하고 받들어 섬기며 조금도 허물이 있거나 간과하거나 잘못함이 없었단다. 그러니 그 공덕이 얼마나 크겠느냐?

그렇지만 만일 또 어떤 사람이 있어 다음에 오는 말세에 이 경을 받아 지니고서 읽고 암송한다면 이 사람의 공덕은 한없이 커서 그 무엇으로도 비할 수 없단다. 내가 모든 부처님께 공양한 공덕이 제아무리 크다고 해도 이 사람의 공덕에 비하면 백분의 일에도 미치지 못할 것이며 천만억분의 일 내지 어떤 수의 크기로도 능히 미치지 못할 것이니라.

(수보리須菩提야 아념과거 무량아승지겁我念過去無量阿僧祇劫하니 어연등불전於然燈佛前에 득치팔백사천만억나유타제불得值八百四千萬億那由他諸佛하야 실개공양승사悉皆供養承事하야 무공과자無空過者니라 약복유인若復有人이 어후말세於後末世에 능수지독송차경能受持讀誦此經하면 소득공덕所得功德이 어아소공양제불공덕於我所供養諸佛功德으로 백분불급일百分不及一이며 천만억분내지산수비유千萬億分乃至算數譬喻로 소불능급所不能及이니라)

그러므로 수보리야, 만일 다음 말세에 이 경을 받아 지니어 읽고 암송하는 선한 사람들이 얻는 공덕을 내가 다 헤아려서 말한다면, 어떤 사람은 내 말을 듣고 마음이 곧 혼란하고 어지럽게 되어 여우처럼 의심하고 믿지 못할 것이다. 그러니 수보리야, 마땅히 알라, 이 경의 가르침은 그 뜻을 도무지 생각할 수 없이 높고 그 효과 또한 도저히 헤아릴 수 없을 만큼 크고 깊은 것이니라.

(수보리須菩提야 약선남자선녀인若善男子善女人이 어후말세於後末世에 유수지독송차경有受持讀誦此經하야 소득공덕所得功德을 아약구설자我若具說者댄 혹유인문或有人聞하고 심즉광란心卽狂亂하야 호의불신狐疑不信하리니 수보리須菩提야 당지시경當知是經은 의불가사의義不可思議며 과보果報도 역불가사의亦不可思議니라.)

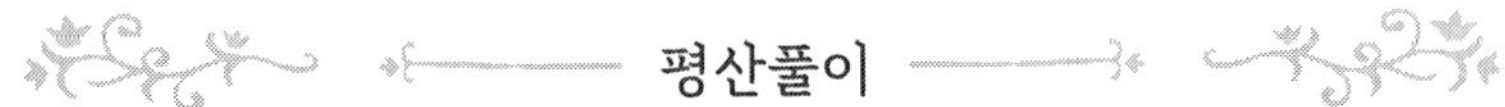

평산풀이

16장의 제목이 능정업장분能淨業障分이다. 업장을 능히 깨끗하게 맑혀서 소멸하는 방법을 말하는 것이다. 업장業障이란 전생에서 내가 지은 업에 따른 이생의 장애를 말한다. 업에는 신구의身口意 삼업이 있으니, 몸으로 지은 것, 입으로 지은 것, 마음으로 지은 것, 이렇게 세 가지로 나눈다. 말이나 행위만이 아니라 마음으로 생각하는 모든 것들이 업이 된다는 것이다. 그래서 선한 행동이나 선한 말, 또는 선한 생각을 하면 선업이 되고 악한 행동이나 악한 말, 악한 생각은 악업이 되어 현생의 삶에 영향을 준다는 것이다. 즉 선업을 많이 쌓은 사람은 인생길이 평탄하고 잘 되어 무엇이나 원하는 바가 잘 성취되지만 악업이 많은 사람은 무엇을 하려고 할 때 장애가 많다는 것이다.

그러니까 과거의 악업이 많아서 업장이 두터운 사람은 도를 닦는 일에 방해가 많아서 나태하게 되고 유혹에 약하고 번뇌가 많다는 것이다. 그래서 그 업장이 소멸되어야 비로소 제대로 수행의 길을 갈 수 있기에 업장이 많은 사람은 그만큼 수행도 힘들다는 것이다. 선업을 많이 쌓아서 공덕이 많은 사람은 그만큼 도를 쉽게 깨치고 부처가 될 수 있겠지만 전생에 지은 악업이 많아서 업장이 두터운 사람은 어찌할 것인가. 그 두터운 업장을 다 정화하고 나서야 수행의 길에 들어설 수 있다면 업장 소멸을 위해 힘쓰다가 인생이 끝날 수도 있지 않겠는가.

그런데 그 업장을 정화하는 아주 좋은 방법이 있다는 것이다. 과거에 수많은 선업을 쌓아서 공덕이 큰 사람보다도 더 빨리 부처가 될 수 있는 길이 있다는 것이다. 전생의 악업을 염려하는 사람들, 업장이 두

터워 아무리 노력해도 장애가 많아 잘 안 된다고 수도의 길을 포기하려는 사람들에게 이는 얼마나 기쁜 소식이겠는가. 그런데 그것은 곧 진리를 위한 고난의 길에 뛰어드는 것만이 가장 좋은 방법이라는 것이다. 진리 때문에 바보 취급을 받고 멸시와 천대를 받는 길이 가장 좋은 수행의 길이라는 것이다.

무수한 전생에 수많은 부처를 만나서 공양하고 섬기며 조금도 잘못이 없는 사람이 쌓은 공덕은 얼마나 크겠는가? 즉 그런 사람의 선업은 더없이 크고 많아서 금생에 부처가 되는 일이 다른 사람보다 얼마나 쉽고 수월하겠는가. 그래서 쉽고 편안하게 수행의 길을 가는 사람도 있을 것이다. 그런데 그렇게 큰 공덕을 지어 안락하게 사는 사람보다도 금강경을 듣고 공부하여 그로 인해 멸시받고 천대받는 낮은 길로 뛰어드는 사람은 과거의 업장이 아무리 두터워도 그것이 곧 정화되어 금생에서 부처가 될 수 있다는 것이다. 이렇게 말하면 어떤 사람은 너무 놀라서 여우처럼 의심하고 믿지 않을 것이라 한다. 그만큼 이것은 놀라운 소식이다.

그러니까 과거의 업장을 모두 깨끗이 소멸하는 그 방법은 다름 아니라 세상에서 멸시받고 천대받는 고난을 무릅쓰고 이 금강경을 수지독송하는 것이다. 즉 금강경의 진리 때문에 당하는 이 세상의 고난이 모든 과거의 업장을 정화시킨다는 것이다. 진리를 위해서 당하는 고통, 정의를 위해서 겪는 고난, 그 고통과 고난이 업장을 소멸하는 가장 좋은 길이라는 것이다.

사실 고난이 곧 정화의 길이다. 금광석이 용광로에 뛰어들어 죽음처럼 사라졌다가 불순물이 다 빠져나가서 순금으로 거듭나는 그런 고난이 없이 어떻게 빛나는 순금의 영광을 드러낼 수 있겠는가. 멸시 천대의 고난은 새로운 인격으로 거듭나는 데 없어서 안 될 필수코스인 것이다. 진리를 향하는 인생의 길에서 겪는 가장 고귀한 것이 바로 고난이라는 것이다.

이렇게 볼 때 이 세상에서 고난만큼 고귀한 것이 없다. 동광원을 세운 이현필선생도 가난과 멸시 천대를 금보다 귀하게 여기라 하였다. 멸시받고 천대받는 고난의 길을 겪지 않고는 새사람으로 거듭날 수가 없다는 것이다. 세상을 살아가면서 늘 편안하고 행복하고 안락한 것을 추구하지만 정말 그렇게 안락한 길을 가다 보면 어떻게 인생을 알고 어떻게 참사람이 되겠는가. 양심의 날이 날카로워지면 날카로워질수록 세상에서 사는 것이 힘들게 된다. 이 세상의 욕망과 죄악을 보는 눈이 날카로워지면 그만큼 양심이 예민하게 되는 것이다. 양심이 예민해지는 만큼 지혜의 칼날을 갈고 닦아 모든 죄악을 끊어버릴 힘을 얻어야 한다. 그 방법은 진리를 깨닫고 아누다라삼먁삼보리를 얻는 것이다. 아누다라삼먁삼보리를 얻는 순간이 금강보검을 차게 되는 때라는 것이다. 주자학의 성즉리를 비판하고 심즉리를 설파하며 양명학을 열었던 왕수인(1427-1528)도 일상에서 겪는 고난이 곧 수행의 길이라는 사상마련事上摩鍊을 강조하였는데 이도 마찬가지 뜻이라 하겠다.

공자에게 어느 제자가 묻기를 '인생을 살아가면서 품고 살아가야 할 한 글자가 있다면 무엇일까요?' 하니까 어려울 난難이라 했다고 한다. 초등학교 시절 날 생生이라는 글자를 배울 때 선생님이 그 글자를 풀이했는데 잊히지 않는다. 날 생이라는 글자를 칠판에 써 놓고 이 글자는 두 벼랑 끝에 놓인 외나무다리를 소가 걸어가는 모습이라 했다. 소우牛 자 밑에 한 일을 그어 놓은 글자가 날 생生이기 때문이다. 그러면서 외나무다리 위로 소가 걸어서 건너가려니 얼마나 힘들겠느냐고 설명했다. 황소가 외다리를 건너가는 것처럼 조심조심 어려운 길을 건너가는 것이 인생이라는 것이다.

불교나 유교에서만 고난을 강조하는 것은 아니다. 무엇보다 기독교는 고난의 종교라 할 만큼 고난이 핵심이다. 그래서 십자가의 고난을 알지 못하면 기독교를 알지 못한다고 십자가를 강조한다. 사도 바울이 말하길 예수 그리스도와 그가 십자가에 못 박히신 것 이외에는 아무것도 알기를 원하지 않는다고 했다. 그리고 자기가 자랑할 것은 예수의 십자가뿐이라 했다. 그만큼 십자가의 고난을 강조한다. 예수의 삶 전체가 한마디로 십자가의 고난이라는 것이다. 예수님도 자기를 따르는 제자들에게 '누구든지 나를 따르려면 자기의 십자가를 지고 나를 따르라' 하였다. 예수의 가르침도 고난이 핵심이다.

"의를 위하여 박해를 받은 자는 복이 있나니 천국이 그들의 것임이라 나로 말미암아 너희를 욕하고 박해하고 거짓으로 너희를 거슬러 모든 악한 말을 할 때에는 너희에게 복이 있나니 기뻐하고 즐거워하라 하늘에서 너희의 상이 큼이라."(마태복음5장)

'나'로 말미암아 받는 박해와 핍박은 복이 된다는 것인데, 이때 '나'는 길의 나, 진리의 나, 생명의 '나'라는 것이다. 다시 말하여 길과 진리와 생명이 빠진 그 무엇을 위한 고난과 핍박은 헛된 것이다. 어느 특정 집단이나 계층이나 계급의 이익을 위한 투쟁은 모두 아상 인상 중생상 수자상을 벗어나기 어렵다. 그런 아상을 가지고 고난을 당한다면 그것은 헛되고 헛된 일이다. 영원한 진리, 영원한 생명, 썩지 아니하는 도를 위해서 일하고 그것을 위해서 받는 핍박과 고통이 의미가 있는 것이지 썩어질 양식을 위해서 일하며 받는 핍박과 고난은 허무할 뿐이다. 금강경도 역시 영원한 진리와 생명의 길이기에 금강경을 위해 핍박을 받는다면 그것이 복된 것이지 그저 눈에 보이는 글자의 책이나 교단이나 종파를 위해서 핍박을 받는다면 그것은 부처의 본의에서 멀어진 것이다.

하여튼 금강경을 이유로 이 세상에서 업신여김을 받는다면 그 사람은 전생에 지은 모든 죄업이 사라질 것이라는 부처님의 말씀이나, 의를 위하여 박해받는 자는 복이 있다는 예수님의 말씀이나 서로 통하지 않는가. 금강경의 진리나 하나님의 정의가 지극한 선善인데 왜 인간이 그런 선함과 의로움을 인하여 핍박을 받고 천대를 받는 것일까? 요한복음의 저자는 이를 설명하기를 "사람들이 빛보다 어둠을 사랑하기" 때문이라 한다. 사람들이 빛과 선과 의를 좋아할 것 같지만 사실은 어둠과 악을 좋아한다는 것이다. 왜 그럴까? 그 이유를 불교에서는 무명無明 또는 미망 때문이라 하고 기독교에서는 죄에 빠졌기 때문이라 한다. 그래서 불교는 깨달음의 길을 추구하고 기독교는 믿음의 길을 추구한다. 죄의 구렁에서 빠져나오는 길은 구세주를 의지하는 믿음뿐이라는 것이다.

진리와 정의 때문에 이 세상에서 고난을 겪어야 한다면 그 고난은 정화의 길이요 구원의 길이요 영광의 길이다. 그런데 이런 고난은 말법시대가 되면 더욱 두드러진다. 불교에서는 시대를 정법시대, 상법시대, 말법시대로 구분하는데 말법시대가 되면 불법을 전하는 이도 없고 불도를 증득하는 이도 사라진 암흑시대이다. 이런 암흑시대에 금강경의 빛을 찾아 수지독송하는 사람이 있다면 그의 공덕이 얼마나 크겠느냐는 것이다.

아무튼 금강경은 가장 빛나는 지혜의 빛이요 가장 뜨거운 사랑의 지혜라는 아누다라삼먁삼보리를 가르치는 것이다. 아누다라삼먁삼보리를 구하여 금강경을 수지독송하면서 온갖 멸시와 천대를 받는다면 그 이의 과거 업장은 모두 소멸할 것이고 그 공덕은 무한하여 이내 곧 성불하게 될 것이다. 과거의 업장이 아무리 무거워도 금강경의 공덕으로 마치 화롯불에 떨어지는 눈처럼 과거의 죄업은 흔적 없이 사라질 것이다.

그래서 말세에 이 금강경을 지니고서 읽고 생각하며 암송하고 체득하여 남에게 가르친다면 그 공덕은 무궁하다는 것이다. 금강경의 공덕도 신비하고 그것을 가지고 가르치는 공부 모임의 공덕도 신비하다는 말이다. 얼마만큼 신비한 것인가? 부처님께서는 과거에 무수한 부처님을 만나서 공양하고 받들어 섬기는데 조금도 잘못이 없었다. 헤아릴 수 없이 많은 부처님을 만나서 공양하고 받들어 섬겼다면 그 공덕이 얼마나 크겠는가. 한없이 클 것이다. 그렇지만 이 금강경을 가지고 공부하며 그 가르침이 베풀어지는 진리의 공덕에 비하면 그것은 또한 아무것도 아니라는 것이다. 즉 이 세상 사람들 모두를 섬기는 자선사업보다도 아누다라삼먁삼보리라는 진리를 깨닫고 진리를 알려주는 공덕의 크기는 그 무엇에 비할 수 없을 만큼 크다는 것이다.

특히 말세에 이 금강경을 지니고 실천하며 가르치는 사람이 있다면 그 사람의 공덕은 비할 수 없이 크다는 것이다. 석가부처님이 가신 후 500년 동안은 정법시대, 그 다음 1천 5백년은 상법시대, 그 이후는 말법시대라 한다. 정법시대는 말씀을 증득하는 이도 있고 수행자도 있고 가르치는 이도 있는데 상법시대가 되면 증득하는 사람은 없어지고 수행과 가르침만 남게 된다. 그리고 말세가 되면 깨닫는 자도 없어지고 수행자도 없어지고 교도 없어져 모두가 도에 대해서 잊어버리고 만다는 것이다. 그러니 그런 시대에 이런 경전을 찾아 지키고 가르친다면 그것은 얼마나 큰 공덕이 되겠느냐는 것이다. 그런 암흑시대에 진리를 말하는 것은 곧 남의 비웃음을 사고 박해와 멸시 천대를 받고 핍박의 고난을 겪지 않을 수 없을 것이다. 그래서 그처럼 캄캄한 어둠의 시대에 빛을 들고 길을 밝히는 보살의 공덕은 그 무엇보다 크지 않겠느냐 하는 것이다.

이상에서 보는 것처럼 세상의 고난은 여러 종류가 있다. 자기의 잘못된 옛 습관이나 어리석음으로 인해 무의미하게 반복되는 고통, 타인의 죄와 어리석음으로 인하여 받게 되는 억울한 고난, 타인의 고통에 참여하기 위해 스스로 뛰어드는 고난, 진리를 위하여 그리고 진리 때문에 겪는 고통과 고난 등이 있다. 이 가운데 진리를 위하여 진리 때문에 겪게 되는 고난이 가장 귀한 것이요 영광된 것이다.

진리를 찾는 길은 고난이라는 것, 그렇지만 그 고행이 진리와 함께 하는 것이기에 그것은 정화의 정법이요 바른 길을 가는 정행이요 영원으로 가는 영광의 길이라는 것, 그 고난의 영광을 알고 사랑하자는 것이 바로 이 장에서 말하는 금강경의 핵심이라 하겠다. 15장에서는 세상에서 그저 썩어 없어질 양식을 위해서 희생봉사하고 노력하는 삶보다 금강경을 깨치는 것이 더 큰 공덕이라 하였고 16장에서는 금강경 때문에, 진리 때문에 겪는 고난이 있다면 그것은 곧 아누다라삼먁삼보리를 깨치는 가장 좋은 방법이라는 것이다.

제17

구경무아분究竟無我分

가장 높은 경지에 나는 없다

그때, 수보리가 부처님께 여쭈었다. 세존이시여, 아누다라삼먁삼보리심을 일으키고자 하는 사람은 마땅히 어떻게 살아야 하며, 어떻게 그 마음을 바로잡아야 합니까.

(이시爾時에 수보리백불언須菩提白佛言하사되 세존世尊하 선남자선녀인善男子善女人이 발아누다라삼먁삼보리發阿耨多羅三藐三菩提하면 운하응주云何應住하며 운하강복기심云何降伏其心하리이까?)

부처님께서 수보리에게 말씀하셨습니다. 만일 어떤 사람이 아누다라삼먁삼보리심을 일으키고자 한다면 마땅히 이와 같이 마음을 바로잡을 것이다. 내가 일체중생을 제도하리라 하여 일체중생을 다 제도하지만 실은 한 중생도 제도한 일이 없다는 것이다. 왜 그런가? 수보리야, 만일 보살이 아상 인상 중생상 수자상이 있으면 곧 보살이 아니기 때문이다. 수보리야, 또한 진실로 어떤 법이 있어서 아누다라삼먁삼보리심을 일으킨 것이 아니기 때문이다.

(불고수보리佛告須菩提하사되 약선남자선녀인若善男子善女人이 발아누다라삼먁삼보리심자發阿耨多羅三邈三菩提心者는 당생여시심當生如是心이리니 아응멸도일체중생我應滅度一切衆生하리라 멸도일체중생滅度一切衆生이되 이무유일중생而無有一衆生도 실멸도자實滅度者니라 하이고何以故오 수보리須菩提야 약보살若菩薩이 유아상인상중생상수자상有我相人相衆生相壽者相이면 즉비보살卽非菩薩이니라 소이자하所以者何오 수보리須菩提야 실무유법實無有法이 발아누다라삼먁삼보리심자發阿耨多羅三邈三菩提心者니라.)

수보리야, 네 생각은 어떠하냐? 여래가 연등부처님 처소에서 아누다라삼먁삼보리를 얻는 어떤 법이 있었겠느냐?
아니옵니다. 세존이시여, 부처님께서 말씀하신 뜻을 제가 이해하는 바에 의하면 부처님께서 연등부처님 계신 곳에서 아누다라삼먁삼보리를 깨닫는 어떤 법도 없었습니다.
(수보리須菩提야 어의운하於意云何오 여래어연등불소如來於燃燈佛所에 유법有法하야 득아누다라삼먁삼보리불得阿耨多羅三邈三菩提不아 불야不也니이다 세존世尊하여아해불소설의如我解佛所說義하여는 불어연등불소佛於燃燈佛所에 무유법無有法하야 득아누다라삼먁삼보리得阿耨多羅三邈三菩提하니이다.)

부처님께서 말씀하셨습니다. 그렇다, 그렇다, 수보리야! 실로 어떤 여래가 아누다라삼먁삼보리를 얻는 어떤 법이 있었던 것이 아니다. 수보리야, 만일 어떤 법이 있어서 여래가 아누다라삼먁삼보리를 얻는다면, 연등불께서 곧 나에게 '네가 다음 세상에 응당 부처를 이루고 그 이름은 석가모니라 하리라.'고 수기를 주지 않으셨을 것이다. 실로 어떤 법이 있어서 아누다라삼먁삼보리를 얻는 것이 아니므로 연등불께서 나에게 수기를 주어 말씀하시기를 '네가 다음 세상에 응당 부처가 될 것이며 호를 석가모니라 하리라.'하신 것이다.

(불언佛言하사되 여시여시如是如是니라 수보리須菩提야 실무유법實無有法하야 여래득아누다라삼먁삼보리如來得阿耨多羅三邈三菩提니라 수보리須菩提야 약유법若有法하야 여래득아누다라삼먁삼보리자如來得阿耨多羅三邈三菩提者일댄 연등불燃燈佛이 즉불여아수기卽不與我授記하사되 여어내세汝於來世에 당득작불當得作佛하야 호석가모니號釋迦牟尼련마는 이실무유법以實無有法하야 득아누다라삼먁삼보리得阿耨多羅三邈三菩提일새 시고是故로 연등불燃燈佛이 여아수기如我授記하사 작시언作是言하시되 여어내세汝於來世에 당득작불當得作佛하야 호석가모니號釋迦牟尼라 하시니라)

왜 그런가? 여래라 함은 곧 모든 법이 다 진여의 뜻이란 말이기 때문이다. 만일 어떤 사람이 말하기를 '여래가 아누다라삼먁삼보리를 얻었다.'고 하더라도 수보리야, 실로 부처님은 어떤 법이 있어서 아누다라삼먁삼보리를 얻은 것이 아니니라.

(하이고何以故오 여래자如來者는 즉제법여의卽諸法如義니라 약유인언若有人言하되 여래득아누다라삼먁삼보리如來得阿耨多羅三邈三菩提라면 수보리須菩提야 실무유법實無有法하야 불득아누다라삼먁삼보리佛得阿耨多羅三邈三菩提니라)

수보리야, 여래가 아누다라삼먁삼보리를 얻은 바 이 가운데에는 참됨도 없고 허망함도 없느니라. 그러므로 여래가 말하기를 '일체 법은 모두가 다 붓다의 법이라'고 하였느니라. 수보리야, 이른바 일체법이라 함은 곧 일체법이 아니니, 그러므로 그 이름이 일체법이니라. 수보리야, 비유컨대 사람이 아주 크다는 말과 같은 것이다.

(수보리須菩提야 여래소득如來所得 아누다라삼먁삼보리阿耨多羅三藐三菩提는 어시중於是中에 무실무허無實無虛하니라 시고是故로 여래설일체법如來說一切法이 개시불법皆是佛法이니라 수보리須菩提야 소언일체법자所言一切法者는 즉비일체법卽非一切法이라 시고是故로 명일체법名一切法이니라 수보리須菩提야 비여인신장대譬如人身長大이니라.)

수보리가 말하였다. 세존이시여, 여래께서 사람에게 키가 아주 크고 거대하다고 말씀하신 것은 곧 그 신체가 아니라 인격의 이름이 장대하다는 것을 말씀하심입니다.

(수보리언須菩提言하되 세존世尊하 여래설인신장대如來說人身長大는 즉위비대신卽爲非大身이요 시명대신是名大身이니이다.)

수보리야. 보살도 또한 이와 같으니라. 만일 '내가 한량없는 중생을 제도했노라.'하고 말하는 이가 있다면 그는 곧 보살이라 할 수가 없다. 왜 그런가? 수보리야, 실로 어떤 법도 갖지 않는 것이 보살이기 때문이다. 그러므로 부처님께서 말씀하시기를 '일체법이란 나도 없고 남도 없고 중생도 없고 존재자도 없는 것이니라.' 하셨느니라.

(수보리須菩提야 보살菩薩도 역여시亦如是하야 약작시언若作是言하되 아량멸도무량중생我當滅度無量衆生이라하면 즉불명보살卽不名菩薩이니 하이고何以故오 수보리須菩提야 실무유겁實無有法이 명위보살名爲菩薩이니 시고是故로 불언일체법佛說一切法이 무아무인무중생무수자無我無人無衆生無壽者라하니라.)

수보리야, 만일 어떤 보살이 '내가 마땅히 불국토를 장엄했노라.'하고 말한다면 이 사람을 보살이라 할 수 없느니라. 왜 그런가? 여래가 불국토를 장엄한다는 말은 곧 장엄이 아니라 그 이름이 장엄이기 때문이니라. 수보리야, 만일 어떤 보살이 무아의 진리를 통달했다면, 여래는 말씀하시길 '참으로 이것이 보살이라.' 하실 것이다.

(수보리須菩提야 약보살若菩薩이 작시언作是言하되 아당장엄불토我當莊嚴佛土라하면 시불명보리是不名菩薩이니 하이고何以故오 여래설장엄불토자如來說莊嚴佛土者는 즉비장엄卽非莊嚴이요 시명장엄是名莊嚴이니라 수보리須菩提야 약보살若菩薩이 통달무아법자通達無我法者면 여래설명진시보살如來說名眞是菩薩이니라)

평산풀이

17장은 구경무아분究竟無我分이다. 구경究竟이란 궁극적인 경지를 말한다. 진리를 추구하여 마지막 깨달음을 구경각이라 한다. 그 구경의 깨달음에 이르면 무아가 된다는 것이다. 또 무아가 되어야 구경의 경지에 이른다는 것이다. 이렇듯 무아는 곧 목적이며 방법이 되는 것이다. 구경각이 목적이면 무아는 방편이고 구경각이 수단이면 무아가 목적이 된다. 어떻게 보든지 핵심은 무아라는 것이다. 가장 높은 무아의 경지가 무엇인지 다시 복습해보는 것이다.

그때, 수보리가 부처님께 여쭈었다. "세존이시여, 아누다라삼먁삼보리심을 일으키고자 하는 사람은 응당 어떻게 살아야 하며, 그 마음을 어떻게 바로잡아야 합니까?"

진리를 깨닫고자 하는 사람은 어떻게 살아야 됩니까? 모든 중생을 구제하는 법이 대승이라 하는데 그 대승의 보살이 되려면 어떻게 해야 됩니까? 이런 질문이 요즘 사람들에게는 얼마나 공감이 될지 모르겠다. 불교문화가 성행하던 통일신라 또는 고려시대라면 왕자들도 출가하여 스님이 되기를 꿈꾸었으니 모든 청년들의 꿈이 아니었을까 싶다. 진리를 깨닫는 스님이 되어 중생을 구제함이 인생 최고의 목적이요 그것이 가장 행복한 길이라 여겨졌을 것이다. 그런 시절이라면 누구나 불자가 되어 아누다라삼삼보리라는 그 구경의 경지가 무엇인가 알고 싶고 배우고 싶고 얻고 싶었을 것이다. 그런데 요즘은 돈 세상이다. 부처가 되기를 바라는 것이 아니라 부자가 되기를 원하는 시대이다. 그러므로 요즘으로 말하면 "어떻게 살아야 부자가 될 수 있습니까?" 하는 질문이 유행이다.

요즘 시대처럼 너나없이 자본을 숭배하는 그런 시대가 과거에도 있었을까? 물론 돈과 권력에 대한 욕망은 어느 시대나 있던 보편적 일이지 새삼스런 게 아니다. 다만 요즘처럼 우리 생활 곳곳에 자본주의가 득세하여 돈에서 자유롭게 살기가 이처럼 어려운 적이 있었을까 싶은 것이다. 문제는 그 어느 때보다 돈이 있어야 행복한 인생이 되고 자유로운 삶을 살 수 있다는 믿음이 팽배하다는 것이다. 그래서 부동산과 주식투자로 돈을 버는 방법, 장사나 사업으로 돈 버는 방법 등, 갖가지 창업하는 방법이나 금융기법에 관해 수많은 지식과 노하우를 전하는 서적들이 넘치고 넘쳐난다. 모두가 이처럼 자본주의 물결에 휩쓸려 있는 이런 문화 속에서 시대 풍조와 어긋나고 거스르는 그런 형이상의 진리와 도에 관한 이야기에 누가 관심을 가질까? 과연 우리 시대에 진리를 찾고 도를 얻어야 될 이유는 있는 것일까? 어느 때보다도 도와 진리탐구의 필요성을 설득하기란 어려운 일이 아닐까.

그래도 우리나라는 아직 학구열이 강한 나라이다. 부모들이 아이들에게 열심히 공부하라고 한다. 교육을 통하여 부와 사회적 지위를 얻을 수 있다고 믿기 때문이다. 1945년 해방 후 80년대까지 대부분 가난하게 살아야 했던 우리 사회는 교육을 통해 사회적 계층이동이 활발하게 이루어졌던 경험이 있다. 그런데 이것도 기득세력이 점차 공고화되는 2천년대부터 점점 어려워지게 되었다. 즉 가난과 부가 부모로부터 대물림되는 구조가 굳어지고 있다는 것이다. 이렇게 되면 머지않아 교육열도 식어갈 것이며 활력도 잃어갈 것이다. 공부하는 이유가 출세를 위한 것이라는 잘못된 교육관일지언정 자녀들에게 공부를 강조하는 것이 우리 사회를 그래도 발전시키는 원동력이 되었다 할 것이다. 교과서의 내용은 그래도 진리와 진실을 담고 있기 때문이다. 그래서 우리가 억지로나마 교육에 힘쓰다 보면 그 가운데 철이 든 사람들이 나타날 가능성이 그만큼 많을 것이다. 그래서 교육열을 그저 부정적으로만 보지는 않는다. 인생의 꿈과 희망을 잃고 자포자기에 빠지는 아이들이 많아진다면 어찌될 것인가. 사회가 건전하려면 교육이 희망이 되는 나라가 되어야 할 것이다.

공부는 본래 인생의 진리를 찾는 기쁨의 길이요 행복한 과정이다. 공자의 말을 적어놓은 논어의 첫머리가 '학이시습지불역열호學而時習之不亦說乎'라 했다. 배우고 때때로 익히니 또한 기쁘지 아니한가? 배우는 것도 기쁨이고 그것을 일상에서 실천해보는 것도 기쁨이었다.

그런데 그런 학습의 기쁨이 언제부터 왜 사라지게 되었을까? 무위자연의 학습이 아니라 인위적 조장의 학습 때문이 아닐까? 출세의 수단으로 경쟁심을 조장하고 자본주의의 논리인 효율과 가시적 효과에 그만 돈이 개입되어 학문이 주는 본래의 즐거움과 기쁨이 막혀버린 것은 아닐까. 그래서 참사람이 되자는 공부의 본뜻과 의미를 잃어버리고 그만 사회적 출세를 위한 수단으로 전락한 것이다. 사회의 빛과 소금이 될 인성을 회복하고 찾아주자는 본래의 목적은 뒷전이고 출세를 위한 직업학교만이 성하게 되어 아이들을 어린 시절부터 생존경쟁의 지옥문으로 몰아넣고 있는 것은 아닌지 반성할 일이다.

진리, 또는 도를 찾는 것은 인생의 의미를 찾는 일이다. 정말 인생의 의미가 남보다 부귀를 누리는 출세에 있는 것일까? 그저 남보다 돈을 많이 벌어 모은 만큼 인생은 더 가치가 있는 것일까? 조금이라도 생각하는 사람이라면 남보다 부자가 되고 출세하는 일이 곧 인생의 성공이라는 등식에 회의를 가질 것이다. 왜냐면 세상은 상대적이고 인간은 무한한 생을 사는 것이 아니라 언젠가 죽어야 되는 필멸의 존재이기 때문이다. 많은 재산을 모아놓았다 해도 죽음을 앞둔 순간에 그것이 무슨 의미가 있는가? 그 마지막 순간을 생각하면 돈과 권력이 갑자기 허무해지는 것이다. 물론 지식도 마찬가지다. 죽음의 순간에 지식이 아무리 많다 해도 그것이 나와 무슨 상관이 있단 말인가? 돈과 지식과 명예, 이런 모든 것들이 허무해지는 그 죽음의 순간에 의미 있는 것은 무엇일까? 죽음의 순간에 허무해지지 않는 것이 있을까?

이때 두 가지 태도가 나온다. 죽음이면 모든 것이 끝이라 생각하고 일체가 허무한 것이니 결국 살아있는 순간만이 인생이라 보고 죽음을 외면하는 것이다. 그래서 마음껏 욕망을 추구하며 남보란 듯 실컷 누리자는 것이다. 불교에서는 이런 사람들을 악귀 축생 아수라로 분류하고 유교에서는 이런 사람들을 간단히 소인이라 한다.

또 다른 태도는 죽음이 끝이 아니라는 것이다. 죽음이 끝이 아니라 하여 반드시 사후의 세계가 별도로 존재한다고 믿는 것은 아니다. 극락이나 천국을 말하는 종교도 있지만 그런 것이 아니라도 보다 포괄적으로 말하여 개별적 자아를 넘어서는 어떤 존재를 믿을 수 있는 것이다. 즉 가족과 혈통의 영속을 생각하기도 하고 나라의 문화나 역사를 생각하기도 하고 영원하고 궁극적인 우주적 실재를 생각하기도 한다.

공자는 죽음이 무엇이냐고 묻는 제자에게 모른다고 대답했다. 지금 이제 순간에 살고있는 삶도 신비하여 다 모르는데 아직 오지도 않은 죽음과 사후를 어떻게 알 수 있느냐는 것이다. 불교에서는 윤회를 말하지만 동시에 또 해탈을 말하기도 한다. 열반 또는 해탈이란 윤회를 벗어나는 일이다. 중생들은 지옥에서 하늘까지 윤회의 쳇바퀴를 돌지만 이런 허망한 것에서 벗어나는 길을 알려주자는 것이 불교라 하겠다. 소크라테스는 자기의 목숨이 죽어도 영혼은 죽지 않는다며 독배를 마셨다. 알이 부화하여 새가 되어 날아가듯이 자기 몸이 죽으면 영혼은 새처럼 하늘로 올라갈 것이라 하였다. 예수는 죽음이 끝이 아니라며 죽음을 넘어선 부활과 영생을 말한다. 나는 있고 또 있는 분이신 아버지의 아들로서 부활이요 영생이니 죽어도 살고 살아도 죽음이 없는 삶을 산다는 것이다. 예수는 인류의 구세주, 그리스도가 되어 십자가를 지고 죽었다가 사흘 만에 부활하여 죽음을 이겼다는 믿음이 기독교이다.

불교는 윤회를 벗어나는 해탈의 길을 또한 여러 단계로 설명한다. 태어날 때는 누구나 중생으로 태어나지만 나라를 생각하고 이웃과 공동체를 생각하며 사는 국토의 몸이 되기도 하고 새로운 문화와 사상을 일으키고 예술적 작품을 생산하는 업보의 몸이 되기도 한다. 이런 사람보다 더 높은 사람은 궁극적 진리에 대해 알고 싶고 듣고 싶어 하는 사람인데 그를 성문이라 한다. 즉 불교의 진리를 듣고 싶고 알고 싶다고 소망하는 사람이 되면 그는 벌써 굉장히 높은 수준에 다다랐다는 것이다. 이런 성문이 되면 벌써 해탈의 길에 들어섰다는 것이다. 성문보다 더 높이 올라가면 연각이 되고 연각에서 한 단계 또 올라가면 보살이 되고 보살이 아누다라삼먁삼보리를 얻으면 여래가 된다.

이렇게 볼 때 지금 금강경을 듣고 있는 사람의 수준은 적어도 귀가 열린 성문聲聞 이상이 된다는 말이다. 그 내용은 보살이 어떻게 하면 여래가 되는가 하는 이야기다. 그래서 이 금강경의 수준은 가장 높은 수준의 제자에게 하는 말씀이다. 그렇기 때문에 이 금강경을 읽고 좋아하는 사람의 수준이라면 벌써 그 경지가 보통이 아니다. 악귀 축생 아수라로 살고있는 사람들의 눈에는 이 금강경이 아무 쓸모 없는 쓰레기로 보일지도 모른다.

설악산이 좋다고 찾아가는 사람이 많다. 설악동에만 가도 사람들이 많지만 설악산 대청봉에 올라가면 몇 사람 보이지 않는다. 하물며 히말라야에 올라간 사람은 얼마나 희귀하겠는가. 금강경은 히말라야와 같은 영봉을 올라가는 일이다. 그런 영봉을 오르는 이야기를 하는 것이니 여기에 관심을 가진 사람이 매우 희귀할 것임은 당연한 일이다.

그러나 조금이라도 생각하는 사람이라면 궁극적 진리에 대한 관심을 갖지 않을 수 없다. 그래서 어떻게 살아야 되는지 고민하지 않을 수 없다. 진리를 추구하는 삶을 살아야 좋은지 아니면 남들처럼 부자 되는 꿈을 안고 돈을 좇아서 살다가 사라질 것인지 고민이 없을 수 없다. 그래서 참을 찾는 젊은이라면 "부처님, 어떻게 살아야 후회 없는 인생이 될까요?" 이런 질문을 갖지 않을 수 없을 것이다.

부처님께서 수보리에게 말씀하셨다. "만일 뜻있는 젊은이가 아누다라삼먁삼보리심을 일으키고자 한다면 마땅히 '내가 일체 중생을 제도하리라.' 이런 마음을 낼 것이다."

이상을 찾는 젊은이, 뜻을 가진 젊은이라면 출세하여 실컷 누려보겠다는 꿈을 꾸지는 않을 것이다. 한 번 태어난 인생인데 이 인생을 어떻게 살아야 정말 후회 없는 인생이 될까. 권력을 잡거나 부자가 되면 출세하였다고 모두가 부러워한다. 그러나 그게 정말 출세한 것일까? 우리 시대에도 돈과 명예와 권력의 정점에 있던 사람이 갑자기 불행해지는 경우를 자주 보지 않았는가. 또 상대적인 세상에서 누구나 대통령이 되고 누구나 재벌총수가 될 수는 없다. 그런 자리가 극히 제한된 때문이다. 그렇기에 그만큼 경쟁이 치열하고 대부분 경쟁에서 탈락되는데 도중에 낙오된 무수한 사람들의 삶은 어떻게 될까. 대통령에 출마하는 사람들도 모두가 국가와 국민을 위하여 일하겠다고 한다. 국가와 국민을 위해 일하는 것은 가족과 혈통을 위해 사업하는 일보다는 큰일이다. 그러나 권력만을 가지고 모든 국민을 행복하게 하는 일이 가능할 것인가. 또 사업하여 많은 돈을 가지면 참으로 이웃을 살리고 행복하게 할 수 있을까. 이런 점을 생각할 때 돈과 권력이 주는 한계가 분명해질 것이다. 뜻하지 않게 돈과 권력이 찾아올 수도 있을 것이다. 그러면 그 권력과 돈이 내 것이 아니라는 인식과 함께 그 능력의 한계를 알고 겸손하게 지혜를 구해야 할 것이다. 지혜가 없는 돈과 권력은 스스로에게도 독이 될 것이다.

내가 사람으로 태어났다는 의미는 무엇일까. 정말 나 자신을 바쳐서 모든 중생을 살리고 행복하게 해줄 수만 있다면 얼마나 좋을까? 가능한 한 많은 사람들을 도우며 사는 사랑의 삶은 무엇일까. 즉 나를 위한 삶이 곧 남을 위하는 삶이 되어 결국 모두가 행복하게 되는 그런 삶의 길은 무엇이 있을까? 기업을 일으켜 수많은 일자리를 만들고 수십만 사람들이 잘 살도록 해준다면 그것도 얼마나 선하고 좋은 일인가? 그렇지만 과연 내 적성에 기업가 정신이 있는가. 또 기업을 일으키는 과정에서 항상 선할 수 있을까? 또 성공한다 해도 일부 사람들을 도와주는 것이지 모두를 도와주는 것도 아니지 않는가. 사랑도 편애하면 원한을 낳지 않는가. 돈과 권력으로 공평하고 의로운 사랑이 가능한가. 또 일자리를 만들어 고용하는 일도 도움을 주는 일이면서 도움을 받는 일이지 그저 돕는 것만은 아니다. 또 돕는다고 해도 재정적 도움에 그치는 것인데 인간이란 생존 이상의 의미를 찾는 존재가 아닌가? 그래서 성인들께서는 진리를 가지고 우리를 사랑하신 것이 아닐까?

진리는 누구나 깨달을 수 있는 것이요 진리를 깨치면 인간의 생로병사의 모든 문제를 스스로 해결할 수 있는 지혜를 얻게 될 것이니 진리를 가지고 이웃을 사랑하는 것만이 가장 선한 길이요 가장 좋은 길이요 가장 귀한 길이 아니겠는가. 물질로 보시하고 몸으로 보시하는 것도 중요하지만 결국 법보시 이상의 사랑은 없다는 부처의 말씀이 참이 아닌가? 그러니까 일체중생을 제도하겠다는 마음을 일으켜라, 모든 사람을 사랑하는 길을 택하라는 말씀은 결국 진리를 깨닫고 진리를 전해야겠다는 서원을 가지라는 말씀이 아닐까. 그런데 진리란 과연 무엇인가.

이런 식의 생각은 젊은 청년으로서 어떻게 살아야 하는가를 놓고 한창 고민하던 시절에 내린 결론이었다. 다시 말하여 모든 사람에게 도움이 되는 인생을 살고 싶었고 그렇게 하려면 돈을 벌어 모아서 자선을 베푸는 일보다는 진리를 깨닫고 지혜의 도를 전하는 삶이 더 바람직하지 않겠느냐는 것이다. 지금 생각하면 당시 좀 더 원만하고 세밀하게 생각지 못하고 단순하고 치우친 생각에서 벗어나지 못했다고 여겨지나 하여튼 이런 사고와 논리가 나의 삶의 방향을 바꾸어 과학보다 종교에 더욱 힘을 쏟는 길을 택한 것이다.

"진리를 사랑하는 보살이 되려면 어떻게 살아야 합니까?" 성문이 와서 이런 질문을 한다면 우선 계명을 줄 것이다. 부처님이 가르친 것은 십계명이라 하여 열 가지다. 몸가짐을 바로 잡으라는 세 가지와, 마음가짐을 바로 잡으라는 세 가지, 그리고 말을 조심하라는 넷이다. 살도음殺盜淫을 금지하고 탐진치를 뿌리 뽑아 나쁜 말을 하지 말고 선하게 살라는 것이다. 나쁜 말이란 속이는 말, 거짓말, 아첨과 이간질하는 말, 폭력적인 말 등이 있다.

예수님의 가르침도 비슷한 것이다. 어떻게 살아야 하느냐는 청년의 물음에 우선 모세가 가르친 십계명을 지키라고 가르치셨다.

"예수께서 길에 나가실 새 한 사람이 달려와서 꿇어앉아 묻자오되

'선한 선생님이여 내가 무엇을 하여야 영생을 얻으리이까?' 예수께서 이르시되 '네가 어찌하여 나를 선하다 일컫느냐 하나님 한 분 외에는 선한 이가 없느니라. 네가 계명을 아나니 살인하지 말라, 간음하지 말라, 도둑질하지 말라, 거짓 증언 하지 말라, 속여 빼앗지 말라, 네 부모를 공경하라 하였느니라.'"(마가복음10장17-19)

성문聲聞이라면 이런 계명을 배워서 아는 사람이다. 그래서 나름대로 계명을 지킨다고 지켜서 이미 익숙해진 것이다. 불교에서는 고집멸도苦集滅道라는 사성제를 배운 사람이 성문이기에 이미 삼법인三法印과 팔정도를 배우고 계를 받은 사람이기 때문이다. 그렇지만 성문에서는 아직도 계명을 지키는 데 온전할 수가 없다. 성문聲聞이란 말은 귀가 뚫렸다는 것이다. 귀는 뚫렸지만 아직 눈도 뚫리지 않았고 코도 뚫리지 않은 것이다. 그래서 진리의 근원에 도달하지 못한 것이요 사랑이 되지 못한 것이다. 눈이 뚫려야 연각緣覺이다. 그래서 사랑이 되고자 하는 사람이 보살이다. 보살은 모든 중생이 다 성불하기까지 자기는 성불하지 않고 중생을 돌보겠다는 서원을 가진 사람이다. 그만큼 사랑이 되기를 갈구하는 것이다. 그러니까 보살은 육파라밀을 실천하며 사는 사람이다. 즉 보시 지계 인욕 정진 선정 지혜를 갈고 닦는다. 그런데 성문은 아직 그 실천의 원리를 깨치지 못한 것이요 그 원리를 깨치면 연각인데 연각은 인연因緣을 보는 사람이다. 그래서 인연의 싹이 트면 연각을 넘어 보살이 되는데 보살이 되면 실천의 세계로 들어가게 된다. 보살은 이제 제대로 수행을 하며 실천의 단계로 올라섰지만 그래도 또한 아직 온전한 사랑의 지혜가 되지는 못한 사람이다. 무의식을 넘어 초의식의 세계에까지 이르지는 못한 것이다.

기독교에서도 첫 단계로 계명을 강조한다. 기독교의 계명이라 하면 모세가 전했다는 십계명인데 예수가 와서 그 당시 형식적이던 계명을 새롭게 하여 산상수훈이라는 복음으로 전환하였다. 예수의 가르침인 산상수훈은 마태복음 5장에서 7장까지의 내용을 일컫는 말인데 예수의 복음이 모세의 율법을 어떻게 재해석했는지 그것을 읽어보면 알 수가 있다. 앞서 보았듯이 모세의 율법을 형식적으로 지키고 있던 어떤 순진한 청년이 예수를 찾아와서 인생길을 묻자 계명을 지키라 한다. 그런데 그 계명을 형식적이 아니라 보다 근원적인 정신에서 깨닫고 실천하라는 것이다.

"그가 여짜오되 선생님이여 이것은 내가 어려서부터 다 지켰나이다. 예수께서 그를 보시고 사랑하사 이르시되 네게 아직도 한 가지 부족한 것이 있으니 가서 네게 있는 것을 다 팔아 가난한 자들에게 주라. 그리하면 하늘에서 보화가 네게 있으리라. 그리고 와서 나를 따르라 하시니 그 사람은 재물이 많은 고로 이 말씀으로 인하여 슬픈 기색을 띠고 근심하며 가니라."(마가복음 10장 20-22)

젊은이는 자기가 계명을 지키고 있다고 여겼지만 그는 아직 그 계명의 근본정신을 깨닫지는 못한 것이다. 재물로 인하여 영의 눈과 사랑의 마음이 막혀 아직도 보살이 되지 못한 것이다. 성문에서 연각을 거쳐 보살이 되는 것도 비약의 결단이 필요하다. 알고 이해하고 노력하여 따라가는 차원보다는 깨달아서 실천하고 수행하는 단계가 훨씬 높기 때문이다.

보살은 일체의 중생을 위해서 모든 것을 바친 사람이다. 모든 이를 구원하기 위해 자기 자신을 바치겠다는 서원을 가지고 육바라밀을 실천하는 사람이 보살이다. 그럼에도 아직 보살에게는 무엇인가 부족한 것이 남아 있다는 것이다. 그것이 무엇인가?

부처님께서 말씀하셨다. "보살은 이런 사람이다. 즉 내가 일체중생을 모두 열반으로 제도하겠다고 서원하고 일체중생을 다 열반에 이르도록 제도한다. 그렇지만 한 중생도 제도할 것이 없음을 깨닫는 것이다. 왜 그런가? 수보리야, 만일 보살에게 아상 인상 중생상 수자상이 있으면 그이는 곧 보살이 아니기 때문이다. 수보리야, 또한 진실로 어떤 법이 있어서 아누다라삼먁삼보리심을 일으킨 것이 아니기 때문이다."

부처님의 말씀은 참으로 미묘하고 심오하여 알기 어렵다. 사실 알 수 있는 내용이 아니다. 스스로 깨닫고 실천하여 체득함이 없이는 알 수 있는 게 아니다. 인연을 깨치고 육바라밀을 실천하면서 모든 중생을 위해 수행 정진하는 그런 보살이 되지 못하고 이것들을 알 수는 없을 것이다.

수행이 깊어지면 깊어질수록 아상이 드러나게 마련이다. 선행을 하면 할수록 내가 선행을 하기에 턱없이 부족하다는 의식에서 벗어나기 어렵다. 예수가 가르친 바와 같이 오른손이 하는 일을 왼손이 모르게 해야 되는데 그것이 그렇게 쉽게 되지 않기 때문이다. 선행을 하는 것도 의식의 단계에서 무의식을 거쳐 초의식의 단계로 올라가야 된다. 그런데 우리가 보통 의식적으로 선행을 하는 단계에서는 아상을 벗어날 수 없다는 것이다. 보살이 의식의 단계에서 무의식으로 올라갈 때 진짜 보살이 되고 다시 무의식에서 초의식의 단계로 올라설 때 여래가 된다.

동광원을 시작한 이현필에게 영향을 준 그의 스승 이공의 이야기가 전해진다. 이공의 본래 이름은 이세종인데 성경을 보고 예수의 복음을 깨달은 다음에는 모든 것을 비웠다 하여 스스로를 이공이라 칭했다. 젊어서부터 부자가 되기 위해 모은 모든 토지와 재산을 이웃들에게 나눠주고 마음을 비워 기도하는 수행자의 삶을 시작했다. 하루는 전도를 하기 위해 집을 나섰는데 얼마 가지 않아서 거지를 만나게 되었다. 속살이 보이도록 다 낡은 옷을 입고 걸어오는 거지의 얼굴을 보니 며칠을 굶은 듯 파리했다. 불쌍하다는 생각이 들자 그가 지니고 나온 모든 돈을 주머니에서 꺼내 그대로 주었다. 얼마인지 세어보지도 않고 주었지만 그만한 돈이면 한동안 살 수 있을 만큼 넉넉한 돈이었다. 그렇게 상당히 많은 돈을 주었는데 거지는 그 돈을 받으면서 당연한 듯 받아 집어넣고는 그대로 무심히 지나갔다.

그 순간 이공은 지나간 거지를 자기도 모르게 뒤돌아보며 '저런 고얀 놈이 있나. 그렇게 많은 돈을 받았으면 감사하다는 인사를 하거나 또는 고맙다는 몸짓이라고 하고 가야지 그냥 가는 법이 어디 있냐?' 하는 생각이 들었다. 그러면서 또한 깨닫기를 '아, 내가 모든 것을 버렸다고, 나는 이제 없다고, 그래서 나는 주님 앞에서 이제 공空이라고 그랬지만 아직도 나라는 놈이 이렇게 시퍼렇게 살아 있구나. 교만한 내가 이렇게 죽지 않고 살아있다니.' 하면서 크게 반성을 했다.

이공은 그날로 전도활동을 중단하고 산으로 들어가 진짜 공이 되기 위하여 다시 기도를 시작했다고 한다. 그렇게 하나님 앞에서 자기를 비우고자 기도 정진하던 이공의 모습을 보고 이현필은 크게 감화를 받게 되었다. 그래서 그도 스승을 따라 기도정진의 길에 들어서게 되었다고 한다. 이현필이 산속에서 스승 이공을 만났을 때 그 모습이 얼마나 깨끗하고 아름답고 거룩했던지 평생 잊을 수 없었다고 한다. 일생을 통해 수많은 분들을 만났지만 이공만큼 성화되고 거룩해진 모습을 보여주신 분이 없었노라고 이현필은 그 스승의 모습을 회고하였다.

무아의 경지란 쉽게 될 수 있는 것이 아니다. 중생을 제도한다는 의식이 있는 한 보살이 되지 못하는 것이다. 중생이라 보는 순간 이미 중생심에 빠지고 마는 것이다. 주관의 나도 없고 객관의 대상도 없고 텅 빈 하늘처럼 고요하고 밝은 소소영명昭昭靈明이 되어야 공空이라 할 것이다.

수보리야, 네 생각은 어떠하냐? 여래가 연등부처님 처소에서 아누다라삼먁삼보리를 얻을 어떤 법이란 게 있었겠느냐?

아니옵니다. 세존이시여, 부처님께서 말씀하신 뜻을 제가 이해는 바는 부처님께서 연등부처님 계신 곳에서 아누다라삼먁삼보리를 얻는 어떤 법이 없었습니다.

석가모니 부처님께서 수보리에게 말씀하셨다. "내가 옛날에 연등부처님 계신 곳에서 아누다라삼먁삼보리를 얻을 수 있는 어떤 법이 있었겠느냐?" 그러자 수보리가 '아닙니다. 아누다라삼먁삼보리를 얻을 어떤 법이라는 게 없었습니다.' 하고 대답했다. 진리를 깨닫는 데 어떤 방법이란 게 있겠느냐는 것이다. 진리를 깨닫는 데는 어떤 방법도 없다는 말이다. 여래가 되는 어떤 방법이 있는가? 그것은 없다는 것이다.

부처님께서 말씀하셨다. 그렇다, 그렇다, 수보리야! 실로 어떤 법이 있어서 여래가 아누다라삼먁삼보리를 얻은 것이 아니다. 수보리야, 만일 어떤 법이 있어서 여래가 아누다라삼먁삼보리를 얻는다면, 연등불께서 곧 나에게 '네가 다음 세상에 응당 부처를 이루고 그 이름은 석가모니라 하리라.' 하고 수기를 주지 않으셨을 것이다. 실로 어떤 법이 있어서 아누다라삼먁삼보리를 얻는 것이 아니므로 연등불께서 나에게 수기를 주어 말씀하시기를 '네가 다음 세상에 응당 부처가 될 것이며 호를 석가모니라 하리라.'하신 것이다.

수보리가 대답하길 '진리를 깨닫는 데는 어떤 방법이 있지 않습니다.'고 하자 석가모니부처께서 '그렇다, 그렇다.' 하고 칭찬을 하신다. 그러면서 또 설명하시길 '만일 깨닫는 어떤 법이 있었다면 연등부처님께서 나에게 수기를 주지 않으셨을 것이다.' 한다.

수기授記란 무엇인가? 수기란 스승이 제자에게 다음에 꼭 부처가 되리라고 예언하며 격려하는 가르침을 말한다. 그러니까 만일에 깨닫는 어떤 방법이 있었다면 그 방법만 알려주었을 것이고 그러면 바로 깨닫게 되었을 것이다. 그러면 굳이 내생에 부처가 되리라는 수기를 줄 이유가 없다는 것이다.

부처가 되는 방법이 있다면 누구나 지금 여기서 부처가 되지 굳이 내생에까지 갈 이유가 무엇인가. 부처가 되는 방법은 없는 것이다. 다만 있다면 시절인연이 있어서 그 때가 있는 것이다. 그 때를 알려주는 것이 수기라는 것이다. '시절약도時節若到 기리자창其理自彰'이다. 겨울이 지나고 봄이 오면 모든 꽃들이 저절로 피어나는 것이다. 겨울철에 매화나무를 보면서 내년 봄에 꽃이 꼭 필 것이라고 말할 수 있지만 지금 매화나무에게 꽃을 피우라며 그 방법을 말할 수 있겠는가? 스승은 때를 알려주는 사람이요 길을 보여주는 사람이지 억지로 잡아 끌어내는 사람이 아니다.

왜 그런가? 여래자즉如來者卽 제법여의諸法如義. 여래라 함은 곧 모든 법이 여여하다는 뜻이기 때문이다. 여래란 진리에서 나와서 진리로 돌아간다는 뜻이다. 여래는 모든 것을 진리에 따르기에 진리와 언제나 일치한다는 뜻이다. 여래에게는 일체 모든 법이 진리다. 그래서 특별히 법이라 할 것이 없다. 만일 어떤 사람이 말하기를 '여래가 아누다라삼먁삼보리를 얻었다.'고 하더라도 수보리야, 실로 부처님은 어떤 법이 있어서 아누다라삼먁삼보리를 얻은 것이 아니다.

이렇듯 진리를 깨닫는데 무슨 방법이나 비결이 있는 것이 아니라 했다. 방법이 없다는 말에는 두 가지 의미가 있다. 첫째는 이미 말한 대로 때가 되면 저절로 된다는 것이다. 때가 되어야 무엇이 되지 아무리 애를 써도 때가 오지 않으면 될 수가 없다. 기독교에서 때를 주관하시는 분은 하나님이라 한다. 그만큼 때는 나의 영역이 아니라는 것이다. 그래서 때를 느끼고 때를 알면 거의 다 된 것이다. 자기도 모르게 깨나는 것이다. 달걀이 어미 닭의 품에서 꼬박 21일을 지내야 깨어나듯이 나도 하나님의 품에 들어가 때를 채워야 하나님이 깨워주시는 것이다. 그래서 방법을 찾지 말고 하나님을 찾고 성령을 찾고 스승을 찾으라는 것이다. 방법이라면 그것이 방법이다.

방법이 없다는 말은 달리 말해서 모든 것이 다 방법이라는 말도 된다. 사람은 누구나 이미 자연과 사회와 하나님의 품에 있기 때문이다. 모든 것이 협력하여 선을 이룬다는 바울의 말처럼 깨닫고 보면 모든 것이 다 방법이었다. 깨달았다는 말은 그동안 어미 닭의 품에서 지냈다는 것을 깨달았다는 말이기도 하다. 어미 닭 품속에서 온갖 노력으로 깨닫기 위해서 애를 쓴 것도 사실이다. 21일 동안 눈도 만들어져야 하고 발도 만들어져야 하고 심장도 만들어져야 하고, 이렇게 병아리로서 독립하고 일어설 수 있는 모든 신체 기관을 만들기 위해서 계란은 얼마나 많은 고통과 고난을 다 겪었을까.

사실은 모두가 어미 닭의 힘으로 된 것이요 자연의 힘으로 된 것이지만 달걀의 입장에서는 어미 닭을 보지도 못하고 느끼지도 못하고 자기의 고통스런 변화만을 느끼며 살았기에 그 모든 것들이 자기의 수고와 고생으로 여겨졌을 것이다. 그런 모든 수고와 고통이 모여 마침내 하나의 병아리로 깨어나게 된 것이다.

하나의 진실한 인생으로 깨나기 위해서도 그렇게 내적 외적 모든 노력과 고통과 고난이 모두 도움이 된 것이다. 수십억 세포 하나하나가 이뤄지기 위해 노력했던 그 모든 것들이 다 방법이었다. 그러니까 알고 보면 세상에서 고난치고 진리를 깨닫기 위한 방법이 아닌 것은 없다는 말이다. 내가 지금 여기서 겪는 고난들이 사실 아무 의미 없는 것 같지만 깨닫고 보면 다 필요했던 것이요 하나님의 은혜라는 것이다. 이렇게 모든 법을, 모든 사건을 은혜로 보는 사람이 깬 사람이요 여래라 할 것이다. 모든 것이 하나님께로부터 왔다가 모두가 하나님께로 간다는 것을 알고 믿는 것이다. 일체 법을 긍정하는 이런 사람이 여래요 그렇기 때문에 여래는 어떤 법을 특별히 갖고 있어 여래가 되는 것이 아니다. 여래는 어떤 법이 있어서 '아누다라삼먁삼보리'를 얻은 것이 아니다.

수보리야, 여래가 아누다라삼먁삼보리를 얻은 바 이 가운데에는 참됨도 없고 허망함도 없느니라. 그러므로 여래가 말하기를 '일체 법은 모두가 다 붓다의 법이라'고 하였느니라. 수보리야, 이른바 일체법이라 함은 곧 일체법이 아니니, 그러므로 그 이름이 일체법이니라. 수보리야, 비유컨대 사람의 몸이 아주 장대하는 말과 같은 것이다.

진리를 깨닫고 보는 세계는 어떤 것일까? 그 세계는 참으로 있는 것도 아니고 없는 것도 아니라는 것이다. 실재의 세계는 있는 것도 아니고 없는 것도 아닌 중도의 세계이다. 그것을 선불교에서는 실상무상實相無相이라 하기도 하고 반야심경에서는 제법공상이라 하기도 화엄경에서는 법계라 하는데 하여튼 일상적인 차원을 넘어선 고차원이라는 것이다.

과학으로 생각해도 삼차원으로 보면 모든 것들이 분명한 실체로 있지만 사차원에서 보면 있는 것도 아니고 없는 것도 아니다. 빛을 입자로 보면 파동이 아니고 빛을 파동으로 보면 입자가 아니다. 빛의 입자설과 파동설은 서로 양립할 수 없는 모순이다. 그런데 빛이 입자인 것을 증명할 수도 있고 빛이 파동이라는 것을 증명할 수도 있다. 그래서 빛은 입자이면서 파동이라 하지만 입자이면서 동시에 파동이라는 그것을 합리적으로 설명하거나 증명할 길은 없다.

입자를 실상이라 하면 파동은 허상이다. 빛의 실재는 입자이면서 파동이다. 즉 실상이면서 허상이다. 실상과 허상은 서로 모순이기에 두 모순을 함께 품고 있는 그것을 우리의 감각과 이성으로는 이해할 수도 없고 설명할 수도 없다. 다만 두 모순이 지양된 더 고차원이라야 두 모순이 함께 양립할 수 있음을 알기에 그 차원은 한층 더 높다는 것만을 추측하여 상상할 수 있을 뿐이다.

여기서는 중도실상의 법계를 설명하자는 것이 아니라 중도실상의 세계를 깨닫는 방법에 국한하여 생각해보는 것이다. 깨닫는 법이라 하는 것이 없다고 했는데 그 법도 또한 중도실상이라는 것이다. 모든 법이 다 깨닫는 길이라 하면 그것은 실상이다. 그렇지 않고 깨닫는데 어떤 법도 없다고 하면 그것은 허상이다. 진리에 이르는 어떤 길이 없다는 말은 또한 모든 길이 다 진리에 이르게 한다는 말과 같은 뜻이 된다. 또는 길이 곧 진리라는 말이 된다. 길과 진리가 둘이 아니라는 것이다. 일체의 모든 길이 곧 진리라는 것이다.

일체법을 붓다의 법이라 한다. 붓다의 법이란 깨닫는 방법이다. 모든 법은 다 깨달음에 이르는 방법이다. 깨닫고 보면 부처 아닌 것이 없고 진리 아닌 것이 없고 법 아닌 것이 없다. 일체가 여래요 일체법이 여래법이다. 일체법이 붓다의 법이다.

일체법이란 무엇인가? 다시 제자리로 돌아온 물음이다. 진리란 무엇인가? 여래가 일체법이라 함은 곧 일체법이 아니라 그 이름을 일체법이라 한 것이다. 여래가 진리라 하면 그것은 진리가 아니라 그 이름이 진리라는 것이다. 일체법이라 함은 하나의 손가락이지 달이 아니다. 진리를 깨닫는데 길이 없다느니 모든 길이 다 진리라느니 모두가 손가락이지 달이 아니다. 일체법이나 진리라는 말도 방편이요 손가락이지 진리도 아니고 길도 아니다. 언어문자에 빠지지 말고 바르게 가다 보면 때가 되어 바로 깨닫게 된다는 것이다. 불립문자, 교외별전, 직지인심, 견성성불이다. 경전도 방편이요 가르침도 방편이니 바로 자기의 마음을 깨쳐서 본성을 찾아 성불하라는 것이다.

여래가 일체법이라 함은 진리의 방편으로 말한 것이다. 말하자면 인격이 크다고 할 때 그 사람이 크다고 말하는 것과 같다. 그는 큰 사람이라 할 때 그것은 키를 말하는 것이 아니라 인격을 말하는 것이다. 마찬가지로 일체법이라 할 때 그것은 방법을 말하는 것이 아니라 진리를 바로 깨치라는 것이다.

수보리가 대답하였다. "세존이시여, 여래께서 사람이 아주 크다고 말씀하신 것은 곧 그 신체가 아니라 인격이 크다는 것을 말씀하심입니다."

"수보리야. 보살도 또한 이와 같으니라. 만일 '나는 마땅히 한량없는 중생을 제도하리라.'하고 말하는 이가 있다면 그는 곧 보살이라 할 수가 없다. 왜 그런가? 수보리야, 실로 어떤 법도 갖지 않는 것을 보살이라 이르기 때문이다. 그러므로 부처님께서 설법하시기를 '일체법이란 나도 없고 남도 없고 중생도 없고 존재함도 없는 것이니라.'고 하셨느니라."

보살이란 말도 또한 마찬가지로 방편이다. 일체법을 가지고 일체중생을 모두 다 구원하겠다는 서원을 가지고 사랑을 베푸는 사람이 보살이라 했지만, 그것도 방편이다. 일체중생을 다 구원한다는 말이 또한 하나의 법이다. 즉 그것도 보살이 여래가 되는 하나의 길이 되기 때문이다. 보살이 어떤 법을 가지면 그것은 이미 보살이라 할 수가 없다. 왜냐면 진실로 어떠한 법도 갖고 있지 않는 것, 즉 모든 법을 초월하는 것을 일컫는 이름이 보살이기 때문이다.

그래서 보살은 일체의 중생이 아니라 일체의 여래를 섬기는 사람이다. 일체의 여래를 섬기는 법이 곧 일체법이다. 부처님 법이 일체법이기 때문이다. 그래서 보살의 눈에는 일체가 여래뿐이지 중생이 없는 것이다. 그래서 부처님은 말씀하신다. 일체법이란 나도 없고 남도 없고 중생도 없고 세상도 없다는 것이다. 일체가 여래라는 것이 일체법이다. 일체는 여래뿐이다. 일체는 불이다. 일체는 빛이다. 일체가 대자대비의 사랑일 뿐이다. 그것이 일체법이란 것이다.

수보리야, 만일 어떤 보살이 '내가 마땅히 불국토를 장엄했노라.'하고 말한다면 이 사람을 보살이라 할 수 없느니라. 왜 그런가? 여래가 말하기를 '불국토를 장엄한다는 것은 곧 장엄이 아니라 이것은 그 이름이 장엄이라.' 했기 때문이다.

수보리야, 만일 어떤 보살이 '무아법'이라는 것에 통달했다면, 여래는 설명하시길 '참으로 이것이 보살이라.' 할 것이다.

어떤 보살이 불국토를 장엄했다고 하는 말도 마찬가지다. 먼저 불국토를 장엄했다는 뜻은 무엇인가? 불국토는 부처님의 세계, 진리의 세계를 말한다. 그것을 화엄경에서는 화엄법계라 한다. 좀 더 구분하면 사법계, 이법계, 이사무애법계, 사사무애법계라는 네 가지를 말한다. 모두가 청정장엄의 세계이다. 한 마디로 부처님의 나라, 불국토는 정토의 세계, 깨끗한 세계이다. 그러니까 불토는 본래 깨끗하고 장엄한 세계이다. 이런 깨끗하고 아름다운 불토를 더 깨끗하게 아름답게 장엄한다는 것이 있을 수 있을까? 사실은 지금까지 내가 오염원이 되어 깨끗한 불토를 더럽히고 있었다. 그런데 이제 그것을 깨닫고 나도 청정법신이 되어 그 오염원을 사라지게 했으니 불토를 장엄하게 되었다. 이렇다면 그것은 실로 내가 불토를 장엄한다고 할 수는 없는 것이다.

보살은 불토를 장엄하는 사람들이다. 늘 깨끗한 세계가 되도록 쓸고 닦아서 불토를 빛나게 하는 사람들이 보살들이다. 이런 보살은 결국 자기를 닦고 빛나게 하는 사람이지 무슨 불토를 닦고 빛내는 것이 아니다. 그래서 여래께서 말씀하시길 '불토를 장엄한다는 것은 장엄함이 아니니라. 이것을 이름하여 장엄이라 하느니라.' 하신 것이다. 더 이상 장엄할 것이 없는 불토의 세계, 어디든 깨닫고 보면 부처 아닌 것이 없듯이 불토 아닌 곳이 없다는 것을 알게 되면 그것이 보살의 세계라는 것이다. 결국은 내가 깨닫고 내가 무아가 되어 빛이 되는 것뿐이다. 그것이 장엄불토라는 것이요 그것이 또 무아법에 통달한다는 것이다.

'아누다라삼먁삼보리'를 얻는 비결이 무엇인가? 그것은 별 게 아니다. 아누다라삼먁삼보리를 알고 아누다라삼먁삼보리와 하나가 되는 것뿐이다. 그런데 아는 것도 어렵지만 알고 나서 하나가 되는 것은 더 어려운 일이다. 인생의 길은 세 단계로 간다. 처음에는 알기 위해서 애쓰는 단계이다. 이때 가장 중요한 것은 스승을 찾는 것이다. 스승을 찾으면 아는 것이 훨씬 쉽게 이뤄진다. 그렇지 못하면 일생 방황하다 끝나는 수가 많다. 다음에는 도를 실천하는 단계이다. 아는 것이 제대로 되면 깨치게 되고 깨치면 도에 들어가게 된다.

도에 들어간다는 것은 실천하기 위해 노력하는 것이다. 지행합일의 세계를 맛보며 지행합일이 되기 위해 애쓰는 것이다. 그래서 지행합일이 되려면 도와 하나가 되어야 한다. 이때는 실천하기 위해서 애를 쓰는 것이 아니라 애쓰지 않아도 저절로 실천이 되는 세계이다. 왜냐면 이제 내가 하는 것이 아니기 때문이다. 주역에서는 그것을 간단하고 쉽다는 이간易簡이라 하고 노자는 그것을 무위자연無爲自然이라 한다. 나는 없어지고 도만이 있다. 나는 아무것도 하는 것이 없는데 도가 저절로 그렇게 한다. 내가 무엇을 한다는 의식이 없는데 저절로 그렇게 다 된다. 나와 도는 이미 둘이 아니기 때문이다.

왕양명은 이것을 심즉리心卽理라 한다. 내 마음이 곧 빛이라는 것이다. 예수의 말로 하면 내가 곧 진리라는 것이다. 나는 빛이다. 빛과 내가 둘이 아니라는 것이다. 나는 없고 빛만이 우주에 가득한 것이다. 그때 나는 무아無我의 빛이요 또한 대아大我의 공이 된다. 이런 허령지각虛靈知覺의 대아가 되면 모든 소아들을 돌보는 사랑이 된다. 그래서 대아의 마음에는 일체 차별이 없다. 아상 인상 중생상 수자상이 없다는 말이다.

17장은 어려운 내용이 많이 나온다. 내용을 요약하면 진리의 세계는 일체를 초월한 중도라는 것, 그것을 깨닫는데 어떤 길이나 정해진 공식이 없다는 것, 그래서 보살은 모든 법을 초월해야 된다는 것이다. 그것을 무아법이라 하기도 하고 일체법이라 하기도 하고 여래법이라 하기도 하였다. 즉 한자로 번역한 말로 무상정변지라는 깨달음의 세계를 이해하는데 중도, 무아법, 일체법, 여래법이라는 개념으로 설명하려고 하였다.

그런데 한문에서 법法이라는 글자가 너무 많은 것을 나타내니까 소통과 이해가 어렵다. 법은 법칙이나 공식, 또는 진리를 말하기도 하고 또는 사건이나 사물을 나타내기도 하고 방법이나 길을 뜻하기도 한다. 그리고 만물, 또는 세계를 법이라 하기도 한다. 일체의 법을 초월한 세계, 아공과 법공이 된 그것을 무아법이라 또는 무유법, 일체법, 여래법 등 여러 말로 하면서 서로 모순개념으로 설명을 하는데 그 모순을 또 넘어서는 것을 무아법이라 한다. 하여튼 무유법, 일체법, 무아법, 그 모두가 결국은 하나의 여래법이라고 해도 될 것이다.

일체동관분一體同觀分

모두가 한 몸이니 하나로 본다

"수보리야, 어떻게 생각하느냐. 여래에게 육안이 있지 않느냐?" "그러하옵니다. 세존이시여, 여래께서 육안이 있사옵니다."

(수보리須菩提야 어의운하於意云何오? 여래유육안불如來有肉眼不아? 여시如是니이다. 세존世尊하 여래유육안如來有肉眼이니이다.)

"수보리야, 어떻게 생각하느냐. 여래에게 천안이 있지 않느냐?" "그러하옵니다. 세존이시여, 여래께서 천안이 있사옵니다."

(수보리須菩提야 어의운하於意云何오? 여래유천안불如來有天眼不아? 여시如是니이다. 세존世尊하 여래유천안如來-有天眼이니이다.)

"수보리야, 어떻게 생각하느냐. 여래에게 혜안이 있지 않느냐? 그러하옵니다." "세존이시여, 여래께서 혜안이 있사옵니다."

(수보리須菩提야 어의운하於意云何오? 여래유혜안불如來有慧眼不아? 여시如是니이다 세존世尊하 여래유혜안如來有慧眼이니이다.)

"수보리야, 어떻게 생각하느냐. 여래에게 법안이 있지 않느냐? 그러하옵니다." "세존이시여, 여래께서 법안이 있사옵니다."

(수보리須菩提야 어의운하於意云何오? 여래유법안불如來有法眼不아? 여시如是니이다 세존世尊하 여래유법안如來有法眼이니이다.)

"수보리야, 어떻게 생각하느냐, 여래에게 붓다의 눈이 있지 않느냐?" "그러하옵니다. 세존이시여, 여래께서 붓다의 눈이 있사옵니다."

(수보리須菩提야 어의운하於意云何오? 여래유불안불如來有佛眼不아? 여시如是니이다 세존世尊하 여래유불안如來有佛眼이니이다.)

"수보리야 어떻게 생각하느냐. 갠지스강 가운데 모래가 있음에 대하여 부처님이 이 모래에 대해 가르친 적이 있지 않느냐?" "그러하옵니다. 세존이시여, 여래께서 이 모래에 대해 말씀하셨사옵니다."

(수보리須菩提야 어의운하於意云何오? 여항하중소유사如恒河中所有沙를 불설시사불佛說是沙不아? 여시如是니이다 세존世尊하 여래설시사如來說是沙니이다.)

"수보리야, 어떻게 생각하느냐. 갠지스강 가운데 있는 모래와 같은 수의 갠지스강이 있고 이 모든 갠지스강의 모래와 같은 수의 부처의 세계가 있다면, 이것을 어찌 많다고 하지 않겠느냐?" "세존이시여, 실로 많사옵니다."

(수보리須菩提야 어의운하於意云何오? 여일항하중소유사如一恒河中所有沙이 유여시사등항하有如是沙等恒河하고 시제항하소유사수是諸恒河所有沙數로 불세계여시佛世界-如是하면 영위다불寧爲多不아? 심다甚多니이다 세존世尊하)

부처님께서 수보리에게 말씀하셨습니다. "그렇게 많은 부처님 세계 가운데 수많은 중생이 있고 또 중생들이 제각각 다양한 마음을 가지고 있다 하더라고 여래께서는 그 마음을 다 알고 있느니라. 왜 그런가? 여래가 말한 모든 마음은 다 마음이 아니고 그 이름이 마음이기 때문이다. 그 까닭은 무엇인가?"

(불고수보리佛告須菩提하사되 이소국토중爾所國土中에 소유중생所有衆生의 약간종심若干種心을 여래실지如來悉知하나니 하이고何以故오? 여래설제심如來說諸心이 개위비심皆爲非心이요 시명위심是名爲心이니 소이자하所以者何오?)

"수보리야, 그것은 지나간 과거의 마음도 얻을 수 없고 현재의 마음도 얻을 수 없으며, 미래의 마음도 얻을 수 없기 때문이니라."

(수보리須菩提야 과거심불가득過去心不可得이며 현재심불가득現在心不可得이며 미래심불가득未來心不可得일새니라.)

평산풀이

제18장은 일체동관분一體同觀分이다. 여래는 어떤 눈을 가지고 인생과 우주와 세계를 바라보는가. 여래가 가지고 있는 인생관과 우주관과 세계관, 그런 입장을 한마디로 일체동관一體同觀이라 한다. 일체를 통찰하여 동등하고 동일하게 한가지로 본다는 것이다. 여래는 어떤 눈을 가지고 그런 일체동관을 할까. 일체동관이 무엇인가?

여래에게는 육안이 있고 천안이 있고 혜안이 있고 법안이 있고 불안, 부처의 눈이 있다. 육체의 눈, 마음의 눈, 지혜의 눈, 진리의 눈, 붓다의 눈이다. 여래는 이 다섯 가지 눈을 가지고 온 우주의 모든 중생과 세계를 바라본다. 그 세계의 다양성을 다시 갠지스강의 모래로 비유한다. 갠지스강의 모래처럼 무수한 여래가 계시는데 여래는 각각 삼천대천세계를 품고 있으니 그 모든 세계의 중생들은 또 얼마나 많겠는가. 이처럼 중생의 수를 헤아릴 수 없다는 비유를 갠지스강의 모래를 들어 상상하게 만든다. 그렇게 수천억만 세계에 살고 있는 무수한 중생들의 갖가지 마음을 여래께서는 다 보고 다 알고 계신다는 것이다. 왜 그런가. 여래께서 말씀하시길 중생들의 모든 마음은 모두 마음이 아니라 마음이라는 이름이기 때문이다. 이래서 여래는 중생의 마음을 다 안다는 것이다. 마음도 제행무상諸行無常이요 제법무아諸法無我라는 것이다. 그러니까 과거의 마음도 붙잡을 수 없고 현재의 마음도 붙잡을 수 없고 미래의 마음도 붙잡을 수 없는 것이다. 이런 제행무상과 제법무아를 깨친 여래는 열반적정涅槃寂靜의 세계에서 그 마음을 다 보고 다 안다는 것이다. 간단히 말하면 이런 내용이다.

첫째 여래가 가지고 있는 다섯 개의 눈이란 무엇인가 하는 질문이 나온다. 둘째는 마음의 세계가 무한하다는 것이다. 우주에는 수억만의 세계가 있고 각각의 세계 속에는 또 수억만의 중생이 살고 있고 그 중생들의 마음은 또 수억만이라 한다. 그러면 그 마음의 세계는 얼마나 많은가? 그러나 아무리 수천억만의 중생들이 각기 수천억만의 마음을 가지고 있다고 하더라도 여래는 그 모든 마음을 다 헤아리고 알고 계신다는 것이다. 어떻게 여래는 그 모든 마음을 다 헤아려 알고 계실까? 셋째는 마음이란 무엇인가 하는 질문이다. 마음이란 모든 마음이 다 마음이 아니라 그 이름이 마음이라는 것이다. 이 말의 뜻하는 마음이란 무엇인가? 그 마음은 과거의 마음도 아니요, 현재의 마음도 아니요, 미래의 마음도 아니라는 것이다. 그 마음이 무엇일까? 이렇게 서너 가지 질문으로 요약해볼 수 있겠다.

흔히 중생의 마음은 과거의 마음 현재의 마음 미래의 마음으로 되어 있다. 이 마음을 어떻게 잡을 수 있는가. 마음에 점을 찍어야 하는데 어떻게 해야 될까? 마음을 붙잡아야 점을 찍는 점심點心을 할 수 있는데 어떻게 해야 마음을 붙잡을 수 있을까? 이와 관련 하여 〈벽암록〉에 덕산(782-865)의 이야기가 전해 온다.

당나라 때의 이야기다. 주周씨 성을 가진 덕산선감德山宣鑑이란 스님이 있었다. 서촉西蜀에서 '금강경'을 강의하던 그는 남방의 선승들은 '마음이 곧 부처라' 하는 심즉시불心卽是佛을 가르친다는 소문을 듣고 무식한 그들에게 불법을 전해야겠다고 결심했다.

'수 없는 수행을 하고, 선지식을 만나서 한없는 부처님의 행실을 배우고 부처님의 말씀을 배운 뒤에야 완전한 깨달음을 이룰 수 있는 법이다. 어찌 마음이 곧 부처라 하여 배울 것도 없다고 교외별전敎外別傳이라 하며 경전도 필요 없다고 불립문자不立文字라 하는가? 이런 무지한 남방의 스님들에게 금강경의 진리를 제대로 알려야겠다.'

그는 금강경의 주석서를 잔뜩 짊어지고 남방으로 길을 떠났다. 그러다 풍양灃陽에 다다랐을 때였다. 점심때가 되었는데 먼길을 걸어오느라 배가 무척 고팠다. 주변을 둘러보니 마침 길가에 떡집이 있었다. 떡집에 들어서니 주인은 나이 많은 할머니였다.

"안녕하세요? 점심點心하러 왔습니다. 떡 하나 주실래요?"

할머니가 찾아온 손님을 바라보니 등에 무거운 짐을 짊어지고 있는 것이 아닌가.

"스님, 무슨 짐을 그렇게 짊어지고 다니십니까? 그 짐들은 다 무엇이오?"

"아, 네. 이것은 책들입니다. 제가 쓴 '금강경' 주석서입니다."

그러자 할머니는 반가운 듯 조용하게 물었다.

"스님, 저도 금강경이라면 한 번 읽어보았답니다. 그런데 제게 궁금한 게 있어요. 여쭤봐도 될까요?"

덕산은 자신 있게 대답했다.

"아무렴요, 뭐든지 물어보십시오."

"금강경을 보면 '과거의 마음도 얻을 수 없고, 현재의 마음도 얻을 수 없고, 미래의 마음도 얻을 수 없다' 했습니다, 그런데 스님은 지금 마음에 점을 찍는 점심을 하시겠다는데 어느 마음에 점을 찍으시겠다는 겁니까?"

주덕산은 금강경 박사였는데 그만 말문이 막히고 말았다. 물론 덕산은 이 구절에 대해 잘 알고 있었다. 그리고 평소에 생각하길 이는 부처님의 말씀이고 또 누구나 아는 당연한 거 아니냐 생각했다. 과거는 지나갔으니 붙잡을 수 없고 현재는 찰나에 불과하니 잡을 수 없고 미래는 아직 오지 않았으니 잡을 수 없는 것 아닌가. 잡을 수 없는 것이 당연하다고 여겼다. 그런데 나는 늘 점심을 하며 살고 있었다. 마음에 점을 찍는다는 점심이 무슨 뜻인지도 모르고 밥을 먹고 있었다. 그런데 점심이 마음에 점을 찍는 것이라니. 마음 어디에 점을 찍는단 말인가. 마음을 잡아야 점심을 할 텐데 그 마음을 어떻게 잡을 수 있는가? 할머니는 지금 그 마음을 어떻게 잡았느냐고 묻고 있었다.

지금까지 덕산은 이런 질문을 생각해본 적이 없었다. 점심이 무엇인지 점심의 의미를 심각하게 생각해본 적이 없었다. 그냥 마음은 시간처럼 흘러간다고 생각했을 뿐이다. 시간이라는 것은 잡을 수 없는 것이다. 마음도 시간의 흐름처럼 흘러가는 것인데 어떻게 붙잡겠는가. 그런데 할머니는 지금 그것을 붙잡는 방법이 있지 않겠느냐고 묻고 있다. 방법을 묻고 있다고 하기보다는 너는 그것을 잡았느냐고 묻는 것이다. 점심이란 마음에 점을 찍는 것이다. 마음에 점을 찍으려면 그것을 붙잡아야 하는데 그것을 붙잡지 못한 사람이 무슨 점심이냐는 것이다. 이 질문을 받자 덕산은 그만 자기가 마음을 붙잡고 사는 사람이 아니라는 것을 알게 되었다. 수보리가 부처님께 질문한 것도 그 마음을 어떻게 붙잡느냐고 하지 않았던가. 그 마음을 어떻게 붙잡아 항복받느냐?

마음을 붙잡는다는 것, 마음을 붙잡고 점을 찍어야 점심이 되고 그것이 바로 아누다라삼먁삼보리를 깨달은 것이 아닌가. 마음을 붙잡아 항복시키는 그 지혜를 얻자는 금강경인데 그 마음을 붙잡지 못하고 어떻게 항복시킬 수 있겠는가. 마음을 안다고 생각했지만 나는 아직도 마음을 잡지 못했구나. 금강경에 대해 수많은 주석을 달았지만 사실 금강의 마음을 얻지 못했으면 그게 무슨 소용인가. 지금까지 잘 안다고 생각했던 금강경에 대하여 실로 나는 아무것도 아는 것이 없구

나. 마음이 무엇이며 그 마음을 어떻게 붙잡는가.

중심中心을 잡아야 되는데 그 마음의 가온찍기를 어떻게 할 것인가? 가온찍기(ㄱ·ㄴ)란 다석 류영모선생이 새롭게 만든 우리말로 가고 또 가고, 오고 또 오는 시공의 중심을 붙잡는다는 것이다. 가는 것이 오는 것이요, 오는 것이 가는 것이라, 만물은 가는 중中에 있고 또 오는 중中에 있으며, 모든 게 가고 오는 중에 있음을 알라는 것이다. 다석의 말로 하자면 '있다감 생각 나무름 없이 제계로부터' 그것이 가온찍기다. 붓다는 여래요 선서라는 것을 알라는 말이다. 여래와 선서를 알면 나무름이 사라지고 제계로부터 오는 빈탕한데의 반짝 빛으로 빛나게 된다. 유교의 〈중용〉도 그 가온을 붙잡으라는 것인데 다석은 가온을 붙잡는다고 하지 않고 가온에 한 점을 찍는다고 '가온찍기'라 했다. 가고 오는 그 마음의 중심에 한 점을 찍는 것이 '가온찍기'라는 것이다.

마음을 마음이라 하면 그것은 마음이 아니다. '제심諸心이 개위비심皆爲非心이요 시명위심是名爲心이니라.' 모든 마음이 다 마음이 아니니 이것을 이름하여 마음이라 하니라. 청년 덕산은 금강경의 말씀을 곰곰 생각했지만 알 수가 없었다. 육안이라는 2차원의 마음이 아니고 천안이라는 3차원의 마음도 아니고 4차원 이상의 혜안이 되고 법안이 되어야 마음을 붙잡는 점심이 되는데 3차원의 중생심이 되어서는 어떻게 점심이 되겠는가? 여래는 3차원의 마음이 아니라 4차원 이상의 마음으로 산다. 4차원 이상의 마음에는 시간이 없다. 과거도 없고 미래도 없고 현재도 없다. 있는 것은 영원한 순간이 있을 뿐이다. 영원한 순간을 사는 여래는 혜안으로 4차원의 시간을 살며 법안으로 5차원의 진리의 세계에 올라가 6차원의 부처의 눈으로 온 우주를 바라보고 있다. 여래는 부처의 세계라는 6차원에서 바라보는 붓다의 눈을 가진 사람이다. 그것을 일체동관一體同觀이라 한다.

청년 덕산은 다시 스승을 찾았다. 그래서 용담스님을 만나서 설법을 듣고 마음이 조금 열리는 것을 느꼈다. 설법이 끝났을 때 덕산이 밖으로 나왔을 때 밤이 깊은 어둠이었다. 덕산은 길이 캄캄하고 어두워 갈 수가 없다며 촛불을 구했다. 스승 용담이 초에 불을 붙여 촛불을 건네주었다. 덕산이 그 촛불을 받아들고 돌아서려는데 스승은 문득 촛불을 후 불어서 꺼버렸다. 그 순간에 덕산이 무아가 되었다고 한다. 촛불이 꺼지고 다시 캄캄해진 가운데 멍하고 있다가 정신을 차린 덕산의 눈에 무수하게 반짝이는 하늘의 별들이 보였다. 하늘에서 팔만사천 부처님들이 눈을 뜨고 덕산을 내려다보는 것이었다. 덕산의 마음에도 수많은 별이 반짝이게 되었다. 덕산은 너무 기쁘고 행복했다.

여래는 부처의 눈을 가지고 수억만 중생들의 수억만의 마음을 다 알고 보고 있다. 부처의 그 마음은 무엇인가. 과거심도 아니요 현재심도 아니요 미래심도 아니다. 그 마음은 어떤 마음인가? 일체동관一體同觀이다. 올라가서 보면 부처나 중생이나 한 몸이다. 부처가 따로 있고 중생이 따로 있는 게 아니다. 부처도 없고 중생도 없다. 죄인도 없고 의인도 없다. 모두가 하나요 한 몸이요 한 생명일 뿐이다. 일체가 동등하고 평등해지는 그 높은 세계로 올라가서 바라보는 평등각의 눈이 일체동관이 아닐까.

법계통화분法界通化分

법계는 서로 소통하고 감화된다

"수보리야, 네 생각은 어떠냐? 만일 어떤 사람이 삼천대천세계를 칠보로써 가득 채워서 보시를 한다면 이 사람이 이러한 인연으로 해서 받는 복이 정말 크지 않겠느냐?"

(수보리須菩提야 어의운하於意云何오 약유인若有人이 만삼천대천세계칠보滿三千大千世界七寶로써 이용포시以用布施하면 시인是人이 이시인연以是因緣으로 득복다불得福多不아)

"그렇습니다. 세존이시여, 그 사람은 그 인연으로 하여 얻는 복이 매우 많을 것입니다."

(여시如是니이다 세존世尊하 차인此人이 이시인연以是因緣으로 득복심다得福甚多니이다.)

"수보리야, 만일 복덕이 실제로 있는 것이라고 하면 여래는 그 복덕이 많다고 하지 아니할 것이다. 복덕은 없는 것이기 때문에 여래는 얻는 복덕이 많다고 한단다."

(수보리須菩提야 약복덕若福德이 유실有實인댄 여래불설득복덕다如來不說得福德多니 이복덕以福德이 무고無故로 여래설득복덕다如來說得福德多니라)

평산풀이

제19장은 법계통화분法界通化分이다. 진리의 세계인 법계에서는 모두가 유무상통有無相通하는 자유의 세계요 상즉상입相卽相入하는 교화敎化의 세계이다. 유무상통이란 가진 자와 없는 자가 서로 통하여 하나가 된다는 것이다. 그래서 상즉상입, 서로 한 마음이 되고 한 몸이 된다는 것이다. 법계는 진리 안에서 하나가 되었기에 모두가 자유롭고 행복한 유기체적 공동체라는 것을 법계통화라 했다. 상즉相卽이란 내가 행복하면 당신도 행복하고 당신이 슬프면 나도 슬프다는 것이다. 상입相入은 내 속에 당신이 있고 당신 속에는 내가 있다는 것이다. 이런 자유와 평등과 사랑의 유기체가 곧 법계라 하겠다. 이런 법계가 되려면 여래법이 널리 유통되어 모두가 교화되어야 한다. 교화의 세계를 해인삼매라 하기도 한다. 물결마다 달빛이 빛나는 것처럼 중생들의 마음마다 붓다의 마음이 들어있는 것이다. 그래서 중생과 붓다가 하나가 되는 것인데 그 과정을 교화라 하고 그 모습을 해인삼매海印三昧라 한다.

이런 법계에서는 또 일체동관이다. 부처가 따로 없고 중생이 따로 없다. 가진 자가 따로 없고 없는 자가 따로 없다. 일체가 평등이다. 그래서 보시의 행위도 마찬가지다. 재물의 보시나 몸의 보시 보다도 법보시가 더 복되다고 했지만 그것도 법계의 평등각에서 보면 꼭 같은 것이다. 지금까지는 여래법을 깨우치기 위해서 방편을 말하느라 법보시가 최상의 복덕이라 강조했지만 여래법에서 보면 일체가 평등하여 모든 것이 꼭 같이 소중한 것이다. 공덕이 크다 작다, 있다 없다, 그런 분별심이 사라지는 세계가 법계라는 말이다.

따라서 법계에서의 모든 공덕은 무공덕이다. 진짜 공덕이 된다면 부처는 그것을 공덕이라 하지 않는다. 무공덕의 공덕이 진짜 공덕이다. 무공덕과 관련한 유명한 일화가 있다.

중국 남북조 시대에 양梁나라 초대 황제였던 무제(464-549)는 불교를 국교로 삼고 불교 사찰을 많이 지었으며 불교 중흥을 위해 노력했다. 인도에서 선승인 달마대사가 건너오자 그를 만나서 자기의 공덕이 얼마나 크겠느냐고 물었다. 그때 달마대사는 무공덕無功德이라고 대답했다. 공덕 가운데 무공덕이 최고의 공덕이란 뜻이다. 이는 황제가 들을 수 있는 최고의 법문이었지만 무제는 그 말귀를 알아듣지 못했다. 무공덕이라고 하니 자기의 업적을 인정해주지 않는다고 생각하여 달마에게 화가 났다.

무제는 불쾌한 표정으로 물었다. "불도가 무엇이요?" 이때 또 달마는 부지不知, 즉 모른다고 대답했다. 불교의 진리가 무엇이냐고 묻는데 그것은 말로 대답할 수 있는 성질이 아니다. 노자가 도가도비상도道可道非常道, 즉 도를 도라고 말할 수 있는 것이라면 그것은 영원한 도가 될 수 없다고 하였던 것처럼 하는 것처럼 불교의 도라는 것도 또한 언어도단言語道斷, 즉 심오하고 오묘한 진리는 말로 표현할 길이 없다는 것이다. 진리의 세계는 안다고 할 수가 없고 모른다고 하는 것이 오히려 아는 것이 된다. 그래서 도는 깨닫는 것이요 체득하는 것이지 아는 것이 아니다. 이런 달마의 말을 이번에도 황제는 알아듣지 못했다.

황제는 생각하길 불도가 무엇인지도 모른다니, 어떻게 이런 사람이 고승이라고 찾아왔을까. 그래서 또 이렇게 물었다. "당신은 불교의 큰스님이 아니요?" 그때 달마대사는 또 "아니오." 하고 떠났다 한다.

"내 공덕은 얼마나 됩니까?" "무공덕無功德, 공덕은 없습니다." 제행무상인데 공덕이라는 것이 어디 있겠느냐? "불도가 무엇이오?" "부지不知, 모릅니다." 진리는 안다고 하면 모르는 사람이 되고 모른다고 하는 것이 오히려 아는 사람이 된다. 그것은 언어도단의 세계요 불립문자不立文字, 글자로 일으킬 수 없는 경지이기 때문이다. 이렇게 진리가 무엇인지 깨닫는 법을 알려주었지만 황제는 그 친절을 알지 못했다. 그래서 또 "당신은 큰스님이 아니오?"하고 어리석게 묻는다. 물론 달마는 "비非, 아닙니다."하고 대답한다. 제법무아인데 나는 무엇이라고 할 수가 있겠는가. 나는 없는 것이 나인데 스스로 큰스님이라 생각하면 그것은 벌써 미망에 빠진 것이다.

그래서 깨닫지 못하면 무불비無不非, 아니라 할 수 없는 게 없다. 우리가 깨닫지 못한 상태에서 바라보고 생각하고 말하고 행동하는 모든 것이 다 그릇되지 아니할 수가 없다는 것이다. 그러나 또 깨닫고 보면 무불비無不非가 된다. 아니라 할 수 없는 게 없다. 부처가 아니라 할 수 없는 게 없다. 모두가 다 부처지 부처가 아닌 존재는 하나도 없다.

모든 게 진리의 현현이지 진리를 드러내지 않는 것이 하나도 없다. 일체 부정이 또한 절대 긍정의 세계가 된다. 눈을 감으면 일체를 부정하는 것이요 눈을 뜨면 일체를 긍정하는 세계가 된다. 그것이 무불비無不非, 또는 무비불이다. 부처의 눈에는 모든 게 부처로 보이고 중생의 눈에는 모든 게 중생으로 보인다는 말이다. 무공덕의 공덕이 진짜 공덕이요, 무지지지無知之知가 진짜 아는 것이요, 무아지아無我之我 나 아닌 나가 진짜 나요, 무주지주無住之住가 진짜 사는 것이다.

일제 강점기 시절, 전라도 화순의 두메산골에 이세종이라는 사람이 살고 있었다. 그는 어려서 부모를 잃고 고아처럼 형님댁에서 자라면서 일찍부터 남의 집 머슴살이를 하면서 글자도 몰랐지만 바른 양심으로 살았다. 나이 서른이 다 되어 결혼하였는데 자식이 없었다. 닥치는 대로 일하며 살림을 불려나간 덕분에 시골에서 제법 부자가 되었는데 자식이 없었다.

그래서 아들 낳기를 바라면서 3년 동안 공을 들여 제사를 올렸다. 그래도 없는 자식이 생겨날 이치가 없었다. 그때 누군가 성경을 전해주었다. 그래서 동네 사랑방에서 한글을 물어가며 성경을 읽기 시작하였다. 그렇게 성경을 읽어가면서 진리의 세계에 눈을 뜨기 시작했다. 이 세상의 부귀영화가 모두 허망한 것임을 깨닫고 신앙의 세계를 살기 시작하였다. 자기는 이제 세상에서 죽어 없어졌으니 세종이 아니라 공이라 하고 호적에 있는 자기 이름도 지우고 스스로 이공이라 하였다.

그가 그동안 모은 재산의 절반을 교회에 바치고 자기에게 빚진 자들을 불러서 빚문서를 불살라 모두 탕감해주었다. 그리고 남은 재산은 가난한 면민들에게 나눠주라고 면사무소에 부탁하였다. 이렇게 그의 선행이 널리 알려지자 그를 위해서 면민들이 나서서 공덕비를 세워주었다. 그러나 그는 이런 사실을 알고 눈물을 글썽이며 만류했다.

"나는 천하의 죄인이요, 모든 것은 다 하나님의 것인데 내가 무슨 잘 한 것이 있다고 내 이름을 적어 공덕비를 세운단 말이요. 이것은 하나님께 큰 죄를 짓는 일이오. 사람들이 하나님께 감사해야 되는데 그 하나님께 드려야 할 영광을 나 같은 죄인에게 돌린다면 그것은 하나님께 얼마나 큰 죄를 짓는 일이 되겠소."

이처럼 그의 간절한 부탁과 진심어린 거절에 준비했던 공덕비를 땅에 파묻었다고 한다. 자기가 선행을 했다는 생각이 있다면 그것은 아직도 자기라는 것이 살아있는 것이다. 자기가 온전히 없어지고 오직 하나님만이 계시는 세계를 믿음이라 한다. 그런 기독교의 믿음에서도 선행을 할 때 오른손이 하는 일을 왼손이 모르게 하라고 하였다. 자기가 선행을 한다는 자의식이 없어야 된다는 것이다. 모든 것은 하나님의 것이요 모든 일은 하나님의 은혜요 하나님의 사랑이지 내가 하는 것이 아니라는 것이다. 이렇게 기독교에서도 절대의 하나님 앞에서 무아의 사랑을 가르치는 것인데 불교에서도 무상과 무아를 가르친다. 제행무상諸行無常이요 제법무아諸法無我라는 것이다.

제행이 무상이다. 일체의 일어나는 것들은 무엇이나 실체가 있는 게 아니다. 보시를 했다고 어떤 공덕의 실체가 있는 것이 아니다. 온 세상을 칠보로 가득 채워서 보시를 한다고 해서 공덕이 있는 것이 아니다. 공덕이란 실체가 있는 게 아니기 때문이다. 제행무상인데 어디 실체가 있겠는가. 공덕이라는 어떤 실체가 있는 것으로 착각하고 그것을 얻겠다고 하면 미망에 빠진 것이다. 공덕이 없다는 것을 아는 것이 제일 큰 공덕이다. 그것이 무공덕의 공덕이다.

세상을 위해서 내 몸을 바친다 해도 내가 바친다는 생각이 있는 한 무공덕이 아니다. 나 없는 나가 되어 법계와 하나가 되어 사는 것 무공덕이다. 그 때 나는 법계에 가득 차서 나 아닌 것이 없고 나 없는 곳이 없고 나 아닌 중생이 없다. 나 없는 나, 없이 있는 나로서 온 법계에 가득 채우는 법보시의 공덕이 무공덕의 공덕이다. 나 없는 나가 되면 무엇을 하거나 법보시가 되는 것이지 또 말과 행위와 물질의 구별도 없다. 차 한 잔을 대접해도 그것이 법보시가 되고 말씀 한마디 해도 법보시가 되고 말없이 앉아 있어도 그것이 법보시가 되는 것이다. 부처가 되면 어묵동정語默動靜 무엇이나 다 법보시가 된다.

법계에 가득한 것은 진리의 바람이다. 바람이 없는 곳이 어디 있는가. 그러나 바람을 일으켜야 바람이 일어난다. 우주에 봄바람이 가득하다. 봄바람이 불어오는 곳에 온갖 꽃이 피어난다. 법계통화法界通化의 세계다. 법계통화는 봄바람이 가득하여 어디나 소통하고 언제나 유통하여 나무마다 꽃을 피우는 봄의 세계이다. 진리의 봄바람은 태초부터 지금까지 영원히 불어온다. 춘풍취태고春風吹太古.

가을

이색이상분離色離相分

색을 떠나고 상을 떠나다

"수보리야, 어떻게 생각하느냐. 붓다를 색신이 구족함으로 볼 수 있겠느냐?" "아니옵니다. 세존이시여, 여래를 구족한 색신으로 볼 수 없사옵니다. 왜 그러냐 하오면 여래께서 말씀하신 색신의 구족은 곧 색신의 구족이 아니라, 이름이 색신의 구족이기 때문이옵니다."

(수보리須菩提야 어의운하於意云何오 불佛을 가이구족색신可以具足色身으로 견불見不아 부야不也니이다 세존世尊하 여래如來를 불응이구족색신不應以具足色身으로 견見이니이다 하이고何以故오 여래설구족색신如來說具足色身이 즉비구족색신卽非具足色身이요 시명구족색신是名具足色身이니이다

"수보리야, 어떻게 생각하느냐. 여래를 뭇 상의 구족함으로 볼 수 있겠느냐?" "아니옵니다. 세존이시여, 여래를 뭇 상의 구족함으로 볼 수 없사옵니다. 왜 그러냐 하오면 여래께서 말씀하신 뭇 상의 구족함은 곧 뭇상의 구족함이 아니옵고 그 이름이 뭇 상의 구족함이기 때문이옵니다."

(수보리須菩提야 어의운하於意云何오 여래如來를 가이구족제상可以具足諸相으로 견불見不아 부야不也니이다 세존世尊하 여래如來를 불응이구족제상不應以具足諸相으로 견見이니 하이고何以故오 여래설제상구족如來說諸相具足은 즉비구족卽非具足이니 시명제상구족是名諸相具足이니이다.)

평산풀이

제20장은 이색이상분離色離相分이다. 붓다의 참모습을 보려면 색色과 상相을 떠나야 된다는 것이다. 지난 5장의 여리실견분如理實見分에서 이미 모든 상이 곧 상이 아님을 보면 여래를 볼 것이라고 했다. 같은 내용인데 여기서는 색신色身과 제상諸相으로 구분하여 다시 설명하는 것이다. 즉 상에는 육안으로 보는 상이 있고 천안으로 보는 상이 있는데 육안으로 볼 수 있는 것은 색신의 구족함이고 천안으로 보는 것은 뭇 상의 구족함이다. 색신은 형색으로 보이는 몸이고 뭇 상이라 함은 마음의 모든 생각들이다. 부처님께서 법을 설하시면 그 몸의 움직임이나 말씀하시는 태도 등 우리 눈에 보이는 모든 것들이 색신이다. 그런 모습이 완벽하고 아름답다고 하여 여래를 보는 것은 아니다. 그리고 부처님이 설법하실 때 그 말씀 한마디, 한마디가 우리 마음속에 어떤 상을 일으킨다. 그런 모든 상이 아름답다고 하여 그것으로 여래를 본 것이 아니다. 즉 부처님의 외양적인 모습이나 태도 행위가 아름답다고 하여 여래를 보았다 할 수 없고 여래의 말씀이 내 마음에 아

름다운 상을 일으킨다고 하여 여래를 본 것이 아니라는 것이다.

여래께서 수보리에게 질문을 했다. "너는 어떻게 생각하느냐? 부처님께서 지니신 온전한 몸을 눈으로 보았다고 그것이 부처를 본 것이라고 할 수 있는가?" 수보리가 대답한다. "아닙니다. 세존이시여, 부처님의 온전한 몸의 모습을 보았다고 해도 그것은 부처님을 본 것이 아닙니다. 왜냐면 여래께서 말씀하시길 '온전한 몸이라고 하는 것은 곧 온전한 몸이 아니니 그것이 곧 온전한 몸이라.' 하셨기 때문입니다."

우리가 눈으로 부처를 볼 수 있는가? 눈으로 보는 것은 다 껍데기요 허상이지 참모습을 보고 있는 것이 아니다. 옛날부터 부처님의 모습은 보통사람들과는 다른 여러 특징이 있다고 생각하여 그것을 32상이라 하는가 하면 또 그것을 더 세분하여 80종의 호상이라 하여 80종호라 하였다. 이런 호상을 지닌 사람이 부처가 된다고 하여 지금도 티베트 라마교의 후계를 선정할 때 참고한다고 한다. 사람은 자기 눈에 좋게 보이면 그것을 좋아하게 마련이다. 호감을 주는 인상을 만나면 그 마음도 선하고 인격도 훌륭할 것으로 믿게 된다. 그러나 그것은 대부분 착각이다.

가끔 시골의 버스 정류장에 붙어있는 범인들의 수배공고를 보게 되는데 살인강도를 저지른 흉악범들이라고 흉악하게 생긴 것이 아니다. 어떻게 이렇게 곱고 연약하게 생긴 사람이 그런 잔인한 범죄를 짓게 되었을까 그런 생각이 들 때가 많다. 그럴 때면 '열 길 물속은 알아도 한 길 사람 속은 모른다.'는 속담이 떠오른다. 대개 사람들은 자기의 마음도 잘 모르며 산다. 온통 밖에 있는 물질과 사건에 정신이 쏠려서 자기 속을 들여다볼 줄을 모른다.

그러나 사람이 잠시라도 자기 속을 들여다보면 거기에는 악의 씨도 있고 선의 씨도 있음을 알게 된다. 땅이 알곡과 가라지를 구별하지 않고 키워내듯이 우리 마음의 땅도 선악을 구별하지 않고 키워낸다. 그래서 사람은 누구나 환경과 교육 훈련에 따라 흉악범이 될 수도 있고 남을 돕고 살려주는 천사가 될 수도 있다. 천사가 타락하여 악마가 되고, 또 악마가 회개하여 눈을 뜨면 천사가 되는 것이지 본래부터 악마가 따로 있고 천사가 따로 있는 것이 아니다. 부처와 중생도 따로 있는 것이 아니다. 깨달으면 부처요 무명에 갇히면 중생이다. 그럼 깨닫는다는 것이 무엇인가?

여래께서 수보리에게 말씀하시길 온전한 몸을 눈으로 보았다고 그게 부처를 만난 것이냐고 하자 그렇지 않다고 대답한다. 그러면서 그 이유를 이렇게 말한다. "여래께서는 온전한 몸이라 하면 그것은 온전한 몸이 아니니 그것이 온전한 몸이라 하셨습니다." 여래께서 말씀하시는 온전한 몸이라는 것도 사실은 눈에 보이는 모습을 말한 것이 아니라는 것이다. 눈에 아름답게 보인다고 그것이 곧 아름다움이라 착각하면 그것은 미망에 빠진 것이다. 그렇게 자기 눈에 보이는 모습에 끌려서 그만 미망에 빠지는 것을 알아채야 한다. 그래서 알아차리는 그 순간의 눈이 곧 참모습을 보는 눈이요 이런 눈은 늘 뜨고 있어야 깨어있는 사람이다.

부처를 온전한 몸을 갖춘 분으로 본다면 그것은 부처를 보는 것이 아니라 미망에 빠진 것이다. 부처를 온전한 성격을 갖춘 분으로 보는 것도 부처를 보는 것이 아니다. 부처는 눈으로 볼 수 있는 육신도 아니고 생각으로 알 수 있는 개념도 아니다. 우리 눈에 보이는 모든 육체적 모습과 또 마음에서 일어나는 모든 생각의 상을 떠난 곳에 부처의 모습이 있다. 부처가 어떤 분이라 하게 되면 그것은 이미 부처가 아니다. 부처는 모습도 아니고 느낌도 아니고 생각도 아니고 개념도 아니고 그 무엇이라 말하거나 생각할 수 있는 게 아니다.

수보리에게 다시 묻는다. "수보리야, 네 의견은 어떠하냐? 너는 부처님이 모든 형상을 갖추신 분으로 생각하느냐?" 그러자 대답한다. "그렇지 않습니다. 세존이시여, 여래께서 말씀하시길 모든 형상을 구족했다고 함은 곧 구족함이 아니니 그것을 구족함이라 한다고 하셨기 때문입니다." 형상이란 눈에 보이는 것의 배후에 있는 성질을 말한다. 겉으로 드러나는 부처님의 아름다운 것들의 배후에 있는 모든 형상은 곧 진리라는 것이다. 모든 형상을 갖춘 분, 즉 모든 지식을 가진 분이 부처라고 생각하느냐고 수보리를 시험해 보는 것이다. 여기에 대해 수보리는 아니라고 대답한다. 생각하는 마음으로 부처님을 알 수 있는 것이 아니라는 것이다. 부처님은 지식이 많은 사람이 아니다. 왜냐면 마음과 생각으로 아는 것은 지식이지 진리가 아니기 때문이다. 논리와 개념으로 아는 것은 지식이지 진리가 될 수 없는 것이다. 치밀한 논리와 명쾌한 개념으로 체계화된 지식이라고 해도 그것은 여래의 진리가 될 수 없는 것이다. 그럼 진리란 무엇인가.

요한복음에서 예수는 말한다. "너희가 내 말에 거하면 진리를 알지니 진리가 너희를 자유케 하리라." 그러자 이 말을 듣던 당시 지식인이었던 바리새파 사람들은 어처구니가 없다는 듯 대답한다. "우리는 타고나면서부터 자유인인데 무슨 또 자유가 필요하단 말이오?" 세상의 정욕과 생사에 갇혀 사는 사람들이 예수의 말귀를 알아들을 리 없었다. 바리새인의 생각을 말하자면 '우리는 노예가 아니고 이미 자유인인데 무슨 자유를 또 말하느냐? 그런 헛소리로 세상을 현혹하지 말라.' 하는 것이다. 이런 무지의 폭력에 맞아 죽은 사람이 예수였다.

생사의 수레바퀴에 갇혀있으면서도 스스로 자유인이라 착각하며 살아가는 세상 사람들에게 참 자유의 빛을 알려주고자 노력했던 분들이 예수요 소크라테스요 공자요 석가모니요 노자 같은 성인들이라 하겠다. 소크라테스의 제자 플라톤이 동굴의 비유를 들어 사람들을 깨우치려 했다. 밤낮 동굴에 갇혀서 그림자만 보고 살면서도 그것이 그림자인 줄 깨닫지 못하고 산다는 것이다. 그래서 사람들은 참 빛을 찾아서 동굴 밖으로 나가려고 시도하지도 않는다는 것이다. 자기 눈으로 보고 있는 것이 전부요 확실한 것이라 여기며 사는 것이다. 그래서 자기가 살고 있는 동굴이 세계의 전부라고 믿고 사는 사람들이 세상 사람들이다.

우리도 몸과 맘의 동굴에 갇혀 살고 있지 않는가. 매트릭스라는 영화에 나오는 것처럼 우리는 누군가 만들어 놓은 하나의 프로그램에 갇혀 살고 있다. 생사라는 프로그램에 갇혀서 벗어날 줄 모른다. 그런 프로그램을 플라톤은 동굴이라 했다. 우리가 사는 세상도 크게 보면 하나의 동굴에 불과하다는 것이다. 그 동굴이 언제부터 시작되었고 그 동굴을 만든 것이 누구인지 모르지만 그 세계를 움직이는 세력에 대해 예수님은 공중의 권세라 한다. 세상을 지배하는 공중 권세의 교묘한 조작에 휘둘려 노예로 살고 있는 것이 인간이다. 그 동굴에 들어가면 그것이 동굴인지도 모르고 그 교묘한 프로그램에 조작되면서도 자기의 의지로 사는 양 생각한다. 그런 교묘한 지배시스템을 매트

릭스라 하여 인간이 아무리 발버둥 쳐도 그 지배시스템의 굴레에서 벗어나기 힘들다는 것을 보여주는 영화였다.

사람들은 대개가 자기실현을 향한 자유를 추구하기보다는 순응자로 살아간다. 생사를 벗어나 자유케 하는 진리의 세계가 있는지 찾거나 알아보려 하지 않고 그저 즉물적 욕망에 따른 감각적인 향락과 거짓 자아의 확대에 충실하여 식색에 끌려 살아간다. 세상에서 똑똑하다는 사람일수록 탐진치라는 자기 욕망에 갇혀 더 많은 소유와 더 많은 권력과 더 많은 인기를 얻기 위해서 일생을 분투하며 사는 경우가 얼마든지 많다는 것을 현실로 보고 있지 않는가.

참 자유의 하늘나라와 영원한 생명의 진리를 알고자 예수를 따랐던 제자들도 예수를 알아보기가 힘들었다. 가롯유다는 예수가 혁명으로 정치적 구세주가 되리라 여기고 따르다가 그게 아니라는 것을 알고 실망하여 자기의 스승을 원수들에게 팔아넘겼다. 가롯유다가 볼 때 자기가 기대했던 구세주의 모습을 예수에게서 찾아볼 수 없었다. 구세주라면 이러저러해야 한다는 자기 맘속의 온갖 상을 가지고, 즉 구족제상具足諸相으로써 구세주를 찾았던 사람이 가롯유다였다. 예수님이 제자들에게 자기가 누구며 왜 세상에 왔고 이제 마지막 할 일을 마치고 세상을 떠날 때가 왔다고 설명을 하자 제자들은 심한 근심과 걱정에 빠지게 되었다고 한다. 예수님에 대한 걱정이 아니라 자기가 살 걱정이었다. 예수를 따라나설 때 그가 위대한 선생님이요 구세주라고 믿고 따랐는데 이렇게 힘없이 죽게 되면 자기 처지가 어떻게 되느냐 하고 자기 걱정에 빠진 것이다. 그래서 베드로는 깜짝 놀라서 "그러시면 안 됩니다."하고 만류했다. 그러자 예수님은 베드로를 꾸짖으신 다음에 "아무든지 나를 따라오려거든 자기를 부인하고 자기 십자가를 지고 나를 좇을 것이니라. 누구든지 제 목숨을 얻고자 하면 잃을 것이요 누구든지 나를 위하여 제 목숨을 잃으면 얻으리라." 하셨다.

이렇게 예수를 만나서 예수와 함께 생활한 제자들도 예수의 참 모습을 알 수 없었다. 예수의 육신을 본다고 예수를 본 것도 아니고 예수의 기적을 본다고 예수를 알 수 있는 것도 아니다. 마음의 눈을 떠야 부처를 볼 수 있듯이 예수가 그리스도임을 보려면 육신의 눈도 아니고 마음의 눈도 아니고 영의 눈, 믿음의 눈을 떠야 된다.

색色과 상相을 떠나야 여래를 볼 수 있다. 색은 육신의 눈이요 상은 마음의 눈이다. 심신탈락진心身脫落盡이라야 유유일진실唯有一眞實이다. 꽃도 떨어지고 나무도 시들고 남아 있는 열매만이 진실이다. 몸도 아니고 마음도 아니다. 몸과 마음이 다 떨어져 나간 다음에 유일하게 남아있는 것만이 진실이다. 부처님은 색신色身도 아니고 제상諸相도 아니다. 색신色身을 보면서 곧 색신이 아님을 아는 것이 색신을 보는 것이요 제상諸相을 보면서 제상이 아님을 아는 것이 곧 제상을 보는 것이다. 그것이 색즉시공色卽是空이다. 그래서 색신과 제상이 아닌 부처님의 모습이 다시 색신과 제상으로 드러남을 보는 것이 공즉시색空卽是色이다. 그래서 이제 색즉시공과 공즉시색이 다름이 아니라는 것을 볼 때 중관이요 일체동관이다. 이런 중관으로 보는 사람이라야 깬 사람이다.

제21 비설소설분非說所說分

가르치는 것은 가르침이 아니다

"수보리야, 너는 여래가 이런 생각을 한다고 말하지 말라. 즉 여래가 '나는 마땅히 법을 설할 수 있다'는 이런 생각을 한다고 여기지 말라. 왜냐 하면 만일 어떤 사람이 '여래는 설명될 수 있는 법을 갖고 있다'고 하면 그것은 곧 부처님을 비방하는 것이요, 나의 가르친 바의 뜻을 알지 못하는 것이기 때문이다. 수보리야, 법을 설한다는 것은 곧 설할 수 있는 법이 없다는 것이니 이것을 설법이라 하는 것이다."

(수보리須菩提야 여물위여래작시념汝勿謂如來作是念하되 아당유소설법我當有所說法이니 막자시념莫作是念하라 하이고何以故오 약인若人이 언言하되 여래유소설법如來有所說法이라하면 즉위방불卽爲謗佛이니 불능해아소설고不能解我所說故니라 수보리須菩提야 설법자說法者는 무법가설無法可說이 시명설법是名說法이니라.)

그때 혜명 수보리가 부처님께 사뢰었다. "세존이시여, 자못 어떤 중생이 있어 오는 세상에 이런 법문을 듣고 신심을 일으키는 자가 있겠습니까?"

부처님께서 말씀하셨습니다. "수보리야, 그이는 중생이 아니며 중생이 아닌 것도 아니다. 왜 그런가. 수보리야, 중생, 곧 중생이라 하는 것은 여래께서 중생이 아님을 말씀하신 것이니 이를 일컬어 중생이라 한 것이다."

(이시爾時에 혜명수보리백불언慧命須菩提白佛言하되 세존世尊하 파유중생頗有衆生이 어미래세於未來世에 문설시법聞說是法하고 생신심불生信心不이까 불언수보리佛言須菩提야 피비중생彼非衆生이며 비불중생非不衆生이니 하이고何以故오 수보리須菩提야 중생중생자衆生衆生者는 여래설비중생如來說非衆生일새 시명중생是名衆生이니라.)

평산풀이

제21장은 비설소설분非說所說分이다. 진리는 말로 표현될 수 있는 것이 아니다. 비설소설非說所說, 즉 설할 수 있는 바(所說)를 설하는 것이 아니다(非說). 진리를 설한다고 할 때 그것은 언어와 문자로 표현할 수 있는 것을 말하는 것이 아니다. 여래가 수보리에게 당부한다.

"그러니 수보리야, 너는 여래가 이런 생각을 지니고 있다고 말하지 말라. 즉 여래가 '나는 마땅히 법을 설해야 된다.'는 이런 생각을 갖고 있을 거라고 여기지 말라. 자기가 진리를 전해야 한다는 이런 생각을 해서는 안 된다. 왜냐면 만일 어떤 사람이 '여래는 법에 대한 가르침을 가지고 있다.'고 말하면 그것은 곧 부처님을 비방하는 것이요, 여래가 가르친 바의 뜻을 알지 못하는 사람이다. 수보리야, 법을 가르친다는 말은 가르칠 수 있는 법이 없다는 것을 말하는 것이니 이것을 설법이라 한다."

그때 혜명 수보리가 부처님께 사뢰었다.

"세존이시여, 자못 어떤 중생이 오는 세상에서 이런 법문을 듣고 신심을 내는 이가 있겠습니까?"

부처님께서 말씀하셨다.

"수보리야 그이는 중생이 아니며 중생이 아닌 것도 아니다. 왜 그런가? 수보리야, 중생, 중생이라 하는 것은 여래께서 중생이 아님을 설하신 것이니 그 이름이 중생인 것이다."

진리를 설한다는 것은 어떤 설명할 수 있는 법을 가르치는 것이 아니다. 진리는 말로 가르칠 수 있는 것이 아니다. 말할 수 없는 것을 말하는 것이 설법요 진리라 할 것이 없다는 말이 설법이다. 중생도 이름이 중생이지 부처에게는 중생도 없고 중생 아닌 것도 없다. 다만 이름을 중생이라 할 뿐이다. 중생이란 것도 하나의 상이요 따라서 실체가 없는 것이다. 진리도 그냥 진리라 할 뿐이지 무슨 말로 전해질 수 있는 어떤 무엇이 있는 게 아니다. 만약 그런 어떤 게 있다면 그것은 진리가 아니다. 이름을 떠나고 개념을 떠나고 생각을 떠나고 말을 떠난 세계가 아니면 진리의 세계가 아니다.

석가는 45년 동안 설법을 했는데 한 마디도 말한 것이 없다고 한다. 45년 일자불설一字不說이라 한다. 45년 동안 설법했다고 하는데 실은 한 글자도 가르친 바가 없다는 뜻이다. 왜냐면 진리는 설할 수 있는 세계가 아니기 때문이다. 그것을 비설소설非說所說이라 한다. 법을 설한다고 했지만 그것은 법을 설한 것이 아니다. 이것이 진리라고 말하면 그것은 이미 진리가 아니기 때문이다. 진리는 말로 표현할 수 있는 것이 아니다. 그렇다고 진리가 무슨 멀리 있는 것도 아니다. 진리는 언제나 어디나 모든 것 속에 있기에 말이 필요가 없는 것이다. 진리를 설명한다고 말을 하면 그것은 사족이 되는 것이다. 그래서 공자는 말하길 하늘이 무슨 말을 하더냐고 했다. 하늘은 말이 없이도 춘하추동이 돌고 있다. 그것이 말없는 진리의 세계이다.

말이 없는 진리의 세계를 노래하는 것은 성경에도 나온다. 시편 19편을 보면 다음과 같은 찬양이 나온다.

"하늘이 하나님의 영광을 선포하고 궁창이 그의 손으로 하신 일을 나타내는도다. 날은 날에게 말씀을 전하고 밤은 밤에게 지식을 전하니 언어도 없고 말씀도 없으며 아무 들리는 소리도 없으나 그의 소리가 온 땅에 통하고 그의 말씀이 세상 끝까지 이르도다."

하늘의 해와 달과 별들은 하나님의 영광을 선포하고 있으며 텅 빈 우주의 허공이 하나님의 솜씨를 드러내고 있다는 것이다. 그래서 낮은 낮에게 말씀을 전하고 있으며 밤은 밤에게 그 지식을 전하고 있는데 언어도 없고 목소리도 들리지 않아 그 어떤 소리도 없지만 그 들리지 않는 소리가 온 땅을 울리고 그 소리 없는 진리의 말씀이 세상 끝까지 전해져 가득하다는 것이다. 이처럼 하나님이 창조하시고 운행하시고 섭리하시는 시공간의 우주와 해 달 별 만물이 모두 말이 없는 영광의 찬양이요 소리 없는 진리의 소식이요 사랑의 말씀이라는 것이다.

진리의 세계, 말씀의 세계는 언어나 문자의 세계보다 더 크고 높은 것이다. 그 말할 수 없이 높고 큰 진리의 세계를 그리워하여 그리는 그림이 글이다. 실재의 세계를 어떻게 그림으로 그려낼 수 있겠는가. 그렇지만 그 그리움을 그리지 않을 수 없는 것이 인간의 성정이다. 그래서 글이 나오고 그림도 나오고 시도 나오고 음악도 나오고 춤도 나오는 것이다. 아무리 진리가 그리워 문학과 예술로 표현해보자 하지만 문학과 예술로 다 표현할 수는 없는 것이다. 그 진리의 세계는 영원하기에 영원 전에도 있었고 지금도 있으며 앞으로도 있을 것인데 그것은 묵은 것도 아니고 새로운 것도 아니고 늘어나는 것도 아니고 줄어드는 것도 아니고 오염되거나 정화되는 것도 아니다. 성경의 전도서에서는 해 아래 새것이 없다고 말한다.

"이미 있던 것이 훗날에 다시 있을 것이며, 이미 일어났던 일이 훗날에 다시 일어날 것이다. 이 세상에 새것이란 없다. 보아라, 이것이 바로 새것이다 하고 말할 수 있는 것이 있는가? 그것은 이미 오래전부터 있던 것, 우리보다 앞서 있던 것이다."(전1:9-10)

중국에서 공자도 술이부작述而不作이라 했다. 공자가 많은 책을 편집하고 주석을 달았지만 술이부작述而不作, 옛 진리를 풀이한 것뿐이지 스스로 지어낸 것은 아니라 했다. 공자가 주역을 새로 쓰고 시경을 다시 편집하고 서경이라는 역사책을 편집하면서 제자들에게 유교의 도를 가르쳤지만 모두 풀어서 말한 것뿐이지 새로 지어낸 것은 없다고 한다. 전에 없던 것을 말하거나 새로 창작하여 낸 것이 없다고 했다. 본래 있던 말이요 이미 된 것이라 무슨 새로 지어낸 것이 없다는 것이다.

모든 말이나 글은 모두 달을 가리키는 손가락이지 달이 아니다. 달이 상징하는 것은 보이지 않는 진리의 세계요 깨달음의 경지를 말한다. 깨달음의 세계는 말을 떠나고 분별의 생각을 떠나고 개념을 떠난 것이다. 그렇지만 그것은 또한 언제나 어디나 누구에게나 여여하게 있고 있는 것이다. 그래서 달을 가리킨다고 했지만 사실은 누구나 다 가지고 있는 달인데 굳이 달을 가리킨다고 말이라는 수단이 필요하겠는가. 그래서 석가는 45년 설법을 한다고 했지만 사실은 한 마디도 법을 설한 것은 없다는 말이다. 그래서 진리를 깨닫기 위해서는 말에 매이지 말라는 뜻이요 또한 진리는 그 자체로 절대요 영원하여 불생불멸不生不滅 부증불감不增不減 불구부정不垢不淨이라는 것이다. 이 진리의 샘에서 길어 올린 물이 말씀이다. 이 말씀을 먹고 자라는 것이 생명이요 또한 생명의 표현이 말씀이다. 그래서 말은 늘 묵은 것이요 또 늘 새로운 것이다. 묵은 것을 먹고 새롭게 피워내는 것이 생명이다.

그래서 생명은 온고이지신溫故而知新이다. 진리의 말씀은 오래 묵은 것인데 그 묵은 것을 먹고 다시 새로워지는 것이 생명이다. 모든 말씀은 다 묵은 것이다. 모든 생명은 언제나 새로운 것이다. 그런데 진리와 생명은 둘이 아니다. 진리가 없으면 생명도 없고 생명이 없으면 진리도 없다. 늘 새로워짐으로 언제나 여여如如 하는 것이 생명이요 진리라는 것이다. 하늘 아래 새로운 것, 새로운 말씀은 없다. 언제나 묵은 말씀인데 그 말씀을 붙잡으면 새로워진다. 묵은 말씀을 붙잡고 늘 새로워지는 생명은 이제, '이끗'이라는 영원한 순간에 새로 말씀을 피우며 산다. 물은 묵은 물이지만 땅에 들어갔다가 나오면 새로운 샘물이 되듯이 말씀은 묵은 말씀이지만 생명을 만나면 새 말씀이 된다. 나무가 물을 만나야 새로운 생명의 꽃을 피우는 것이다. 이런 생명을 중생이라 한다.

영어로 중생을 살아있는 존재, living being이라고 번역한다. 살아있는 존재들이 중생이다. 즉 뭇 생명을 중생이라고 하는 것이다. 그러니까 중생은 모두가 진리의 현현이다. 진리가 없이는 생명도 없기 때문이다. 진리라는 존재의 세계와 연결되어 있는 것이 살아있다는 의미가 된다. 살아있다는 것은 그 진리와의 연결이 지속된다는 것이다. 따라서 살아있는 존재, 즉 생명이라는 것은 존재라는 진리의 세계와 연결된 것이다. 그런데 그 사실을 망각하고 있다는 것이다. 그래서 그것을 깨달으면 부처요 깨닫지 못하면 중생이라 한다. 자기가 생명인데 그 생명임을 모르고 있는 것이 중생이요 생명이라는 것을 알면 부처라는 말이다. 생명을 얻는다고 하지만 결국 알고 보면 이미 있는 것을 얻겠다고 하는 것이다. 그래서 이미 자기가 생명임을 깨닫는 것이 부처라는 말이다.

여래가 중생, 이 중생이라는 말을 할 때 그것은 중생이 중생 아님을 말하는 것이다. 이것을 이름하여 중생이라 한다. "중생중생자衆生衆生者는 여래설비중생如來說非衆生일새 시명중생是名衆生이니라." 중생이 아니라는 말 그것이 무슨 말인가. 중생이 곧 부처라는 말이다. 부처인데 부처인 줄 모르는 존재가 중생이라는 것이다. 그래서 중생일 때는 눈을 뜨지 못해서 부처를 찾았지만 눈을 뜨고 부처가 되어보니 나는 본래가 부처였더라, 뿐만 아니라 일체가 부처 아닌 존재가 없더라, 그렇게 된다. 그래서 "석가성불釋迦成佛에 산천초목山川草木 동시성불同時成佛이라" 한다. 석가가 눈을 뜨고 부처가 되어보니 산천초목 모두가 동시에 부처가 되었다는 말이다. 눈을 뜨고 보니 모두가 이미 눈을 뜨고 있다는 것을 알았다, 즉 눈을 뜬 존재가 부처인데 내가 눈을 뜨고 보면 만물 가운데 눈을 뜨지 못한 존재는 이 세상에 하나도 없다는 말이다.

이런 생각이 우리 동양인의 지혜이다. 남들은 다 눈을 떴는데 어쩌다 나 홀로 눈을 뜨지 못하고 있었구나. 사람으로 태어나서 눈을 뜨지 못하고 살면 사람이 되지 못하는 것이 아닌가. 사람으로 태어난 것은 사람이 되기 위해서 태어난 것일 뿐이다. 강아지는 강아지로 태어나서 강아지가 되어 강아지로서 잘 산다. 그런데 나는 사람으로 태어나서 강아지처럼 살고 있으니 괴로운 것이다. 강아지로 태어났으면 문제가 없을 터인데 사람으로 태어나서 아직 사람의 못 되었으니 문제인 것이다. 그러니까 인생의 목적은 사람이 되는 것이라 한다. 사람으로 태어났으니까 사람이 되자는 것이다. 내가 사람으로 태어났지만 나는 아직 사람이 되지 못했다는 것이다. 나는 아직 눈을 뜨지 못하고 있다는 것이다. 누구나 불성을 지니고 있지만 그 불성을 깨치지 못했다는 것이다. 그렇지만 불성을 깨치면 누구나 부처가 된다. 누구나 불성을 지닌 부처로 나왔지만 나는 아직 부처가 못 되었다는 것이다.

본래 누구나 부처인데 자기가 부처임을 모르는 존재가 중생이라는 것이다. 그래서 중생이 곧 부처임을 알면 깬 것이다. 남들이 다 깬 사람이요 부처님으로 보이면 자기도 깬 사람이요 주변에 아직 깨지 못한 중생들이 보이면 자기도 아직 깨지 못한 중생인 것이다. 중생이니 비중생이니 그 분별이 사라지면 모두가 생명의 중생이요 모두가 진리의 화신인 부처가 된다. 중생과 부처가 둘이 아니요 진리와 생명 또한 둘이 아니다.

이런 생각을 서양에서는 어떻게 보는지 모르겠다. 기독교에서는 사람이 죄인으로 태어난다고 한다. 사람이 하나님의 아들이라는 것을 망각한 것이 죄라는 것이다. 아버지 하나님을 모르는 것이 죄요 믿지 않는 것이 죄라는 것이다. 이런 죄인이 의인이 되려면 어떻게 해야 되는가. 세상에 의인은 한 사람도 없다. 모두가 다 하나님의 사랑을 모르는 죄인이다. 그러니까 죄에서 벗어나려면 하나님이 사랑이시라는 믿음을 가져야 된다. 그래서 회개한 자에게 더이상 죄를 묻지 않고 믿음의 자녀로 삼아주시는 하나님의 사랑과 은혜를 알아야 된다는 것이다. 그 하나님의 사랑을 알려면 예수 그리스도의 십자가의 도를 알아야 한다. 그래서 아버지 하나님의 말씀과 그가 보내신 예수 그리스도의 십자가의 도가 무엇인지 알고 믿음으로써 하나님의 자녀라는 생명을 얻게 되는데 이것이 기독교의 인간관이라 하겠다.

하나님과의 관계가 끊어진 상태를 죄라고 하는데 그 죄에서 벗어나서 하나님의 자녀 또는 의인이 되는 길이 믿음이라는 것이다. 믿음이란 하나님과의 관계 회복이다. 곧 하나님의 자녀됨의 회복이요 자녀로서의 삶이 생명이다. 그 생명의 길을 십자가와 부활로 알려주신 분이 예수 그리스도라는 것이다. 인생은 누구나 하나님의 자녀인데 어떻게 하다가 불순종의 죄로 말미암아 그 관계가 끊어졌다는 것이다. 그 단절된 관계를 연결하여 회복시켜주려고 오신 분이 예수 그리스도요 그를 통해서 다시 그 사랑의 관계가 회복되어 하나님의 아들이라는 생명을 얻자는 것이다. 사랑이신 하나님 아버지의 말씀을 진리라 하고 예수 그리스도의 십자가를 길이라 하고 하나님의 자녀됨을 생명이라 한다. 하나님의 말씀을 듣고 자기 십자가의 길을 가면서 거룩하고 의로운 아버지의 자녀로 거듭나서 살아가는 영생이 되자는 것이

기독교라 하겠다.

불교에서는 누구나 불성이 있어서 마음의 눈을 뜨면 부처가 된다고 한다. 기독교에서는 누구나 사람은 본래 하나님의 형상대로 지음을 받은 존재요 하나님의 자녀였는데 그만 죄로 인하여 아버지를 잊어버리고 그 자녀의 모습을 상실했다는 것이다. 그렇지만 지난날의 습성에서 돌이켜 예수가 전하는 복음을 듣고 눈을 뜨게 되면 누구나 하나님의 자녀가 될 수 있다는 것이다. 믿음의 눈을 뜨고 보면 누구나 하나님의 자녀라는 것이다. 내가 하나님의 자녀가 되고 보면 세상 사람 모두가 친구요 의인이지 죄인도 없고 원수도 없고 악인도 없다는 것이다. 믿음 안에서 그리스도와 나는 하나가 되고 그리스도 안에서 온 인류가 하나라는 것이다. 이것이 말세에 믿음을 가진 중생이 있겠는가에 대한 대답이라 하겠다. 내가 눈을 뜨면 일체가 붓다요 내가 눈을 뜨지 못하면 일체가 중생이다.

제22

무법가득분無法可得分

얻을 수 있는 법은 없다

수보리가 부처님께 여쭈었다. "세존이시여, 부처님께서 아누다라삼먁삼보리를 얻었다 함은 곧 '얻을 게 없음'이 되는 것이옵니까?"

(수보리백불언須菩提白佛言하되 세존世尊하 불佛이 득아누다라삼먁삼보리得阿耨多羅三邈三菩提는 위무소득야爲無所得耶니이까)

부처님께서 말씀하셨습니다. "그렇다, 정말 그렇단다. 수보리야. 내가 아누다라삼먁삼보리에서 얻을 만한 어떤 법이 조금도 있을 수 없으니 이것을 말하여 아누다라삼먁삼보리라 한다."

(불언佛言하사대 여시여시如是如是니라 수보리須菩提야 아어아누다라삼먁삼보리我於阿耨多羅三邈三菩提에 내지무유소법가득乃至無有小法可得이니 시명아누다라삼먁삼보리是名阿耨多羅三邈三菩提니라)

평산풀이

제22장은 무법가득분無法可得分이다. 무법가득無法可得이란 얻을 만한 어떤 법도 없다는 말이다. 우리가 아누다라삼먁삼보리를 얻었다, 즉 진리를 깨달았다고 해서 무슨 특별한 법을 얻은 것도 아니고, 더 이상 얻어야 할 무엇이 있는 것도 아니다. 최고의 진리를 깨닫는 아누다라삼먁삼보리를 성취했다고 해서 무엇인가를 얻었다고 생각한다면 그것은 아누다라삼먁삼보리가 아니다. 또 무엇인가 조금이라도 부족하여 얻어야 할 무슨 법이 조금이라도 있다면 그것도 아누다라삼먁삼보리가 아니다. 진리를 깨닫는다고 해서 티끌만큼이라도 무슨 특별한 법을 얻었다고 할 것이 없는데 더 이상 찾거나 얻을 것도 없다. 아누다라삼먁삼보리를 얻은 것은 아무것도 얻을 것이 없는 법을 얻은 것이다. 그래서 무상정변지라고 한다. 특별히 무슨 법이라고 하는 어떤 무엇이 있는 것이 아니다. 무법가득無法可得이다. 얻을만한 법이 있는 것이 아니다. 아누다라삼먁삼보리를 얻는다 함은 무소득無所得이다. 얻은 것도 없는데 얻을 것도 없다.

얻을 바가 없는 그것을 얻는 것이 아누다라삼먁삼보리를 얻는 것이다. 얻을 것이 없는 무를 얻어 무가 되는 것이다. 그런데 없는 무를 어떻게 얻을까? 마음에 얻고자 하는 바가 없어지는 것이다. 무심이 될 때 진심이 된다. 진리를 깨닫겠다는 마음 진리를 찾겠다는 마음도 없어지는 무심이라야 진리를 얻은 것이다. 그래서 진리를 깨닫게 되었다는 말은 결국 진리와 하나가 되었다는 말이요 그것은 다름 아닌 나를 찾다가 나를 알게 되었다는 말이요 나를 알았다는 말은 내가 되었다는 말이다. 나는 눈을 뜨고 숨을 쉬는 사람이 되었다는 말이다. 내가 다른 것이 되는 것이 아니라 바로 본래의 내가 되는 것이기에 거기에 무슨 특별한 것이 있을 수 없고 특별히 얻을 것이 있는 것도 아니다.

너무 간단하고 쉬운 말이라 더이상 설명이 필요하지 않을 것이다. 그러나 이 간단한 이치를 안다는 것이 또 얼마나 어려운 일일까? 이것을 알기 어려운 이유는 지혜의 눈을 뜨지 못했기 때문이다. 눈이 없이 꿈을 꾸는 앎의 세계가 아니라 눈을 뜨고 보는 것이 깨달음이다. 그런데 육안이나 천안으로만 되는 것이 아니라 혜안도 있어야 하고 법안도 있어야 하고 궁극으로 붓다의 눈을 가져야 하기 때문이다. 이렇게 눈이 열려야 되는데 그것은 지식으로 되는 게 아니다. 밖에서 육안으로 들어오는 것은 모두가 지식이 된다. 그것을 논리적으로 체계화하여 법칙이라 한다. 그러나 세상의 법칙을 아무리 연구해도 내면을 향한 지혜의 문이 열리는 것은 아니다. 내면의 문이 열리고 속알이 밝아져 커지고 터질 때 지혜의 눈이 나타난다. 육안을 통해 밖으로 향하는 것은 지식을 구하는 것이요 천안의 문을 열고 안으로 들어가서 창을 여는 것은 지혜를 구하는 일이다.

세상 사람들은 지혜를 찾기보다는 지식을 추구하기 좋아한다. 외연의 확장으로 자기의 확대가 가능하다고 믿기 때문이다. 위대해지고 싶은 인간의 사회적 욕망과 호기심 때문에 지식과 지식의 법을 추구하는 것인데 이런 인간의 호기심은 나를 문제 삼는 것이 아니라 나의 외적 조건을 문제 삼는다. 그것을 우리는 학문이라 한다. 우주와 물질 등 자연현상을 다루면 자연과학이 되고 정치 경제 등 사회적 현실을 다루면 사회과학이 되고 인간의 활동을 탐구하면 인류학 사회학 종교학 심리학 등이 나온다.

이런 학문의 세계는 주관에 비치는 객관의 세계를 탐구하는 것이라 연구를 하면 할수록 논리가 세밀해지고 지식이 많아지고 법이 많아지고 가시적으로 얻어지는 것도 많다. 특히 자연과학이나 공학분야의 연구는 하면 할수록 새로운 지식이 무한히 깊어지고 넓어지기에 같은 학과 동료 교수나 연구원들 사이에도 서로의 세계를 알기가 쉽지 않다. 과학의 세계를 깊이 들어가면 들어갈수록 그 영역이 넓어져 모든 것을 다 탐험할 수가 없기 때문이다. 마치 탐조등과 삽을 들고 깊은 탄광으로 들어가 석탄을 캐는 광부처럼 수학적 논리라는 불과 실험관찰이라는 도구를 가지고 자기만의 굴을 파고 들어가는 것이 어쩌면 과학자들의 모습이라 하겠다.

그런 과학기술자들의 탐구로 새로운 기술이 나오고 상품이 나오고 세상이 변화하게 된다. 청동기시대의 불과 바퀴는 산업시대에 엔진과 기차가 되었고, 정보시대가 되자 컴퓨터와 인터넷이 되었다. 이처럼 과학기술의 혁명적 발전으로 세상이 크게 달라졌지만 인간의 몸과 심성은 크게 달라질 수 없었다. 오히려 감당할 수 없는 외적 환경의 변화로 말미암아 인간의 소외와 욕망 그리고 갈등의 문제는 더욱 심화되었다. 일찍이 인간 문명의 초기에 이런 문제를 간파했던 동양의 현자들도 기계적 도구를 개발하고 이용할 때 일어나는 인간과 사회의 문제를 염려했다. 기원전 3세기를 살았던 장자는 말했다.

"우리의 삶은 유한한데 지식은 무한하구나. 유한한 것으로 무한을 좇는 것은 위태롭지 않은가. 지식을 욕망함은 위태롭고 위태로울 뿐이다." – 장자 양생주–

유한한 인생인데 세상의 모든 지식을 얻겠다고 달려드는 것은 어리석고 위태한 일이라는 것이다. 인간의 욕망 중에서 지식욕처럼 위험한 것도 없다는 말이다. 물론 식욕이나 성욕도 위험한 것이다. 그런데 장자가 생각하기에 그 위험한 식색의 욕망보다 더 위험한 것이 지식욕이라는 것이다. 사람이 식색에 빠져도 제정신을 잃게 되지만 지식에 빠져도 무서운 이념의 악마가 된다. 따라서 사람은 그 욕망을 절제할 줄 알아야 사람이 되고 지혜롭게 된다.

유교의 핵심도 그것이다. 공자는 말했다. "지식을 추구하는 사람의 욕심은 너무 강하고 지혜를 구하는 마음은 너무도 미약하구나. 그러므로 깊이 생각하고 생각하여 욕망을 제어하는 하나의 도를 가지게 되어야 지혜롭게 된다. 그 지혜의 핵심을 꼭 붙잡고 사는 것이 사람 되는 길이다."

공자가 말하는 일이관지一以貫之라는 하나의 도道, 유교에선 그 도를 지혜라고 하는데 금강경에서는 아누다라삼먁삼보리의 지혜를 얻으라 한다. 도를 얻었다고 해서 무슨 특별한 지식을 얻는 것이 아니다. 눈을 뜨고 올바른 길, 정의의 길, 정도를 걸어갈 수 있게 되었을 뿐이다. 그 길은 늘 밝고 환히 있는 길이요 어디나 있는 길이지 특별한 것이 아니다. 그런데 눈을 뜨는 것은 지식을 쌓아서 되는 일이 아니라 스승을 만나는 시절인연時節因緣에 따라 저절로 열리게 되는 것이다.

성경에 나오는 아담과 하와의 이야기 속에서도 이런 지식과 지혜의 갈등 측면을 엿볼 수 있다. 금지된 선악과를 따먹으라고 사탄이 하와에게 유혹하면서 "이 열매를 먹어도 죽지 않고 너희는 눈이 밝아져 하나님과 같이 되어 선악을 알게 될 것이라." 했다. 결국 사탄이 하와에게 부추긴 것은 하나님처럼 알고 싶은 호기심 즉 지식에 대한 욕망이라고 볼 수도 있다. 흔히 하나님처럼 되고 싶다는 욕망을 단순하게 교만의 죄라고 보는 경우가 있지만 이럴 경우 오해의 소지가 많다. 하나님처럼 되고 싶다는 것이 잘못인 양 오해될 수 있다는 말이다. "내가 거룩하니 너희도 거룩하라." 하신 하나님의 명도 있고 "아버지의 온전하심같이 너희도 온전하라." 하신 예수님의 가르침도 있다. 하나님처럼 되고 싶은 욕구를 긍정하는 표현이다. 따라서 하나님처럼 되고 싶다는 욕구가 잘못이 아니라 자기가 하나님을 안다고 오해하는 것이 잘못이고 또 그런 오해된 하나님처럼 되려고 하는 것이 잘못이다.

사탄은 인간이 가진 호기심을 자극하여 생명의 하나님을 모시고 있던 하와에게 갑자기 선악의 하나님을 알고 싶지 않느냐고 유혹한 것이다. 너희는 눈이 밝아질 것이라는 사탄의 말을 듣고 하나님처럼 알고 싶다는 욕망이 들어오는 순간 생명에 이르는 지혜의 문이 닫히고 그만 선악이라는 지식의 유혹에 빠지고 만 것이다. 밝은 태양이 뜨는 순간에 영원한 별빛들이 스러짐과 같이 선악의 눈이 밝아지자 영원을 바라보던 지혜의 눈이 캄캄해진 것이다. 그래서 인간은 권력의 하나님, 심판의 하나님을 섬기게 된 것인데 이것이 바로 지식의 덫에 걸려 생명과 사랑의 하나님을 바로 보지 못하고 율법주의라는 자기 환상과 우상에 빠진 것이다. 그래서 대상적 지식은 위험하다는 것이다.

이어서 창세기에 바벨탑을 쌓은 이야기가 나오는데 그것도 마찬가지라 하겠다. "성과 대를 쌓아 하늘에 닿게 하여 우리 이름을 내고 온 지면에 흩어짐을 면하자" 했는데 이것도 우리의 문명이 추구하는 지식의 욕망이요 인간의 교만이라 하겠다. 지식을 쌓고 문명을 이룩하는 순간 인간의 교만이 하늘을 찌르게 된다. 그 결과는 늘 참혹한 전쟁과 죽음이다. 유럽의 종교전쟁도 지식에서 나온 것이요 두 차례의 세계대전도 과학과 산업혁명의 결과로 나온 것이다.

지식은 근본에서 남과 세상을 지배하고 착취하는 인간의 욕망에서 비롯된 도구라는 것이다. 그 지식의 칼날을 가지고 사람을 살리는 활인검으로 사용할 것인지 아니면 사람을 죽이는 살인검으로 사용할 것인지 그 분별의 눈을 뜨자는 것이 지혜다.

장자는 천지편에서 공자의 제자 자공의 이야기를 빌어서 과학기술문명의 위험성을 다음과 같은 우화로 전한다.

공자의 제자인 자공이 길을 가다가 밭에다 물을 주고 있는 한 노인을 만났다. 그 노인은 물통을 지고 깊은 우물에 내려가서 물을 길어다가 밭곡식에 물을 뿌리고 있었는데 그 모습이 너무도 힘들게 보였다. 자공이 바라보다가 노인이 안쓰러워 말을 걸었다.

"보시오. 왜 그렇게 힘들게 물을 길어다 주시오? 우물에서 기계를 설치하여 밭으로 우물물을 끌어다 대면 수월하지 않겠소? 기계를 쓰면 적은 노동으로 많은 일을 할 수 있다오."

그러자 그 노인이 대답했다.

"내가 그걸 모르는 바가 아니오. 하지만 우리 스승께서 말씀하셨소. 사람이 기계를 만들면 기계를 쓰는 일이 많아지고 기계를 쓰다 보면 기계에 의존하는 마음이 일어나고 기계에 의존하는 마음이 되면 본래의 순박함을 잃게 되고 마침내 정신이 혼란스럽게 되어 결국 사람됨의 도를 잃어버리고 황폐하게 된다고 했소. 그래서 내가 기계의 이로움을 모르는 건 아니지만 그 유혹을 부끄럽게 여기는 것이오."

이렇게 지성과 지식을 도구로 하는 기계문명의 위험성을 옛 현자들은 이미 간파하고 있었다. 이제 지식의 발전으로 새로운 정보통신기기가 나오게 되고 인공지능이 출현하여 새로운 세상을 만들고 있다. 그 결과로 인류는 또다시 어떤 참혹한 결과를 맞게 될지 모른다. 그 위험성을 피하려면 아누다라삼먁삼보리라는 지혜의 길을 추구해야 되는데 그것은 지식을 추구하는 길이 아니다. 지식은 자꾸 얻어서 쌓아가는 것이지만 지혜의 도는 자꾸 덜어내서 비우는 길이다. 비우고 비워서 더 이상 비울 것이 없을 때 빛이 들어와 지혜가 되는 것이다.

노자가 말했다.

"지식을 추구하는 학문은 날마다 쌓아가는 것이다. 그렇지만 지혜를 추구하는 도는 날마다 덜어낸다. 덜어내고 덜어내어 마침내 아무것도 없는 빈 마음에 이르게 되는데 그렇게 무가 되어야 비로소 일체를 살릴 수 있다."

일체를 살릴 수 있는 빈 마음이 되는 것이 지혜라는 것이다. 이처럼 텅 비워서 깨끗하고 환한 무위의 세계에 이른 것을 무상정변지라고 하는데 거기에 조금이라도 무엇을 얻었다는 지식이 들어오면 그것은 그만 어둠이 되고 만다는 것이다. 이런 지혜의 세계를 다석 류영모는 '모름지기'라 하였다. 모름지기 우리가 꼭 지켜야 할 것은 '모름지기'라는 것이다. 지식이 끊어진 모름의 세계를 지켜야 그 빈 마음에 지혜의 빛이 들어올 수 있는 것이다. '모름지기'란 결국 나보다 크신 하나님을 모시는 일이다. 일체의 지식을 넘어서 계신 '없이 계신 이'로서 우리가 알 수 없는 그분 앞에서 겸손히 자기를 비우고 자기가 사라질 때 지혜의 빛이 들어오는 것이다. 인간이 그 빛을 잃으면 미혹이 되고 악마가 되어 위험하다는 것이다. 내가 악마가 되지 않기 위해서 늘 지혜는 무법소득無法所得이라는 것을 잊지 말자. 지식에 붙잡히는 순간 이미 내가 사탄이 된다는 것을 알아차리고 늘 자기의 모름을 지키는 '모름지기'의 겸손을 지키자.

제23

정심행선분淨心行善分

마음은 고요하고 품행은 아름답다

그리고 또 다음에 수보리야, 이 법은 평등해서 높고 낮음이 없으니 이것을 아누다라삼먁삼보리라 이름하느니라. 나도 없고 남도 없고 중생도 없고 오래산다는 생각도 없이 온갖 선법을 닦아서 아누다라삼먁삼보리를 얻느니라.

(부차수보리復次須菩提야 시법是法이 평등平等하야 무유고하無有高下하니 시명아누다라삼먁삼보리是名阿耨多羅三藐三菩提니 이무아무인무중생무수자以無我無人無衆生無壽者로 수일체선법修一切善法하면 즉득아누다라삼먁삼보리卽得阿耨多羅三藐三菩提하리니)

수보리야, 이른바 선법이라 함은 여래가 말씀하시길 곧 선법이 아니라 하셨으니 이것을 이름하여 선법이라 하는 것이다.

(수보리須菩提야 소언선법자所言善法者는 여래설즉비선법如來說卽非善法을 시명선법是名善法이니라)

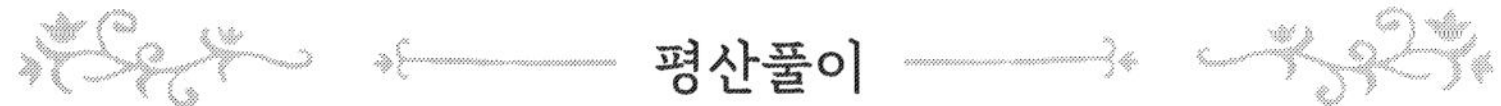

평산풀이

제23장은 정심행선분淨心行善分이다. 아누다라삼먁삼보리를 무상정변지, 또는 무상정등각이라 하는데 앞에서 무상無上의 의미를 무법소득無法所得이라고 설명했다면 이번에는 정등각正等覺을 설명한다. 정변지 또는 정등각을 평등각이라 설명하면서 그 평등각이 되려면 일체상을 벗어난 정심淨心이 되고 선을 행해야 한다고 하여 정심행선분淨心行善分이라 했다.

여래께서 수보리에게 다시 또 아누다라삼먁삼보리를 설명하면서 덧붙이는 말씀이다. 앞 장에서는 아누다라삼먁삼보리를 얻었다고 하여 무슨 법을 얻었다고 할 게 없다고 했다. 깨달았다고 하여 무슨 새로운 지식을 얻은 것이 아니다. 다만 눈을 떴다는 말이지 무엇을 새로 알았다는 것이 아니다. 아누다라삼먁삼보리를 얻는다고 하여 무슨 지식이나 특별한 법을 얻는 게 아니다. 다만 본래 잠재되어있던 눈이 살아나 열렸을 뿐이다. 본래의 순수한 눈으로 보게 되면 무엇을 보는 것인가. 일체가 평등함을 보는 것이다. 있는 것을 있는 그대로, 즉 여여하게 보는 것이 평등각이다. 그래서 거기에 무슨 아상이니 인상이니 중생상이니 수자상이니 그런 차별하는 상이 있을 수 없는 것이다. 주객분열의 모든 분별지와 차별의 상이 사라지고 각자 있는 그대로의 절대의 평등 세계를 보는 것이 아누다라삼먁삼보리라는 것이다.

이렇게 일체가 평등이 되어 나타나는 그런 무분별의 눈이 깨끗한 눈이다. 깨끗한 눈이라야 아누다라삼먁삼보리, 더없이 높은 절대 평등의 올바른 진리를 어디서나 언제나 모든 것 속에서 볼 수 있는 그런 지혜를 얻은 것이다.

그럼 어떻게 해야 그렇게 깨끗한 눈을 얻을 수 있을까? 모든 선법善法을 닦아야 된다는 것이다. 모든 선법을 닦기 위해서는 먼저 그동안 빠져 있는 아상 인상 중생상 수자상이라는 어둠의 감옥에서 벗어나야 된다. 그동안 어둠에 빠져있었다는 것을 자각하고 빛이 없는 빛이라는 참 빛을 구하여 진리와 함께 기뻐하는 선법善法을 닦아야 한다. 진리와 일치하는 길을 따라서 자꾸 올라가는 것을 선법이라 한다.

선법善法이란 무엇인가? 선법은 진리와 일치하여 올라가는 길이다. 우리가 지은 과거의 죄업을 소멸하고 정화시켜 순수하고 깨끗한 마음이 되도록 해주는 진리의 빛 속에서 눈을 뜨는 것이다. 진리의 말씀을 자꾸 들음으로써 마음을 씻고 정화시켜 순수한 마음으로 올라가서 빛을 보는 것, 그것이 선법이요 선의 길이다.

진리의 빛으로 올라가는 길이 선법善法이다. 그러나 그 길은 보이는 길도 아니요 있는 길도 아니요 말할 수 있는 길도 아니다. 보이지 않는 길이요 없이 있는 길이요 뚫려야 갈 수 있는 길이다. 그 길을 찾고 그 길을 가다가 길이 된다.

길을 어디서 찾는가. 그 길을 알려주는 사람이 선지식善知識이요 스승이요 여래다, 본래의 성품을 선지식이라 하고 선지식을 따라가는 것이 길이다. 스승을 따라가다가 스승과 하나가 되고 마침내 스승이 되는 것이 길이다. 이렇게 수보리는 여래를 만나서 여래와 하나가 되었다가 수보리가 되었다. 수보리가 자기 속에 있는 본래 성품인 여래를 만나서 다시 수보리로 되는 과정을 길이라 한다. 사람이 다시 사람이 되는 과정을 길이라 한다. 그것은 본래의 성품이기에 하늘과 줄곧

뚫려있다고 한다. 하늘로 뚫린 길을 따라 올라가 빛을 만나 빛이 되면 무상정등각의 선지식이요 스승이 된다.

수보리는 석가모니불의 10대 제자 가운데 공空의 도리를 가장 잘 깨달은 사람이다. 모든 만물 속에서 실상무상實相無相이라는 공상空相을 가장 잘 깨친 제자라는 것이다. 석가여래의 10대 제자 가운데는 지혜가 가장 뛰어난 사리불도 있고 신통력이 가장 뛰어난 목건련도 있고 수행이 가장 뛰어난 가섭도 있고 이어서 공의 이치에 가장 밝은 제자로 수보리가 있다. 수보리의 뜻은 공생空生이라는 말이다. 비어있는 허공같은 삶이요 없이 있는 삶이다. 그것은 전체에 내어맡기는 공공한 삶이요 나 없는 무아의 삶이요 생사를 넘어선 영생의 삶이다.

22장에서는 아누다라삼먁삼보리라고 하여 무슨 얻는 것이 있는 게 아니라 아무것도 얻는 것이 없다고 했다. 그런데 이제 23장에서는 또 온갖 선법을 닦아서 아누다라삼먁삼보리를 얻는다고 말한다. 아누다라삼먁삼보리를 얻는다는 게 무엇인가. 그것을 영의 지혜로 사는 영적 생명이라 한다면 그 영적 생명은 되는 것이라 할 수도 없고 얻는 것이라 할 수도 없다. 영적인 생명이 노력해서 되는 것이라고 하면 누구나 자기의 힘으로 노력해서 어떻게든 되어보겠다고 할 것이다. 그러나 그런 욕망으로 야단치다가는 결국 어둠의 수렁에 빠지게 되고 말 것이다. 그런 영적 생명을 귀한 것으로 여기고 그것이 우리 노력으로 얻는 것이라 하게 되면 그것을 또 요행으로 얻으려는 욕심이 나타나게 되고 그런 사람들을 미혹하는 신비주의자나 방편을 제공하는 술객에 빠져서 정신이 나가고 만다.

사람은 누구나 이미 구원받은 존재다. 그러나 구원을 위해 힘쓰지 않으면 구원받은 의미가 없다. 누구나 이미 깨달은 부처다. 그러나 본래의 부처를 자각하지 않으면 미혹된 중생에서 벗어날 수가 없다. 그래서 아누다라삼먁삼보리의 평등각으로 깨닫고 보면 나도 없고 남도 없으며 중생도 없고 부처도 없다. 일체가 평등이다. 일체가 선하고 일체가 아름답고 일체가 참이다. 이 평등각이 선법善法이다. 우주 만물 가운데 선하지 않음이 없다. 성선설이다. 다만 깨닫지 못하고 욕심에 오염된 나만이 선하지 않을 뿐이다. 이런 미혹된 어둠 가운데 있는 나만 깨어나면 일체가 선하고 아름다운 세상이다. 이런 평등각을 통해서 아누다라삼먁삼보리라는 무상정변지를 얻게 된다. 위가 없어서 더 없이 가장 높고 바르고 보편적인 지혜를 얻는 것이다. 무상정변지의 눈을 떠야 자기의 형상形相 또는 실상實相을 볼 수 있게 되고 실상을 보게 되어야 자유롭게 날아다닐 수 있다. 기독교는 자기형상이라 하고 불교에서는 중도실상이라 한다.

정편正遍의 눈을 뜨는 것이 평등각이요 날아다니는 것이 무상無上이다. 날아서 높이 올라가야 일체를 평등하고 바르게 볼 수 있다. 초월의 무상無上이 되어야 내재의 정편正編이란 눈이 열린다는 말이다. 눈은 눈을 볼 수 없다. 그러나 눈을 떠야 보인다. 그래서 보는 것을 눈이라 한다. 마음의 눈은 육체의 눈을 볼 수가 있다. 또 마음이 눈을 보는 것은 영의 눈이다. 그래서 마음이 깬다는 것은 영의 눈을 뜨는 것이다. 우리가 보이는 것을 눈이라 하면 그것은 눈이 아니다. 볼 수 없는 것을 보는 영의 눈을 떠야 마음이 보이는 것이다. 그래서 마음을 그저 마음이라 하면 아직 깬 마음이 아니다. 영의 눈을 떠야 마음을 벗어난다. 마음을 벗어나야 눈을 뜬 것이다. 선법을 선법이라 하면 그것은 선법이 아니다. 이것도 마음을 깨치고 영의 눈을 뜨라는 말이다. 눈을 뜨는 것을 선법善法이라 한다.

눈을 뜨고 보면 산은 산대로 높고 바다는 바다대로 깊다. 낮에는 해가 빛나고 밤에는 달이 환하다. 이것이 깨끗한 세계요 평등한 세계요 아름다운 세계요 거룩한 세계다. 그것을 정심행선淨心行善의 세계라 한다. 깨끗한 깬 마음이 되어 일체를 살려주고 키워주고 빛내주는 것이다. 맑은 하늘에 태양처럼 빛나는 깬 마음이 되고 지혜가 나타나 춘하추동 사시를 운행하며 만물을 길러내는 것이 정심행선이라는 것이다. 선법善法으로 아누다라삼먁삼보리의 마음을 깨치면 깨끗한 마음의 정심이 되고 깨끗한 마음이 되어야 아름다움의 세계인 행선行善을 하게 된다. 선법善法이 행선行善으로 바뀌게 된 것이다. 선법이 진리라 하면 행선은 생명이 된다. 그래서 진리는 곧 생명이라는 말이다.

이런 생명의 행선行善이란 무엇인지 주역의 건괘를 통해 살펴본다.

시승육룡時乘六龍 이어천以御天 운행우시雲行雨施 천하평天下平. 때를 타고 여섯 용이 올라가서 하늘을 다스려 구름을 운행하고 비를 뿌려주니 온 천하에 평화가 가득하다.

용이란 변화와 지혜의 상징이다. 때마다 달라지고 그때마다 알맞게 하늘을 다스린다는 것이다. 그래서 구름을 일으키고 비를 내려주며 천하 만물을 잘 살려주어서 온 땅에 평화를 가져다준다는 이것이 말하자면 행선行善이라는 것이다.

보살의 행이 무엇인가 하면 선을 행함인데 그것은 때에 따라 알맞은 설법의 비를 내려주는 것이다. 법보시라는 것이다. 주역에서 여섯 용이라 했지만 불교에서는 6바라밀이라 한다. 육바라밀이 말하자면 행선行善이라는 것이다. 보살은 이 육바라밀이라는 모든 행선을 닦아서 모두가 아누다라삼막삼보리를 증득하여 부처가 되도록 인도한다는 것이다. 청정한 보살은 마음에서 육바라밀의 행선 곧 보시布施 지계持戒 인욕忍辱 정진精進 선정禪定 지혜智慧가 나와서 모든 중생을 제도한다는 말이다. 그러니까 육바라밀은 보살이 부처가 되기 위하여 수행하는 선법의 방편이 아니라 중생을 제도하기 위한 사랑의 방편이라 보는 것이다. 이렇게 육바라밀의 의미를 뒤바꿔볼 때 행선行善의 보살심을 더 깊이 알게 될 것이다.

왜 제목을 정심행선이라 하였을까 생각할 때 본문에서 '선법이라 하는 것은 여래가 선법이 아니라 하니 그것을 이름하여 선법이라 한다'고 했던 점을 새롭게 밝히고자 했던 것이 아닐까 하여 풀어본 것이다. 보살이 선법을 잘 닦아서 무상정등각인 아누다라삼먁삼보리를 얻는 것인데 그 선법이란 선법이 아니고 이름이 선법이라는 것이다. 그 선법이란 방편일 뿐만 아니라 진리도 되고 생명도 된다는 말이다. 그래서 정심행선을 깨끗한 마음으로 선법을 행하라고 풀이하지 않고 깨끗한 마음이 되면 품행도 아름답다고 풀이해본 것이다. 깨끗한 마음으로 선법을 행하라고 하면 부처가 되기 위해서 노력하라는 권고의 말이 되는데 그것보다는 보살의 깬 마음은 청정하여 그 품행이 아름답다고 칭송하는 말이 제목으로 더 좋다고 보았기 때문이다.

선문답에 운문雲門스님의 도일설倒一說이라는 말이 있다. 도는 넘어졌다는 뜻이니까 도일설은 뒤집힌 한 말씀이다. 한 말씀을 뒤집어보라는 것이다. 도일설이 나오게 된 배경은 대일설對一說이다. 석가모니께서 일생 가르치신 말씀이 무엇이냐고 물으니 운문이 대답하길 누구를 대하든지 한 말씀으로 대답하셨다고 대일설對一說이라 했다. 이 말을 들은 운문의 제자가 또 묻기를 그럼 상대가 들을 귀도 없고 말할 거리도 없으면 어떻게 하느냐고 물었더니 운문이 도일설倒一說이라 했다는 이야기다. 뒤집는다는 의미가 여러 가지가 있겠지만 우선 들을 귀가 없으면 거꾸로 한 말씀을 들으면 되지 않느냐 하는 말이라 해도 될 것이다. 말하는 것과 듣는 것이 둘이 아니기 때문이다. 들어주는 것이 더 큰 사랑이요 가르침이다.

운문에게 질문하는 사람이 아직 평등각을 깨치지 못 해서 헛소리를 하는데 그에 대한 친절한 답변이 도일설倒一說이다. 얼이 나가 자빠지는 소리가 도일설이요 넘어졌으니 일어나라는 소리가 도일설이다. 예수가 그리스도라고 믿는 사람에게는 그리스도가 예수라고 깨우쳐 주는 것이고 그리스도가 예수라고 소리치는 사람에게는 예수가 그리스도라고 일으켜주는 것이다.

색즉시공色卽是空이요 공즉시색空卽是色이다. 색즉시공이라고만 알아도 안 되고 공즉시색만 알아도 잘못이다. 이 둘은 하나가 아니지만 둘도 또한 아니라는 것이다. 이렇게 색즉시공色卽是空과 공즉시색空卽是色이 둘이 아니듯이 대일설과 도일설이 둘이 아니고 진리와 생명이 둘이 아니듯이 선법과 행선이 둘이 아니라는 것이다. 이렇게 하나이면서 둘이고 둘이면서 하나가 되는 실상의 세계를 보는 지혜의 눈을 23장의 정심행선분에서 평등각이라 했다.

제24

복지무비분福智無比分

지혜의 복덕은 비할 데가 없다

수보리야, 만일 어떤 사람이 삼천대천세계에 있는 모든 수미산의 크기만큼 커다란 칠보의 보화를 보시했다고 하자. 그리고 또 어떤 사람이 있는데 그는 이 반야바라밀경에서 4구절의 게송만이라도 받아 지니며 읽고 외워 남을 위해 가르쳐 주었다고 하자. 그러면 앞서 수미산 크기만큼 커다란 칠보의 보화를 보시한 사람의 복덕으로는 이 게송을 가르쳐 준 사람이 지은 복덕의 백분의 일에도 미치지 못하고, 그보다 백천만억분의 일에도 미치지 못하여 그 어떤 숫자의 비유로도 말할 수가 없는 것이다.

(수보리須菩提야 약삼천대천세계중若三千大天世界中에 소유제수미산왕所有諸須彌山王의 여시등칠보취如是等七寶聚를 유인有人이 지용포시持用布施라도 약인若人이 이차반야바라밀경以此般若波羅蜜經으로 내지사구게등乃至四句偈等을 수지독송受持讀誦하야 위타인설爲他人說하면 어전복덕於前福德으론 백분百分에 불급일不及一하며 백천만억분내지산수비유百千萬億分乃至算數譬喩로도 소불능급所不能及이니라.)

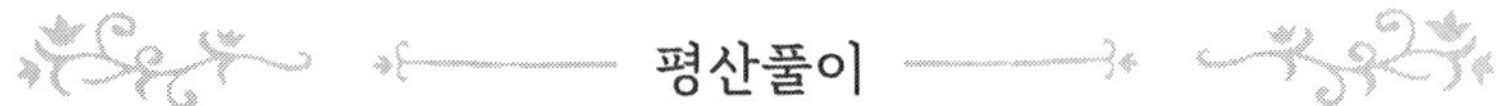

평산풀이

제24장은 복가운데 지혜의 복이 비할 수 없이 크다는 것, 그리고 복의 근원이 지혜이기에 지혜를 일깨워 주는 복이 가장 큰 복이라는 복지무비분福智無比分이다. 다시 한번 보이는 물질로 온 세상이 가득 차도록 보시하는 것보다는 보이지 않는 진리의 말씀을 한마디라도 알려주는 것이 더 큰 공덕이라고 법보시를 강조한다.

보시라는 말은 기독교에서는 사랑이라 하겠다. 기독교의 주된 강조가 은혜요 사랑인데 불교에서는 먼저 보시를 가르친다. 불교에서는 사랑이란 말을 긍정적 가치로 쓰지 않는다. 그 이유는 사랑의 의미를 갈애渴愛의 애착으로 보기 때문이다. 같은 글자요 같은 소리이지만 기독교에서 말하는 사랑과 불교에서 말하는 사랑은 전혀 다른 것이다. 불교에서는 사랑하라는 말 대신에 보시하라고 한다. 보시는 널리 베푸는 일이다. 또 사랑이란 말과 비슷한 것으로 불교에서는 부처님의 자비를 말한다. 베푸는 것은 자비를 베푸는 것이다. 자비의 의미는 북돋아주고 바로잡아주는 일이다. 농부가 곡식을 기르듯이, 또는 어머니가 아이를 키우듯이 돌보는 사랑이 자비라는 것이다. 곡식이 잘 자라도독 북돋아주고 풀을 뽑아주고 벌레를 잡아주고 가치를 쳐주고 그런 일들이 자비의 일이다. 어머니가 애기의 대소변을 치워주고 기저귀를 빨아주고 젖을 먹여주고 하는 일이 자비라는 것이다. 자는 북돋아 주는 일이요 비는 잡초를 뽑아주는 일이다.

불교에서 말하는 사랑은 남녀의 육체적 감정적 사랑을 말하는 것이다. 그런 남녀의 사랑이 가장 두드러진 때가 사춘기라는 것이다. 그 사랑 때문에 윤회의 쳇바퀴가 굴러가는 것이다. 그래서 그 사랑의 애착에서 벗어나지 못하면 윤회의 업에서 벗어날 수가 없기 때문에 사랑은 극복의 대상이지 장려하는 덕목이 아니다. 내 인생의 괴로움이 어디서 비롯되었는가 할 때 그것은 부모의 무명無明에서 비롯된 것이다. 무명은 눈을 뜨지 못했다는 말이다. 무명의 행업으로 말미암아 내가 나온 것이다. 내게 주어진 이 업을 어떻게 벗어날 것인가. 그 윤회의 업에서 벗어나는 길을 가르치자는 게 불교라고 할 것이다.

그런데 기독교는 사랑을 최고의 덕목으로 가르친다. 그럼 불교의 자비와 기독교의 사랑은 같은 것일까? 이는 우리가 깊이 생각해볼 점이다. 부처님을 대자대비하신 분이라 한다. 하나님은 사랑이시라 한다. 하나님의 인격적 사랑과 부처님의 자비, 이 둘이 서로 통한다는 데는 이의가 없을 것이다. 그런데 이것이 같은가 다른가 따지는 일은 너무 단순한 비교라 하겠다. 하다 못해 우리가 과일 맛을 비교한다 해도 그건 우스운 일이 아닌가. 사과나 배나 복숭아나 포도나 모두 달콤하고 향기롭지만 그 맛이 같으냐 다르냐 따지는 사람은 없다. 마찬가지로 불교의 자비와 기독교의 사랑이 같으냐 다르냐 따지는 것은 어리석은 것이라 하겠다. 기독교에서 하나님의 사랑을 맛보기 전에는 알 수가 없고 불교의 자비를 체험하기 전에는 그 자비가 무엇인지 알 길이 없는 것이다.

사랑이나 자비나 그 구체적 실천의 차원은 다양하다. 불교에서는 자비의 실천을 보시라 한다. 사람마다 그 보시의 차원이 다른 것이다. 날마다 물고기를 잡아다 주기보다는 물고기 잡는 법을 한 시간 가르쳐 주는 것이 더 큰 공덕이다. 사랑의 마음은 같지만 그 지혜의 차원이 다른 것이다. 세상에서 권력을 누리며 부유하게 살도록 해주는 것보다는 삶의 지혜를 한 마디 가르쳐 주는 것이 더 큰 공덕이요 사랑이다.

예수님은 제자들에게 가르치길 세상에서 썩어 없어질 양식을 위해서 힘쓰지 말고 영생하도록 있는 양식을 위해서 일하라고 했다. 썩어 없어질 양식은 잠시 있다가 사라지는 무지개나 물거품처럼 헛된 것이다. 잠시 있다가 사라지는 허무한 것을 제아무리 쌓아도 결국은 허무할 뿐이다.

인간은 동물처럼 육체적 존재가 아니다. 하이덱거는 말하길 '인간은 죽음에의 존재'라고 한다. 죽음의 허무 앞에서 끊임없이 죽음의 허무를 극복할 가치는 찾는다는 것이다. 그래서 삶의 의미를 추구하는 인간을 현존재라고 한다. 현존재로 실존하기 위해서는 늘 말씀이 통해야 한다. 육체적 삶이 자연과 통하기 위해 숨을 쉰다. 목숨이란 목으로 쉬는 숨이듯이 정신적 삶이 우주와 통하는 것은 말씀으로 쉬는 말숨이다. 목숨은 어느 순간 끊어지지만 말숨은 영원히 이어져서 끊어지지 않는다. 예수 공자 석가의 말숨은 오늘도 여전히 끊어지지 않고 이어지고 있다. 그래서 유한한 인생에게 참 기쁨과 생명을 이어주고 이어주는 말씀만이 영원한 것이다. 참 행복은 진리가 아니면 얻을 수 없고 진리에서 오는 지혜의 기쁨은 그 무엇에 비할 수가 없다. 그렇게 비할 수 없이 크고 귀한 것이기에 복지무비福智無比라 했다. 지혜로부터 오는 복덕은 이 세상 무엇과도 비교할 수 없는 가장 큰 것이기에 무엇보다 지혜를 얻으라고 강조하는 것이다. 말숨을 알고 말씀을 아는 것이 지혜요 복덕이다. 지혜와 복덕이 하나가 되는 보살의 기쁨은 무엇에 비할 수가 없다.

화무소화분化無所化分

교화에는 교화하는 바가 없다

수보리야, 어떻게 생각하느냐. 너희는 여래가 '난 마땅히 중생을 제도하리라.' 하는 그런 생각을 했다고 말하지 말라. 수보리야, 그런 생각을 하지 말라. 왜냐하면 실로 여래가 제도할 중생이 없기 때문이다. 만일 중생이 있어서 여래가 제도하였다면 여래는 곧 나, 남, 중생, 존재자라는 것을 갖는 것이기 때문이다.

(수보리須菩提야 어의운하於意云何오 여등汝等은 물위여래작시념勿謂如來-作是念하되 아당도중생我當度衆生이라하라 수보리須菩提야 막작시념莫作是念이니 하이고何以故오 실무유중생實無有衆生하야 여래도자如來度者니 약유중생若有衆生하야 여래도자如來度者면 여래즉유아인중생수자如來卽有我人衆生壽者니라

수보리야, 여래가 나는 있다고 함은 곧 내가 있다는 것이 아니다. 그런데 범부의 사람들이 이로써 나는 있음이라 여기니라. 수보리야, 범부라는 것도 여래는 곧 범부가 아니라 하니 그 이름을 범부라 하느니라.

(수보리須菩提야 여래설유아자如來說有我者는 즉비유아卽非有我어늘 이범부지인而

凡夫之人이 이위유아以爲有我하니라 수보리須菩提야 범부자凡夫者도 여래설즉비범부如來說卽非凡夫요 시명범부是名凡夫이니라)

평산풀이

제25장은 보살이 중생을 교화한다고 하지만 세상에는 교화될 중생이 아무도 없다는 화무소화분化無所化分이다. 교화한다고 하지만 교화함이 없는 교화가 화무소화化無所化다. 보살은 사홍서원四弘誓願이라는 4가지 큰 서원을 가지고 사는데 그 첫째가 모든 중생을 구제하겠다는 것이다. 모든 중생을 빠짐이 없이 제도하겠다는 사람이 보살이다. 중생무변서원도衆生無邊誓願度, 중생들이 끝없이 많이 있지만 그들 가운데 하나도 빠짐없이 다 피안에 이르도록 구제하겠다고 서원하며 사는 것이다.

그런데 여래에게는 그처럼 중생을 제도하겠다는 생각이 없다는 것이다. 중생을 제도하겠다는 생각도 없을뿐더러 또한 세상에는 제도할 중생이 하나도 없다는 것이다. 보살과 여래의 차이라는 게 이런 것일까?

"수보리야, 어떻게 생각하느냐. 너희들은 여래가 '내가 마땅히 중생을 제도하리라.' 하는 생각을 했다고 여기지 말라. 수보리야, 그런 생각을 하지 말라. 왜냐하면 실로 여래가 제도할 중생이 없기 때문이다. 만일 중생이 있어서 여래가 제도하였다면 여래는 곧 나니 남이니 중생이니 존재자니 그런 생각을 가진 것이다."

물질적 보시보다 법보시를 강조한 내용은 제8장 의법출생분, 19장 법계통화분 등에서 이미 나온 것이다. 온 세상을 가득 채운 물질로 보시하기보다는 진리의 말씀 한 구절이라도 알려줘서 중생을 깨우치는 공덕이 무엇보다 더 큰 공덕이라 했다. 보살이 중생을 제도하는 그런 공덕이 가장 크다는 것이다. 그런데 여래에게는 그렇게 중생을 구제하겠다는 생각도 없고 또 구제할 중생이 하나도 없다는 것이다. 보살들의 공덕으로 세상의 모든 중생들이 다 부처가 되고 열반을 얻어서 더 이상 구제할 중생이 없다는 말일까?

물론 앞서 21장에서 말했던 것처럼 석가가 성불할 때 산천초목이 동시에 성불했다는 말을 한다. 깨지 못한 것은 내가 못 깨달은 것이지 깨닫고 보면 이미 모두 다 부처인데 누가 누구를 제도한다는 것인가. 그래서 나는 깨달은 보살이요 너희는 아직 깨닫지 못한 중생이라는 생각을 가지고 법을 설한다면 그는 아직 깨닫지 못한 사람이라는 것이다. 왜냐면 그에게는 아직도 나라는 생각 너라는 생각 중생이라는 생각에서 벗어나지 못한 것이기 때문이다. 깨달은 나는 일체 평등의 나요 없이 있는 무자성의 나요 청정 무아의 나다. 그래서 그런 나에게는 너도 없고 중생도 없고 일체가 다 여래요 부처다. 여래가 여래에게 이르는 말이요 보살이 보살에게 이르는 말이지 보살이 밖에 있는 중생을 향한 말이 아니다. 중생은 언제나 내 안에 있는 중생이요 여래도 내 안에 있는 여래다. 내 안에 있는 여래가 내 안에 있는 중생을 깨우치는 말이 설법이요 보시라는 것이다. 어둠이 있다면 내 안에 있는 어둠이지 내 밖에는 어둠이 없다. 내가 내 안에 있는 어둠을 밝히는 것뿐이다. 내가 어둠이 되는 이유는 나라는 아상 때문이다. 결국 아상만 없으면 모든 어둠이 사라지고 마는 것이다.

따라서 나의 밖에는 온통 빛의 여래들이요 천사들이다. 그래서 나라는 아상이 사라지면 나도 없고 너도 없고 안도 없고 밖도 없고 교화할 자도 없고 교화받을 자도 없고 주인도 없고 객도 없도 주관도 아니고 객관도 아니고 일체가 여래요 빛이 있을 뿐이다. 그래서 화무소화化無所化라 한다. 내가 변화되면 우주에 변화받을 자는 없다는 것이다. 감화가 필요하고 변화가 필요한 것은 오직 나뿐이다. 나라는 생각만 사라지면 모든 것이 청정해진다는 말이다. 아상이 사라질 때 저절로 주객이 사라지는 것이다.

세상에서 가장 큰 보시는 법보시라 한다. 그래서 법이 소중한 것인데 그 법을 깨달은 사람이 여래요 그 법을 깨닫고자 하는 사람이 중생이다. 그래서 법보시法布施가 있으려면 그 세 가지 소중한 것이 필요한데 그것을 삼보三寶라고 했다. 불佛과 법法과 승僧이라는 셋을 삼보라 한다. 중생 가운데 법을 깨치고자 수도하는 사람들이 승僧이다. 교화하는 주체는 불이고 교화되는 객체는 승이고 교화의 내용이 법이다. 이렇게 셋이 있어야 불법이 전수되어 이어지는 것이다. 그런데 이것은 현상의 세계이고 방편이지 본래의 진실은 주객분열 이전의 평등각이다. 그래서 여래도 공이고 법도 공이고 보살도 공이라는 것을 지금 말하고자 하는 것이다. 공이 된 여래에게 무슨 보살이 있고 법이 있겠느냐는 말이다. 우리가 아직 깨닫지 못하면 주객분열이 되어 중생이 있고 중생을 교화할 법이 있고 그 법을 깨달은 여래가 있게 된다는 말이다. 그래서 여래에게는 중생을 교화할 법이 있는 것도 아니고 중생을 깨우치려고 법을 설한다는 의식도 없고 깨우칠 중생도 없다는 것이다. 이 세 가지가 모두 공이라는 것을 여러 장에 걸쳐 상세히 말하고 또 말하는 것이다.

공자도 무아無我를 무필無必 무고無固 무의無意라고 했다. 필연이라는 법칙이 있는 것도 아니고 고집할 대상이 있는 것도 아니고 의지라는 목적의식이 있는 것도 아니다. 논어에 나오는 공자의 말이나 금강경에 나오는 석가모니의 말이나 서로 통하는 것이다. 참의 세계, 진여의 세계에서는 나라고 하는 아상이 없다는 말이다. 아상이 없다는 것을 금강경에서는 인상 중생상 수자상이라는 이 셋이 없다고 설명하는 것이다.

석가모니께서는 당시의 상황에서 사람들이 잘못 생각하고 오해하고 있는 것들을 바로잡으려 이런 표현을 했을 것이다. 즉 힌두교에서 최고의 진리를 브라만과 아트만의 일치를 말하는데 사람들이 그 진실을 이해하지 못하고 이분법으로 브라만이 따로 있고 아트만이 따로 있다고 생각하는 현상이 많았다. 그것을 석가모니께서 깨우치려 아트만이 없다고 한 것이다. 즉 브라만과 아트만이 서로 분리되면 아트만은 아상이 되는 것이다. 브라만과 아트만이 하나인데 그것이 주객분열로 브라만이 저 멀리 따로 있게 되면 그만 힌두교에서 추구하는 아트만은 아상이 되고 마는 것이다.

그렇다고 아트만과 브라만의 일치를 깨달았다고 하여 그만 깨달은 존재와 깨닫지 못한 존재로 구별하게 되면 그것도 아직 미혹에 빠진 사람들의 견해일 뿐이다. 그렇게 깨달은 여래와 깨닫지 못한 중생으로 나누는 미혹된 생각을 중생상이라 한다. 그러니까 중생상을 가지면 그것도 아직 아상에서 벗어나지 못한 것이다.

그리고 당시 자이나교에서 영혼불멸의 영생을 주장했는데 그것도 잘못이라는 것이다. 인간이 자칫 몸은 죽지만 영혼은 육에서 벗어나 영원히 살 수 있다는 영혼불멸의 사상에 빠질 수 있는데 이런 영혼불멸의 영생을 수자상이라 한 것이다. 그런 수자상을 가진 것도 아직 무아의 진실을 깨닫지 못한 것이다. 또 사람이라는 생각, 인상이라는 것도 편협된 것으로 아상이 되는 것이다. 인간에 대한 모든 철학과 사상이 다 하나의 인상이다. 그 인상에 사로잡히면 아상을 벗어날 수 없는 것이다.

기독교의 복음이라 해도 궁극적 가르침은 무아의 진리를 말하는 것이다. 예수님은 제자들에게 "나는 길이요 진리요 생명이나 누구든지 나를 따르려면 자기를 부인하고 자기의 십자가를 지고 따르라" 했다. 공자나 석가모니께서 부정의 표현을 쓴 데 비하여 예수님은 긍정의 표현을 썼을 뿐이다. 십자가는 곧 무아의 표상이기 때문이다. 무아의 나는 십자가의 길이요 십자가의 진리요 십자가의 생명이라는 것이다. 즉 무아의 길이요 무아의 진리요 무아의 생명이 나라는 것이다. 동양인들에게 기독교의 십자가는 곧 무아의 표상이라고 설명하면 곧 그것을 이해하고 받아들일 수 있을 것인데 그것은 앞서 오신 공자와 석가의 가르침 덕분이라 하겠다.

"수보리야, 여래가 나는 있다 함은 곧 내가 있는 것이 아닌데 범부의 사람들이 이로써 내가 있다고 여기느니라. 수보리야, 범부라는 것도 여래는 곧 범부가 아니라고 하니 그 이름을 범부라 하느니라."

나라는 생각 범부라는 생각에 빠지지 말라는 것이다. 모든 것이 제행무상諸行無常이기 때문이다. 일체가 변화하는 중이다. 변화의 프로세스 가운데 있지 않는 것은 하나도 없다. 다만 프로세스의 변화만이 있을 뿐 알 수 있는 불변의 실체가 없다는 것만이 불변이라 하겠다. 내가 변하면 너도 변하고 네가 변하면 나도 변하는 것이다. 그러니까 제법무아라 한다. 일체가 변하는 것인데 그 무엇을 나라고 할 수가 없다는 것이다. 이것이 나라 하고 붙잡는 순간 그것은 이미 사라지고 없는 것이다. 그래서 나라고 붙잡을 무엇이 있을 수 없다. 없는 것을 붙잡았다고 하면 그것은 허상이다. 그래서 나라고 할 것이 없는데 그럼 있는 것은 무엇일까? 계속 변화하고 있는 그 전체의 변화를 변하게 하는 그 없이 있는 존재를 불교는 다르마, 법이라 한다. 그 법도 또한 알 수 있는 실체가 아니기에 공이라 한다. 공은 없다고 할 수도 없고 있다고 할 수도 없어서 없이 있다고 한다. 그 법에는 나도 없고 너도 없고 전체로 돌아가는 인연의 부침과 율동이 있을 뿐이다. 그래서 화무소화化無所化, 일체가 다 인연에 따라 변화하는 것뿐이지 누가 누구를 변화시키는 것도 아니고 누구에 의해 변화되는 것도 아니다. 변화하는 우주 속에서 일체가 다 서로의 인연에 따라 서로가 변화하는 것이다. 일체가 스스로의 법에 의해 창조적 변혁을 하고 있는 것이 우주의 모습이라 하겠다. 그 속에는 주객이 따로 없기에 일체가 무아인데 그 무아의 주체를 또 없이 있는 나라고 하겠다. 그래서 번뇌즉보리가 되고 생사즉열반이 되어 제행무상 일체개고 제법무아의 나는 곧 열반적정의 기쁨과 청정법신의 나라고 하는 상락아정常樂我淨이 되는 것이다. 상락常樂은 열반의 기쁨이요 아정我淨은 청정의 법신이다. 이런 무상정변지의 깨달음을 평등각이라 한다.

그러니 중생이니 보살이니 범부니 여래니 하는 것도 다 망상이다. 있는 것은 그저 빛이 있을 뿐이요 기쁨이 있을 뿐이요 평화가 있을 뿐이다. 죄인이니 의인이니 하는 것도 다 망상이다. 이 망상에서 벗어나서 죄 짐을 벗고 보면 그 어디나 진리의 세계요 본래청정의 열반이다. 범부가 따로 있고 여래가 따로 있는 것이 아니다. 세상이 따로 있고 하늘나라가 따로 있는 것이 아니다. 아상 인상으로 분별과 망상의 꿈을 꾸면 범부요 꿈에서 깨어 상락아정의 청정법신이 되면 여래라 한다.

그런데 꿈을 꾸는 것도 나요 꿈을 깨는 것도 나라고 한다. 그래서 나라는 것도 하나의 꿈이라 하겠다. 나라고 하는 그 꿈을 깨고 보면 여래도 있을 수 없고 범부도 있을 수 없다. 어떻게 나라고 하는 꿈에서 벗어날까? 모든 것이 제행무상이라는 것을 깨치지 못한 무명에서 나오는 꿈인데 내가 그 꿈속에 있구나 하는 자각부터 시작해야 하지 않을까.

겨울

법신비상분法身非相分

신은 상이 아니다

"수보리야, 네 생각은 어떠냐? 가히 32상으로서 여래를 볼 수 있겠느냐?" 수보리가 대답하였다. "그러하옵니다. 32상으로서 여래를 뵐 수 있사옵니다."

(수보리 須菩提야 어의운하於意云何오 가이삼십이상可以三十二相으로 관여래불觀如來不아 수보리언須菩提言하되 여시여시如是如是니이다 이삼십이상以三十二相으로 관여래觀如來니이다.)

부처님께서 말씀하셨습니다. "수보리야, 만일 32상으로써 여래를 볼 수 있다면 전륜성왕도 곧 여래라 하겠느냐?"

수보리가 부처님께 아뢰었다. "세존이시여, 부처님께서 말씀하시는 뜻을 제가 알기로는 32상으로써 여래를 뵐 수 없사옵니다."

(불佛이 언言하사대 수보리須菩提야 약삼십이상若三十二相으로 관여내자觀如來者면 전륜성왕轉輪聖王도 즉시여래卽是如來로다 수보리백불언須菩提-白佛言하되 세존世尊하 여아해불소설의如我解佛所說義컨댄 불응이삼십이상不應以三十二相으로

관여래觀如來니이다.)

그때 세존께서 게송으로 말씀하셨습니다.
"만일 모양으로 나를 보려 하거나
음성으로써 나를 찾는 이가 있다면
그는 잘못된 길을 가는 사람이니
어찌 여래를 만날 수 있으랴."

(이시爾時에 세존世尊이 이설게언而說偈言하사대
약이색견아若以色見我거나
이음성구아以音聲求我하면
시인행사도是人行邪道이니
불능견여래不能見如來니라)

평산풀이

제26장은 여래의 법신은 어떤 상이 아니라는 법신비상분法身非相分이다. 세존께서 수보리에게 물었다. "여래를 32상으로 볼 수 있겠느냐?" 그러자 수보리는 대답하길 "예. 32상으로 여래를 볼 수가 있습니다." 했다. 그러자 세존께서 다시 물었다. "32상으로 여래를 볼 수 있다면 온 세상을 다스리는 황제도 역시 여래가 되겠구나." 그러자 수보리는 바로 말을 바꿔서 대답한다. "아닙니다. 32상으로 여래를 볼 수

는 없습니다." 수보리는 왜 이렇게 긍정으로 대답했다가 또 부정으로 대답하는 것일까. 수보리가 아직 깨치지 못해서 그럴까? 깨치지 못한 후대의 중생을 돕기 위해서 그런 것일까?

여래는 32상을 지니고 있다고 한다. 하지만 32상을 지니고 있다고 하여 다 여래는 아니라는 것이다. 32상은 여래가 지닌 하나의 속성인 것이다. 그런데 그 속성을 지녔다고 다 여래는 아니라는 것이다. 하나님은 사랑이시라 하지만 사랑이 곧 하나님은 아닌 것과 마찬가지 말이라 하겠다. 우리는 이렇게 속성에 대해서는 말할 수 있지만 본질에 대해서는 말할 수 있는 것이 아니다. 여래의 속성을 보고 말할 수는 있지만 여래의 본질을 보거나 말할 수는 없다.

그럼 여래의 본질을 알 수 있는 길이 무엇인가? 그 방법은 말할 수가 없다. 다만 부정의 방법으로 말할 뿐이다. 그래서 석존께서 게송으로 말씀하셨다.

만일 모습으로 나를 보려는 자가 있다면
또는 음성으로 나를 찾는 자가 있다면
이들 모두는 잘못된 길을 가고 있구나
그들이 어떻게 여래를 만날 수 있겠는가.
약이색견아若以色見我
이음성구아以音聲求我
시인행사도是人行邪道
불능견여래不能見如來

색色과 성聲으로 여래를 찾으려는 사람은 아무리 애를 써도 여래를 만날 수 없다는 것이다. 색은 빛깔 모양으로 눈에 보이는 것인데 소리는 귀에 들리는 것이다. 그러니까 우리의 눈과 귀를 통해서 여래를 알 수 있는 것이 아니라고 한다. 눈과 귀에 의존하는 그 방법이 잘못이기 때문이다. 어떤 모습을 보거나 소리를 듣고는 부처를 만날 수도 없고 알 수도 없다.

생전의 석가모니를 만났다고 부처를 만난 것이 아니다. 부처는 보이는 형상이 아니기 때문이다. 공자의 제자가 3천이라 하지만 공자의 뜻을 본 사람은 많지 않다. 예수와 함께 먹고 마시며 따라다닌 12제자들도 예수가 그리스도라는 것을 알지 못했다. 예수가 현상이라면 그리스도는 본체인데 현상으로 나타난 예수의 모습은 누구나 볼 수 있지만, 그 본질인 그리스도는 아는 사람이 없었다.

중세 시대에 예수님의 모습을 상상하며 많은 그림을 그렸지만 그런 그림을 갖고 그리스도를 만날 수는 없다. 부처님의 32상을 생각하며 수많은 불상을 만들었지만 아무리 불상을 잘 만들어도 그 불상을 보고 부처님을 만날 수는 없다. 아무리 멋진 모습으로 색칠을 하고 금을 입혀도 그것으로 부처를 드러낼 수 있는 것은 아니다. 예수의 상을 아무리 그럴듯하게 만들어 놓고 쳐다보아도 그리스도를 만날 수는 없다.

이렇게 일체의 상을 통해서는 여래를 만날 수 없다고 하니까 그렇다면 이름을 불러보자 하고 어떤 이는 열심히 소리를 질러 염불을 한다. 어린애가 엄마를 찾듯이 '나무석가모니불' 하며 애타게 부르짖지만 그래도 여래는 나타나지 않아 만날 수가 없다. 교회에서 소리를 지르며 '주여! 주여!' 기도하지만 그렇다고 그리스도를 만날 수는 없다.

눈에 보이는 예수를 만나도 그리스도를 알 수는 없다. 예수님이 세상에 계실 때 수 많은 사람이 예수를 보았고 예수의 음성을 들었지만 예수께서 부활의 몸으로 계시해주실 때까지 그리스도를 본 제자가 없었다. 오늘날도 마찬가지다. 하나님의 아들이 이 땅에 다시 오신다고 해도 그가 그리스도라는 것을 우리가 알아볼 수 있을까.

그럼 우리는 어떻게 부처를 볼 수 있고 그리스도를 알아 볼 수가 있을까? 도대체 부처는 무엇이며 그리스도는 어떤 분일까? 우리가 여래를 어떻게 알 수 있고 어떻게 만날 수 있을까? 우리가 여래를 본다는 것은 무엇인가?

불교의 사찰에 가면 대웅전에 부처님을 모셔놓고 있다. 부처님의 여러 이름 가운데 하나가 대웅大雄이다. 부처의 이름에 열 가지가 있다고 한다. 그리고 부처의 몸은 법신과 보신 그리고 응신이나 화신, 이렇게 셋으로 이야기한다. 법신은 비로자나불이라 하고 보신은 아미타불이라 하고 응신은 석가모니불이라 한다. 여기서 부처님은 모양이나 음성으로 볼 수가 없다는 말은 비로자나불을 말한다고 하겠다. 석가모니는 우리가 볼 수도 있고 그의 음성을 들을 수도 있었다. 석가모니께서는 32호상을 지니고 있었다 한다. 그런데 그 32상을 지니고 있다고 하여 부처라 할 수는 없다는 것이다.

부처님은 육신의 덕을 가지고 있는데 그것을 32상이라 한다. 석가모니 부처님은 모든 공덕을 지니고 있었다 한다. 석가모니 부처님이 지닌 공덕을 화엄경에서 18 불공법不共法으로 이야기한다. 다양한 중생을 제도하기 위해서 부처님은 온갖 공덕과 지혜를 지니고 있다는 것이다. 따라서 부처님은 공덕과 아울러 지혜도 지니고 있다. 그래서 32상이라는 덕을 지니고 있다고 하여 충분한 것이 아니고 보이지 않는 무상정변지의 지혜도 가지고 있는 분이라야 부처님이 되는 것인데 그 무상정변지는 우리가 알 수 있는 지식이 아니다.

그러니까 부처님이 중생에게 신심을 일으키기 위해서 육신의 공덕을 쓰신 것이다. 중생이 그 육신의 32상을 보고 부처님을 만났다고 기뻐함으로써 신심을 일으키게 되지만 그렇다고 부처님을 본 것은 아니라는 것이다. 부처님은 진리의 화신이다. 진리를 깨친 사람을 부처라 하는데 진리란 무엇인가. 진리를 깨치면 아누다라삼먁삼보리를 얻는다는데 그게 무엇일까. 진리를 또 여래법이요 달마라 하는데 그 달마는 또 무엇인가. 목사이자 화가이셨던 예술신학자 이 신(1927-1981)의 시를 읽어본다.

진리가 어디 있습니까
암만 눈을 씻고 봐도
어디에 있는지 보이지 않습니다.

진리가 어디 있습니까.
암만 손을 휘둘러도
어디 있는지 만져지지 않습니다.
진리가 어디 있습니까.
암만 귀를 종그려도

목소리를 들을 수 없습니다.***

우리가 진리를 깨달은 사람, 즉 부처님을 본다는 것은 오감으로 보거나 느끼는 것이 아니다. 우리가 부처를 보았다고 할 때 그것은 자기도 무상정변지라는 법을 깨쳤다는 것이다. 그러니까 무상정변지를 알게 되어야 부처를 보는 것인데 그것을 깨치려면 아상 인상 수자상 중생상이 없어야 된다고 했다. 그러니까 부처님을 보는 방법은 나라는

*** 김성리 이은선 외 8인 〈이신의 묵시의식과 토착화의 새 차원〉 (동연, 2021) '진리는 어디 있습니까' (이하 전문)

그렇다면 나는 없는 당신을
이렇게 애절하게 찾고 있는 것입니까.
볼 수도 없고
만질 수도 없고
들을 수도 없는
당신을 이렇게 목타게
부르짖고 있는 것입니까.
당신을 어디 가서 만날 수 있습니까.
당신의 얼굴을
어디 가서 찾습니까.
내 얼굴은
보는 눈 있는 자에게 보이는 얼굴
내 몸은
만질 수 있는 손 가진 자에게 만져지는 것
내 목소리는
들을 수 있는 귀 가진 자에게 들리는 소리
저 풀잎 하나에도
저 티끌 하나에도
굴러다니는 돌 하나에도
저렇게 미천하게 짓밟히는
지푸라기 하나에도
내 얼굴과 목소리는
있는 것

상이 없어지는 것뿐이다. 방법은 내가 무상정변지를 깨닫고 부처가 되는 수밖에 없다는 것이다. 내가 가지고 있는 아상을 벗고 깨달음을 얻어야 되는데 어떻게 그 아상을 없이할 수 있을까? 내가 깨닫겠다 하면 벌써 나라는 상에 붙잡히는데 그 아상에서 어떻게 벗어나는가. 도대체 아상이 없어진다는 것이 무엇일까?

성과 색의 오감으로 여래를 볼 수 없다는 말은 내 마음 밖에서 여래를 찾지 말고 내 마음 안에서 여래를 찾으라는 것이다. 오감이나 지식으로 만나는 예수가 아니라 성령 안에서 그리스도를 인격적으로 만나야 된다는 것이다. 마음이 깨끗한 자는 하나님을 볼 것이라 했다. 그럼 어떻게 해야 마음이 깨끗해지는 것일까. 기독교에서는 정욕과 탐욕과 교만과 거짓이 없어져야 된다고 한다. 금강경은 아상 인상 중생상 수자상을 벗어나야 된다고 한다. 결국 욕심이 없어져야 되는 것이고 욕심으로 말미암은 망상이 없어져야 된다는 것이다. 망상이 없어진다는 말은 꿈에서 깨어난다는 말이고 욕심이 없어진다는 말은 눈을 가리고 있던 구름이 없어진다는 말이라 하겠다. 잠에서 깨어나 눈을 떠야 되고, 눈을 떴으면 구름이 없는 하늘로 올라가야 그리스도라는 빛나는 태양을 만날 수 있을 것이다.

눈을 뜨는 것을 중용에서는 천명지위성天命之謂性이라 하고 하늘로 올라가는 것을 솔성지위도率性之謂道라고 한다. 그래서 태양 빛을 만나 자기도 빛이 되는 것을 수도지위교修道之謂教라고 한다. 잠에서 깨어나 눈을 뜨고 빈탕 하늘로 올라가라. 마음의 빈탕을 희로애락미발이라 한다. 마음이 빈탕 하늘에 올라가서 가온찍기의 중도를 얻게 되면 온 세상에 조화의 빛을 고르게 비출 수 있다는 것이다. 이런 '가온찍기'와 '알마지'가 잘 어우러지는 중도가 되면 치중화致中和가 되는 것이고 그런 치중화가 되면 온 누리가 바르게 되고 만물이 생명을 얻어 춤추고 기뻐한다는 것이다. 중용의 가르침도 바로 이런 중도의 이상을 알려주자는 것이라 하겠다.

우리가 부처님을 본다는 것은 감각이나 생각이나 지식으로 무엇을 안다는 것이 아니고 스스로 내면의 눈을 떠서 깨야된다는 것이다. 32상이라는 온갖 덕을 갖춘 부처님이 어디 계신가 하고 밖으로 찾아다니지만 그런 32상의 덕을 갖춘 부처님을 만나기도 어렵고 설혹 어렵사리 만났다 해도 그가 부처인지 아닌지는 내가 깨치기 전에는 알 수도 없다. 그래서 나를 깨치고 눈을 떠서 보면 온 천지 만물 가운데 부처님이 아니 계신 곳이 없다. 우주의 만물치고 부처님이 아닌 몸은 없다는 것을 보게 된다. 그러니까 어디서나 32상을 보게 되는 것이다. 따라서 32상으로 여래를 볼 수 없다는 말도 진실이고 또한 32상으로 여래를 볼 수 있다는 말도 진실이다. 이렇게 긍정과 부정을 넘어선 그곳이 중도라 하겠다.

수보리가 처음에는 32상으로 여래를 볼 수 있다고 대답했다가 이어서 32상으로 여래를 볼 수 없다고 상반된 대답을 했는데 수보리는 왜 그랬을까? 여기에 몇 가지 의견이 있다. 첫째는 수보리가 중생의 입장에서 중생을 대변하여 잘못된 견해를 말했다는 것이다. 즉 중생을 깨우치려는 방편으로 중생의 입장이 되었다는 것이다. 둘째는 중도의 입장에서 32상을 긍정하거나 부정하거나 모두가 방편이라는 것이다. 중도의 실상에서 보면 여래는 32상을 갖췄다 할 수도 있고 또 32상이 없다고 할 수도 있다는 것이다. 필요와 방편에 따라 32

상을 드러낼 수도 있고 또 감출 수도 있다는 것이다. 수보리는 과연 어떤 입장이었을까?

무단무멸분無斷無滅分

끊어짐도 없고 소멸함도 없다

수보리야, 네가 만일 생각하기를, 여래는 상을 구족하지 않음으로써 아누다라삼먁삼보리를 얻으셨구나 하겠느냐? 이런 생각을 짓지 말지니 여래가 상을 구족하지 않음으로서 아누다라삼먁삼보리를 얻었구나 하지 말라.

(수보리須菩提야 여약작시념汝若作是念하되 여래불이구족상고如來不以具足相故로 득아누다라삼먁삼보리得阿耨多羅三邈三菩提면 수보리須菩提야 막작시념莫作是念하라 여래불이구족상고如來不以具足相故로 득아누다라삼먁삼보리得阿耨多羅三邈三菩提니라)

수보리야, 네가 만일 아누다라삼먁삼보리심을 일으킨 이는 모든 진리를 단멸의 상으로 말하는구나 하고 생각이 든다면 그런 생각을 짓지 말라.

왜냐 하면 아누다라삼먁삼보리심을 일으킨 이는 모든 진리에 대해 단멸상으로 말하지 않기 때문이다.

(수보리須菩提야 여약작시념汝若作是念하되 발아누다라삼먁삼보리심자發阿耨多羅三邈三菩提心者는 설제법단멸說諸法斷滅가 막작시념莫作是念이니 하이고何以故오 발아누다라삼먁삼보리심자發阿耨多羅三邈三菩提心者는 어법於法이 부설단멸상不說斷滅相이니라.)

평산풀이

제26장 법신비상분에서 법신은 상이 없다고 했는데 제27장 무단무멸분無斷無滅分에서는 진리는 끊어지지도 않고 사라지지도 않는 무단무멸無斷無滅이라고 한다. 여래를 32상으로 볼 수 있는 게 아니라 하니까 그러면 아무것도 없는 허무한 단멸인가 하고 미혹될까 염려하여 무단무멸無斷無滅을 가르치는 것이다. 즉 26장에서 말하길 여래에게는 32상이 있다는 생각을 가지고 여래를 찾으면 여래를 볼 수 없을 것이라 했는데 이번에는 여래가 32상을 갖지 않았기 때문에, 아무것도 없는 허무의 단멸상으로 무상정변지를 얻게 되었다는 그런 생각을 해서는 안 된다고 한다.

32상이란 여래만이 갖는 특징으로서 외모나 행동이나 덕이나 능력을 말하는 것이다. 그런데 이런 상을 통해서 여래를 만나려고 해도 잘못이고 상을 없이 해서 여래를 만나려 해도 잘못이라는 것이다. 아상 인상 중생상 수자상을 없이해야 하지만 여래는 중생을 제도하기 위하여 원만한 32상을 구족하고 있다. 이런 여래의 세계는 상을 보고 알 수 있는 것도 아니지만 상을 떠나서 있는 것도 아니다. 아상 인상 중생상 수자상은 허상이요 허깨비요 물거품이요 그림자이지만 여래의 참모습은 또 32상이라는 원만 구족한 상을 통해 보여주신다. 원만 구족의 32상은 온전한 덕을 갖춘 최고의 인격이다. 덕이 없이 인격이 없고 인격이 없이 덕이 있을 수 없다. 덕은 보이지 않는 인격을 감싸고 있는 의상衣裳이요 표현이다.

허상과 허깨비는 우리의 눈이 만드는 그림자요, 바다의 물거품은 바닷물의 발자취다. 허깨비를 보는 것도 눈이 있다는 증거이듯 덕은 인격의 증거다. 덕이라는 표상이 없으면 인격의 본체도 알 수 없다. 허상이 없으면 실상도 없다. 그러나 눈이 눈을 보지는 못한다. 나의 실상은 그림자라는 허상을 통해서만 알 수 있다. 그래서 허상을 허상으로 아는 것이 실상을 보는 것이다. 그래서 실상을 보면 허상에 대한 집착과 착각은 사라진다. 실상이라고 무슨 실체가 있는 것은 아니다. 허상이 사라진 자리가 실상이다. 이것이 실상무상實相無相이다.

내가 만난 나의 그림자를 보고 내가 그를 원수로 생각하고 그와 싸우며 그 그림자를 아무리 쫓아내려 해도 쫓아낼 수 없다. 그림자를 그림자로 볼 때 그림자는 나의 일부가 되고 그림자에 대한 집착이 없어진다. 그림자를 그림자로 볼 수 있는 눈이 있으면 문제는 없어지고 만다. 그림자를 그림자로 보게 되면 내가 그림자를 짓고 있는 이유도 알게 되고 그림자를 없이하는 길도 알게 된다. 그것은 내가 올라가는 것이다. 내가 하늘로 올라가서 빛이 되면 그림자가 없어진다. 보이는 나는 보이지 않는 나의 그림자이다. 아상我相이라는 것이 나의 그림자다. 그림자가 없어지려면 올라가서 빛이 되는 것이다. 아상이라는 그림자가 없어지는 길, 그것은 내가 빛이 되는 것이다. 그래서 내가 빛이 되면 그림자가 없다. 실상무상, 빛 자체에는 그림자가 없다는 말이다. 그렇다고 빛이 실체라는 말이 아니다. 빛 자체가 무엇인지 알 수 있는 게 아니다. 불을 만나 불이 되듯이 빛을 만나 빛이 되는 것뿐이다.

덕德이라는 상에 붙잡혀도 안 되고 그 상을 떠나려 해도 안 된다. 부즉불리不卽不離의 세계를 바라보며 올라가는 것이다. 그래서 둘이 서로 다르지 않다고 하는 불이不二의 세계를 살게되면 그게 진실의 모습이다. 예수에게는 초월의 진리와 내재의 덕이 둘이 아니다. 그래서 예수는 말하길 "나는 율법을 폐하러 온 것이 아니라 완성하러 왔다."고 한다. 모세가 말하는 율법의 완성이 예수의 복음이요 복음의 그림자가 율법이다. 복음은 율법을 떠나는 것도 아니고 율법에 매이는 것도 아니다. 율법이 추구하는 것은 정의의 도덕이요 국가의 독립이다. 그런데 사랑의 복음은 믿음으로 온 인류가 하나되는 세상을 위한 것이요 평화를 이룩하자는 것이다. 율법을 벗어나는 사랑의 복음이 세계평화를 위한 종교이다. 그러니까 국가의 독립과 세계 통일, 이 두 가지의 모순이 지양되어 하나로 통합되는 것이 율법의 완성이요 복음이다. 즉 정의의 도덕과 사랑의 종교를 하나로 만드는 것이 복음이다. 정의와 사랑이 둘이 아니다. 종교 없는 도덕은 허례요 도덕 없는 종교는 미신이다. 치국과 평천하가 둘이 아니다. 평천하 없는 치국도 허상이요 치국이 없는 평천하도 망상이다. 예수와 그리스도가 둘이 아니다. 신성神性과 인성人性이 둘이 아니다. 이 세상과 하늘나라가 둘이 아니다.

그래서 언제나 단멸상斷滅相으로 말하는 것은 잘못이다. 단멸상이란 이 세상을 둘로 나눠 이분법으로 보는 것이다. 이분법이 되면 한쪽에 치우치게 된다. 이 세상에서 태어났다가 죽으면 끝이라는 단멸이 있는 한편 저 세상에 가서 영원히 산다는 상주법이 있다. 이렇게 이분법이 되면 어느 한 편에 치우쳐 중도의 실상을 보지 못한다. 선과 악, 현실과 이상, 실상과 허상, 물과 물거품, 나와 남, 인간과 자연, 개인과 사회, 본체와 현상, 이들은 둘이 아니다. 보이는 이 세상이 전부라고 보는 것도 착각이고 이 세상 너머에 영원한 세계가 따로 있다고 생각하는 것도 망상이다. 이 세상을 꿈이라 생각하는 것도 꿈이고 이 세상을 실제라 보는 것도 꿈이다. 이 땅 위의 삶이 끝이라 생각하는 것도 허무한 꿈이고 불멸의 영혼을 꿈꾸는 것도 허무한 꿈이다. 허무한 꿈을 깨고 진실한 꿈을 꾸어야 한다. 진실한 꿈은 무엇일까. 허무의 꿈을 깨는 것이 곧 진실로 깨어나는 것이 아닐까.

본문을 좀더 세밀히 읽어본다.

"수보리야, 네가 생각하기에 여래는 상을 구족하지 않음으로써 아누다라삼먁삼보리를 얻으셨구나 하겠느냐? 그런 생각을 짓지 말지니 여래가 상을 구족하지 않음으로서 아누다라삼먁삼보리를 얻었구나 하지 말라."

사실 구마라집의 번역에서 이 부분은 다른 번역본과 내용이 달라서 논란이 되었다고 한다. 즉 현장법사가 번역한 것과 다르고 범어 원본의 내용과도 다르다는 것이다. 그래서 구마라집이 왜 이렇게 번역을 했을까를 두고 여러 의견이 있었다고 한다. 현장법사나 범어 원본의 내용에서는 아니 불자가 빠져있다는 것인데 구마라집은 아니 불不이란 글자를 넣었다는 것이다. 즉 첫 문장의 여래불이구족상如來不以具足相에서 아니 불不이 빠져야 된다는 것이다. 그렇게 아니 불 자를 빼고 번역하면 다음과 같이 된다.

"수보리야, 네가 생각하기에 여래는 상을 구족함으로써 아누다라삼먁삼보리를 얻으셨구나 하겠느냐? 그런 생각을 짓지 말지니 여래가 상을 구족함로써 아누다라삼먁삼보리를 얻은 것이 아니니라."

이처럼 말이 달라진다. 그렇지만 앞서 풀이한 대로 무상정변지의 아누다라삼먁삼보리를 얻는 것과 32상을 구비하는 것과는 서로 다른 차원으로서 그 둘은 독립적인 관계이면서 동시에 불이적인 관계로 될 수가 있다. 따라서 아누다라삼먁삼보리를 얻게 된 것이 32상을 갖춘 덕분이라 할 수도 없으며 또한 32상을 갖추지 않았기 때문에 아누다라삼먁삼보리를 얻은 것이라 할 수도 없다. 그래서 여래의 세계는 이것도 아니고 저것도 아닌 그 세계를 말하는 것이다. 따라서 구마라집의 번역이나 현장법사의 번역이나 가리키는 바는 다른 것이 아니다. 다만 구마라집은 앞서 26장의 법상비상분의 내용과 연결지어서 좀더 분명하게 표현하고자 그러지 않았을까 하는 생각도 해보게 된다. 즉 여래는 32상으로써 볼 수 있는 겻이 아니라 했으니까 그러면 32상이 없어야 되는가 하는 의문을 가지는 것도 자연스럽겠다 싶어서 그런 질문으로 번역한 것이라 상상해 보는 것이다. 그리고 다음에 이어지는 말과의 관련성에서도 아니 불자를 넣었을 때 좀더 일관성이 유지된다.

이어서 읽어본다.

"수보리야, 네가 만일 아누다라삼먁삼보리심을 일으킨 이는 모든 진리를 단멸의 상으로 말하는구나 하고 생각이 든다면 그런 생각을 짓지 말라. 왜냐면 아누다라삼먁삼보리심을 일으킨 이는 모든 진리에 대해 단멸상으로 말하지 않기 때문이다."

수보리에게 이렇게 두 마디를 한 것인데 이 두 말을 합하면 다음과 같이 요약된다. 즉 구마라집의 번역에 의한 두 마디를 종합해서 말하면 다음과 같을 것이다.

"수보리야, 여래는 32상을 갖지 않음으로써 아누다라삼먁삼보리를 증득한 것이라는 그런 생각을 하지 말라. 왜냐하면 여래는 모든 진리에 대해 단멸상斷滅相으로 말하지 않기 때문이다."

그런데 현장의 번역을 따르면 두 마디는 서로 대립되는 내용이라 할 것이다. 따라서 현장의 번역에 따라 두 마디를 종합하여 정리하자면 이렇게 될 것이다.

"수보리여, 32상을 구족함으로써 아누다라삼먁삼보리를 증득했다고 여기지 말라. 그렇다고 여래가 모든 진리에 대해 단멸상으로 말한다고 여기지 말라."

이렇게 구마라집은 일관성이 있지만 일의적이고 현장의 번역은 이것도 아니고 저것도 아니라는 중도의 길을 좀더 분명히 표현한 것이라 하겠다. 석가모니의 두 제자는 문수보살과 보현보살이다. 문수의 지혜와 보현의 행원을 갖춘 분이 석가모니불이라는 것이다. 달리 말하여 부처님이 깨달은 아누다라삼먁삼보리라고 하는 무상의 진리는 문수보살의 지혜도 아니고 보현보살의 사랑도 아니라는 것이다. 문수의 지와 보현의 행이 합해진 그런 세계를 아누다라삼먁삼보리라고 한다.

공자는 누가 군자인가 할 때 문질빈빈文質彬彬이라 했다. 문文이란 진리를 뜻하는 것이고 지식이나 학문을 하는 것으로 머리와 관련되고 질質이란 마음의 바탕이라는 것으로 가슴과 연결되는 것이다. 그래서 문수의 지와 보현의 마음이 합해져야 부처가 된다는 말과 비슷한 뜻으로 서로 통한다고 하겠다. 군자가 되는 것은 머리만 앞서는 차가운 지식인이 되어도 안 되고 그렇다고 가슴이 머리보다 앞서는 뜨거운 투사가 되어도 안 되는 것이다. 어떻게 해야 냉철한 머리와 뜨거운 가슴이 하나로 통하는 진실한 인격을 이룰 수 있을까.

인간의 인격에는 진선미 또는 지성 덕성 감성이라는 세 요소가 있는데 그것들이 어떻게 조화를 이루는가에 따라 다양한 영성의 꽃이 피어난다고 할 것이다. 그래서 불교는 여래의 세계를 말하고 유교는 성인의 세계를 말하고 있는데 그 세계는 서로 통하지만 그 조화에 따라 서로 다른 향기를 낸다고 하겠다. 마치 빛의 삼원색에 어떻게 조합되느냐에 따라 수많은 빛의 색이 드러나듯이 인격의 세계도 다양하다는 것이다. 그런데 빛의 삼원색을 합하면 그냥 흰 빛이 되듯이 인격의 근원도 공空이라는 것이다. 그 공의 빛이 현실에 부딪혀 다양한 무지개로 피어나는 것이다. 그러니까 보현과 문수라는 무지개가 아름다운 빛이지만 그 빛의 근원이 또한 부처님의 아누다라삼먁삼보리라는 것이다. 그래서 무지개라는 것은 일종의 32상이 되는 것이다. 그 상을 통해서 부처님을 만날 수도 없지만 그렇다고 그 상을 없애야 부처님을 만나는 것도 아니다. 그러므로 32상에 붙잡혀도 안 되고 단멸상에 빠져도 안 되는 것이 중도라는 말이다.

불수불탐분不受不貪分

탐욕이 없으면 받음도 없다

"수보리야, 보살이 갠지스강의 모래 수와 같은 많은 세계에 칠보를 가득 채워서 보시했다고 하자. 또 만일 어떤 사람이 또 일체법一切法이 무아無我임을 깨달아서 인내함을 얻어 이루었다면, 이 보살은 앞의 보살이 얻은 공덕보다 더 뛰어나리라. 왜 그런가? 수보리야, 모든 보살은 그렇게 함으로써 복덕을 받지 않기 때문이니라."

(수보리須菩提야 약보살若菩薩이 이만항하사등세계칠보以滿恒河沙等世界七寶로 지용보시持用布施하고 약부유인若復有人이 지일체법무아知一切法無我하야 득성어인得成於忍하면 차보살此菩薩이 승전보살勝前菩薩의 소득공덕所得功德이니 하이고何以故오 수보리須菩提야 이제보살以諸菩薩은 불수복덕고不受福德故니라)

수보리가 부처님께 여쭈었다. "세존이시여! 보살이 복덕을 받지 않는다는 것이 무슨 말입니까?"

"수보리야, 보살이 복덕을 짓는 것은 응당 탐심이나 집착 없는 것이다. 이런 까닭으로 복덕을 받지 않는다고 말한다."

(수보리백불언須菩提白佛言하사대 세존世尊하 운하보살云何菩薩이 불수복덕不受福德이니잇고 수보리須菩提야 보살菩薩의 소작복덕所作福德은 불응탐착不應貪着이니시고是故로 설불수복덕說不受福德이니라.)

평산풀이

제28장은 불수불탐분不受不貪分인데 일체법을 깨닫고 무아가 되면 일체의 탐심이 없어져 불탐不貪이 되고, 탐욕이 없기에 어떤 공덕이나 복덕도 바라지도 받지도 않는다 하여 불수不受 불탐不貪이라 했다.

보살이 온 세상을 가득 채울 칠보를 가지고 보시布施하는 공덕보다는 진리를 깨닫고 인내의 덕을 이룬 사람의 복덕이 비할 수 없이 수승殊勝하다, 즉 뛰어나게 탁월하다고 했다. 그런데 그 수승한 이유가 불탐不貪이 되어 공덕을 받지 않기 때문이라는 것이다. 공덕을 받지 않는다는 말은 공덕을 초월한다는 것이다. 불수불탐의 덕에 대해 좀 더 살펴보기로 한다.

참의 진리를 깨닫고 참을 얻어서 이루었다는 말은 아상이 없는 진리를 체득했다는 말이다. 아상이라는 것, 나라는 것이 있을 수 없는 자리가 깨달음이기 때문에 거기서는 조금도 탐하거나 집착하는 마음이 있을 수가 없다. 내가 없는 세계에서 어떻게 탐착이란 게 있을 수 있겠는가? 그래서 이렇게 탐착이 사라진 세계에 올라갔다는 말은 내가 없어졌다는 말이요, 내가 없어졌으니 생사도 끊어졌다는 것이다.

탐착이 사라진 세계는 곧 생사를 초월한 자리를 말하는 것이다. 생사는 몸과 마음에서 비롯되는 것이다. 나라는 아상도 몸과 마음에서 비롯되는 것이다. 즉 아상이라는 말이나 생사라는 말이나 탐착이라는 말은 같은 말이 된다. 그래서 생사를 초월했다는 말은 아상이 사라졌다는 것이고 아상이 사라진 무아가 되면 죽음과 삶이 다른 것이 아니라 하나의 변화일 뿐이다. 그래서 아상이 없어지면 생에 대한 탐착이나 죽음에 대한 두려움이 사라지는 것이다. 생사를 초월하면 몸과 마음을 가지고 살아도 좋고 죽어도 좋은 것이다. 사는 것이 좋고 죽는 것이 싫다는 단멸斷滅도 잘못이고 이 세상은 허무하고 악한 곳이니 빨리 이 세상을 여의고 저쪽의 낙원으로 떠나겠다는 상주常住도 잘못이다. 단멸斷滅이란 영원한 대생명과의 단절이요 상주常住란 이 세상이라는 사바세계에 환멸을 느끼고 새로운 우주의 동굴을 찾아 영원히 살겠다고 둥지를 트는 것이다. 열반涅槃을 적멸이라 한다. 이 사바세계의 세상을 등지고 서방정토의 새로운 우주의 은하세계로 들어가는 열반을 꿈꾸는 것이 상주常住라는 것이다. 그렇지만 이 두 가지 모두 잘못이다. 이 사바세계에 빠져서 사는 단멸도 잘못이고 사바 세상을 등지고 서방정토의 열반에서 상주하겠다는 집착도 잘못이다.

불멸불생不滅不生의 석가모니釋迦牟尼께서는 능인고부주열반能仁故不住涅槃이요 적묵고부주생사寂默故不住生死라 한다. 단斷과 상常을 모두 초월하신 석가모니께서는 인자하신 까닭에 열반에 살지 않고 고요함 때문에 생사에서 살지도 않는다. 이런 석가모니를 따라 보살도 단斷과 상常을 모두 벗어나는 길, 중도를 사는 것이다. 열반으로 떠나가지 않고 생사에도 빠지지 않는 그런 모습을 중도실상이요 법계라 한다. 이사무애법계理事無礙法界 사사무애법계事事無碍法界의 법계는 단斷이나 상常이 아니다.

이런 중도실상의 세계를 깨친 보살은 일체의 탐심과 집착과 불안에서 벗어난 일도출생사一道出生死의 대 자유인이다. 중생들에게 이런 대자유의 세계를 열어준 공덕은 그 무엇과도 비할 수 없는 큰 공덕이다. 그러나 그것을 자기의 공덕이라고 생각지도 않는다. 중도실상의 세계를 열었다고 무슨 새로운 세계를 창조한 것이 아니다. 본래의 진실한 우주 모습이 다 그런 것이다.

우주는 본래 늘 새롭게 자기를 창조하면서 만물을 새롭게 한다. 꽃이 저절로 피어나듯이 우주는 늘 스스로 새롭게 꽃피운다. 보살도 이처럼 매 순간 재창조로 피어나는 우주의 꽃이다. 그러니까 공덕이라는 의식이 없다. 꽃이 피는 것은 저절로 피어나는 것이요 자기가 좋아서 피는 것이지 무슨 누구에게 보이려고 피는 것도 아니고 보아달라고 피는 것도 아니다. 그저 까닭 없이 피는 꽃처럼 보살은 늘 공덕을 짓지만 그 공덕을 짓는 까닭이 따로 있는 것이 아니다. 그래서 그것을 무엇보다 큰 공덕이라 한다. 그런 보살은 누구에게 복덕福德을 주는 것도 없고 받는 것도 없다. 그저 스스로 행복하게 피어나는 무위자연無爲自然일 뿐이다. 무위자연의 복덕을 일컬어 불수복덕不受福德이라 한다. 태양처럼 그저 스스로 빛을 내는 것뿐이지 무엇을 주자는 것도 없고 얻자는 것도 없고 받자는 것도 없다. 그래서 불수불탐의 복덕이라는 것이다.

하늘에서 빛나는 태양처럼 그저 스스로 빛나는 그런 불수불탐의 인격으로 사는 보살이 되려면 어떻게 해야 되는가? '지일체법무아知一切

法無我하야 득성어인得成於忍이다.' 일체법이 무아라는 것을 깨닫고 무생법인無生法忍을 얻어 성취하는 것이다.

여기서 인忍을 무생법인無生法忍이라고 번역을 했는데 산스크리트 원문에서는 참고 견디는 것을 성취한다고 했다. 즉 원문에서 '보살은 자성自性이 없고 생멸生滅이 없는 모든 법에서 인내를 성취한다'는 글을 구마라집은 '지일체법무아知一切法無我하야 득성어인得成於忍'이라고 번역한 것이다. 한문경전을 직역하면 '일체의 법이 무아라는 것을 깨닫고 인忍을 얻어 성취한다면'이라고 해야된다. 그런데 보살이 얻어서 성취할 것이 인내 또는 감내하는 일인가 할 때 뭔가 부족함을 느끼게 된다. 인내 또는 감내는 어려움을 참고 견디는 일이다. 그것이 보살이 얻어 성취할 목적인가 할 때 선뜻 납득하기 어려운 점이 있다는 것이다. 그래서 어於라는 글자를 장소를 나타내는 어조사로 보기도 한다. 득성어인得成於忍이라는 말을 인에서 얻어 성취한다고 풀이하는 것이다. 여기서 목적어는 명시되지 않았지만 아누다라삼먁삼보리로 보자는 것이다. 이렇게 되면 참음의 인내로 아누다라삼먁삼 보리를 얻어 성취한다고 풀이할 수 있다.

지금 보살이 얻은 것은 아누다라삼먁삼보리, 즉 무상정변지라는 최고의 지혜를 얻어 성취하는 것인데 왜 그것을 인내라고 했을까 하는 의문이 드는 것이다. 참을 인忍과 보리의 지혜는 어떤 관계인가?

물론 보살은 육바라밀을 실천하는 사람이니까 인내 또는 감내가 성취의 목적이 아니라 할 수는 없다. 보시 지계 인욕 정진 선정 지혜라는 여섯 가지 바라밀의 하나가 인욕이기 때문이다. 인욕이 없이 선정 지혜를 얻을 수는 없기 때문이다. 그래서 보살이 성취해야 될 덕목의 하나가 인욕忍辱 바라밀이라는 것은 틀림이 없지만 무상정변지의 지혜를 말하는 가운데 인을 언급했기에 그 양자 사이의 관련성을 좀더 살펴보지 않을 수 없는 것이다. 그래서 보살은 인욕 가운데서 무상정변지를 얻어 성취한다고 번역하기도 한다.

우리가 살아가는 사바세계는 온갖 고통과 번뇌가 가득한 곳이라 인내가 없으면 살 수가 없어서 감인토堪忍土, 또는 인토忍土라고 한다. 인忍이란 글자는 심장에 칼날이 놓여있는 것이다. 인토에서는 누구나 심장을 찌르는 칼날을 품고 사는 것이다. 그러니까 보살은 이 사바세계, 인토에서 참고 견디며 살 수밖에 없다는 것이다. 인을 인토로 해석해보는 것이다. 이렇게 번역을 하면 '득성어인得成於忍'의 글에서 어조사 '어於' 다음에 오는 '인忍'이 목적어가 아니라 장소를 나타내고 목적어는 말 속에 숨어있게 된다. 그런데 이런 번역은 앞서 말했듯이 인내를 성취의 목적어로 쓰인 산스크리트 원문과는 많이 벗어난 의역이라 하겠다.

그래서 원문에 따라 '인忍'을 목적어로 해석하면서 인의 뜻을 확장해보는 것이다. 사바세계의 그 고통을 견디는 방법이 인忍이라는 것이다. 일체 법法(만물, 존재)이 무아無我임을 깨닫고 무상無上의 정변지正遍知를 얻어 성취하는 것이다. 심장에 칼날이 놓여있는 것을 표시하여 '인忍'이라 했다. 세상에서 겪는 모든 생로병사의 사건들이 다 마음을 찌르는 칼날의 고통이라는 것이다. 그 고통을 참지 않으면 살아갈 수 없는 '인토忍土'의 세상이다. 그러면 나의 심장을 찌르는 이 칼날의 고통에서 벗어나려면 어떻게 해야 될까? 심장을 없애면 된다. 즉 마음이라는 것을 진리의 칼로 잘라내서 무심 무욕 무아가 되면 고통이 없어지는 것이다. 이것이 곧 인의 성취인데 보살은 이런 인忍을 성취하는 사람이라고 해석해 본다. 인의 성취가 지혜의 성취와 다름이 아니라는 해석을 해보는 것이다.

참을 수 없는 고난 가운데 참고 견디는 지혜를 인忍이라 하는 것이다. 이런 고난과 인내의 지혜를 가장 잘 나타난 이야기가 기독교 성경에 나온다. 예수의 일생도 십자가라는 고난의 이야기요 그 십가가의 고난이 곧 하나님의 지혜를 드러낸 사건이라 한다. 또 구약성경을 보면 까닭 없이 고난을 당하는 의인의 이야기로 욥기가 있다. 욥이 하나님을 믿는 의인인데 세상 가운데서 말할 수 없는 고난을 겪게 된다. 그렇지만 욥은 길흉화복의 모든 것이 하나님께서 주신 것이라 하여 일체 원망하는 일이 없이 하나님을 찬양하는 믿음을 보여준다. 하나님께서 복을 주시기도 하지만 재앙을 주시는 분도 하나님이니 그 재앙도 감사하는 마음으로 받아야 한다는 것이다.

복을 받을 때는 기뻐하고 감사를 드리지만, 화를 당할 때는 원망하기 쉽다. 그렇지만 그것은 하나님을 잘 몰라서 그렇다는 것이다. 즉 복이 하나님이 우리에게 주신 은혜이듯이 화도 또한 우리에게 주시는 은혜라는 것이다. 하나님의 은혜가 어느 때는 축복의 포장으로 나타나지만 어느 때는 저주의 포장으로 나타날 수 있다는 말이다. 그래서 하나님이 복을 주셨으니 화를 주시는 것도 감사하며 받아야 마땅하다고 한다. 하나님의 은혜가 저주의 포장으로 나타났을 때 외면하지 않고 그 극심한 고통과 고난을 참고 견디는 가운데 하나님의 뜻을 발견하게 된다는 것이다. 고통과 고난을 겪게 하시는 하나님의 뜻이 처음에는 이해되지 않고 도무지 알 수 없을지라도 계속 참고 견디어 나가

다 보면 어느 때 그 하나님의 선하신 뜻을 깨닫고 직접 하나님의 뵙게 되는 영광에 이를 수 있다는 것이다.

그래서 욥이 마침내 고백하기를 "내가 이제까지 하나님께 대하여 귀로만 들었는데 이제는 제가 눈으로 뵙게 되었다(욥기42:25)"고 한다. 욥이 이처럼 참을 수 없는 고난과 고통을 참고 견디는 가운데 드디어 하나님을 직접 뵙고 만나는 체험을 통해 그 모든 고통과 고난의 의미를 발견하고 하나님의 사랑과 지혜를 체험했다는 것이다.

여기서 욥이 하나님을 체험하는 그것은 최고의 진리를 알게 되는 영광스런 체험이요 불교인으로 말하자면 아누다라삼막삼보리를 체득하는 경험이라 할 것이다. 이렇게 고난과 고통 속에서 참고 견디어 최고의 진리를 체득하는 과정을 무생법인無生法忍이라고 보는 것이다. 무생, 즉 생사고락의 고통과 고난을 초월하는 무한의 고통을 통해 법을 깨닫게 하는 것이 인내忍耐라는 말이다. 무생법인無生法忍을 이렇게 해석하는 것은 하나의 의역이지만 본래의 취지를 생각할 때 크게 어긋난 것은 아니라 할 것이다. 그래서 인忍을 무상정변지와 연결시켜서 생멸이 없는 진리의 체인, 곧 무생법인無生法忍이라고 풀어보는 것이다. 보살이 성취하는 것이 이런 무생법인이라는 말이다.

무생법인은 화엄경이나 무량수경 또는 능가경에서 나오는 중요한 개념이다. 특히 화엄경에서는 십지품十地品에서뿐만 아니라 별도로 십인품十忍品이라는 것을 내놓고 자세하게 다루고 있다. 이것들을 종합하여 볼 때 인忍의 개념에 여러 가지가 있지만 크게 세 가지를 들 수가 있다. 진리를 깨닫는 인식認識과 자기를 초월하는 인욕忍辱과 붓다의 지혜를 증거하는 인증認證이라는 것이다. 그래서 보살은 모든 만물의 태어남을 보지 않으며 또한 멸하는 것도 보지 않고, 그 불생불멸의 공성空性을 깨달아서 더없이 높은 지혜의 경지에 다다른 사람이라 한다.

모든 만물에서 그 불생불멸의 공성을 깨달아 아는 그것을 무생법인無生法忍이라 한다. 쉽게 말해서 생멸을 초월한 세계를 인식認識하는 것이 무생법인無生法忍이다. 또 모든 법이 무자성無自性이라는 공空을 깨닫고 자기를 초월하는 보살행이 인욕바라밀이다. 그래서 최고의 지혜를 성취하여 증거하는 인증認證이 곧 지혜바라밀이다. 보살이 인忍을 성취한다는 말에는 이렇듯 인식과 인욕과 인증이라는 세 가지 성취가 들어 있다고 봄이 좋을 것 같다.

제29 위의적정분威儀寂靜分

위의를 갖추고 고요함에 머물다

수보리야, 만일 어떤 사람이 말하기를 여래如來가 온다고 하거나, 여래가 간다고 하거나, 여래가 앉았다고 하거나, 여래가 눕는다고 하면, 이 사람은 내가 말한 바의 뜻을 알지 못하는 것이다. 왜 그러냐 하면 여래는 어디서 온 바가 없으며 또한 어디로 가는 것도 없다. 그러므로 이름하기를 여래라 하는 것이다.

(수보리須菩提야 약유인若有人이 언言하되 여래 약래약거약좌약와如來-若來若去若坐若臥라하면 시인是人은 불해아소설의不解我所說義니 하이고何以故오 여래자如來者는 무소종래無所從來며 역무소거亦無所去일세 고명여래故名如來니라)

평산풀이

제29장 위의적정분威儀寂靜分에서는 여래의 특징을 위의威儀와 적정

寂靜이라는 말로 설명한다. 여래如來는 누구인가? 여래라는 글자의 뜻은 온 것 같다, 또는 진여의 세계에서 왔다는 말이다. 진리에서 왔다는 말인데 진리는 어떤 장소가 될 수 없다. 즉 천상의 어떤 장소에서 내려왔다고 생각하면 안 되는 것이다. 그래서 누군가가 여래를 오거나 간다고 하거나 앉아있거나 누워있다고 말한다면 그는 여래를 알지 못하는 사람이라고 한다. 여래는 우리 눈에 보이는 몸을 말하는 것이 아니다. 눈에 보이는 것은 시공간의 존재일 뿐이다. 그런데 진리는 시공을 넘어선 것이다. 시공을 넘어서 있다는 것은 무엇일까? 그것을 앞에서는 상相이 없다고 했다. 상으로 여래를 볼 수는 없다는 것이다. 그렇다고 또 여래는 허공처럼 빈탕도 아니다. 그래서 여래라 하는 분을 보려면 상相이 없다 해도 안 되고 상相이 있다 해도 안 되는 것이라 했다. 여래는 32상相이라는 원만 구족상을 지니고 있다. 그러나 그런 상을 여래라고 보는 것도 잘못이다.

32상을 넷으로 간추리면 행주좌와行住座臥라는 네 가지이다. 행은 가고 오는 것이요 주는 머무는 것이요 좌는 앉는 것이요 와는 눕는 것이다. 이 세상에 와서 머물다 떠나가는 것도 생사요 아침저녁으로 일어나고 눕는 것은 밤낮의 모습이다. 생사주야生死晝夜의 모습, 또는 생로병사生老病死를 달리 말하여 생주좌와라 한 것이다.

여래는 생사를 넘어선 사람이기에 오는 것도 아니고 가는 것도 아니다. 그래서 여래라 한다. 진여眞如의 세계에서 오는 사람이요 진여의 세계로 가는 사람이다. 진여는 어떤 장소가 아니다. 가는 것이 곧 오는 것이며 죽는 것이 곧 사는 것이다. 우리는 가는 중中에 있고 오는 중中에 있다. 죽는 중에 있고 사는 중에 있다. 중中이라는 것은 지금 이제 여기 모든 것을 초월한 고요의 자리, 살아있는 순간의 현재를 말한다. 그래서 오는 것도 없고 가는 것도 없는 지금 이제 여기가 진여眞如의 세계요 그것을 적정寂靜이라 한다. 적정寂靜의 고요함이란 생로병사가 일으키는 일체 번뇌의 불이 사라졌다는 뜻이다. 생로병사를 초월했기 때문에 고요하고 고요하여 적정이라 한다.

여래는 그 고요의 적정을 바탕으로 32상이라는 위의威儀를 드러낸다. 적정을 바탕으로 위의를 드러낸다는 말을 한마디로 진공묘유眞空妙有라 할 수 있다. 진공의 고요함에서 신묘한 32상이 위의威儀로 드러나는 것이다. 그것을 위의적정威儀寂靜이라 한다. 따라서 신묘한 여래의 존재가 되려면 진리가 여여한 공空을 깨달아야 된다는 말이다.

공을 깨친 여래에게는 생사가 따로 없고 주야가 따로 없다. 생즉사요 사즉생이다. 그렇다고 여래가 죽지 않는다는 말도 아니고 살지 않는다는 말도 아니다. 여래도 태어나서 죽는다. 아침이면 일어나고 저녁이면 잠잔다. 아침에 깨어나는 것이 생이요 저녁에 자는 것이 죽음이다. 일어나는 것도 은혜요 잠자는 것도 은혜이다. 그래서 생도 기쁨이요 사도 기쁨이다. 살아도 기쁘고 죽어도 기쁘다. 아침에 깨어나는 것도 감사요 저녁에 잠을 자는 것도 감사다. 그것이 주야통晝夜通이요 생사통生死通이다.

그런데 생로병사 또는 행주좌와를 여래라고 보면 그는 여래를 알지 못하는 사람이다. 여래의 행주좌와는 모두 진여의 나타냄일 뿐이다. 행주좌와의 모습 너머에 있는 열반적정涅槃寂靜의 진여의 세계를 볼 수 있어야 되는 것이다. 그러니까 생사통生死通이요 주야통晝夜通의 세계까지 볼 수 있어야 된다. 이런 열반적정의 진여의 세계에 들어가려면 불성佛性을 깨치라 하고 불성을 깨친 사람의 모습을 행주좌와의 위의威儀를 갖춘 구족상이라 한다. 여래는 이런 성性과 상相을 모두 지니고 있는 분이다. 그래서 여래에게는 이런 성과 상이 둘이 아니다. 성상일여性相一如의 세계를 보여주는 분이 여래다. 성을 상으로 나타내고 상을 통해 성을 보여주는 것이다. 여래는 가는 것도 없고 오는 것도 없고 있는 것도 아니고 없는 것도 아니다. 가는 중이요 오는 중이며 있는 중이요 없는 중이다. 그 중中의 성性이 적정寂靜이요 그 중中의 상相이 위의威儀라는 것이다. 그래서 위의적정분威儀寂靜分이라 한다.

일합이상분一合理相分

여럿이 모여 하나를 이루다

"수보리야, 만일 어떤 사람이 삼천대천세계를 부수어 티끌로 만들었다면 어떻게 되겠느냐. 이런 티끌 덩어리가 많다고 하지 않겠느냐?" 수보리가 대답하였다. "예, 아주 많사옵니다, 세존이시여! 왜냐면 만일 티끌 뭉치가 실제로 있는 것이라면 부처님께서 이것을 티끌 뭉치라고 하시지 않았을 것입니다. 그 까닭은 부처님께서 말씀하시기를 '티끌 뭉치는 곧 티끌 뭉치가 아니라 그 이름을 티끌 뭉치라 한다'고 하셨기 때문입니다."

(수보리須菩提야 약선남자선녀인若善男子善女人이 이삼천대천세계以三千大天世界를 쇄위미진碎爲微塵하면 어의운하於意云何오 시미진중是微塵衆이 영위다불寧爲多不아 심다甚多니이다 세존世尊하 하이고何以故오 약시미진중若是微塵衆이 실유자實有者인댄 불佛이 즉불설시미진중卽佛說是微塵衆이니 소이자하所以者何오 불설미진중佛說微塵衆이 즉비미진중卽非微塵衆일새 시명미진중是名微塵衆이니이다.)

"세존이시여, 여래께서 말씀하시는 삼천대천세계도 곧 세계가 아니고 그 이름을 세계라 하셨사오니, 왜 그런가 하오면 만일 세계가 실제로 있다고 하면 그것은 곧 '일합상一合相'일 것입니다. 그런데 여래께서 말씀하시길 일합상一合相은 곧 일합상一合相이 아니므로 그 이름을 일합상一合相이라 한다고 하셨사옵니다."

(세존世尊하 여래소설삼천대천세계如來所說三千大天世界도 즉비세계卽非世界일새 시명세계是名世界니 하이고何以故오 약세계실유자若世界-實有者인댄 즉시일합상卽是一合相이니 여래설일합상如來說一合相은 즉비일합상卽非一合相일새 시명일합상是名一合相이니이다.)

"수보리야, '일합상一合相'은 곧 말로 이를 수 없는 것인데 다만 범부들이 그 일을 탐하고 집착하는 것이니라."

(수보리須菩提야 일합상자一合相者는 즉시불가설卽是不可說이어늘 단범부지인但凡夫之人이 탐착기사貪着其事니라.)

평산풀이

제30장은 일합이상분一合理相分으로 불교의 세계관과 우주관이라 하겠다. 세상의 모든 물체를 잘게 부수고 또 부수면 무한히 작은 티끌이 된다. 근대과학은 물질이 분자의 집합으로 되어 있고 분자는 원자들의 결합으로 되어있다는 것을 밝혔다. 한동안 원자 이상은 쪼갤 수 없다고 하여 물질의 최소단위를 원자로 생각했다. 그래서 원자를 아

톰atom이라 하는데 그 뜻이 쪼갤 수 없다는 뜻이다. 물론 현대과학에 와서는 원자도 또 쪼개지게 되어 여러 소립자를 발견하게 되었다. 현대물리학은 그 소립자의 세계를 연구하여 양자역학이 나왔지만 아직도 모르는 영역이 많다고 한다. 이런 과학에 비추어 본 장을 해석하면 티끌은 소립자에 해당하고 티끌무리는 원자라고 해도 되겠다. 그래서 우주의 모든 물질을 소립자로 부수면 그 수효가 얼마나 많을까 하는 것이 첫 질문이고 이어서 그 소립자라는 티끌이 뭉쳐 이뤄진 원자의 수효는 우주에 얼마나 많겠는가 하는 물음이다.

왜 이런 물음을 던지는가 하면 우리 눈에 보이는 모든 것들이 소립자라는 아주 미세한 티끌들이 뭉쳐서 된 것이기에 그것들의 실체는 없다는 것이다. 쪼개면 또 쪼개지는 것이니까 실제 있는 것이 아니라 하나의 결합이나 조합으로 이뤄진 모습이 사물들이고 그 사물들의 집합이 우주라는 것이다. 하나의 집합으로 이뤄진 모습, 그것을 일합상一合相이라 했다. 하나로 뭉쳐서 나타난 현상들인데 그 현상은 물결의 패턴처럼 이치로 보이는 것들이 들어 있다고 이상理相이라 한다. 일합상인데 그속에는 이치라는 게 들어있어서 사람들이 분별한다고 하여 제목을 일합이상분一合理相分이라 한 것이다.

삼천대천세계라는 공간적 구조와 일합상이라는 존재의 구성원리가 말하자면 불교에서 말하는 우주론이라 하겠다. 앞에서 이미 나온 것이지만 다시 한번 설명하자면 수미산을 중심으로 하나의 세계를 이루며 사는 중생계를 소세계라 하고 그 소세계 1천이 모여서 된 세계를 소천이라 하고 소천의 우주가 1천 개가 모여 중천이 되고 중천이 1천 개가 모여 대천이 된다. 그래서 삼천대천세계를 요즘 말로 하면 대우주라는 것이다. 대우주를 깨뜨려 소립자 티끌로 만든다면 그 티끌은 얼마나 많을까? 한없이 많은 소립자 티끌이 될 것이다. 그런데 그 소립자 티끌은 우리가 온전히 파악할 수가 없다. 현대과학으로 보면 모든 물질은 결국 소립자로 구성되어있고 소립자의 근원은 빛과 에너지로 설명될 것이다. 원자의 세계도 소립자들로 구성된 하나의 우주라 하겠다. 소립자가 되면 있는 것도 아니고 없는 것도 아니라 한다. 소립자는 여기 있다 하는 순간 이미 거기에는 없다고 한다. 소립자의 위치를 파악하는 순간에 그 소립자는 이미 운동량이 변하여 다른 것이 된다. 어떤 물체를 파악하려면 위치와 운동량을 동시에 알아야 하는데 소립자는 그것이 불가능하다는 것이다. 그래서 '이것은 소립자 티끌이라 하는 순간 그것은 이미 소립자 티끌이 아니니 이런 것을 일러 소립자 티끌이라 한다.' 이런 표현도 가능한 것이다.

이런 소립자는 있는 것도 아니고 없는 것도 아니다. 우리 눈에 보이지 않는 소립자로 이뤄진 우주를 우리는 소립자의 입장에서 볼 때 텅 비어서 없다고 공空이라 한다. 우리 눈에 보이는 세계를 색色이라 하고 보이지 않는 세계를 공空이라 하여 색즉공色卽空이요 공즉색空卽色이라 한다. 보이는 세계는 보이지 않는 세계를 바탕으로 있는 것이요 보이지 않는 존재는 눈에 보이는 것들로 인하여 드러난다. 보이는 것들을 많다고 하여 다多라고 하고 보이지 않는 것을 하나라 하여 일一이라 하면 일즉다一卽多 다즉일多卽一이 된다. 하나 속에 전체가 있고 전체 속에는 하나가 있다. 그래서 또 다른 역설이 나온다. 많은 것이 모여서 하나가 되고 하나는 흩어져 많은 것이 된다. 따라서 하나는 있다는 말이요 많다는 것은 없다는 말이 된다.

한자의 무無라는 글자는 무수히 많다는 것을 형상화한 것이라 한다. 무한히 많은 것을 품고 있는 것이 없을 무無라는 것이다. 그래서 있는 것은 없어지는 것이요 없는 것이 참으로 있는 것이다. 우주는 있는 것인가 없는 것인가. 소우주는 있는 것이요 대우주는 없는 것이다. 대우주 속에 소우주가 있지만, 소우주 속에는 또 소립자의 대우주가 있다. 그래서 있다고 할 수도 없고 없다고 할 수도 없다. 그것을 우주라 한다. 인생도 마찬가지요 세계도 마찬가지다.

우리가 사는 우주세계를 삼천대천세계라 한다. 삼천대천이란 많다는 뜻이다. 우주세계가 한없이 많다는 말은 우리의 세계라는 것이 참으로 있는 것이 아니라는 말이다. 참으로 있다고 한다면 그것은 하나로 결합된 모습, 즉 일합상一合相으로 있는 것이지 영원한 실체로 있는 것이 아니다. 그 일합상은 영원히 있는 것이 아니라 인연에 따라서 모였다가 흩어지는 제행무상諸行無常이다. 끊임없는 변화로 나타났다 사라졌다 반복하는 제행무상의 모습을 달리 말하여 일합상一合相이라 한 것이다. 제법諸法은 일합상인데 그것이 무아無我라는 것이다. 제법무아 제행무상을 다시 일합상으로 설명하는 것이다.

금강경의 산스크리트 원문에는 주먹밥 같은 '덩어리'라고 표현된 것을 구라마집은 일합상이라 번역을 했다. 주먹밥을 만들 때 밥과 반찬을 이것저것 섞어 뭉쳐서 만드는데 그렇게 하나의 덩어리로 된 주먹밥은 원재료인 밥이나 반찬과는 또 다른 상을 갖게 된다. 우리가 흔히 먹는 김밥도 사실은 밥과 단무지와 햄과 시금치 불고기 등 다양한 것을 한 장의 김으로 말아서 합해지고 뭉쳐진 것이지 김밥이라고 별도의 밥이 있는 것은 아니다. 이 세상의 보이는 현상들은 무엇이나 이렇게 보다 작은 요소들이 인연에 따라 결합하고 연합하여 된 것이지 그 자체로 본래가 있던 것이 아니라는 말이다. 일견 환원주의 같지만 인연화합을 긍정한다는 의미에서 환원주의와는 다른 것이다.

우리가 사는 우주도 하나의 일합상이다. 우리 사회도 다양한 사람들이 모여 이룬 하나의 일합상이다. 대우주는 너무 커서 그것을 우리 눈으로 볼 수가 없다. 국가와 사회도 마찬가지로 눈으로 볼 수 있는 것이 아니다. 그래서 맹인들이 코끼리 만지듯이 제각각 다르게 생각한다. 삼천만 명이 있으면 삼천만 명이 다 다르게 본다. 그것이 삼천대천의 세계다. 서로 다른 사람들이 모여 하나의 세계를 이룬다. 그것이 말하자면 일합상이요 세계상이다. 그 세계 속에 인생이 있고 인생 속에 또 세계가 있는 것이다. 이런 현상을 또한 일체즉일一切卽一이요 일즉일체一卽一切라 해도 될 것이다.

일합상이란 이처럼 대우주라 할 수도 있고 삼천대천세계라 할 수도 있고 우리 몸과 마음이라 할 수도 있다. 우리 몸도 소우주라 한다. 우주가 천지수화天地水火로 되어 춘하추동으로 돌아가듯이 우리 몸도 마찬가지다. 유교에서는 천지수화라 하는데 불교에서는 지수화풍地水火風이라 한다. 유교에서 하늘을 말하지만 불교는 범신론汎神論이라 하늘(天)이라 말하지 않고 그 대신에 공중의 바람(風)이라 한다. 우리 몸은 지수화풍地水火風의 4대 요소로 되어있다는 것이다. 유교에서는 천지수화天地水火의 기운을 가지고 인의예지仁義禮智의 길을 가야 한다고 하는데 불교는 지수화풍地水火風의 기운으로 팔정도八正道의 길을 가야 한다고 말한다. 그러니까 우리 몸도 지수화풍으로 이뤄진 일합상一合相이라는 것이다. 그 일합상이 흩어지면 우리는 죽는다고 한다.

인연에 따라 일합상一合相을 이루지만 그 일합상은 영원한 실체가 아니다. 그저 인연 따라 모였다가 때가 되면 흩어지는 것이다. 그러니까 그 일합상을 영원한 자기로 알고 집착하거나 탐하면 안 된다는 것이다. 몸과 마음뿐 아니라 국가도 일합상이요 민족도 일합상이요 세계도 일합상이다. 이 세상 모든 게 일합상이지 일합상 아닌 것이 없다. 그런데 그 일합상이 공한 것인 줄 모르고 영원히 붙잡겠다고 집착한다는 것이다.

모든 것이 일합상이요 그것은 다 공이라는 것을 알고 바르게 사는 것이 말하자면 팔정도八正道라 할 것이다. 바르게 보고 바르게 생각하고 바르게 말하고 바르게 행동하는 것이다. 한자로 정견正見 정사正思 정어正語 정업正業이다. 그래서 정신을 통일하고 깨어서 정진함으로 사명을 이루는 것이 정정正定 정념正念 정정진正精進 정명正命이라는 것이다. 이렇게 팔정도를 사는 사람이 보살이요 여래라 한다. 보살행은 결국 육바라밀六波羅密과 팔정도八正道라는 정행正行이요 바른 삶이라 하겠다.

일합상一合相을 삼천대천세계로 보면 화엄경에서는 그것을 화엄법계라 한다. 수많은 보살들이 깨어나 아름답게 장식하는 법화장엄法華莊嚴의 불국토가 법계라는 것이다. 그 법계의 세계를 의상대사는 화엄일승법계도華嚴一乘法界圖라 했다. 첫머리에 법성원융무이상法性圓融無二相으로 시작되는 법계도의 핵심도 일즉일체다즉일一卽一切多卽一과 생사열반상공화生死涅槃常共和라는 중도를 말하는 것이다. 이사무애법계理事無礙法界와 사사무애법계事事無碍法界의 중도中道가 곧 일합리상一合理相이라는 것이다. 즉 일합상을 정견正見할 때 우리는 일합리상一

合理相이라는 법계를 살게 되는 것이다.

다석 류영모는 몸과 맘에 대해 몸맘맘몸이라 했다. 몸을 정견正見함으로 몸맘의 정업正業이 되고 몸맘의 정정진正精進은 맘몸의 정사正思와 정념正念으로부터 나온다는 말이다. 그래서 맘몸 몸맘의 정정正定과 정명正命을 이뤄 정언正言의 중도中道를 살자는 것이다. 말하자면 맘몸몸맘의 일합리상을 위해서 팔정도를 하는 것인데 다석은 그것을 일좌식一坐食 일언인一言仁이라는 4가지 도로 실천한 것이다.

삼천만이 모여 나라를 이루고 삼백 나라가 모여 세계를 이룬다. 삼천만이 이룬 나라를 삼천세계라 하고 삼백 나라가 모여 이루는 세계를 대천세계라 해보자. 세계 전란이 일어나서 삼천대천세계가 깨졌다면 수십억 사람들이 어디로 갈까. 그 혼란과 혼돈은 말할 수 없이 비참할 것이다. 따라서 삼천만 국민이 화합하여 하나가 되어야 하고 삼백개 나라가 화합하여 일합상一合相으로 하나가 되어야 한다. 그래야 세계평화가 오고 인간의 문화가 발전하고 인격이 올라가게 된다. 세계인들이 모여 하나가 되는 일합상은 어떤 것인가. 일즉일체 일체즉일이다. 하나는 지혜요 일체는 사랑이다. 일체의 사랑 가운데 지혜가 들어있고 각각의 지혜는 사랑을 드러낸다. 사람마다 마음에 사랑을 품어 모두를 포용해야 되고 사람마다 개성과 지혜를 가지고 다양한 문화에 기여를 해야 한다.

일합상이란 결국 사랑과 지혜가 하나가 된 모습이다. 우주와 인간이 하나가 되어 평화로운 우주의 모습을 인간의 인격에서 보는 것이다. 그것이 일합상이다. 하나의 지혜를 가지고 서로 화합하여 일체가 하나가 되는 사랑의 모습이 일합상이다. 공자는 이를 위해서 인仁을 찾아야 된다고 했다. 예수는 그것을 하나님의 나라로 말하여 하나님의 나라가 이 땅에서 이뤄지길 기도했다. 여래는 여기서 일합상一合相이라 한 것인데 이도 또한 지금 여기서 법화장엄의 불국정토를 이루자는 것이다.

일합상을 말로 할 수 있는 것인가? 공자는 일생 제자를 가르치며 인仁을 설명했지만, 그가 인에 대하여 한 말은 제자마다 달랐다. 사람이 되는 것이라 하기도 하고 다른 사람을 돕는 사랑의 인격적 관계를 말하기도 하고 효의 도리를 다하는 것이라 하기도 하고 욕망을 극복하고 자기를 바로잡는 일이라 하기도 했다. 인仁이라는 것도 말로 다 표현할 수 있는 것이 아니다. 일합상이라는 것도 말로 다 드러낼 수 있는 것이 아닌데 범부들이 그 말이나 그 모습이나 드러난 일에 탐착을 한다. 인의 세계가 무엇인지, 진여의 세계가 어떤 것인지, 그것을 깨치고 하나님의 나라에 들어가고자 원하지만 그것은 탐욕이나 집착으로 되는 일이 아니다. 오히려 탐욕과 집착이 없어져야 그것을 알게 되고 깨치게 되는 것이다. 진리의 달을 보라고 손가락으로 가리켜 보이면 보라는 달은 보지 않고 손가락만 쳐다보는 격이다. 달은 잘 보이지 않고 손가락만 보이기 때문에 손가락에 탐착하는 것이다.

그래서 〈벽암록〉 또는 〈무문관〉을 보면 구지俱胝 스님의 손가락이라는 화두가 있다. 구지스님은 법문을 듣고 싶어 찾아오는 사람에게 말은 하지 않고 손가락 하나를 치켜세웠다고 한다. 그러면 그게 무슨 뜻일까 하고 그만 찾아온 사람들도 아무 소리도 못 하고 물러났다는 것이다. 그런데 어느 날 구지스님이 외출 중이었는데 스님의 친구가 찾아왔다. 찾아온 스님은 구지스님의 시자에게 구지스님이 어디 계시냐고 물었다. 그러자 그 시자는 스승인 구지스님을 흉내내면서 대답 대신에 손가락 하나를 치켜 세웠다. 얼마 후 구지스님이 돌아오자 찾아온 스님이 그 이야기를 전했다. 그러자 구지스님이 시자를 불러서 너는 왜 손가락을 치켜올렸느냐고 물었다. 아무 소리를 못하는 시자를 불러 가까이 오라고 했다. 다가온 시자에게 손가락을 보이라 했다. 그 순간 구지스님은 그 손가락을 잘라버렸다고 한다. 깜짝 놀라 도망치는 시자를 향해 구지스님은 큰 소리로 불렀다. 뒤를 돌아보는 순간에 구지스님은 손가락 하나를 치켜세웠다. 그 순간 그 시자도 진리를 깨쳤다고 한다.

진리를 깨친다는 것은 일대사인연一大事因緣이다. 스승의 마음이 제자의 마음으로 이어지는 이심전심以心傳心이지 그것은 말이나 글로 표현하기 어려운 불립문자不立文字라는 것이다. 탐욕과 집착을 끊으라 하는데 그것이 어떻게 끊어질 수 있는가. 끊겠다는 의욕을 내세운다고 되는 것이 아니다. 의욕은 또 다른 탐착이 되기 때문이다. 그래서 시절인연時節因緣이라 한다. 때가 되어야 하고 인연이 되어야 한다. 때가 차서 인연이 되면 꽃이 피게 되는 것이다. 진리의 꽃이 피고 인격의 열매가 맺히면 우주와 나는 둘이 아니다. 그래서 인격의 완성이 곧 우주의 완성이다. 인격의 통일이 곧 인류 통일의 길이다. 그런데 범부들은 인격의 통일과 자기완성을 위해 노력하지 않고 세계통일을 꿈꾼다. 그들이 세상의 평화와 화합을 깨뜨리는 자들이다. 이런 철부지들의 잠꼬대를 잠재워 잠을 푹 잘 수 있도록 잘 돌보아서 스스로 깨어날 때가 되기까지 기다리고 돌봐주는 어머니의 품이 여래의 자비요 지혜가 아닐까.

설두스님은 구지스님의 이런 사랑을 다음과 같이 찬송하였다.

대양심애노구지對揚深愛老俱胝
우주공래갱유수宇宙空來更有誰
증향창명하부목曾向滄溟下浮木
야도상공접맹구夜濤相共接盲龜

(누구를 대하던지 손가락 하나를 들어 올려
깊고 깊은 사랑을 보여주신 연로하신 구지스님
우주의 창공이 나타난 이래
그이 같은 어른이 다시 또 있었던가
일찍이 어둡고 푸른 바닷물에 부목을 띄웠는데
밤은 깊고 파고가 높은 어느 날
눈먼 거북이 나무를 붙잡고 눈을 떴다네.)

구지스님과 제자의 만남을 맹구부목盲龜浮木이라는 설화에 비유하여 찬송한 것이다. 눈먼 거북같은 제자가 스승을 만나서 눈을 뜨는 인연을 맹구부목이라 한다.

옛날 바닷속 거북이 컴컴한 진흙밭에 살다 보니 그만 눈이 멀게 되었다. 어느 날 빛이 그리웠으나 눈이 없음을 알고 눈을 달라고 기도했다. 거북의 기도에 하나님은 배꼽에 눈을 달아 주었다. 그 눈먼 거북이 진흙밭을 떠나 밝은 빛을 찾아 바다 위를 떠돌았지만 배꼽눈이라 빛을 직접 볼 수는 없었다. 올라갈수록 밝아지는데 빛을 볼 수는 없었다. 그렇게 빛을 그리며 바다를 떠돌다가 어느 날 문득 구멍 뚫린 나뭇조각을 만난 것이다. 거북이 나뭇조각을 붙들고 그만 뒤집혔는데 마침 그 나무 조각에 뚫린 구멍과 거북의 배꼽 눈이 서로 마주쳐 거북은 처음으로 빛의 하늘을 보게 된 것이다. 그래서 그 거북은 빛을 만난 기쁨을 전하려고 다시 친구들이 사는 바닷속 진흙밭으로 내려갔다는 이야기가 맹구부목이라는 것이다. 말하자면 제자가 스승을 만나야 눈을 뜨는데 그것은 바다의 거북이 구멍 뚫린 나뭇조각을 만나는 일만큼이나 어렵다는 것이다. 맹구부목盲龜浮木의 그런 만남은 천년에 한 번 있을 정도로 귀하다는 뜻으로 천재일우千載一遇라는 말도 하는데 그만큼 스승과의 인연이 귀하고 소중하다는 말씀이라 하겠다. 일합상을 깨치는 것도 혼자 힘으로는 어렵다는 말이다. 스승을 만나야 하고 스승과 함께 법을 배우는 승가도 있어야 한다. 불법승 삼보의 일합상을 만나야 일합상을 깨치게 된다고 하겠다.

지견불생분知見不生分

지견으로 상을 내지 말라

"수보리야, 만일 어떤 사람이 말하기를 '부처님께서는 아견, 인견, 중생견, 수자견을 말씀하셨다'고 하면, 수보리야, 네 생각에 어떠하냐? 그 사람은 여래가 말한 뜻을 알았다고 하겠느냐?"

(수보리須菩提야 약인若人이 언言하되 불설아견인견중생견수자견佛說我見人見衆生見壽者見이라하면 수보리須菩提야 어의운하於意云何오 시인是人이 해아소설의불解我所說義不아)

"세존이시여, 그렇지 않습니다. 그 사람은 여래께서 말씀하신 뜻을 알지 못한 것입니다. 왜냐면 세존께서 아견 인견 중생견 수자견이라 하심은 곧 아견 인견 중생견 수자견도 아니고 그 이름을 아견 인견 중생견 수자견이라 하셨기 때문입니다."

(부야不也니이다 세존世尊하 시인是人이 불해여래소설의不解如來所說義니 하이고何以故오 세존世尊이 설아견인견중생견수자견說我見人見衆生見壽者見은 즉비아견인견중생견수자견卽非我見人見衆生見壽者見일새 시명아견인견중생견수자견是名我見

人見衆生見壽者見이니이다.)

"수보리야, 아누다라삼먁삼보리의 마음을 일으킨 이는 일체의 법에 대하여 마땅히 이같이 알고, 이같이 보고, 이같이 믿고 깨달아서 법에 대한 상을 내지 말아야 한다. 수보리야, 법상이라 하는 것은 여래가 말하길 곧 법상이 아니고 그 이름이 법상이라 하신 것이다."

(수보리須菩提야 발아누다라삼먁삼보리심자發阿耨多羅三藐三菩提心者는 어일체법於一切法에 응여시지應如是知며 여시견如是見이며 여시신해如是信解하야 불생법상不生法相이니 수보리須菩提야 소언법상자所言法相者는 여래설즉비법상如來說卽非法相일새 시명법상是名法相이니라.)

평산풀이

제31장은 지견불생분知見不生分이다. 깨달음을 얻으려면 지견知見으로 법상을 일으키지 말라는 뜻으로 지견불생이라 했다. 불도를 깨치고 생사를 벗어나는 길에 크게 두 가지 장애가 있는데, 먼저 자아에 집착하는 아집 때문에 탐진치의 번뇌가 일어나 수행할 수 없는 장애가 있고, 또 배워서 아는 지식에 집착하여 그것이 그만 올바른 지혜가 일어나는 것을 막는 장애가 있다. 두 가지 장애를 극복하여 아공我空이 되고 법공法空이 되어야 하는데 지금까지 아공我空을 가르쳤다면, 이제는 진짜 아공이 되지 못하고 그만 아공에 대한 지식이 되어

법공法空을 방해하는 일이 없도록 하라는 지견불생知見不生이다. 안다고 하는 견해에 빠지면 참 진리를 보지 못한다는 것이다. 지견을 가지고 법상法相을 내지 말라는 것이다. 깨달음을 위해서는 아상我相도 벗어나야 하고 법상法相도 벗어나야 한다는 것이다. 아상을 벗어나면 아공我空, 법상을 벗어나면 법공法空, 이 두 경계를 다 벗어나서 벗어났다는 의식도 초월하고 일상을 무생법인無生法忍으로 살 때 구공俱空이라 한다. 본문을 다시 정리해 본다.

부처님께서 수보리에게 물었다.

"어떤 사람이 여래의 가르침을 듣고서 '나는 부처님께 아견 인견 중생견 수자견을 배웠다.'고 말한다면 그 사람은 정말로 배운 사람이겠느냐?"

이에 대해 수보리는 대답하길 "그런 사람은 부처의 뜻을 아는 사람이 아닙니다. 왜냐면 그 사람은 아견 인견 중생견 수자견을 배웠다는 법상에 사로잡혀있기 때문입니다." 했다.

그러자 부처님께서 말씀하셨다.

"수보리야, 아누다라삼먁삼보리의 마음을 일으킨 이는 일체의 법에 대하여 마땅히 이같이 알고, 이같이 보고, 이같이 믿고 깨달아서 법에 대한 어떤 상을 내지 말아야 한다. 수보리야, 법상이라 하는 것은 곧 법상이 아니니 이런 이름을 여래는 법상이라 한다."

31장에서는 다시 스승과 제자 사이에 진리를 어떻게 전할 수 있는지, 그 과정에서 어려움이 무엇인지를 다루는 것이다. 여래는 스승이요 수보리는 제자로 사제 사이의 물음이다. 스승인 여래께서 아상 인상 중생상 수자상을 말씀하시면서 그런 상을 갖지 말라고 가르치는데 제자들이 그 뜻을 제대로 배웠다면 아상 인상 중생상 수자상에 대한 지견知見을 가지고 안다고 하는 법상을 내지 말아야 한다는 것이다. 지견이란 내가 이제 알고 본다는 뜻이다. 실제로 알면 안다는 생각도 없고 실제로 보면 본다는 생각도 없다. 우리가 누군가 보고 싶은데 보이지 않으면 보고 싶다고 본다는 생각을 하지만 직접 만나서 보면 본다는 생각이 끊어진다. 안다는 생각, 본다는 생각, 그런 것이 바로 지견에 빠진 것이다. 그러니까 진짜 깨달음의 지견이라야 되지 그렇지 않고 지견에 빠져 법상을 일으키면 안 된다는 것이다. 이렇게 지견을 가지고 법상을 내지 말라고 지견불생분知見不生分이라고 했다.

부처님이 말씀으로 가르치지만 아무리 부처님의 말도 그것에 붙잡히면 진리를 깨닫는 데 방해가 된다. 하늘에서 내리는 빗물도 생수가 되어 만물을 살리기도 하지만 추운 겨울의 굳은 눈과 얼음이 되면 만물을 죽이는 것이다. 말은 진리를 전하기 위한 수단이지 진리가 아니다. 성인의 말씀도 교리의 도그마가 되어 굳어지면 그로 인해 얼마나 많은 해악을 일으키는지 모른다. 이런 법상 때문에 종교전쟁도 일어나고 마녀사냥도 일어나는 것이다. 잘못된 종교는 세상을 망하게 하고 나라를 망하게 한다. 참을 찾는 참 신앙과 참을 가르치는 참 종교라야 하는데 아상과 법상에 빠지면 참과는 멀어지는 것이다.

참으로 바르게 알고 바르게 보는 지견이라야 법상을 일으키지 않는다. 잘못된 지견은 생명의 말씀을 차가운 교리의 도그마처럼 얼어붙게 만든다. 이런 법상을 일으키면 안 된다. 무엇이나 안다고 집착하면 법상이 된다. '모름지기'를 지켜야 법상에 빠지지 않고 아상에서도 벗어날 수 있다. 모름지기 아상과 법상을 벗어나라는 것이다. 아상으로 번뇌가 일어나거나 말이나 개념에 붙잡혀 꿈을 꾸거나 그 무엇이든지 우리를 집착하게 하는 법상이 되면 안 된다는 것이다. 몸을 나라고 집착하면 아상이 되고 마음을 나라고 생각하면 법상이 된다. 아상과 법상을 벗어나라는 말이나 몸과 마음의 집착을 벗어라는 말이나 같은 말이라 하겠다.

그런데 이런 것도 하나의 즉비의 논리라 하겠다. 말을 하면서 자기 말을 믿지 말라고 부정하는 것이다. 지금껏 부처님은 아상 인상 중생상 수자상이라는 방편을 써서 아누다라삼먁삼보리라는 진리의 달을 가리켰다. 그런데 아상 인상 중생상 수자상이라는 방편에 빠져 안다고 하는 상에 붙잡히게 되면 진리를 보지 못한다. 가르치는 말을 들으라고 하면서 또 그 말에 빠지지 말라는 즉비의 논리를 쓰는 이유다.

말을 잘 듣다 보면 말에 빠지는 것인데 그 말에 붙잡히지 말라고 하는 것은 어찌보면 서로 모순이다. 이리 갈 수도 없고 저리 갈 수도 없는 막다른 골목으로 집어넣고 붙잡히지 말라고 소리치는 것이나 마찬가지다. 부모가 자녀를 기를 때 조심할 것은 이런 이중구속적 태도라 한다. 부모가 자녀에게 이처럼 상반된 메시지를 전하면 아이는 좌절하게 된다. 계속된 좌절의 스트레스는 정서적 문제를 일으킬 수 있기에 부모는 자녀에게 모순된 메시지를 주지 않도록 주의해야 할 것이다.

그런데 종교의 세계는 초월을 추구하는 것이라 즉비의 논리처럼 계속 상반된 메시지가 반복된다. 따라서 '거룩한 것을 개에게 주지 말고 진주를 돼지 앞에 던지지 말라'는 예수님의 교훈처럼 종교적 진리는 아무에게나 함부로 말할 성질이 아니다. 자칫 분노를 일으키거나 정신분열이 될 수도 있기 때문이다. 그래서 예수님은 주로 비유로 말한다. 하늘나라를 여러 가지 비유를 들어서 말씀했다. 씨뿌리는 비유, 누룩의 비유, 잃은 양 비유 등 여러 비유를 들면서 비유로 말씀하신 이유로 들을 사람만 듣기 위함이라는 것이다. 들을 귀가 있고 볼 수 있는 눈이 있으면 듣고 보지만 그렇지 않으면 들어도 듣지 못하고 보아도 보지 못한다는 것이다. 약을 줄 때 환자의 병에 따라 알맞은 처방을 주듯이 듣는 사람의 형편에 따라 가르침도 베풀어야 된다. 이런 것을 대기설법이라 한다. 공자도 인을 가르치면서 제자마다 다르게 말했다. 그리고 각자의 근기에 맞춰 알맞은 말을 전함으로써 사람을 잃거나 말씀을 잃어도 안 되도록 하라 했다. 듣는 사람이 받아들일 수 없는 말을 던지면 말을 잃는 것이요 또 약이 되는 말씀을 전하지 못함으로 인하여 사람을 놓치게 되어도 안 된다는 것이다. 그만큼 설법은 어려운 일이다. 물론 오늘은 설법의 이야기가 아니고 깨닫는 이야기다.

우리가 한계상황에 처해 있을 때 우리는 어떻게 할 것인가? 백척간두에서 진일보하라고 한다. 높은 벼랑 끝에 매달려 있는데 앞으로 뛰어내리라는 것이다. 호랑이에 쫓겨 엉겁결에 절벽으로 뛰어내렸는데 다행히 옷이 나뭇가지에 걸려 벼랑에 매달리게 되었다. 위에서는 호랑이가 으르렁거리고 아래를 내려다보니 커다란 독사들이 입을 벌리고 있다. 설상가상으로 매달린 나뭇가지를 흰쥐와 검은쥐가 번갈아 가며 물어뜯고 있다. 그런데 머리 위로 꿀송이의 꿀이 떨어지고 있었다. 그 꿀을 받아먹고 잠시 꿀맛에 취해 두려움을 잊을 수 있었다. 호랑이는 험난한 세상을 말하고 독사는 죽음의 두려움을 말하고 흰쥐와 검은쥐는 밤낮의 시간을 말한다. 꿀맛은 세상이 주는 일시적 쾌락이다. 이런 한계상황에서 중생이 어떻게 살아야 하느냐는 원초적 질문이다.

나는 땅에 기어다니는 중생이 아니라 하늘에 속한 나비다. 호랑이가 두렵고 독사가 무서운 것은 중생의 아상을 벗지 못해서 그렇다. 나는 하늘에 속한 나비다. 나비가 되려면 고치라는 말씀의 집을 지어야 한다. 말씀의 집에서 무아가 되어야 날개를 기를 수 있다. 날개가 나오면 말씀의 집에서 또 벗어나야 된다. 말씀의 집이 말하자면 법상이다. 아상을 벗고 무아가 되는 것이 고치라는 아공이요 고치라는 법상法相을 벗어나야 법공法空이다. 법공이 되어 허공을 날아다닐 때 나비가 된다. 아상도 없고 법상도 없는 나비가 되어 날아다니면서 땅에서 피는 꽃들을 돌보고 알을 낳는다.

이렇게 애벌레가 고치가 되어 나뭇가지에 매달려 있다가 나비로 변태하듯이, 또는 독수리가 허공으로 뛰어내려 날개를 펴듯이, 우리에게 날개가 돋아나야 법상을 벗게 된다. 법상法相을 내지 말라는 말씀은 곧 우리에게 날개가 있는 것을 스스로 깨닫고 그 날개를 펴라는 말이다. 스승 밑에서 아공我空이 되고 스승을 떠나 법공法空이 되어 날개를 가지고 날 수 있는 자유를 얻으면 얼마나 행복할까.

독수리는 자기 새끼가 어느 정도 자라면 높은 벼랑의 바위 끝에 올려놓고 뛰어내리라고 재촉한다고 한다. 새끼 독수리는 무서워서 벌벌 떨다가 그만 땅으로 떨어지는 순간 자기도 모르게 날개를 펴고 날아가게 된다. 그동안 자기도 모르게 날아갈 수 있는 날개가 자라난 것이다. 우리도 스승의 품에서 지내다가 보면 자기도 모르게 생각의 날개가 자라나게 된다. 그래서 스승은 제자를 지켜 보고 있다가 때가 되었다 싫을 때 밀쳐내는 것이다. "이제 나를 떠나라." 그래서 홀로 두려움을 딛고 뛰어내리다 보면 자기도 모르게 자라난 날개가 펼쳐지고 허공을 향해 날아갈 수 있다는 것이다. 그때가 바로 둥지를 떠나고 스승을 떠나서 독립과 자유를 얻을 때다.

그러니까 무엇을 알았다는 지견知見이 아니라 독립하고 자유할 수 있는 힘을 얻었다는 것이 깨달음이다. 무엇을 알았다 하고 계속 둥지를 파고 있으면 그것은 하나의 지견이요, 꿈이지 꿈을 깨는 것이 아니다. 아상을 깨고 일체법을 알았다면 그것은 꿈을 깨고 독립하고 일어서서 자유롭게 날아가는 것이다. 그동안 자기가 의지하고 있던 둥지를 떠나는 것이 바로 아상我相에서 벗어남이요 어미를 떠나는 것이 법상法相에서 벗어나는 일이라 하겠다. 이제 나도 둥지를 벗어난 어미 독수리가 되었다. 나는 이제 날지 못하는 새끼 독수리가 아니다. 일체 생사生死의 번뇌에 빠지지 않는 지견불생知見不生의 자유인이 되어 자유롭게 날아다니는 기쁨의 하늘이 바로 아누다라삼먁삼보리가 아닐까. 여래가 바라는 것은 이런 자유의 하늘을 얻어서 마음껏 날아다니라는 것이 아니겠는가.

참고로 부처님을 호칭하는데 10가지가 있다. 먼저 부처님이라는 불佛의 의미는 깨달은 분이라는 뜻이고, 또 그런 분은 마땅히 공양을 받을만한 분이라 하여 응공應供이라 하며, 또 바르고 보편적인 진리를 깨달은 분이라 하여 정변지正遍知라 하고, 또 밝히 깨달아 실천하여 지행이 일치된 분이라 하여 명행족明行足이라 하고, 또 진여의 세계에서 오신 분이라 하여 여래如來라 하며, 또 본래의 그 자리로 잘 가신 분이라 하여 선서善逝라 한다. 또 세간과 출세간의 모든 일을 다 해결하신 분이라 하여 세간해世間解라 하고, 뛰어난 제자들을 가르치시는 더없이 높은 스승이라 하여 무상사無上士라 하고, 또 뛰어난 대장부들을 잘 지도하는 분이라 하여 조어장부調御丈夫라 하고, 또 세간 출세간에서 가장 존경받을 분이라 하여 세존世尊이라 한다. 이렇게 석가모니 부처님을 부르는 이름이 열 가지가 있다고 하여 불명십호佛名十號라 한다.

응화비진분應化非眞分

응하여 변화되는 것은 참이 아니다

수보리야, 만일 어떤 사람이 한량없는 아승지 세계에 칠보로 가득 차게 보시를 했다고 하고, 또 다른 사람이 보살심을 내어 이 경전을 지니되 내지 사구게四句偈 하나만이라도 받아 지니고서 읽고 외워서 남에게 가르침을 베풀어 주었다고 하면 후자의 복덕이 앞사람의 복덕보다 뛰어난 것이다.

(수보리須菩提야 약유인若有人이 이만무량아승지세계칠보以滿無量阿僧祇世界七寶로 지용포시持用布施라도 약유선남자선녀인若有善男子善女人이 발보리심자發菩提心者하야 지어차경持於此經하되 내지사구게등乃至四句偈等을 수지독송受持讀誦하며 위인연설爲人演說하면 기복其福이 승피勝彼하리니)

그러면 어떻게 남을 위해 가르침을 베풀 것인가?
상에 붙잡힘이 없이 여여如如하여 흔들림이 없도록 할 것이다.
왜 그런가?
일체 유위법은 꿈같은 것

허깨비나 물거품, 또는 신기루 같고

또 이슬이나 번개와 같으니

그대는 마땅히 이같이 볼지어다.

(운하위인연설云何爲人演說고 불취어상不取於相하야 여여부동如如不動일지니 하이고何以故오 일체유위법一切有爲法이 여몽환포영如夢幻泡影하며 여로역여전如露亦如電하니 응작여시관應作如是觀하라)

부처님께서 이 경의 가르침을 마치시니, 장로 수보리와 비구 비구니와 우바새 우바이, 그리고 모든 세간의 천사들, 사람들, 아수라들도 모두 부처님의 말씀을 듣고 크게 기뻐하며 그 말씀을 믿고 받아들여 받들고 살아갔다.

(불설시경이佛說是經已하시니 장로수보리長老須菩提와 급제비구비구니及諸比丘比丘尼와 우파새우파이優婆塞優婆夷와 일체세간천인아수라一切世間天人阿修羅가 문불소설聞佛所說하고 개대환희皆大歡喜하야 신수봉행信受奉行하니라.)

평산풀이

이제 마지막 제32장은 응화비진분應化非眞分이다. 스승이신 여래의 마지막 당부는 두 가지다. 불도佛道의 깨달음을 잃지 말고 금강경을 신수봉행信受奉行하며 살라는 것과 널리 가르치라는 것이다. 어떻게 가르칠 것인가, 그 가르치는 요령을 전하자는 것이 제32장의 응화비진분應化非眞分이다.

금강경을 가르치려면 어떻게 해야 되는가? 여여하여 흔들림이 없는 여여부동如如不動을 지키라 한다. 어떻게 여여부동을 하는가? 응당 변화하는 모든 것이 참이 아니라는 응화비진應化非眞을 알라는 것이다. 응신이 나타나도 진짜가 아니고 화신이 나타나도 진짜가 아니다. 진리를 가르치는 사람이라면 응화비진應化非眞을 깨닫고 일체의 상相을 떠나서 여여부동如如不動 하라는 것이다. 여여부동이란 무엇인가?

다시 첫 장으로 돌아가 수보리가 부처님의 법회에 참석하여 첫 질문을 했던 내용을 상기해 보자.

"세존이시여, 아누다라삼먁삼보리의 마음을 일으킨 보살은 마땅히 그 마음을 어떻게 머물러야 하며 어떻게 수행하고 어떻게 항복해야 되겠습니까?"

다시 말하여 보살원을 지닌 사람은 어떤 마음을 가져야 하고 그 마음을 일으키고 그 마음을 붙잡으려면 어떻게 해야 되느냐는 질문이었다. 이에 대해 부처님께서 보살은 아상 인상 중생상 수자상에 마음이 머물러 있으면 안 된다고 하시며 그것이 또 무엇인지 가르침을 조금씩 다른 말로 반복하고 반복하며 여기까지 왔다.

진리란 무엇이며 그것을 어떻게 깨닫는 것인지, 그리고 진리를 깨달은 여래의 모습은 어떤 것이며, 또 진리를 배우려는 사람에게 어떻게 이 경을 가르쳐야 되는가 하는 세 가지 내용으로 설명해온 것이다. 그래서 마지막으로 아누다라삼먁삼보리의 지혜를 얻은 보살이 남에게 그것을 전하는 법보시法布施의 중요성과 함께 그 방법을 이야기함으로써 여래의 가르침도 끝난다.

보살이 행하는 육바라밀의 첫째가 보시바라밀인데, 보시 가운데 가장 으뜸가는 보시가 법보시라고 여러 차례 강조했다. 어떤 사람이 있어서 온 세상을 가득 채울 만큼 많은 여러 보화로 보시를 했다고 하더라도, 또는 날마다 바쁜 몸으로 분주하게 일하며 섬기는 보시를 했다고 해도, 이 금강경에서 다만 한 구절만이라도 그것을 받아 지니고 읽고 외워서 궁극적인 진리에 통달하고 진리와 일치된 삶을 보여주고 널리 다른 사람들에게 가르침을 베풀어 그것을 열어서 보여준다면 그런 인연으로 말미암아 짓는 복덕은 앞사람보다 헤아릴 수 없이 크고 측량할 수 없이 많아서 비할 수가 없다고 강조했다.

구마라집은 간결하게 '수지독송受持讀誦 위인연설爲人演說'이라 표현했지만 그 보다 250여년 후에 번역된 현장법사는 좀더 세밀하게 번역했다. 즉 '수지독송受持讀誦 구경통리究竟通理 여리작의如理作意 급광위타선설개시及廣爲他宣說開示'라 했다. 수지독송하여 진리를 깨닫고 진리를 체득하여 다른 사람들에게 널리 그 불도를 열어 보이라는 것이다. 이렇듯 보살의 할 일은 여래를 만나서 배우고 깨달은 진리를 스스로 지켜 실천하여 체득한 것을 다른 사람들에게 열어 보이는 법보시라는 것이다. 간단하게 말하면 배우고 깨달은 것을 체득하여 가르치라는 것이다.

그럼 보살의 가르침은 어떤 모습이라야 하는가? 어떻게 가르쳐야 되는가? 가르치는 요령이 무엇인가? 이에 대한 여래의 대답은 상에 붙잡히지 말고 여여하여 흔들림이 없어야 한다는 것이다. 이는 구마라집의 풀이다.

현장법사는 이 부분을 조금 달리 번역했다. 어떻게 남을 위해서 널리 설법하고 열어서 보여줄 것인가? 마치 남을 위해서 설법을 베풀고 열어서 보여주는 것 같지 않게 해야 한다. 그래서 그 이름이 곧 '설법을 베풀고 열고 보여주는 것(선설개시宣說開示)'이라 한다.

구마라집이나 현장의 풀이나 간단히 말하면 가르치지 않는 것처럼 남을 가르치라는 말이다. 가르치는 것도 유위법이 되어서는 안 되고 무위법이 되어야 한다는 말이다. 가르치면서도 가르친다는 의식이 없어야 한다. 노자가 말하는 처무위지사處無爲之事요 행불언지교行不言之敎라 하겠다. 가르친다는 의식이 없는 무위법을 처무위지사處無爲之事라 하고 가르치지 않는 것처럼 가르치는 것이 상을 취함이 없는 행불언지교行不言之敎라는 것이다. 자기 뜻이 아니라 진리에 따라서 일을 하는 것이요 진리를 행하는 가운데 말 없는 가르침을 베풀어야 한다는 것이다.

그런데 교사가 되면 자칫 선한 일을 한다고 하면서 유위법에 빠지기가 쉽다. 자기가 옳다, 자기가 선하다는 그런 아상이 나오면 아무리 선한 일을 한다고 해도 참된 선이 되지 못한다. 그래서 달라이 라마께서도 설법하는 사람에게 당부하길 신도를 늘리기 위함이라거나 제자를 만들기 위함이라거나 유명해지기 위해서라거나 돈을 벌기 위해서 법을 설하는 일이 없도록 하라고 했다. 이런 것들이 말하자면 아상과 법상에 빠져서 가르치는 것이라 하겠다.

아상과 법상에 빠지지 않는 길이 무엇인가? 제행무상諸行無常과 제법무아諸法無我를 확실히 깨치는 것이다. 다시 한번 일체의 상이 허상이라는 것을 가르치기 위해 다음과 같은 사구게를 제시한다.

일체 유위법은 꿈같은 것이니
세상의 모든 것은 물거품 같고 이슬 같은 것
또는 번개나 구름처럼 찰나요 허무한 것이니
응당 이같이 꿰뚫어 보고 흔들리지 말라.

부처님이 말씀을 마치자 모든 사람이 커다란 환희를 느끼며 그 가르침을 믿고 받아들여 받들고 행하였다. 환희는 깨달음의 기쁨, 즉 법열法悅을 느꼈다는 말이다. 모두가 크게 깨닫게 되었다는 것이다. 모두가 신수봉행信受奉行, 그 말씀을 마음으로 믿게 되었고, 가슴 깊이 받아들이게 되었으며, 온몸으로 받들어서 행동으로 실천하게 되었다는 말이다.

우리가 애벌레로 천년을 사는 것보다 나비가 되어 하루를 사는 것이 더없이 기쁜 일이다. 천금을 얻는 것보다 한 말씀을 깨닫는 것이 더 기쁜 일이 될 것이다. 천금 만금으로는 내가 생사의 감옥에서 벗어날 수 없지만 한 말씀만 얻으면 나는 독수리처럼 비상할 수 있다. 어미 독수리가 되고 나비가 되어야 알을 낳고 애벌레를 길러갈 수 있다. 어미 독수리가 되어야 자유롭게 날게 되고 자유를 얻어야 새끼들을 돌볼 수 있다. 어미 독수리가 되어 어떻게 병아리들을 돌볼까? 상에 붙잡힘이 없이 여여如如하여 흔들림이 없도록 할 것이다. 대 자유인이 되어 여여하고 의젓하게 우뚝 서서 흔들림 없는 부동심의 사랑으로 돌볼 것이다. 눈빛은 여여하고 두 발로 서 있을 때는 태산처럼 우뚝 서 있고, 두 날개를 펴고 하늘을 날아갈 때면 흔들림 없이 유유하고 의젓하다.

그러나 이런 독수리나 나비에게도 알과 애벌레의 시절이 있다. 일체 유위법은 꿈의 환영처럼 진실이 아니다. 나비에게 알과 애벌레의 세계는 꿈같은 것이다. 허깨비나 물거품, 또는 그림자와 같고 또한 이슬이나 번개와 같은 허무하고 덧없는 시간이다. 이런 애벌레들의 고통과 번뇌를 자비의 마음으로 느끼고 그들과 함께 살면서 나비의 세계로 인도할 일이다. 그대는 마땅히 이와 같은 자비심으로 그대 친구들과 함께 세상 속에서 동고동락하며 무위법으로 돌볼지어다.

부처님의 설법이 끝나자 모두 환희의 기쁨이 충만한 가운데 여래의 가르침을 깊이 믿고 받아 받들며 각자 자기의 길로 돌아갔다.

끝.

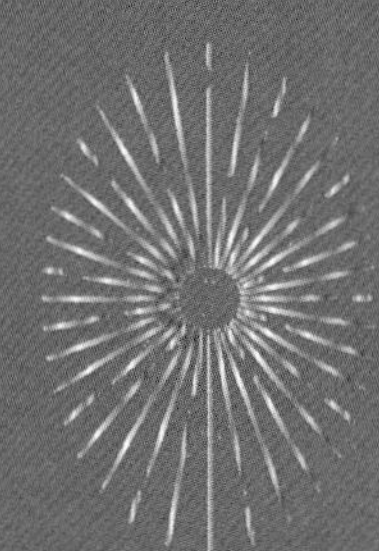

부록

부록1

금강경 사구게

제1사구게(제5장)

凡所有相(범소유상) 무릇 형상이 있는 것은

皆是虛妄(개시허망) 모두가 다 허망한 것

若見諸相非相(약견제상비상) 만약 모든 형상을 형상이 아닌 것으로 보면

卽見如來(즉견여래) 곧 여래를 보리라

제2사구게(제10장)

不應住色生心(불응주색생심) 응당 색에 머물러서 마음을 내지 말 것이며

不應住聲香味觸法生心(불응주성향미촉법생심) 응당 오감이나 법에 머물러서 마음을 내지 말 것이요

應無所住(응무소주) 응당 머무는 바 없는 가운데

而生其心(이생기심) 그 마음을 낼지어다

제3사구게(제26장)

若以色見我(약이색견아) 만약 색신으로써 나를 보거나

以音聲求我(이음성구아) 음성으로써 나를 구하면

是人行邪道(시인행사도) 이 사람은 잘못된 길을 가는 것이요

不能見如來(불능견여래) 능히 여래를 보지 못하리라

제4사구게(제32장)

一切有爲法(일체유위법) 일체의 유위법은

如夢幻泡影(여몽환포영) 꿈과 같고 환상과 같고 물거품과 같고 그림자 같으며

如露亦如電(여로역여전) 이슬과 같고 또한 번개와도 같으니

應作如是觀(응작여시관) 응당 이같이 꿰뚫어볼지어다.

부록2

한글 금강경

제1장 법회가 열리게 된 인연
- 법회인유분法會因由分 -

내가 들은 바는 이와 같습니다. 어느 때 부처님이 사위국의 기수급고독원에 계실 때 비구 1천 2백 5십 명과 함께 계셨습니다.

이때 세존께서 식사 시간이 되어 옷을 갖춰 입고 바리를 들고 사위성에 들어가 걸식을 하셨습니다. 부처님은 성안에 들어가셔서 차례차례 구걸하신 후 돌아오셨습니다. 부처님께서 식사를 마치신 후에 옷과 바리를 거두어 두시고 발을 씻으신 후 자리를 펴고 앉으셨습니다.

제2장 수보리가 설법을 청하다
- 기청분善現起請分 -

이때 장로 수보리가 청중들 가운데 있다가 바로 자리에서 일어나 오른쪽 어깨를 벗고 오른쪽 무릎을 굴하여 땅에 대고 합장하며 공손하게 경의를 표하고 부처님께 여쭈었습니다.

"세상에서 가장 높고 귀하신 분이시여! 여래께서는 모든 보살을 잘 보살펴주시고 보호 인도하시며 잘 붙들어 주십니다.

세존이시여, 좋은 사람들이 아누다라삼먁삼보리의 마음을 일으켜 나타내고자 할 때 마땅히 그 마음을 어떻게 머물게 하며 또 그 마음을 어떻게 붙잡아야 합니까?"

부처님께서 대답하셨습니다.

"수보리야, 정말 좋은 질문이구나. 질문을 무척 잘했구나. 네가 말한 바처럼 여래는 모든 보살을 언제나 생각하여 잘 보호하고 이끄는 분이니 너는 이제 잘 들어라. 마땅히 너를 위해 말하겠노라. 선한 사람들이 아누다라삼먁삼보리의 마음을 일으키고자 하면 마땅히 이같이 살아야 하고 이같이 그 마음을 다스려야 하느니라."

"세존이시여, 제발 그렇게 해주십시오. 기쁘게 듣겠습니다."

제3장 대승의 올바른 종지
- 대승정종분大乘正宗分 -

부처님께서 수보리에게 말씀하셨습니다. "모든 보살은 응당 이같이 그 마음을 항복해야 하느니라. 즉 '일체의 중생들, 즉 알에서 났건 태에서 났건, 습지에서 났건 변화로 났건, 유색이건 무색이건, 생각이 있거나 생각이 없거나, 생각이 있는 것도 아니고 없는 것도 아니거나, 내가 그 모두를 다 무여열반에 들어가도록 건져내어 인도하는데, 사실은 하나도 건져낸 중생이 없다.' 해야 하느니라."

"왜 그런가? 수보리야, 만일 보살이 아상이나 인상이나 중생상이나 수자상을 가지고 있다면 그것은 곧 보살이 아니기 때문이니라."

제4장 머무름 없는 깨끗한 수행
- 묘행무주분妙行無住分 -

"수보리야, 보살은 또한 무엇이나 조금도 집착함이 없는 보시를 해야 하느니라. 이른바 '무주상보시'라고 하는 것이니, 눈에 보이는 색이나 귀로 듣는 소리나 코로 맡는 향이나 입으로 느끼는 맛이나 몸으로 느끼는 촉감이나 마음에 일어나는 모든 생각 따위에 일체 집착함이 없이 보시하는 것이니라."

"수보리야, 보살이 응당 이같이 보시하되 보이는 모양과 생각의 상相에 집착함이 없이 해야 하는데 왜 그런가? 보살이 상에 집착함이 없는 보시를 해야 그 복덕이 헤아릴 수 없이 크기 때문이니라."

"수보리야, 네 생각은 어떠냐? 동쪽 하늘의 허공을 헤아릴 수 있겠느냐?"
"세존이시여, 헤아릴 수 없습니다."
"수보리야 사방팔방과 위아래, 이렇게 시방 허공을 헤아릴 수 있느냐?"
"헤아릴 수 없습니다. 세존이시여."
"수보리야, 보살의 무주상 보시 복덕의 크기도 또한 이같이 헤아릴 수 없느니라. 수보리야, 보살은 다만 이런 가르침대로 살아야 하느니라."

제5장 여래를 실제로 보는 법
- 여리실견분如理實見分 -

"수보리야, 네 생각은 어떠냐? 몸의 모습으로 여래를 볼 수 있겠느냐?"
"세존이시여, 볼 수 없습니다. 몸의 모습으로 여래를 볼 수 없습니다. 왜냐하면 여래께서 말씀하시길 몸의 모습은 곧 몸의 모습이 아니라 하셨기 때문입니다."

부처님께서 수보리에게 말씀하셨습니다. "무릇 상이 있는 것은 모두 다 허망한 것인데 모든 상이 곧 상이 아님을 알면 즉시 여래를 볼 것이니라."

제6장 바른 믿음은 희귀하다
- 정신희유분正信希有分 -

수보리가 부처님께 여쭈었습니다. "세존이시여, 문득 어떤 중생이 나와서 이와 같은 부처님의 높은 말씀을 듣고 진실한 믿음을 일으키는 자가 있겠습니까?"

부처님께서 수보리에게 대답하셨습니다. "그런 소리를 하지 마라. 여래가 멸도한 뒤 오백세가 지난 후에도 계를 지키고 복덕을 닦는 이가 있어 이 글귀를 보고 능히 신심을 일으키리니 이로써 진실하게 될 것이다."
"마땅히 알라. 이 사람은 한 부처님이나 두 부처님 또는 셋 넷 다섯 부처님께만 선근善根을 심은 것이 아니라 이미 무량의 천만 부처님 처소에서 모든 선근을 심었으니 이 글귀를 듣고 한 생각에 이르러 깨끗한 신심을 일으킨 사람이니라."

"수보리야, 여래는 다 알고 다 보고 있으니 이렇게 모든 중생이 무량복덕을 얻게 될 것이다. 그 까닭은 무엇인가? 이런 모든 중생은 다시는 아상 인상 중생상 수자상을 갖는 일이 없으며 법상이나 또한 비법상도 갖는 일이 없기 때문이니라. 왜냐면 이렇게 모든 중생이 만약 마음에 어떤 상을 취하면 곧 아상 인상 중생상 수자상에 집착하는 것이 되기 때문이니라. 왜 그런가? 법상을 취해도 곧 아상 인상 중생상 수자상에 집착하는 것이 되며 또한 비법상을 취하더라도 곧 아상 인상 중생상 수자상에 집착하는 일이 되기 때문이니라."

"이런 고로, 응당 법을 취하는 것도 안 되며 또한 비법을 취하여도 안 되느니라. 이런 까닭으로 여래는 항상 너희 비구들에게 설법을 하는데, 나의 설법을 뗏목의 비유처럼 아는 자는 법이라 하는 마음도 버리거늘 하물며 법이 아니라 하는 마음이 있겠느냐?"

제7장 얻을 것도 없고 말할 것도 없는 지혜
- 무득무설분無得無說分 -

"수보리야, 어떻게 생각하느냐? 여래가 아누다라삼먁삼보리를 성취했다고 생각하느냐? 여래에게 진리라고 말할 수 있는 어떤 법이 있겠느냐?"

수보리가 대답하였습니다.

"제가 부처님이 말씀하신 뜻을 이해한 바에 따르자면 '아누다라삼먁삼보리'라 명명할 수 있는 어떤 고정되고 정식화된 진리는 없으며 또한 여래께서 가르치실 어떤 고정된 법이란 것도 없습니다. 왜 그런가 하면 여래께서 말씀하신 진리는 붙잡을 수도 없고 말할 수도 없어서 그것을 진리라 할 수도 없고 진리가 아니라 할 수도 없기 때문입니다. 그런 까닭으로 일체의 성인과 현인들이 다 무위법을 가지고 차별을 가진 것입니다."

제8장 경에서 나오는 지혜
- 의법출생분依法出生分 -

"수보리야, 넌 어떻게 생각하느냐? 만약 어떤 사람이 삼천대천세계를 가득 채울 만큼 많은 칠보를 이용하여 보시한다면 이 사람이 얻을 복덕이 정말 많지 않겠느냐?"

수보리가 대답하였습니다. "세존이시여, 참으로 많을 것입니다. 왜냐면 이런 복덕은 곧 복덕의 성품이 아니기 때문입니다. 이런 까닭으로 여래께서는 복덕이 많다고 말씀하신 것입니다."

"수보리야, 만약 어떤 사람이 이 경 가운데 사구게 하나라도 받아 지니고서 남을 위해서 가르친다면 그 사람의 복은 앞서 말한 칠보의 보시를 한 사람보다 뛰어날 것이다. 왜 그럴까? 수보리야, 일체 모든 부처님과 또 부처님의 '아누다라삼먁삼보리법'이 다 이 경에서 나왔기 때문이니라. 수보리야, 이른바 부처의 법이라 하는 것은 곧 부처의 법이 아니니라."

제9장 하나의 상은 곧 없는 상이다
- 일상무상분一相無相分 -

"수보리야, 넌 어떻게 생각하느냐? 수다원이 생각하길 나는 수다원과를 얻었노라고 하겠느냐?"

수보리가 대답하였습니다. "세존이시여, 그렇지 않습니다. 왜냐면 수다원이란 이름은 흐름에 들어갔다는 뜻이지만 실은 들어감이란 없기 때문입니다. 색성향미촉법에 들어감이 없으니 이런 이름을 수다원이라 합니다."

"수보리야, 네 생각은 어떠냐? 사다함이 생각하기를 나는 사다함과를 얻었노라고 하겠느냐?"

수보리가 대답하였습니다. "세존이시여, 그렇지 않습니다. 왜냐면 사다함이란 이름은 한번 왔다가 간다는 뜻이지만 실은 오는 것도 없고 가는 것도 없기 때문입니다. 이런 이름을 사다함이라 합니다."

"수보리야 네 생각은 어떠냐? 아나함이 생각하길 나는 아나함과를 얻었다고 하겠느냐?"

수보리가 대답하였습니다. "세존이시여, 그렇지 않습니다. 왜냐면 아나함이란 이름은 다시 오지 않는다는 뜻이지만 실은 오지 않음이란 없기 때문입니다. 이런 이름을 아나함이라 합니다."

"수보리야 네 생각은 어떠냐? 아라한이 생각하길 나는 아라한 도를 얻었다고 하겠느냐?"

수보리가 대답하였습니다. "세존이시여, 그렇지 않습니다. 왜냐면 실은 법이라 할 것이 없는데 이름을 아라한이라 하였기 때문입니다. 세존이시여, 만약 아라한이 스스로 생각하길 나는 아라한 도를 얻었다 한다면 그는 곧 아상 인상 중생상 수자상에 붙잡힌 것입니다."

"세존이시여, 부처님께서 저에게 무쟁삼매無諍三昧에 들어간 사람들 가운데서 가장 뛰어난 제일인자요 욕정에서 벗어난 제일의 아라한이라 하셨을 때 스스로 생각하길 나는 욕정을 벗어난 아라한이라고 한 적이 없습니다. 세존이시여, 제가 만약 스스로 아라한의 도를 얻은 자라고 생각했다면 곧 세존께서는 '수보리, 이 사람은 아란나행阿蘭那行을 즐기는 자라'고 말씀하시지 않았을 것입니다. 그런데 실로 수보리에게는 무엇을 행한다는 생각이 아무것도 없기에 이름을 수보리라 하셨으며 이 사람은 아란나행을 즐기는 자라고 하신 것입니다."

제10장 불국토를 장엄하는 것

- 장엄정토분莊嚴淨土分 -

부처님이 수보리에게 말씀하셨습니다.

"어떻게 생각하느냐? 여래께서 옛날에 연등부처님과 함께 있을 때 법이라 하는 것을 얻은 게 있었느냐?"

"세존이시여, 그렇지 않습니다. 여래께서 연등부처님 처소에서 법이라 하는 것을 실로 얻은 바가 없습니다."

"수보리야, 네 생각은 어떠냐? 보살이 불국토를 장엄하느냐?"

"세존이시여, 그렇지 않습니다. 왜냐면 불국토를 장엄하는 것은 곧 장엄함이 아니요 이런 이름을 장엄이라 하기 때문입니다."

"수보리야, 이런 까닭에 모든 보살마하살들이 응당 이같이 청정심을 낼 것이니 마땅히 모습에 머물지 말고 마음을 일으켜야 하며 소리나 향이나 맛이나 촉감이나 생각에 머물지 말고 마음을 일으켜야 한다. 마땅히 머무는 바가 없는 가운데 그 마음을 일으켜야 한다."

"수보리야, 비유로 말해보자. 어떤 사람이 있는데 몸이 수미산왕 같다면 너는 이 사람의 몸이 크다고 생각하느냐?"

수보리가 대답하였습니다. "세존이시여, 매우 거대합니다. 왜냐면 부처님께서 몸이 아닌 것이 곧 거대한 몸이라 이름하셨기 때문입니다."

제11장 무위로 얻는 뛰어난 복덕
- 무위복승분無爲福勝分 -

"수보리야, 갠지스강의 모래 수만큼이나 많은 갠지스강이 있다면 그 모든 갠지스강의 모래는 또한 얼마나 많겠느냐?"

수보리가 대답하였습니다. "세존이시여, 참으로 한없이 많습니다. 다만 갠지스강만 모두 헤아린다 해도 헤아릴 수 없이 많은데 하물며 그 모든 갠지스강의 모래는 얼마나 많겠습니까."

"수보리야, 내가 이제 진실한 말로 네게 알려주노라. 만약 고귀한 신분의 선남자나 또는 선여인이 있는데 칠보를 가지고 갠지스강의 모래만큼이나 많은 삼천대천세계를 가득 채워서 보시를 한다면 얻는 복이 얼마나 많겠느냐?"

수보리가 대답하였습니다.

"세존이시여, 매우 많을 것입니다."

부처님께서 수보리에게 말씀하셨습니다. "만약 선남자 또는 선여인이 있어서 이 경이나 또는 경 가운데 있는 사구게 등을 받아 지키며 남을 위해 가르친다면 이런 복덕은 앞서 칠보의 보시로 인한 복덕보다 더 뛰어난 것이다."

제12 바른 가르침을 존중하라
- 존중정교분尊重正教分 -

"수보리야, 그것만이 아니니라. 이경을 가르치거나 아니면 이경 가운데 사구게 하나라도 가르친다면, 너는 마땅히 알아야 할 것이니, 그 가르침이 베풀어짐에 따라서 거기는 곧 일체 세간의 천사들과 사람들과 아수라들이 모두 공양하기를 마치 붓다의 탑묘처럼 응당 공양할 것이다. 하물며 능히 수지독송을 다하는 사람이 있다면 그를 어떻게 하겠느냐? 수보리야 마땅히 알라. 이 사람은 최상의 진리, 가장 드물고 귀한 진리를 깨달은 사람이다. 이 경전이 있는 곳은 곧 부처님이 계신 곳이 되고 존경받는 제자들과 함께 있는 것과 같은 것이니라."

제13장 여래의 법을 받아 지녀라
- 여법수지분如法受持分 -

이때, 수보리가 부처님께 여쭈었습니다. "세존이시여, 선생님의 이런 말씀을 무엇이라고 부를 것이며 우리는 어떻게 이 말씀을 받들고 지녀야 합니까?"

부처님께서 말씀하셨습니다. "수보리야, 이 말씀의 이름을 금강반야바라밀이라 하니 이 이름으로 너는 마땅히 받들어 지녀야 한다. 그렇게 하는 까닭은 무엇인가. 수보리야, 부처님께서 반야바라밀이라 가르친 것은 곧 반야바라밀이 아니니 이런 까닭에 이름을 반야바라밀이라 하느니라."

"수보리야, 네 생각은 어떠냐? 여래가 진리라고 가르친 바가 있겠는가?"
수보리가 부처님께 대답했습니다. "세존이시여, 여래께서는 가르치신 바가 없습니다."

"수보리야, 너는 어떻게 생각하느냐? 삼천대천세계가 갖는 티끌이 많지 않겠느냐?"
수보리가 대답하였습니다. "세존이시여, 정말 한없이 많습니다."

"수보리야, 모든 티끌에 대해 여래가 말하길 티끌이 아니라 한다. 이렇게 하는 것은 이름이 티끌이기 때문이다. 여래께서 말씀하시길 세계도 세계가 아니라 한다. 이렇게 하는 것도 이름이 세계이기 때문이니라."

"수보리야, 네 생각은 어떠냐? 32상으로 여래를 알아볼 수 있겠느냐 없겠느냐?"
"세존이시여, 알아볼 수 없습니다. 32상으로써 여래를 알아볼 수 없습니다. 왜냐하면, 여래께서는 32상이 곧 상이 아니기에 이것을 이름하여 32상이라 하셨기 때문입니다."

"수보리야, 만일 착한 사람이 있어서 갠지스강의 모래만큼이나 많은 생을 살면서 목숨을 바쳐 헌신하였다고 하자. 또 다른 어떤 사람이 있어 이 경전 가운데 사구게 하나라도 받아들이고 지켜서 남을 위해 가르친다고 하면, 이 사람의 복덕이 앞서 말한 사람보다 심히 많은 것이니라."

제14장 상을 떠나면 적멸이 된다
- 이상적멸분離相寂滅分 -

이때 수보리는 여래께서 이렇게 설법하시는 것을 듣고 그 높은 뜻과 취지를 깊이 이해하고 감격의 눈물을 흘리며 부처님께 아뢰었습니다.

"세상에서 가장 존귀하신 분이시여, 부처님께서 가르치신 이같이 깊고 깊은 경전의 설법은 제가 혜안을 얻은 이래 지금까지 들어보지 못한 그런 말씀입니다."

"세존이시여, 만약 어떤 사람이 있어 이 금강경 말씀을 듣고 깨달아 믿음으로 마음이 깨끗하게 되면 곧 실상을 나타낼 것입니다. 이런 사람은 가장 희귀하고 고귀한 공덕을 성취한 것임을 마땅히 알겠습니다."

"세존이시여, 이런 실상이란 곧 상이 아니니 이런 까닭에 여래께서는 이름이 실상이라 하셨습니다."

"세존이시여, 저는 이제 이와 같은 경전의 설법을 듣고서 믿고 이해하고 받아들여 지키는 데 아무 어려움이 없겠습니다. 만약 앞으로 후오백세가 되어 어떤 중생이 이와 같은 경을 듣고 깨달아 믿고 이해하고 받아들여 지킨다면 이 사람은 곧 가장 희귀하고 고귀한 존재가 될 것입니다. 왜냐면 이 사람은 아상이 없고 인상이 없으며 중생상이 없고 수자상이 없기 때문입니다. 그런 까닭이 무엇인가 하면 아상이 곧 상이 아니며 인상 중생상 수자상도 곧 상이 아니기 때문입니다. 왜냐면 일체 모든 상을 떠나면 곧 그 이름이 모든 부처라 하기 때문입니다."

부처님께서 수보리에게 말씀하셨습니다. "그렇다, 그렇다. 또 어떤 사람이 이 경의 가르침을 듣고 놀라거나 두려워 않고 무서워하지 않으면 이는 참으로 뛰어난 사람이다. 수보리야, 왜냐면 여래께서 제일의 바라밀은 곧 제일의 바라밀이 아니라 하셨으니 이런 이름이 제일의 바라밀이니라. 수보리야, 인욕바라밀도 여래께서는 인욕바라밀이 아니라 하셨으니 이런 이름을 인욕바라밀이라 한 것이다."

"수보리야, 왜냐하면 내가 옛날에 가리왕에게 내 몸이 잘려나간 것처럼 나는 그 때 아상이 없었고 인상이 없었으며 중생상도 없었고 수자상도 없었기 때문이니라. 왜냐하면 내가 옛날에 마디마디 온 사지가 찢길 때 만약 아상이나 인상이나 중생상이나 수자상이 있었다면 마땅히 진에瞋恚와 원한이 나왔을 것이기 때문이니라."

"수보리야, 또한 과거를 생각할 때 오백세 동안 인욕선인이 되었는데 그때 아상이나 인상이나 중생상이나 수자상이 없었느니라. 수보리야, 이런 까닭에 보살은 응당 일체의 상을 떠나 아누다라삼먁삼보리심을 일으키니 색에 머무르지 말고 마음을 낼 것이며 소리나 향이나 맛이나 촉감이나 생각에 머무르지 말고 마음을 일으킬 것이니 응당 머무르는 바가 없는 마음을 내야 하느니라."

"만약 마음에 머물고자 하면 곧 머물 수 없게 된다. 이런 까닭에 부처님께서 말씀하시길 보살의 마음은 일체 모습에 머무르지 말고 보시하라고 하셨느니라. 수보리야, 보살이 모든 중생의 이익을 위하여 마땅히 이와 같은 보시를 해야 할 것이다."

"여래께서 가르치시길 일체의 모든 상은 곧 상이 아니라 하셨다. 또 가르치시길 일체중생은 곧 중생이 아니라 하셨다. 수보리야, 여래께서는 이렇게 진리를 말하는 사람이며 진실을 말하는 사람이며 궁극을 말하는 사람이지 허황하거나 괴이한 말을 하는 자가 아니다. 수보리야, 여래께서 얻은 이런 진리는 실상도 아니요 허상도 아니니라."

"수보리야, 만약 보살이 마음으로 법에 머물러 보시를 한다면 이는 사람이 어둠에 들어간 것 같아 곧 아무것도 볼 수가 없을 것이다. 그런데 보살이 마음으로 일체 법에 머무는 바가 없이 보시한다면 이는 사람이 햇살이 밝게 비치는 곳에서 눈을 뜬 것과 같이 온갖 만물을 생생히 보게 되느니라."

"수보리야, 오는 세상에서 착한 사람들이 있어 능히 이 경의 말씀을 온전히 받아들여 간직하며 읽고 가르치면 곧 여래는 붓다의 지혜로써 이런 사람들을 다 보고 나 알세 될 것이니 모두 다 무량무번의 공덕을 성취하게 될 것이다."

제15장 경을 지니고 있는 자의 공덕
- 지경공덕분持經功德分 -

"수보리야, 가령 매우 선한 남자나 여자가 있다고 하자. 그 사람이 아침부터 갠지스강의 모래와 같은 무수한 몸으로써 헌신에 힘쓰고 낮에도 또한 갠지스강의 모래와 같은 무수한 몸으로 헌신하고 저녁에도 또한 갠지스강의 모래와 같은 무수한 몸으로 헌신하여 보시하는데, 이처럼 몸으로 보시하기를 헤아릴 수 없이 오랜 세월 동안 날마다 자선사업에 헌신하여 몸으로 보시를 했다고 하자. 그런데 만일 또 다른 어떤 사람이 있는데 그 사람은 이 경의 가르침을 진심으로 듣고 믿어서 마음에 거슬림이 없었다고 하면 이 사람의 복덕은 앞서 말한 몸 보시의 복덕보다 훨씬 뛰어날 것이다. 하물며 이 금강경을 베껴 써서 받아 지니고 언제나 읽고 암송하며 남에게 가르쳐 준다면 이런 사람의 공덕은 어찌 헤아릴 수 있겠느냐?"

"수보리야, 요약해 말하자면, 이 경의 가치는 가히 우리가 인식할 수 없을 만큼 신비하며, 우리가 헤아리거나 한정할 수도 없는 무량무변의 공덕이 있느니라. 그래서 이 경은 여래가 대승을 일으키기 위하여 가르치신 것이요, 그것도 최상승最上乘을 일으키기 위하여 가르치신 것이다."

"만일 누군가가 이 경을 잘 받아 지니고서 항상 읽고 암송하며 능히 다른 사람들을 위해 널리 가르침을 베풀어준다면 여래는 이런 사람을 다 인정해주고 친히 지켜주고 함께 계실 것이다. 그러므로 그런 사람들은 헤아릴 수도 없고 일컬을 수도 없고 끝도 없으며 가히 생각해 볼 수도 없는 그런 신비한 공덕을 다 얻어서 성취하게 될 것이니, 이 같은 사람들은 곧 여래의 '아누다라삼먁삼보리'를 짊어지고 살 것이다."

"수보리야, 무슨 까닭인지 아느냐? 왜냐면 분별지의 작은 법에 빠진 사람은 나라는 생각, 남이라는 생각, 중생이라는 생각, 영원이라는 생각에 집착하여 이 경의 뜻을 능히 알 수도 없고 이 경을 읽고 암송하거나 남을 위해 올바로 풀이해 줄 수도 없기 때문이니라."

"수보리야, 어느 곳이나 이 경이 있는 곳이면 일체 세간의 하늘과 사람과 아수라가 응당 공양할 처소가 될 것이니, 마땅히 알 것은 그곳이 곧 탑을 이룬 곳이 되어 모두가 공경하고 예배하고 돌면서 뭇 꽃과 향을 거기 뿌리게 될 것이니라."

제16장 과거의 업장을 정화하는 법
- 능정업장분能淨業障分 -

"또한, 수보리야! 어떤 선한 사람이 있어 이 경을 지니고서 읽고 낭송하며 살아가는데 만일 세상에서 누군가 그를 업신여긴다면 어떻게 되겠는가? 경멸당한 그 사람은 그가 지난 세상에서 지은 죄업이 응당 악도에 떨어질 만한 것이라 할지라도 이 세상 사람이 그를 경멸하거나 천대함으로 인하여 그의 모든 죄업이 곧 소멸되고 그는 마땅히 아누다라삼먁삼보리를 얻게 될 것이니라."

"수보리야, 내가 생각하니 과거 한없는 아승지겁 세월동안 저 연등부처님 앞에서 8백 4천만 억 나유타 수만큼의 모든 부처님을 만나 그분들에게 다 공양하고 받들어 섬기며 조금도 허물이 있거나 간과하거나 잘못함이 없었단다. 그러니 그 공덕이 얼마나 크겠느냐? 그렇지만 만일 또 어떤 사람이 있어 다음에 오는 말세에 이 경을 받아 지니고서 읽고 암송한다면 이 사람의 공덕은 한없이 커서 그 무엇으로도 비할 수 없단다. 내가 모든 부처님께 공양한 공덕이 제아무리 크다고 해도 이 사람의 공덕에 비하면 백분의 일에도 미치지 못할 것이며 천만억분 내지 어떤 수의 크기로도 능히 미치지 못할 것이니라."

"그러므로 수보리야, 만일 다음 말세에 이 경을 받아 지니어 읽고 암송하는 선한 사람들이 얻는 공덕을 내가 다 헤아려서 말한다면, 어떤 사람은 내 말을 듣고 마음이 곧 혼란하고 어지럽게 되어 여우처럼 의심하고 믿지 못할 것이다. 그러니 수보리야, 마땅히 알라, 이 경의 가르침은 그 뜻을 도무지 생각할 수 없이 높고 그 효과 또한 도저히 헤아릴 수 없을 만큼 크고 깊은 것이니라."

제17장 구경은 무아가 되어야 한다
- 구경무아분究竟無我分 -

그때, 수보리가 부처님께 여쭈었습니다. "세존이시여, 아누다라삼먁삼보리심을 일으키고자 하는 사람은 마땅히 어떻게 살아야 하며, 어떻게 그 마음을 바로잡아야 합니까?"

부처님께서 수보리에게 말씀하셨습니다. "만일 어떤 사람이 아누다라삼먁삼보리심을 일으키고자 한다면 마땅히 이같이 마음을 바로잡을 것이다. 내가 일체중생을 제도하리라 하여 일체중생을 다 제도하지만 실은 한 중생도 제도한 일이 없다는 것이다. 왜 그런가? 수보리야, 만일 보살에게 아상 인상 중생상 수자상이 있으면 곧 보살이 아니기 때문이다. 수보리야, 또한 진실로 어떤 법이 있어서 아누다라삼먁삼보리심을 일으킨 것이 아니기 때문이니라."

"수보리야, 네 생각은 어떠하냐? 여래가 연등부처님 처소에서 아누다라삼먁삼보리를 얻는 어떤 법이 있었겠느냐?"

"아니옵니다. 세존이시여, 부처님께서 말씀하신 뜻을 제가 이해하는 바에 의하면 부처님께서 연등부처님 계신 곳에서 아누다라삼먁삼보리를 깨달은 어떤 법도 없었습니다."

부처님께서 말씀하셨습니다. "그렇다, 그렇단다, 수보리야! 실로 어떤 여래가 아누다라삼먁삼보리를 얻는 어떤 법이 있었던 것이 아니다. 수보리야, 만일 어떤 법이 있어서 여래가 아누다라삼먁삼보리를 얻는다면, 연등불께서 곧 나에게 '네가 다음 세상에 응당 부처를 이루고 그 이름은 석가모니라 하리라.' 하고 수기를 주지 않으셨을 것이다. 실로 어떤 법이 있어서 아누다라삼먁삼보리를 얻는 것이 아니므로 연등불께서 나에게 수기를 주어 말씀하시기를 '네가 다음 세상에 응당 부처가 될 것이며 호를 석가모니라 하리라.'하신 것이니라."

"왜 그런가? 여래라 함은 곧 모든 법이 다 진여란 뜻이기 때문이다. 만일 어떤 사람이 말하기를 '여래가 아누다라삼먁삼보리를 얻었다.'고 하더라도 수보리야, 실로 부처님은 어떤 법이 있어서 아누다라삼먁삼보리를 얻은 것이 아니니라."

"수보리야, 여래가 아누다라삼먁삼보리를 얻은 바 이 가운데에는 참됨도 없고 허망함도 없느니라. 그러므로 여래가 말하기를 '일체 법은 모두가 다 붓다의 법이라'고 하였느니라. 수보리야, 이른바 일체법이라 함은 곧 일체법이 아니니, 그러므로 그 이름이 일체법이니라. 수보리야, 비유컨대 사람이 아주 크다는 말과 같은 것이니라."

수보리가 대답하였습니다. "세존이시여, 여래께서 사람에게 이르시길 키가 아주 크고 거대하다고 하신 것은 곧 그 신체가 아니라 인격의 이름이 장대하다는 것을 말씀하심입니다."

"수보리야. 보살도 또한 이와 같으니라. 만일 '내가 한량없는 중생을 제도했노라.'하고 말하는 이가 있다면 그는 곧 보살이라 할 수가 없다. 왜 그런가? 수보리야, 실로 어떤 법도 갖지 않는 것이 보살이기 때문이다. 그러므로 부처님께서 말씀하시기를 '일체법이란 나도 없고 남도 없고 중생도 없고 존재자도 없는 것이니라.'고 하셨느니라."

"수보리야, 만일 어떤 보살이 '내가 마땅히 불국토를 장엄했노라.'하고 말한다면 이 사람을 보살이라 할 수 없느니라. 왜 그런가? 여래가 말씀하시길 불국토를 장엄한다고 함은 곧 장엄이 아니라 그 이름이 장엄이기 때문이니라. 수보리야, 만일 어떤 보살이 무아의 진리를 통달했다면, 여래는 말씀하시길 '참으로 이것이 보살이라.' 하실 것이다."

제18장 모두 한몸이니 하나로 보라
- 일체동관분一體同觀分 -

"수보리야, 어떻게 생각하느냐. 여래에게 육안이 있지 않느냐?" "그러하옵니다. 세존이시여, 여래께서 육안이 있사옵니다."

"수보리야, 어떻게 생각하느냐. 여래에게 천안이 있지 않느냐?" "그러하옵니다. 세존이시여, 여래께서 천안이 있사옵니다."

"수보리야, 어떻게 생각하느냐. 여래에게 혜안이 있지 않느냐? 그러하옵니다." "세존이시여, 여래께서 혜안이 있사옵니다."

"수보리야, 어떻게 생각하느냐. 여래에게 법안이 있지 않느냐? 그러하옵니다." "세존이시여, 여래께서 법안이 있사옵니다."

"수보리야, 어떻게 생각하느냐, 여래에게 붓다의 눈이 있지 않느냐?" "그러하옵니다. 세존이시여, 여래께서 붓다의 눈이 있사옵니다."

"수보리야 어떻게 생각하느냐. 갠지스강 가운데 있는 모래에 대하여 부처님이 가르친 적이 있지 않느냐?" "그러하옵니다. 세존이시여, 여래께서 그 모래에 대해 말씀하셨사옵니다."

"수보리야, 어떻게 생각하느냐. 갠지스강 가운데 있는 모래와 같은 수의 갠지스강이 있고 이 모든 갠지스강의 모래와 같은 수의 부처의 세계가 있다면, 이것을 어찌 많다고 하지 않겠느냐?" "세존이시여, 실로 많사옵니다."

부처님께서 수보리에게 말씀하셨습니다. "그렇게 많은 부처님 세계 가운데 수많은 중생이 있고 또 중생들이 제각각 다양한 마음을 가지고 있다 하더라고 여래께서는 그 마음을 다 알고 있느니라. 왜 그런가? 여래가 말한 모든 마음은 다 마음이 아니고 그 이름이 마음이기 때문이니라. 그 까닭은 무엇인가?"

"수보리야, 그것은 지나간 과거의 마음도 얻을 수 없고 현재의 마음도 얻을 수 없으며, 미래의 마음도 얻을 수 없기 때문이니라."

제19장 서로 소통하고 감화되는 법계
- 법계통화분法界通化分 -

"수보리야, 네 생각은 어떠냐? 만일 어떤 사람이 삼천대천세계를 칠보로써 가득 채워서 그것으로 보시를 한다면 이 사람이 이러한 인연으로 해서 받는 복이 정말 크지 않겠느냐?"
"그렇습니다. 세존이시여, 그 사람은 그 인연으로 하여 얻는 복이 매우 많을 것입니다."

"수보리야, 만일 복덕이 실제로 있는 것이라고 하면 여래는 그 복덕이 많다고 하지 아니할 것이다. 복덕은 없는 것이기 때문에 여래는 얻는 복덕이 많다고 한단다."

제20장 색을 떠나고 상을 떠나야 한다
- 이색이상분離色離相分 -

"수보리야, 어떻게 생각하느냐. 붓다를 온전히 갖춘 몸의 모습으로 볼 수 있겠느냐?" "아니옵니다. 세존이시여, 온전히 갖춘 몸의 모습으로 여래를 볼 수 없사옵니다. 왜 그러냐 하오면 여래께서 말씀하신 온전히 갖춘 몸은 곧 온전히 갖춘 몸이 아니라, 이름이 온전히 갖춘 몸이기 때문이옵니다."

"수보리야, 어떻게 생각하느냐. 여래를 뭇 상의 구족함으로 볼 수 있겠느냐?" "아니옵니다. 세존이시여, 여래를 뭇 상의 구족함으로 볼 수 없사옵니다. 왜 그러냐 하오면 여래께서 말씀하신 뭇 상의 구족함은 곧 뭇 상의 구족함이 아니옵고 그 이름이 뭇 상의 구족함이기 때문이옵니다."

제21장 가르치는 것은 가르침이 아니다
- 비설소설분非說所說分 -

"수보리야, 너는 여래가 이런 생각을 한다고 말하지 말라. 즉 여래가 '나는 마땅히 법을 설할 수 있다'는 이런 생각을 한다고 여기지 말라. 왜냐 하면 만일 어떤 사람이 '여래는 설명될 수 있는 법을 갖고 있다'고 하면 그것은 곧 부처님을 비방하는 것이요, 나의 가르친 바의 뜻을 알지 못하는 것이기 때문이다. 수보리야, 법을 설한다는 것은 곧 설할 수 있는 법이 없다는 것이니 이것을 설법이라 하는 것이다."

그때 혜명 수보리가 부처님께 사뢰었다. "세존이시여, 자못 어떤 중생이 있어 오는 세상에 이런 법문을 듣고 신심을 일으키는 자가 있겠습니까?"

부처님께서 말씀하셨습니다. "수보리야, 그이는 중생이 아니며 중생이 아닌 것도 아니다. 왜 그런가. 수보리야, 중생, 곧 중생이라 하는 것은 여래께서 중생이 아님을 말씀하신 것이니 이를 일컬어 중생이라 한 것이니라."

제22장 얻을 수 있는 법이란 없다
- 무법가득분無法可得分 -

수보리가 부처님께 여쭈었다. "세존이시여, 부처님께서 아누다라삼먁삼보리를 얻었다 함은 곧 '얻을 게 없음'이 되는 것이옵니까?"

부처님께서 말씀하셨습니다. "그렇다, 정말 그렇단다. 수보리야. 내가 아누다라삼먁삼보리에서 얻을 만한 어떤 법이 조금도 있을 수 없으니 이것을 말하여 아누다라삼먁삼보리라 하느니라."

제23장 깨끗한 마음으로 선을 행하라
- 정심행선분淨心行善分 -

"그리고 또 수보리야, 이 법은 평등해서 높고 낮음이 없으니 이것을 아누다라삼먁삼보리라 이름하느니라. 나도 없고 남도 없고 중생도 없고 오래산다는 생각도 없이 온갖 선법을 닦아서 아누다라삼먁삼보리를 얻느니라."

"수보리야, 이른바 선법이라 함은 여래가 말씀하시길 곧 선법이 아니라 하셨으니 이것을 이름하여 선법이라 하는 것이니라."

제24장 지혜의 복덕은 비할 데가 없다
- 복지무비분福智無比分 -

"수보리야, 만일 어떤 사람이 삼천대천세계에 있는 모든 수미산의 크기만큼 커다란 칠보의 보화를 보시했다고 하자. 그리고 또 어떤 사람이 있는데 그는 이 금강반야바라밀경에서 4구절의 게송만이라도 받아 지니며 읽고 외워 남을 위해 가르쳐 주었다고 하자. 그러면 앞서 수미산 크기만큼 커다란 칠보의 보화를 보시한 사람의 복덕으로는 이 게송을 가르쳐 준 사람이 지은 복덕의 백분의 일에도 미치지 못하고, 그보다 백천만억분의 일에도 미치지 못하여 그 어떤 숫자의 비유로도 말할 수 없느니라."

제25장 교화함이 없는 교화
- 화무소화분化無所化分 -

"수보리야, 어떻게 생각하느냐? 너희는 여래가 '난 마땅히 중생을 제도하리라.' 하는 그런 생각을 했다고 말하지 말라. 수보리야, 그런 생각을 하지 말라. 왜냐면 실로 여래가 제도할 중생이 없기 때문이다. 만일 중생이 있어서 여래가 제도하였다면 여래는 곧 나, 남, 중생, 존재자라는 생각을 갖는 일이기 때문이다."

"수보리야, 여래가 나는 있다고 함은 곧 내가 있다는 것이 아니니라. 그런데 보통사람들은 이로써 나는 있는 것이라고 여기니라. 수보리야, 보통사람이라는 것도 여래는 곧 보통사람이 아니라 그 이름을 보통사람이라 하느니라."

제26장 법신은 상이 아니다
- 법신비상분法身非相分 -

"수보리야, 네 생각은 어떠냐? 가히 32상으로서 여래를 볼 수 있겠느냐?"
수보리가 대답하였습니다. "그러하옵니다. 32상으로서 여래를 뵐 수 있사옵니다."

부처님께서 말씀하셨습니다. "수보리야, 만일 32상으로써 여래를 볼 수 있다면 제국통치자도 곧 여래라 하겠느냐?"
수보리가 부처님께 아뢰었다. "세존이시여, 부처님께서 말씀하시는 뜻을 제가 알기로는 32상으로써 여래를 뵐 수 없사옵니다."

그때 세존께서 게송으로 말씀하셨습니다.
"만일 모양으로 나를 보려 하거나
음성으로써 나를 찾는 이가 있다면
그는 잘못된 길을 가는 사람이니
어찌 여래를 만날 수 있으랴."

제27장 끊어짐도 없고 소멸함도 없는 진리
- 무단무멸분無斷無滅分

"수보리야, 네가 만일 생각하기를, 여래는 상을 구족하지 않음으로써 아누다라삼먁삼보리를 얻으셨구나 하겠느냐? 이런 생각을 짓지 말라. 여래가 상을 구족하지 않음으로서 아누다라삼먁삼보리를 얻었구나 하지 말라."

"수보리야, 네가 만일 아누다라삼먁삼보리심을 일으킨 이는 모든 진리를 단멸의 상으로 말하는구나 하고 생각이 든다면 그런 생각을 짓지 말라. 왜냐 하면 아누다라삼먁삼보리심을 일으킨 이는 모든 진리에 대해 단멸상으로 말하지 않기 때문이니라."

제28장 탐욕이 없으면 받음도 없다
- 불수불탐분不受不貪分 -

"수보리야, 보살이 갠지스강의 모래 수와 같은 많은 세계에 칠보를 가득 채워서 보시했다고 하자. 또 만일 어떤 사람이 또 일체법一切法이 무아無我임을 깨달아서 인내함을 얻어 이루었다면, 이 보살은 앞의 보살이 얻은 공덕보다 더 뛰어나리라. 왜 그런가? 수보리야, 모든 보살은 그렇게 함으로써 어떤 복덕도 받지 않기 때문이니라."

수보리가 부처님께 여쭈었다. "세존이시여! 보살이 복덕을 받지 않는다는 것이 무슨 말입니까?"

"수보리야, 보살이 복덕을 짓는 것은 응당 탐심이나 집착 없는 것이다. 이런 까닭으로 복덕을 받지 않는다고 말하느니라."

제29장 위의와 적정을 갖춘 분
- 위의적정분威儀寂靜分 -

"수보리야, 만일 어떤 사람이 말하기를 여래如來가 온다고 하거나, 여래가 간다고 하거나, 여래가 앉았다고 하거나, 여래가 눕는다고 하면, 이 사람은 내가 말한 바의 뜻을 알지 못하는 것이다. 왜 그러냐 하면 여래는 어디서 온 바가 없으며 또한 어디로 가는 것도 없다. 그러므로 이름 하기를 여래라 하는 것이니라."

제30장 여럿이 하나로 합쳐진 세상

- 일합이상분一合理相分 -

"수보리야, 만일 어떤 사람이 삼천대천세계를 부수어 티끌로 만들었다면 어떻게 되겠느냐? 이런 티끌 덩어리가 많다고 하지 않겠느냐?"

수보리가 대답하였습니다. "예, 아주 많사옵니다, 세존이시여! 왜냐면 만일 티끌 뭉치가 실제로 있는 것이라면 부처님께서 이것을 티끌 뭉치라고 하시지 않았을 것입니다. 그 까닭은 부처님께서 말씀하시기를 '티끌 뭉치는 곧 티끌 뭉치가 아니라 그 이름을 티끌 뭉치라 한다.'고 하셨기 때문입니다."

"세존이시여, 여래께서 말씀하시는 삼천대천세계도 곧 세계가 아니고 그 이름을 세계라 하셨사오니, 왜 그런가 하오면 만일 세계가 실제로 있다고 하면 그것은 곧 '일합상一合相'일 것입니다. 그런데 여래께서 말씀하시길 '일합상一合相'은 곧 '일합상一合相'이 아니므로 그 이름을 '일합상一合相'이라 한다고 하셨사옵니다."

"수보리야, '일합상一合相'은 곧 말로 이를 수 없는 것인데 다만 보통사람들이 그 일을 탐하고 집착하는 것이니라."

제31장 지견으로 상을 내지 말라
- 지견불생분知見不生分 -

"수보리야, 만일 어떤 사람이 말하기를 '부처님께서는 아견, 인견, 중생견, 수자견을 말씀하셨다'고 하면, 수보리야, 네 생각에 어떠하냐? 그 사람은 여래가 말한 뜻을 알았다고 하겠느냐?"

"세존이시여, 그렇지 않습니다. 그 사람은 여래께서 말씀하신 뜻을 알지 못한 것입니다. 왜냐면 세존께서 아견 인견 중생견 수자견이라 하심은 곧 아견 인견 중생견 수자견도 아니고 그 이름을 아견 인견 중생견 수자견이라 하셨기 때문입니다."

"수보리야, 아누다라삼먁삼보리의 마음을 일으킨 이는 일체의 법에 대하여 마땅히 이같이 알고, 이같이 보고, 이같이 믿고 깨달아서 법에 대한 상을 내지 말아야 한다. 수보리야, 법상이라 하는 것은 여래가 말하길 곧 법상이 아니고 그 이름을 법상이라 하신 것이니라."

제32장 응하여 변화되는 것은 참이 아니다
- 응화비진분應化非眞分

"수보리야, 만일 어떤 사람이 한량없는 아승지 세계에 칠보로 가득 차게 보시를 했다고 하고, 또 다른 사람이 있어 그가 보살심을 내어 이 경전을 지니되 내지 사구게四句偈 하나만이라도 받아 지니고서 읽고 외워서 남에게 가르침을 베풀어 주었다고 하면 후자의 복덕이 앞사람의 복덕보다 뛰어난 것이니라."

"그러면 어떻게 남을 위해 가르침을 베풀 것인가? 상에 붙잡힘이 없이 여여如如하여 흔들림이 없도록 할 것이니라. 왜 그런가?"

"무엇이나 내 욕심으로 한다고 하는 일은 다 꿈같으니
허깨비나 물거품, 또는 신기루 같은 것
또는 나타나 곧 사라지는 이슬이나 번개 같은 것
그대는 마땅히 이렇게 항상 깨어서 볼 것이니라."

부처님께서 이 경의 가르침을 마치시니, 장로 수보리와 비구 비구니와 우바새 우바이, 그리고 모든 세간의 천사들, 사람들, 아수라들도 모두 부처님의 말씀을 듣고 크게 기뻐하며 그 말씀을 깊이 믿고 받아 받들며 살아갔다.

끝.

참고도서

· 각묵, 금강경 역해, 불광출판사, 2001
· 김흥호, 법화경 강해, 사색, 2004
· 김흥호, 화엄경강해 1, 2, 3, 사색, 2006
· 김흥호, 푸른바위에 새긴 글(벽암록 해설), 솔출판사, 1999
· 김석원, 논어, 혜원출판사, 1999
· 박경환, 맹자, 홍익출판사, 1999
· 현진, 산스끄리트 금강경 역해, 불광출판사, 2021

찾아보기

(ㅅ)

(ㅇ)